KB126755

Swerve
스워브

Swerve

나를 계속 넓히며 일하는 사람들의 6가지 비밀

스워브

닉 러브그로브 지음 | 이지연 옮김

마일스톤

스워브

나를 계속 넓히며 일하는 사람들의 6가지 비밀

1판 1쇄 발행 2018년 8월 17일
1판 2쇄 발행 2018년 10월 12일

지은이　닉 러브그로브
옮긴이　이지연
발행인　유성권

편집장　양선우
책임편집　신혜진
편집　정지현 백주영
디자인　손소영 이정현
마케팅　김선우 박희준 김민석 문영현

펴낸곳　㈜이퍼블릭
출판등록　1970년 7월 28일, 제1-170호
주소　서울시 양천구 목동서로 211 범문빌딩 (07995)
대표전화　02-2653-5131 | **팩스** 02-2653-2455
메일　loginbook@epublic.co.kr
포스트　post.naver.com/epubliclogin
페이스북　www.milestonebook.com

마일스톤 Milestone 은 ㈜이퍼블릭의 비즈니스/자기계발서 브랜드입니다.

앨리사에게 바칩니다.

폭넓고 충만한 삶을 위하여

1953년 윈스턴 처칠 경이 노벨상을 받았다. 나치 독일에 맞서 2차 세계대전을 승리로 이끌고 전후 산산조각 난 유럽의 평화를 복원하는 데 힘쓴, 존경해 마지않는 영국 총리에게 딱 맞는 헌정처럼 보였다.

그러나 처칠이 탄 것은 노벨 평화상이 아니었다. 그는 노벨 문학상을 탔다. 총 네 권으로 된 《영어 사용 국민의 역사A History of the English-Speaking Peoples》와 총 여섯 권으로 된 《제2차 세계대전》외 다수의 책을 출판하고 수백 개의 연설문을 쓴 작가로서의 업적을 인정한 상이었다. 처칠은 "역사 및 전기 서술의 탁월함과 고귀한 인간의 가치를 옹호한 유려한 수사법"에서 높은 평가를 받았다. 그는 감탄을 절로 자아내는 빛나는 문장력으로 유명했다. 하지만 어쩌면 그를 더 오래도록 기억하게 한 것은 충만한 삶을 살려고 했던 폭넓고 다차원적인 한 인간으로서 그가 보여준 모범적인 모습 때문인지도 모른다.

물론 우리 중 누구도 윈스턴 처칠에 필적할 수는 없다. 그러나 삶을 써가면서 우리도 선택할 수 있다. '폭을 넓힐 것인가, 깊이를 더할 것인가?' 오늘날 세상은 깊이를 선택하라는 압박이 거세다. 좁은 분야의 특수 전문가가 지닌 전문성만이 곧 힘이라 믿고 점점 더 거기에 매달린다. 하지만 항상 그런 식으로만 살아간다면 다들 금세 '하나밖에 모르는 바보'가 될 테고, 그 하나의 재주가 곧 '나 자신'이 되어 그 재주가 시키는 대로 살 수밖에 없을 것이다. 그리고 어쩌면 개인으로서의 나를 남들과 구별해주고 특별하게 해주는 그 뭔가를 잃게 될지도 모른다. 만약 모든 사람이 똑같이 깊이를 선택한다면, 우리는 '하나밖에 모르는 바보들의 세상'에서 살게 될 것이다. 그리고 그런 사회에서는 지금 우리가 직면한 것과 같은 복잡하고 다차원적인 문제를 해결하기가 더욱 어려울 것이다. 전문가는 늘어났지만, 끝없이 변화하는 복잡하고 다양한 사회에 성공적으로 대처할 능력을 갖춘 사람은 오히려 더 찾기 어려워졌다.

그러나 자꾸만 더 깊이 세분화하고 전문화하라는 닦달에 맞서서 가끔이라도 폭과 다양성, 안전지대 밖에 있는 삶 쪽으로 움직여본다면 우리 앞에는 갖가지 가능성이 펼쳐진다. 그렇게 인생과 커리어에 관해 폭넓은 접근법을 취하는 사람은 생각보다 많다. 그런 사람들이 따르는 삶의 원칙을 나는 '모자이크 원리'라고 부른다.

'모자이크'는 그리스어로 '뮤즈의 것'이라는 뜻의 단어 'mouseios'에서 유래했다.[1] 본래 예술적 의미가 있었던 셈이다. 모자이크는 서로 다른 색상의 네모나고 납작한 돌이나 유리 조각으로 만든다. 이 작은 조각들을 '테세라tesserae'라고 한다. 가끔, 특히 바닥 장식에는 둥근 돌 조각을 사용할 때도 있는데 그럴 때에는 '페블 모자이크pebble mosaic'라고 부른다. 뭐가 됐든, 색상이나 질감이 서로 다른 작은 물건들을 모아놓으면 다채로운 폭과 다양성을 가진 이미지가 만들어질 것이다. 그러나 한 걸음 물러서서 보면 그 시각적 인상은 다면적 통일성을 띤다.

예술의 한 형식으로서 모자이크는 역사가 길다. 기원전 3000년경 메소포타미아까지 거슬러 올라간다. 은유적인 개념으로서 모자이크도 못지않게 오래전부터 사용됐다. 각자의 개성을 잃어버리거나 내다버리지 않더라도 공존할 수 있는 여러 민족과 언어, 문화로 이뤄진 '다문화 사회'를 상징하는 이미지였다.

이 책에서 말하는 모자이크는 사회뿐만 아니라 개인으로서 우리 각자를 만들어내는 구성원리의 개념이다. 모자이크 원리의 핵심은 작은 조각들이 모여 통일된 전체를 이루는 것처럼, 우리 각자도 다채로운 폭과 다양성을 지닌 인생과 커리어를 만들 수 있다는 것이다. 모자이크 원리를 따라간다면 우리도 다방면에 걸쳐 충만한 삶을 사는 기쁨과 만족을 경험할 수 있다.

모자이크 원리를 따르는 사람은 일에서도 인생에서도 선택권이 늘어난다. 더 넓은 렌즈를 통해 볼 수 있고 큰 그림을 더 잘 이해할 수 있다. 나무뿐만 아니라 숲을 볼 수 있다. 그동안 내 분야에서 더 유능한 전문가가 되려고 축적해놓았던 전문기술을 다른 어떤 분야에든 응용하기 쉬워진다. 이 경로를 택하면 정말로 넓게 생각하는 사람, 아량과 공감능력이 있고 시각과 관점의 차이를 이해하는 사람이 될 수 있다.

부분적으로 이것은 성격 유형의 문제이기도 하다. 사람에 따라 폭이나 깊이에 대해 이미 어느 정도 성향이 정해진 경우도 있다. 하지만 대부분은 개인의 선택 문제다. 우리는 각자의 선택에 따라 폭을 넓히는 삶을 살지, 깊이를 더하는 삶을 살지 방향을 결정한다. 모자이크 원리를 따를지 말지, 따른다면 어느 정도까지 따를지 결정한다. 사는 동안 내 레인 안에서만 수영할지, 수영장 전체를 쓸지 선택할 수 있다. 같은 것을 더 많이 할 수도 있고, 이것저것 바꿔가며 할 수도 있다. 나 자신을 좁게 규정할 수도 있고, 내 전부를 발휘할 인생과 직업을 택할 수도 있다.

얼마나 깊어질지 또는 넓어질지에 관해 우리한테 주어진 재량권은 꽤 크다. 그렇기 때문에 우리는 이 문제가 왜 중요한지, 나는 어떻게 할 것인지 고민해봐야 한다. 이 책은 바로 그 고민을 위한 책이다.

그렇다면 이 책은 누가 읽어야 할까? '나이에 관계없이 모든 사람' 이다. 지금 삶의 단계 중 어디쯤 와 있든 누구나 자신의 인생과 커리어를 어떻게 만들지, 또 어떻게 '다시' 만들지 늘 중요한 선택을 내리며 산다.

인생의 초기 단계에 있는 사람, 그러니까 학교나 대학에 다니거나 이제 막 사회생활을 시작한 사람이라면 적어도 이론상으로는 선택의 가능성이 거의 무궁무진하다. 하지만 좁은 전문 분야에 집중해볼까 하는 유혹을 이미 느꼈을 것이다. 멘토나 동료들이 좋은 뜻에서 한 말도 그런 생각을 강화했을 것이다. 깊이는 있지만 폭이 좁은 삶을 향해 이미 몇 발짝 걸음을 떼었다면 되돌리기가 어려워 보일 수 있다. 자칫 잘못했다가는 발을 헛디뎌 사다리에서 떨어질 것처럼 느껴질 가능성도 있다. 이 책은 폭넓은 삶의 토대를 마련하는 데 필요한 용기와 능력을 줄 것이다. 적어도 너무 깊이 들어가기 전에 옆으로도 한번 가볼 수 있게 해줄 것이다.

인생도 커리어도 이미 중반에 들어섰다면, 이제 갈 길은 정해졌고 목적지가 결정됐다고 느낄 수도 있다. 축적된 경험과 전문지식이라는 '황금 새장' 속에 갇힌 느낌을 이미 받았을 수 있다. 하지만 더 많은 것을 바라고 색다른 것을 찾는다면, 이 책은 당신의 인생과 커리어를 넓힐 수 있는 크고 작은 방법과 아이디어를 제공할 것이다. 거기에 필요한 크고 작은 단계를 보여줄 것이다.

커리어의 정점에 와 있는 사람, 리더십을 발휘하고 지시를 내려야 하는 사람이라면, 이 책은 나 자신과 주변 사람들에게서 최대치를 끌어내는 방법을 알려줄 것이다. 어떻게 하면 다양한 시각과 세심한 접근으로 폭넓은 리더십을 발휘할 수 있는지 그 방법을 알려줄 것이다.

정식 커리어를 이미 마쳤거나 곧 마칠 예정인 사람이라면 이 책을 통해 삶을 넓힐 기회가 아직도 많다는 걸 알게 될 것이다. '활동적 은퇴'의 범위가 얼마나 넓고 그 잠재력이 얼마나 큰지 보게 될 것이다. 그리고 세월과 함께 '사는 것에도 더 능숙해진다'는 사실을 확인할 것이다.

지금 삶의 어느 단계에 와 있든 누구에게나 더 폭넓은 삶을 만들 기회가 있다. 다만 그렇게 하느냐의 여부는 자신한테 달렸다. 이 책은 한 사람 한 사람의 개인을 위해서, 또 사회 전체를 위해서 폭넓은 삶이 왜 중요한지를 보여줄 것이다. 그리고 어떻게 하면 그런 삶을 살 수 있는지 구체적이고 현실적인 용어로 알려줄 것이다. 몇 가지 요령을 발휘하면 우리는 사생활에서도, 직업적으로도 기대하는 삶을 살 수 있다. 모자이크 원리를 활용한다면 당신도 얼마든지 모두가 부러워할 인생과 커리어를 가질 수 있다.

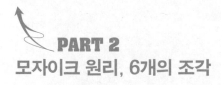

PART 2
모자이크 원리, 6개의 조각

PART 3
모두가 부러워할 인생과 커리어를 만드는 방법

PART 1

폭넓은 인생과
커리어를 살아야 하는 이유

1 _____ 스워브

_____ 인생의 방향이 그 풍경을 바꾼다

이 시대는 특수 전문가를 숭배한다. 그러나 인간의 타고난 참모습은 팔방미인이어서 많은 것에 관심을
둘 때 최고의 모습이 발현된다. 모두가 천재일 수는 없다. 그러나 누구든 다양한 활동을 즐겨도 되고, 실
제로 그렇게 살고 있다. 삶 자체가 다채로운데 그 삶을 살아내려면 여러 가지 능력이 필요할지도 모른다.
"여러 직업을 정복한" 로버트 트위거^{Robert Twigger}

2010년 7월 12일 아이티공화국 포르토프랭스 투생 루베르튀르 공항

임시로 마련한 체크인 데스크, 노끈과 껌으로 고정한 듯한 방범창을
지나니 미국이나 유럽에서 흔히 볼 수 있는 지방 공항의 모습이 나
타났다.[1] 출발 터미널은 상태가 꽤 양호했다. 아메리칸 에어라인 757
항공기 두 대가 탑승객들을 기다리는 모습도 익숙한 풍경이었다. 나
는 한 달에도 몇 번씩 이런 공항을 통해 전 세계 각지를 돌아다닌다.
　참을성 있게 항공편을 기다리고 있는 승객들 모습도 평범했다. 누

가 봐도 한 팀으로 보이는 단체 여행객 비중이 특별히 높기는 했다. 똑같이 맞춰 입은 화려한 색상의 티셔츠가 그들이 루이지애나 남서부 자원봉사단과 탬파에 있는 세인트토머스 성공회교회 소속임을 알려 주고 있었다. 늦은 오후 러시아워에 휩말린 차량들과 북적이는 사람들로 꽉 막힌 도로를 괴로울 만큼 느릿느릿 뚫고 공항으로 오는 길 역시 따분할 만큼 익숙했다. 요즘은 어느 대도시를 가나 이 정도의 육체적, 정신적 인내심 테스트는 견뎌야 한다.

출발 터미널 밖을 내다봐야만 이 공항이 다른 공항과는 상당히 다르다는 사실을 알 수 있다. 격납고 앞 아스팔트에는 커다란 금이 쩍쩍 가 있고 구덩이가 움푹움푹 패어 있었다. 비행기들은 어쩔 수 없이 그 주위를 돌아서 이륙하고 돌아서 착륙했다. 출발 터미널은 그런대로 괜찮은 편이었지만, 도착 터미널은 전혀 그렇지 못했다. 도착하는 승객들이 이용하던 건물은 이제 그냥 대충 쓸어다놓은 돌무더기라고 봐도 무방했다. 도착객들은 거기서부터 인솔자를 따라 공항 끄트머리에 마련된 임시 창고로 안내됐다. 환기시설조차 없는 그곳에서 사람들은 섭씨 38도의 열기와 90퍼센트의 습도를 견디며 느릿느릿 입국 심사 줄에 서서 차례를 기다렸다. 그리고 거의 작동도 하지 않는 컨베이어벨트에서 짐을 찾아 땀범벅이 된 채로 가쁜 숨을 몰아쉬며 좁다란 통로를 따라 밖으로 나왔다. 밖에는 기다리는 가족들과 택시 운전사, 집요한 호객꾼들이 한데 모여 와글와글 떠들어대고 있었다.

이곳은 섬나라 아이티로 들어가는 주요 관문이다. 나는 동료 몇 명과 함께 2월부터 매주 이 공항을 찾고 있다. 올 때마다 상황은 눈에 띄게 나아지고 있지만, 큰 재앙이 휩쓸고 간 지역임을 여전히 뚜렷하게 알 수 있었다. 지금으로부터 정확히 6개월 전인 2010년 1월 12일 아이티는 역사상 최악의 지진으로 꼽히는 리히터 규모 7.0의 대지진을 겪었다. 수도인 포르토프랭스에서 서쪽으로 약 26킬로미터 떨어진 레오간이라는 동네가 진원지였다. 정확한 사망자 수는 아무도 몰랐지만 대략 15만 명에서 25만 명이 사망한 것으로 추정됐다. 포르토프랭스 어디를 가나 돌무더기와 반쯤 또는 완전히 파괴된 건물들을 볼 수 있었다. 국회의사당, 국립 성당, 유엔 평화유지군 건물도 마찬가지였다. 오늘 아침 나는 대통령궁 마당에서 지진 발생 6개월을 기리는 추도식에 참석했다. 박살 난 웨딩 케이크처럼 무너져 내린 이 대통령궁의 모습이 전 세계인에게는 2010년 아이티 대지진의 상징적 이미지가 돼 있었다.

나는 인파를 뚫고 출발 라운지를 아주 천천히 지나가는 중이었다. 함께 걷는 사람 때문이다. 그는 평범한 재킷에 블랙 진, 검정 티셔츠를 입고 있었지만 공항을 가득 메운 아이티 시민들은 모두 그를 한눈에 알아봤다. 그는 계속해서 몇 걸음 못 가 걸음을 멈추고는 아는 사람과 인사를 나누고, 때로는 감사하다는 인사를 겸손히 받아주고 또 요청이나 제안을 들어줬다. 개중에는 이 편지를 미국으로 좀 가져가서 전해달라는 사람도, 방금 주치의를 만나고 왔지만 그에게 다시 의견을 묻는 사람도 있었다. 또 약화된 이 나라 인프라와 사회복지 서비스를 혁신할 방법을 의논하고 싶어 하는 사람도 있었다. 그들 모두가 이야기를 나누고 싶어 하는 이 사내를 사람들은 '독트 폴^{Dokte Paul}'이라고 불렀다. 그는 사람들의 말을 하나하나 상냥하고 참을성 있게 들어준 뒤 조용히 우리가 탈 비행기 쪽으로 향했다.

독트 폴의 정식 이름은 폴 파머$^{Paul\ Farmer}$ 박사다. 내가 아이티에 온 것은 지진과 빌 클린턴 전 대통령의 영향도 있지만 대부분 폴 파머 박사 때문이었다. 파머 박사는 클린턴의 대리인 자격으로 아이티에 공식 파견된 UN 특사였다. 하지만 비공식적으로는 사실상 아이티의 보건부장관이나 마찬가지였다. 그는 지난 25년 대부분을 그렇게 보냈다. 나와 내 동료들은 클린턴과 파머를 무료 봉사 대상 고객으로 정했고, 두 사람은 우리에게 아이티의 제도 재건 및 복구 프로그램에 참여해달라고 요청했다. 아이티는 지난 200년간 사회 · 정치 · 경제적 투쟁을 이어오고 있었다. 그 와중에 예기치 못한 자연재해가 끼어들곤 했는데 이번에 다시 또 큰 재앙이 덮친 것이다. 이 프로그램은 내 커리어 중에서도 가장 힘들고 지치는 경험 중 하나였고, 신경이 바짝 곤두서는 일이기도 했다. 이제 겨우 여진이 좀 잦아들었을까 싶은 때 우리 팀은 필요한 곳이라면 어디든 찾아갔다. 게다가 포르토프랭스는 사실상 여전히 무법천지여서 무장 경비원을 늘 대동하고 다녀야 했다. 하지만 어쩐지 폴 파머 박사와 함께 일하다 보면 이런 일이 모두 아무것도 아닌 것처럼 느껴졌다.

파머는 인생을 어떻게 살고 남들에게 어떤 영향을 줄지에 관해 폭넓고 창의적인 선택을 내린 사람 중 한 명이었다. 그 선택으로 그는 자신이 택한 직업의 상궤를 완전히 벗어났지만, 그 덕분에 놀라운 인생과 커리어를 만들기도 했다. 그는 폭넓은 삶을 충만하게 살았고 그 삶에는 의미도, 성과도, 깊은 만족도 있었다.

파머가 이렇게 폭넓고 다채로운 길을 택하게 된 것은 대학 시절 의학과 인류학을 복수 전공하면서였다. 그는 현재 하버드대학교 의과대학원에서 이 두 과목을 가르치고 있고, 보스턴에 있는 브리검여성병원에서 의사로도 재직하고 있다. 하지만 이것은 파머가 1년 중 절반 동안 하는 일에 지나지 않는다. 나머지 절반을 그는 비영리단체 파트너스인헬스^{Partners in Health, PIH}에서 보낸다. 파트너스인헬스는 그가 의대를 졸업하던 1987년에 몇몇 친구와 함께 설립한 단체다. 파트너스인헬스의 일을 할 때 그는 상당 시간을 이곳 아이티에서 보낸다.

브리검여성병원에 들어갔을 때 파머는 레지던트도 병원 측의 허락을 받으면 다른 관심 분야를 추구할 수 있다는 것을 알게 됐다. 그래서 파머는 레지던트 기간을 동료와 절반씩 나누어 자신의 시간 중 절반은 보스턴에서 보내고 나머지 절반은 아이티에서 보냈다. 놀라운 커리어를 이어오는 내내 파머는 이렇게 폭넓은 관심 분야를 위해 시간을 복잡하게 쪼개어 썼다.

파트너스인헬스를 통해 파머는 듀크대학교 학부 시절부터 늘 마음에 담아뒀던 아이티에 대한 마음을 이어갈 수 있었다. 학부 시절 그는 노스캐롤라이나주에 자리한 담배 농장에서 아이티 이민자들과 함께 일했는데, 이때부터 "가난한 자들에 대한 편애"를 기본 개념으로 하는 해방신학을 공부하기 시작했다. 그리고 의학 연구의 초점을 전염병에 맞췄다. 그 이유에 관해 파머는 나중에 이렇게 말했다. "전염병을 제대로 조사해보면 늘 미생물은 가난한 자들을 편애했다"라고. 파트너스인헬스는 공동체 중심의 보건 프로그램을 만드는 데 주력해왔다. 아이티를 시작으로 11개국까지 활동 범위를 넓혀갔는데 그중에는 페루, 르완다, 러시아도 포함됐다. 현재 파트너스인헬스는 상당한 규모의 사회적 기업이 되어 클린턴재단을 비롯한 많은 독지가의 후원을 받고 있으며 1만 3,000명이 넘는 직원이 그보다 훨씬 더 많은 수의 환자들을 돌보고 있다.

파머 팀이 파트너스인헬스를 시작할 때 목표는 간단했다. "작은 지역 한 곳에서 우리가 뭘 할 수 있는지 한번 알아보자." 그 작은 지역 한 곳, 즉 아이티 캉주의 시골 소수민족 거주지에서 사업을 시작했을 때 파머는 동료들에게 이렇게 말했다. "공중보건을 최대한 넓은 뜻으로 생각해야 해." 어언 20여 년 전에 파머와 친구들이 캉주에 설립한 잔미라상트^{Zanmi Lasante}라는 보건센터는 이제 이 공동체 내에서 훨씬 더 폭넓은 역할을 수행하고 있다. 자율적 공중보건 및 사회봉사 시스템으로서 매년 9,000명이 넘는 학생을 학교에 보내고 3,000명이 넘는 아이티인을 고용하며, 날마다 수천 명의 사람에게 끼니를 제공한다.

커뮤니티 단체 하나가 해낸 것치고는 많은 일이다. 하지만 잔미라상트가 해낸 일은 여기서 그치지 않는다. 잔미라상트는 극빈층 환자를 위해 수백 채의 집을 지었고 상수도를 정화했으며 일부 가정에는 정수기를 설치했다. 파트너스인헬스의 영향력은 이제 아이티 지역을 훨씬 넘어서고 있다. 사하라 사막 이남 아프리카의 에이즈 치료에도 큰 역할을 수행했다. 파트너스인헬스가 현장에서의 실제 경험을 바탕으로 추천한 다제내성 결핵 치료법은 이제 100개국이 넘는 나라에서 사용한다. 파트너스인헬스, 특히 폴 파머는 이 외에도 공중보건에 위기가 발생한 전 세계 곳곳으로 달려갔고, 이날 저녁처럼 비행기로 이동한 거리만 해도 수백만 마일이 넘었다.

이 모든 일을 해내려면 폴 파머는 이것저것을 아주 조금씩밖에 못 했을 거라는 생각이 들 것이다. 여러 가지를 포기하고 희생했을 거라고 말이다. 분명 그 말도 어느 정도는 사실일 것이다. 하지만 그는 자신의 인생과 커리어에 이렇게 폭넓고 창의적인 접근법을 취하면, 적어도 희생에 못지않은 이점이 따른다는 것을 일찌감치 배웠다. 한 예로 학생 시절 그는 아이티에서 얻은 실용적인 지혜를 바탕으로 대학원에서 인류학을 공부하기에는 보스턴보다 아이티가 훨씬 더 좋은 곳임을 알게 됐다. 파머는 의대 성적이 매우 좋았는데, 이는 매년 상당히 긴 시간을 캉주의 시골에서 의사로 일하며 미국 의사들이 평생 볼 수 있는 것보다 더 다양한 질병을 다룬 덕분이기도 했다. 또 그는 아이티의 가장 열악한 환경에서 직접 체험을 통해 무無에서 시작해 병원을 짓고 공중보건 체계를 세우는 법을 배웠다.

트레이시 키더Tracy Kidder는 《작은 변화를 위한 아름다운 선택》에서 이렇게 말했다. "파머와 함께 있다 보면 '이 남자는 어쩌다가 이런 삶을 살게 됐을까'라는 생각을 한시도 멈출 수가 없었다." 파머에게 직접 물어보면 그는 많은 일들이 서로 녹아들어 자신이 평생 한 일의 비전이 됐다고 했다. 그러면서 "한 번에 벌어진 일은 아닙니다. 단계적으로 일어났지요. 제 경우에는 이것이 하나의 '사건'이라기보다는 '과정'이었습니다. 갑자기 어떤 계시를 받은 게 아니라, 천천히 각성해나간 거죠"라고 말했다.[2]

어느 평론가는 파머를 "가난한 자를 대변하는, 전 세계에서 가장 유명한 의사"[3]라고 표현했다. 하지만 솔직히 말해서 그는 유명인과는 거리가 멀다. 이곳 아이티에서 보는 그의 모습은 흡사 한 번에 한 명씩 환자를 보는 이름 모를 시골 의사 같다. 이렇게 충격적일 만큼 대조적인 모습은 보는 이로 하여금 여러 복잡한 감정을 불러일으키는데, 그

중 하나가 '도덕적 선망'이다. 트레이시 키더는 독자의 반응을 언급하면서 《작은 변화를 위한 아름다운 선택》을 읽은 사람 중에는 '젠장, 나는 헛살았군. 나도 폴 파머처럼 살았어야 하는데'라고 말하는 사람도 있다"[4]라고 말했다.

그러나 정작 파머는 자신이 도덕적으로 우위에 있다는 생각을 전혀 하지 않는 듯하다. 그는 언제나 우리 팀을 비롯한 남들의 업적을 추켜세운다. 예컨대 우리 팀의 미션은 명확한 관리 목표와 프로세스, 절차를 통해 아이티 정부의 복구 관리 체계를 세우는 데 초점이 맞춰져 있었는데, 파머는 아이티나 공중보건, 사회복지에 관해 우리가 그에게서 배우는 것 못지않게 그도 우리에게서 배울 것이 많다고 생각한다. 키더는 결국 다음과 같이 결론 내렸다. "나는 파머를 그냥 친구로 생각한다. 그를 숭배하지 않는다. 하지만 나는 그가 이 지구에 사는 것이 고맙다."[5]

게이트 근처에서도 파머와 얘기를 나누려는 사람들은 속속 다가왔고 아무도 그들을 가로막지 않았다. 파머의 환자였던 사람은 회복 근황을 알려줬고, 국제원조팀 직원은 근처 마을의 복구 프로젝트에 대한 조언을 구했다. 그리고 두세 사람은 그냥 안부를 물었다. 비행기에 오르고 나서야 그는 평범한 아메리칸항공 201기의 승객 중 한 명으로 돌아가 의자에 편히 기댈 수 있었다. 두 시간이면 1,000킬로미터를 날아 마이애미에 도착할 것이다. 보스턴에 있는 그의 집까지 가기 전에 처음으로 들를 곳이었다.

2000년 10월 11일, 바르셀로나 아츠호텔[6]
"이해가 안 간다면, 죄송하지만 안타깝네요. 확실히 말씀드릴 수 있는

데 미래에는 비즈니스가 이런 식으로 진행될 겁니다."

강연자는 청중의 관심을 홀딱 사로잡고 있었다. 그는 말을 이었다. "우리는 지금 광대역 혁명의 초입에 와 있습니다. 곧 인터넷과 디지털 기술의 힘이 비즈니스 세계를 뒤집어놓을 겁니다. 모든 업계에 파괴적 혁신이 일어날 겁니다. 전통적 미디어와 오프라인 매장뿐만 아니라 가스, 전기, 수도, 교통과 같은 이른바 공공사업 분야도 마찬가지입니다. 그렇게 되면 우리는 시대에 뒤처진 산업구조를 해체해 재무제표에 짐처럼 버티고 앉아 있는 과잉 자산을 최소화할 수 있겠죠."

지금은 비즈니스 세계에서 공격자가 되기에 최고인 때입니다. 획일적이고 관료주의적인 과거형 기업들이 그냥 '나 잡아잡쉬' 하고 기다리고 있지요. 맞춤식으로 최적화한 모형화 알고리즘과 자체 제작한 디지털 트레이딩 기능을 이용해 저희는 이미 사업에서 프리미엄 가치를 상당 부분 포착할 수 있게 됐습니다. 이건 시작에 불과합니다. 저희가 만든 자산 최소형 비즈니스 모델은 오늘날 세상에 완벽하게 들어맞습니다.

이 모든 것이 가능하도록 저희는 인적 자본에 역점을 두고 있습니다. 업계에서 가장 강력한 인재 양성 시스템을 만들려고 합니다. 저희는 모든 분야에서 최고의 기술 전문가를 채용하고 있습니다. 최고의 비즈니스 모델 설계가와 애널리스트, MIT 및 스탠퍼드 박사들, 최고의 계량 분석가들이 업계에서 가장 강력한 알고리즘을 개발하고 있습니다. 저희는 깊이 있는 특수 분야 전문지식을 갖고 있고 집착에 가까운 집중력을 가진 사람을 원합니다. 그중에는 무모한 사람도 있죠. 뭐든 모형화할 수 있다고 생각하니까요. 그래도 괜찮습니다. 우리가 원하는 게 바로 그런 것이기 때문이죠. 그 모든 재능을 통합해 강력한 사업으로 바꾸는 게 저 같은 사람들이 하는 일입니다. 지금 제가 그렇게 하고 있고요. 여러분도 이 열차에 올라타시라고 초대하는 바입니다.

그의 말이 끝나자, 카리스마 넘치는 강연자에게 홀딱 빠진 청중의 기립박수가 길게 이어졌다. 강당을 빠져나가는 그에게 다들 하이파이브를 건넸다. 청중의 다수가 강연자와 사적으로 아는 사이였으며 한없이 존경하는 친구라고 생각했다. 사람들은 주위에 차려진 다과 쪽으로 흩어지며 이게 바로 미래의 길이라고 떠들어댔고, '어떻게 해야 우리도 그 미래의 일부가 될 것인가?' 하는 질문을 주고받았다.

이날의 강연자는 바로 엔론Enron Corporation의 존경받는 CEO 제프 스킬링Jeff Skilling이었다. 강연을 듣던 사람들은 전 세계 매킨지앤드컴퍼니McKinsey & Company의 고위 임원들이었다. 쟁쟁한 동료 250명과 함께 나도 그 자리에 앉아 있었다. 우리는 지난 1년간의 업적을 기리고 앞으로 1년간 회사의 방향을 설정하는 연례 임원 콘퍼런스 참석차 바르셀로나에 있는 아츠호텔에 집결해 있었다.

최근 들어 우리는 해마다 중요한 고객이나 우리 회사 출신 중 눈에 띄게 성공한 사람 등 유명 외부 강사를 초청했는데, 제프 킬링은 두 가지 기준을 모두 충족하는 인물이었다. 그는 매킨지에서 13년을 일했고 겨우 몇 년 전만 해도 매킨지의 고위 임원 자격으로 바로 이 자리에 앉아 있었다. 이후 그는 엔론에 합류했고 계속해서 매킨지를 고용해 여러 전략이나 조직 쇄신 업무를 추진했다. 당시 매킨지의 엔론 담당 임원들은 특히나 스킬링의 강연을 자랑스러워했다. 매킨지의 CEO 라자트 굽타$^{Rajat Gupta}$는 그날 오후 해당 임원들을 따로 호명해 박수갈채를 받게 해줬다.

뜻깊은 하루를 보낸 우리는 저녁 만찬장에 모여 이런 고객사와 전·현직 동료를 가진 우리는 정말 행운이라는 이야기를 나눴다. 언젠가 스킬링처럼 기업체의 고위직으로 성공적으로 이직해 고객이자 경영자 신분으로 다시 이 자리에 초청받겠다고 생각한 사람도 아마 적지 않았을 것이다.

그로부터 1년도 못 되어 제프 스킬링의 커리어는 추락했고, 몇 년 후에는 감옥에 들어가게 된다. 우리 콘퍼런스에 모습을 나타낸 지 겨우 10개월 만인 2001년 8월 14일 스킬링은 뜻밖에도 "개인적 사유"를 이유로 CEO직에서 물러났다. 그러고는 회사 주식을 대량으로 매각했다. 그전에 엔론을 15년간 이끌었고 CEO로 있을 당시 매킨지의 컨설턴트였던 스킬링의 자문을 받기도 했던 전직 엔론 회장 케네스 레이$^{Kenneth Lay}$가 다시 CEO로 복귀했다. 그리고 얼마 못 가 2001년 12월 엔론은 파산했다. 스킬링이 엔론을 "업계의 미래"라고 선언한 지 겨우 14개월 만의 일이었다.[7] 2만 명이 일자리를 잃었고, 이 여파로 당대 최고의 회계법인이자 엔론의 회계감사를 맡았던 아서 앤더슨$^{Arthur Andersen}$도 함께 무너졌다.

그러나 스킬링의 가시밭길은 이제 겨우 시작에 불과했다. 2004년 초 그는 이른바 '엔론 스캔들'이라 불리던 사건과 관련해 사기, 내부자 거래 등 35개의 죄목으로 기소됐다. 2006년 5월 25일에는 내부자 거래를 제외한 모든 항목에서 유죄를 선고받았고, 2006년 10월 23일 24년의 징역형과 4,500만 달러의 벌금형을 받았다. 몇 번의 항소가 이어지고 2010년에는 연방대법원까지 갔지만 그는 아직도 감옥에 있다. 연방교도국에 따르면 스킬링은 현재 몽고메리연방교도소에 수감 중이고, 2019년 2월 21일 석방 요건을 갖추게 된다고 한다.

이런 이야기에는 셰익스피어 비극에나 들어 있을 법한 요소가 많다. 그래서인지 실제로 몇 년 후 영국 극작가 루시 프레블^{Lucy Prebble}은 이 이야기를 무대에 올렸다. 〈엔론^{ENRON}〉이라는 제목의 희비극 형식 뮤지컬이었다. 뮤지컬의 첫 장면은 1992년 1월 30일 스킬링의 사무실에서 시작된다. 스킬링과 동료들이 떠들썩하게 파티를 열고 있다. 엔론이 만든 아주 특이한 형식의 석유 계약 회계방식을 증권거래위원회가 승인한 것을 자축하는 파티다. 3막이 되면 스킬링은 엔론의 CEO가 돼 있고 미국 최고의 비즈니스 리더로 칭송받는다. 5막에서 그는 징역 24년형을 선고받는다.[8]

성자와 죄인, 넓이와 깊이

폴 파머와 제프 스킬링 사이에는 공통점이 꽤 많다. 두 사람 모두 대략 비슷한 시기에 엘리트 대학교를 다녔고 출중한 학업 성적을 보였다. 어마어마하게 열심히 일했으며 타고난 재능을 활용해 자신이 택한 직업에서 최고의 자리에 올랐다. 그 과정에서 헌신적인 추종자들이 생겨났고 널리 찬사를 받았다. 스킬링이 극적으로 추락하기 전까지는 두 사람 다 각자의 분야에서 널리 성공한 리더십의 롤모델로 여겨졌다. 사람들은 방법만 안다면 이들처럼 되고 싶어 했다.

그러나 2001년 이후 두 사람의 엇갈린 운명을 생각한다면 이들을 대조적 사례로 보는 편이 오히려 우리에게는 도움이 될 것이다. 그중에서도 가장 뚜렷하고 명백한 대비를 이루는 측면이 바로 선과 악, '성자'와 '죄인'이다.

폴 파머는 가난하고 억압받는 자들을 돌보는 데 평생을 바쳤다. 주로 위험하고 험난한 여건 속에 활동하면서 명예와 부를 얻을 수 있는 많은 기회를 포기했다. 실제로 파머를 알거나 본 적이 있는 사람들이 그에게서 받는 첫인상은 자기희생적인 모습이다. 반면에 제프 스킬링은 자기 자신과 소수의 주변인을 위해 어마어마한 사적 부를 만들어내는 데 자신의 재능을 집중했다. 그 과정에서 주주와 직원들이 그에게 걸었던 신뢰를 저버렸고 대형 회사를 역사 속으로 사라지게 했으며, 수천 명에 달하는 직원의 연금을 바닥내고 커리어를 파괴했다. 그리고 수차례 나라의 법을 어겼다. 아직도 연방교도소에 수감돼 있다는 사실이 이 모든 것을 대변한다.

그럼에도 이들의 이야기를 단순히 '성자와 죄인' 이야기로만 해석하기에는 도덕적으로 너무 무 자르듯 자른 느낌이 있다. 폴 파머는 의심의 여지없이 아주 훌륭한 사람이지만, 절친한 지인이나 그 자신에게 물어본다면 완벽한 사람은 아니라고 말할 것이다. 한편, 일부 내 동료를 비롯해 제프 스킬링을 아는 사람들은 아직도 그를 단순히 '나쁜 놈'으로만 생각하는 것을 힘들어한다. 하버드대학교 경영전문대학원의 저명한 교수 클레이튼 크리스텐슨^{Clayton Christensen}은 30년 전 스킬링과 같은 수업을 들었다. 그는 스킬링에 관해 이렇게 말했다. "대학원 시절 내가 알던 제프리 스킬링은 좋은 사람이었다. 똑똑하고, 가족을 사랑했다. (…) 그러나 결국 그의 커리어는 엔론 파산과 관련한 여러 연방법 위반 사실이 유죄로 확정 나며 끝나버렸다. 그가 나쁜 짓을 했다는 것 자체도 놀라웠지만, 그렇게까지 대담하게 그런 짓을 저질렀다는 게 충격이었다. 뭔가가 그를 단단히 잘못된 방향으로 이끈 것 같다."[9]

스킬링을 잘못된 방향으로 이끈 그 '뭔가'는 과연 뭘까? 직업적으로도, 사적으로도 그렇게 극적인 몰락을 맞은 근본 원인은 뭘까? 어쩌면 그 답은 좀 더 다른 측면에서 두 사람을 대조해볼 때 더 쉽게 찾을 수 있을지 모른다. 바로 이 책 전체를 관통하는 테마인 '넓이와 깊이'의 차이다.

초창기를 생각해보면 제프 스킬링이 원래부터 깊고 좁은 사람이었다고 생각할 이유는 전혀 없다. 매킨지 동료로 보낸 13년을 포함해 그가 받은 교육과 초창기 다양한 경험을 고려해보면 그는 얼마든지 폭넓은 삶을 살 수 있었다. 하지만 엔론의 고위 경영자로 합류하면서 그는 금융과 기술이 고도화된 현대의 많은 리더들과 마찬가지로 극단적인 전문가 모형을 추종하는 리더가 되기로 결심한다. 매킨지 고위 임원들을 대상으로 한 바르셀로나 강연에서 스킬링은 엔론이 "정교한 알고리즘 및 수학적 모형으로 무장한 MIT와 캘리포니아공과대학교 박사들을 독점하고 있다"라고 자랑했다. 그는 이 기술 전문가들, 즉 '계량 분석가'들이 회사를 상당 부분 자동화하고 혁신해 업계를 바꿔놓으리라는 기대를 분명히 드러냈다. 실제로 스킬링이 이끌던 엔론은 점차 확산 중인 믿음, 즉 뛰어난 재능을 가진 사람들이 좁은 전문 분야에서 담을 치고 일할 때 기적을 이뤄낼 수 있다는 생각을 그대로 따랐던 전형적인 사례다.

그러나 스킬링이 사임하고 뒤이어 그가 이끌던 엔론이 순식간에 와해되고 나니, 고도의 전문화가 곧 미덕이라는 가공의 신화에 스킬링이나 엔론의 이사회 임원 모두가 속았다는 사실이 분명해졌다. 바로 그 신화적 접근법이 회사를 자멸에 이르게 한 셈이었다. 엔론 붕괴의 원인을 규명하기 위해 구성된 파워스위원회the Powers Committee는 엔론의 이사회나 경영진, 특히 제프 스킬링이 시가평가 방식의 비즈니스 모델이 갖는 실질적 위험을 전혀 이해하지 못했다고 결론 내렸다. 그렇게 된 이유는 해당 비즈니스 모델이 얼마나 잘못될 수 있는지, 또 잘못되기 시작했을 때 어떻게 반응해야 하는지를 볼 수 있는 폭넓은 관점을 결여했거나 상실했기 때문이다. 고도의 전문성이 주는 이점에 관해 단단히 잘못 확신한 결과는 엔론이나 그 직원들, 주주들에게 재앙이 되어 돌아왔다.[10] 아서 앤더슨은 말할 것도 없다.

한편 폴 파머는 인생을 완전히 다른 식으로 써 내려갔다. 삶의 각 단계마다 의식적으로 넓이와 다양성을 선택한 것이 분명히 눈에 보인다. 대학에서 그는 의학과 인류학을 둘 다 공부하기로 했다. 레지던트로 있을 때에는 시간을 쪼개 보스턴에 있는 유명 병원과 아이티의 시골 병원 둘 다에서 일했다. 여러 곳에서 의사로 활동하는 동안 그는 자신이 생각하는 지역 의료 모델을 펼치기 위해 비영리사업을 만들었고, 이 비영리사업을 12개국 이상으로 확대했다. 그는 아이티와 의료, 심지어 신학에 이르기까지 자신이 가진 생각을 널리 확산하기 위해 다작의 작가가 되기로 했다. 그리고 UN을 통해, 또 빌 클린턴과의 협업을 통해 공공정책 형성 과정에 일조하기로 했다.

타고난 성격과 특히 스스로 내린 선택의 결과로 폴 파머는 현재 의사이자 인류학자 겸 교수, 사회사업가, 저자, 사회운동가, 철학자, 정책자문이고 아마도 몇 가지에 더 해당할 것이다. 왜냐고 물으면 그는 이렇게 간단히 말한다. "더 넓은 캔버스 위에서 움직이고 싶었습니다. 한 가지 전문 분야에 구애되고 싶지 않았어요."

사실 파머에게는 뚜렷한 전문 분야가 있다. 바로 '유행성 전염병 치료'라는 분야다. 그는 전 세계 환자들을 치료하고 정책 선별 과정에 영향력을 행사하기 위해 이 분야를 개발하고, 연마하고, 적용해왔다. 그러나 그는 이 전문 분야가 자신을 독점적으로 규정하거나 제약하게 내버려두지 않았다. 또 전문 분야에 너무 푹 빠진 나머지 다른 모든 것에 관한 비전이 흐려지는 일도 용납하지 않았다. 오히려 파머는 최대한 많은 기회를 활용해 경험과 시야를 확장하고 넓히는 것이 자신의 전문지식을 더 유용하게 쓰는 일이고 좋은 일을 할 가능성을 높이는 길이라고 믿었다. 그리고 그 믿음을 바탕으로 인생을 써나갔다.

특수 분야로 전문화해서 집중하라는 압박이 쏟아지는 것은 시장이 반영된 결과다. 인간과 기술의 서비스가 지배하는 현대 경제에서 우리는 이미 그렇게 활동하고 있다. 시민으로서 또 소비자로서 모든 사람은 온전한 자격을 갖춘 전문가에게 필요한 서비스를 받고 싶어 한다. 기술적 전문지식과 경험의 필요성이 분명한 경우는 말할 것도 없다. 비행기에 탄 사람은 조종사가 이미 수천 시간을 비행했고 온갖 종류의 비행 중 비상상황에 대처하는 법을 이미 알고 있기를 바란다. 집을 짓기로 한 사람은 아름답고 안전한 건물을 이미 많이 설계한 설계사를 고용해서, 수십 년간 끄떡없을 집을 이미 많이 지은 시공사에 맡기고 싶어 한다. 그리고 병원에 갔다면 수술 담당 의사가 수백 건의 유사한 수술을 시행했으며 수술을 받은 대부분의 환자가 건강을 회복했다는 얘기를 듣고 싶어 한다.

인간이라면 누구나 본능적으로 또 상식적으로 정확히 바로 그 분야의 경험과 전문지식을 가진 사람이 이 중요한 서비스를 나에게 제공해주기를 바란다. 우리는 자격 있는 특수 전문가의 손에 내 운명을 맡기고 싶다. 왜냐하면 그들이 평생 그 일을 하며 고도의 지식과 전문가적 능숙함을 쌓았다는 점이 우리에게 중요하기 때문이다. 전문 서비스나 기술 서비스를 받을 때 우리는 시장에서 인정하는 전문성의 수준에 의존한다. 실제로 이제는 온갖 분야에서 고도의 특수 전문가적 능력을 기대하게 됐다. 심지어 뮤지컬 오케스트라나 프로 스포츠와 같은 엔터테인먼트 영역에서조차 말이다. 미식축구에는 펀트만 담당하는 선수가 따로 있고, 야구에는 마무리 투수가 따로 있다.

이렇게 고도의 기술 전문가에 관한 얘기가 나오면 '연습이 완벽을 만든다'는 속담을 반박하기가 어렵다. '1만 시간의 법칙'[11]도 그런 맥락이다. 신경학자 대니얼 레비틴Daniel Levitin이 처음으로 정의한 이 개념은 흔히들 생각하고 있던 것인데, 말콤 글래드웰Malcolm Gladwell이 그의 책에서 특히 잘 포착해냈다. '1만 시간의 법칙'은 간단히 말하면 '복잡한 업무를 수행하려면 최소한의 훈련이 필요하다'는 뜻이고, 좀 더 구체적으로 말하면 '세계 최고의 전문가 수준으로 뭔가를 숙달하려면 1만 시간이 필요하다'는 의미다. 실제로 그 이하의 시간이나 노력으로 중요한 한 분야에서 세계적 수준의 전문성을 쌓을 수 있을 것 같지는 않다. 모차르트나 타이거 우즈처럼 재능을 타고났다 하더라도 말이다. 글래드웰은 1만 시간의 법칙의 증거로 이토록 재능이 출중한 두 사람을 인용했다.

그런데 오늘날 세상은 기술적 전문성에 대한 집착이 좀 지나친 수준까지 진행됐다. 이제 세상은 깊이를 무기로 상품을 판다. 실제로 우리가 '초超전문가'의 시대에 진입했다고 믿는 사람들도 있다. 그 어느 때보다 복잡해진 기술 주도의 글로벌 세상에 사는 우리는 좁은 영역의 특수한 것을 전공해야만 남보다 뛰어나다고 확신하게 됐다. 하나에 초점을 맞춰 집중하면서 점점 더 깊이 파고들어야 한다고 믿는다. 외과의사이자 작가인 아툴 가완디Atul Gawande는 자신이 종사하는 의사라는 직업을 이렇게까지 말했다. "외과의사는 정말 말도 안 되는 수준으로 초전문화가 돼 있어서 '오른쪽 귀 수술 의사'와 '왼쪽 귀 수술 의사'에 관한 농담을 하다가 혹시나 실제로 그런 게 있지는 않은지 확인해봐야 할 정도다."[12]

많은 영역이 그렇지만 의료 분야 역시 다른 그 누구보다 해당 의술을 잘할 만큼 좁은 한 가지의 것을 연습하는 데 시간과 재능을 집중한 초전문가에게 권위를 인정한다. 이것은 프레더릭 테일러Frederick Taylor의 '과학적 경영' 개념을 더 극단적으로 밀어붙인 것이다. 각 개인은 조직화된 시스템 내에서 한 가지 일을 아주 잘할 수 있게 집중해야 한다는 개념 말이다. 100년도 더 전에 테일러는 이미 앞을 내다본 사람처럼 다음과 같이 썼다. "과거에는 사람이 먼저였다. 미래에는 시스템이 우선할 것이다."[13] 그러나 테일러조차 오늘날과 같은 수준의 초전문화는 예견하지 않았다.

우리가 이렇게 전문화에 집착하게 된 근본 원인은 교육체계에 있다. 그리고 그 이야기를 하려면 시간을 꽤 거슬러 올라가야 한다. 1963년에 내 아버지 빌 러브그로브$^{Bill\ Lovegrove}$도 이 주제에 관해 논문을 쓴 적이 있다. 아버지는 교사 및 고등학교 교장선생님으로 뛰어난 커리어를 이어온 분이다. 그 논문에서 아버지는 이렇게 말했다. "대학 입학에 필요한 전문 주제를 집중적으로 공부하게끔 돼 있는 고등학교 교과 과정에 관해서는 오랫동안 많은 사람들이 의구심을 갖고 있었다. 어느 정도의 전문화에 반대할 사람은 없다. 그러나 자기 영역 밖으로 한 번도 나가보지 않은 특수 전문가의 시야가 얼마나 제한적일지를 생각하면 많은 사람들이 섬뜩해한다." 아버지의 논문은 당시 옥스퍼드대학교 입학처장 A. D. C. 피터슨$^{A.\ D.\ C.\ Peterson}$의 말을 인용한다. "지금의 고등학교 교과 과정은 너무 일찍부터 인문학과 과학 사이의 선택을 강요합니다. 진정한 의미의 '보통 교육'을 제공하지 않아요. 뛰어난 청소년들이 도덕적, 미적인 발달 또는 논리적, 경험적인 발달을 이룰 기회를 빼앗습니다. 아무런 정당한 이유도 없이 말이죠."[14]

지난 60년간 특수 전문 교육 및 직업 교육이 계속 발전하는 동안 폭넓은 스펙트럼을 가진 인문 교육은 희생돼왔다. 고도로 전문화된 인도의 교육 시스템(당시 영국 제국주의 통치의 유산) 속에서 성장한 해외정책 평론가 파리드 자카리아$^{Fareed\ Zakaria}$는 이렇게 경고한다. "미국 고등교육을 한곳에 더 치중하고 기술적인 쪽으로 바꾸려는 사람들이 잊지 말아야 할 것이 있다. 역사적으로 독특하고 고유한 면을 가진 미국식 고등교육 자체를 저버리는 일이 될 수 있다는 점이다."[15]

교육 시스템부터 시작해 특수 전문화를 강조하는 경향은 우리 사회를 조직화할 때의 중심 전제로 이미 자리를 잡았다. 우리는 가장 중요한 기관들, 즉 정부와 대기업, 대학, 병원, 학교에서 '깊이'를 우선시한다. 각 기관에서 폭넓은 시야는 거의 찾아보기 어렵고 고도의 특수 전문화를 우대하거나 심지어 '요구'하는 시스템을 만들어냈다. 점점 더 우리는 전문가를 '필요할 때 찾는 존재'가 아니라 '항상 제일 먼저 찾는 존재'로 생각하게 됐다.[16]

이런 집착 때문에 우리는 이미 큰 대가를 치르기 시작했다. 개인적으로도 그렇고 사회적 차원에서도 그렇다. 폭넓은 능력과 관심사를 타고났으면서도 비교적 좁은 삶을 살아가는 사람이 점점 늘고 있다. 그래야 직업적으로도 성공할 수 있고 개인적으로도 만족할 수 있다고 들었고, 그렇게 믿기 때문이다. 이렇게 제한적이고 좁은 시야 때문에 우리 사회는 점점 더 많은 측면에서 기반이 약해지고 손상되고 있다. 고도의 특수 전문가에게 지나치게 의존한 결과다.

한 예로 지금의 금융 시스템은 기술적으로 탁월한 특수 전문가를 중심으로 설계한 것이다. 하지만 2008년 그 전문가들 때문에 하마터면 세계 경제 전체가 무너질 뻔했다. 뒤늦게 우리는 더 폭넓은 경험과 시야를 가진 사람들을 통해 지금 무슨 일이 벌어지고 있고 어떻게 해결해야 하는지 알아내야 했다. 현재 많은 나라에서 정치 시스템은 전문적인 직업 정치인을 중심으로 운영된다. 정치 말고 다른 것을 거의 해본 적 없는 이 직업 정치가들은 일상을 사는 유권자들에게 공감하지 못한다. 또 난관을 딛고 입법을 성공시키거나 어려운 여건 속에서 나라를 통치하는 데 애를 먹는다. 의료, 법률, 회계 그리고 내가 종사하는 경영 컨설팅에 이르기까지 초전문가들이 거침없이 부상하는 직업은 너무나 많지만, 이런 트렌드는 모두를 더 위험하게 만들고 있다.

이것은 잘못된 가정에 기초한, 잘못된 길이다. 과연 이렇게 깊이를 선호해도 괜찮은지, 의문을 제기하는 증거가 속속 늘고 있다. 첫째, 우리는 줄곧 특수 전문가가 지닌 전문성의 가치는 과대평가하고 폭넓은 경험의 중요성은 과소평가해왔다. 그러나 어려운 문제를 예측하거나 해결하는 데 특수 전문가가 더 뛰어날 게 전혀 없다는 것, 심지어 더 못한 경우도 많다는 것을 이제는 수많은 연구 결과가 확인해주고 있다. 우리 운명을 특수 전문가 손에만 맡겨놓으면 불행한 일이 자주 벌어진다. 엔론 파산, 글로벌 경제위기, 딥워터 호라이즌Deepwater Horizon 석유유출 사태, 각국의 국가정보 실패 사례처럼 말이다. 특수 전문가 모형은 목적에 맞지 않을 때가 상당한 것으로 판명됐고, 때로는 가장 심각한 문제를 유발하거나 상황을 악화시키기도 했다. 그래서 회사가 망하고, 산업 전체가 망하고, 나라가 망했다.

둘째, 현대사회가 직면한 복잡하고 다차원적인 문제를 해결하는 데는 넓은 시야로 접근하는 편이 훨씬 낫다. 좁고 깊은 전문화로는 이런 문제를 해결할 수 없다. 전쟁과 평화, 테러, 빈곤, 소득 불평등, 기후변화, 교육, 건강, 소수민족 거주지 치안과 같은 문제는 자기 레인만 왔다 갔다 하면서 수영하는 좁은 기술적 전문가가 해결할 수 없다. 과학과 인문학, 공공정책이 발달할수록 분야를 뛰어넘는 폭넓은 접근이 필요하다. 이런 문제에 대처하려면 특수 전문가의 전문지식도 필요하겠지만, 그것만으로는 결코 충분치 않다. 다양한 경험과 노출을 통해 얻을 수 있는 더 넓은 세계관이 결합돼야 한다.

우리는 사회적 차원에서 다시 한 번 폭넓은 교육과 훈련, 직업 개발, 개인 경험을 강조해야 한다. 그러려면 이런 활동의 방향성이나 조직화 방식에도 조정이 필요하다. 경제학자 존 케이^{John Kay}는 "인문학 교육의 이점이 구닥다리가 되는 일은 없을 것"[17]이라고 했다. 실제로 그는 디지털 시대에 사업이나 자산을 운영하고 고객에게 전문적 조언을 제공할 때 1차적으로 필요한 것은 '종합 능력'이라고 말한다. 현대 기술은 전문지식의 상당 부분을 사실상 '상품'으로 만들었다. 변화하는 세상에서 겨우 몇 년이면 필요 없어질 특수 전문기술에만 초점을 맞추는 것은 실수다. 어떤 모습이 될지 예측도 가정도 불가능한 미래 세상에서는 오히려 보람 있는 직업과 충만한 삶을 목표로 삼아야 한다. 케이는 이렇게 말한다. "그 미래 세상에 관해 우리가 아는 것이라고는 비판적으로 사고하고, 수치를 보고 판단하고, 산문을 짓고, 면밀히 관찰하는 능력이 지금만큼이나 유용할 것이라는 점뿐이다."

하버드대학교 총장 드루 파우스트^{Drew Faust}도 같은 생각이다. 그녀는 전 세계 정치 지도자의 절반 이상이 인문학과 사회과학 전공임을 지적한다. 그리고 비즈니스 리더의 75퍼센트가 업무에서 가장 중요한 능력으로 꼽은 '분석하고 소통하고 글 쓰는 능력'이 바로 "인문학의 핵심 능력"이라고 말한다.[18] 그녀는 이렇게 덧붙인다. "그럼에도 이런 능력을 키워주는 인문학 교육이 공격당하고 있다. 입법자들은 인류학, 예술사, 영문학 학위를 비실용적인 것으로 치부한다. 전국 대학과 대학원의 인문학 전공 학과들이 보조금 삭감 위협을 받고 있는 와중에 국회의원들은 2016년 공화당 예비선거에서 마르코 루비오^{Marco Rubio} 상원의원이 그랬던 것처럼 '용접공은 더 많이, 철학자는 더 적게'

배출하라고 요구한다."

셋째, 대부분의 사람은 선택권이 주어지면 폭넓은 삶을 개인적으로 더 선호하는 것이 분명하다. 대부분의 사람들에게 '폭넓고 다방면에 걸친 삶'이라는 콘셉트는 직관적으로 이미 매력적이다. 만약 그토록 한정된 특수 전문화 교육을 받지 않았더라면 우리는 당연히 그렇게 살았을 것이다. 사람은 본능적으로 많은 것에 흥미를 느낀다. 다른 모든 것은 배제하고 오로지 하나에만 집중하고 싶어 하는 사람, 외골수가 되고 싶어 하는 사람은 거의 없다. 관심과 열정이 이끄는 대로 따라가 어떻게 되는지 지켜보는 것이 훨씬 즐겁다. 시인 로버트 트위거가 말한 것처럼, 우리는 본능적으로 넓은 관심사를 타고났고 많은 것에 관심을 쏟을 때 최고의 모습이 된다. 우리는 특이한 것, 예상하지 못한 것을 적극 받아들이고 새로운 경험을 찾으며, 처음 보는 것에 빠져들고 우연히 발견한 놀라운 것에 기뻐한다.

그래서 이 책에서는 개인적으로나 또 단체 및 사회를 위해서나 폭넓은 삶이 더 좋은 경우가 많다는 얘기를 하려고 한다. 그리고 직업적 성공이나 개인적 만족을 위해서도 폭넓은 삶이 실용적 선택이 될 수 있다는 얘기를 할 것이다. 폭넓은 지적 발달과 직업 개발을 사회적 차원에서 더 강조해야만 이 시대의 가장 심각한 문제를 해결할 수 있다. 폭넓은 성향을 타고난 수많은 유능한 사람들이 영향력과 성취에 대한 개인적 열망을 이루지 못하도록 방해하는 '정신적 수갑'을 끊어내야 한다. 그리고 개인적 차원에서 폭을 넓히는 방향으로 더 많은 선택을 내려야 한다. 다양한 교육과 경험을 적극 받아들인다면 누구나 놀라운 인생과 커리어를 누릴 수 있기 때문이다.

폭넓은 사람이 되는 법

1963년 존 F. 케네디는 미국이 10년 내에 달에 갈 거라고 선언하면서 그게 쉬워서가 아니라 '어려워서' 목표가 된다고 했다. 표현을 살짝 바꿔보면, 우리가 폭넓은 삶을 택하는 것도 그게 쉬워서가 아니라 '어려워서'다. 지금과 같은 세상에서 폭넓은 삶을 살며 원하는 결과까지 얻기란 쉬운 일이 아니다. 그 길에는 온갖 도전과 함정이 놓여 있다. 폭넓은 삶을 살기로 방향을 정했다면 남들보다 더 복잡한 타협에 직면하게 될 것이다. 어려운 도덕적, 윤리적 갈등을 해결해야 하고 더 많은 주제와 분야를 적어도 이해 가능한 수준까지 익혀야 한다. 더 많은 능력을 개발하고 활용하며 더 많은 사람을 만나고 알아가면서 서로 지원해줄 수 있는 네트워크를 구축해야 한다. 더 많은 상황을 이해하고 거기에 적응해야 할 뿐만 아니라, 더 다양하고 복잡한 일이 생길 것을 각오해야 한다.

처음에는 영국에서, 그다음에는 미국에서 총 30년 이상을 매킨지의 컨설턴트 및 임원으로 활동하면서 나는 수많은 고객과 동료, 친구가 이런 문제로 씨름하는 것을 봤다. 또 나 자신도 같은 문제를 붙들고 씨름했다. 나는 비즈니스 세계 말고도 정부, 학계, 비영리 부문의 안팎에서 활동하며 사람들이 어떤 어려움에 직면하고 어떤 종류의 사람들을 상대하는지 지근거리에서 목격할 수 있었다. 그 과정에서 사람들이 깊이에 대한 '필요'와 폭넓음에 대한 '열망' 사이에서 느끼는 딜레마가 얼마나 심각한지도 알게 됐다. 이 책을 쓰기 위해 조사를 진행하면서 나는 200명이 넘는 사람들을 인터뷰했다. 이 뚜렷한 딜레마에 관해 최소한 부분적인 해결책이라도 찾아낸 사람이 많이 있었다. 그들은 깊이가 지닌 명백한 이점을 과도하게 희생하지 않으면서도, 폭넓은 방향으로 삶을 써나가고 있다.

이 책은 폭넓은 삶이 왜 좋은지에 대한 이야기뿐만 아니라 어떻게 하면 그렇게 살 수 있는지 이야기할 것이다. 조사를 해보니 모두가 부러워하는 인생과 커리어를 써나가도록 도와주는 여섯 가지 기술이 있었다. 바로 '모자이크 원리를 구성하는 여섯 개의 조각'이다.

도덕적 나침반

폭넓은 삶을 살려면 흔히 둘 이상의 영역에서 활동해야 한다. 그 영역들은 자주 상충하는 것처럼 보일 수 있고, 때로는 실제로 상충할 수도 있다. 정부와 기업, 비영리 부문을 오가는 커리어를 쌓고 싶을 때 생기는 어려움이 바로 그런 경우다. 이들 영역을 오가는 사람에게는 사회에 대한 영향력을 넓히고 스스로를 계발하는 것처럼 나름대로 충분히 좋은 의도가 있다. 하지만 사람들은 왜 그렇게 다른 영역으로 옮겨 다니느냐고 의심하기도 하고 심지어 불순한 동기가 있는 것은 아니냐고 공격하기도 한다.

살면서 하고 싶은 일이 여러 가지일 때는 어떻게 조화시켜야 할까? 이해관계가 상충하는 것처럼 보이거나 윤리적 딜레마를 만났을 때에는 어떻게 해야 할까? 이럴 때 도덕이라는 확실한 나침반이 있으면 판단이 훨씬 쉽다. 그 나침반이 일종의 윤리적 방향 탐지기가 되어 언제든 가장 도움이 되는 길을 택하게 도와줄 것이기 때문이다. 내면으로부터 나올 수밖에 없는 이 도덕적 나침반은 달라진 환경과 가치 체계에 적응하게 해줄 것이고, 완전히 다른 분야로 갈아탈 때에도 전혀 딴판의 사람이 되지 않도록 막아줄 것이다. 또 내가 가진 '동기들'을 이해하고 평가하고 조화시키게 해줄 것이고, '동기의 지도'를 따라 길을 찾을 수 있게 도와줄 것이다.

그 지도에는 당신의 욕망이 드러날 것이다. 사회적으로 도움이 되는 일을 하고 싶고, 관심 있는 대의명분을 옹호하고, 중요한 문제에 힘과 영향력을 행사하고, 사회를 변화시키고, 자신과 가족을 위해 부를 창출하고, 잘 맞는 동료들과 함께 재미있는 일을 하고 싶은 욕망 말이다. 우리한테는 튼튼하고 내구성 있는 도덕적 나침반이 필요하다. 이 '동기의 지도'를 따라 길을 찾아가는 것은 순간으로 끝날 일이 아니라 일생의 과업이기 때문이다. 특히 여러 동기들 사이의 상대적 무게감은 시간이 지남에 따라 바뀔 수밖에 없다. 어릴 때 나는 돈 버는 것에 하등 관심이 없었지만 나중에는 관심이 생기더라!

지식의 중심축

폭넓은 삶을 살려고 할 때 가장 큰 리스크는 '팔방미인이지만 제대로 하는 건 하나도 없는' 사람처럼 비치는 것이다. 그렇게 되면 더 이상 나를 찾는 전화는 걸려오지 않을 것이다. 어느 한 분야에서도 '믿고 찾을 수 있는 사람'이 아니기 때문이다. 그렇다면 폭넓은 삶이라는 틀을 유지하면서도 쓰임새 있는 지식과 능력을 확실히 갖출 수 있는 방법은 무엇일까?

튼튼한 지식의 중심축으로 폭넓은 경험을 뒷받침할 때 성공할 확률이 더 높아지는 것은 분명하다. 이때 말하는 '지식의 중심축'이란 완전히 다른 분야로 옮겨 가더라도 가지고 갈 수 있는 지식 또는 능력을 말한다. 이른바 'T자형 접근법'이라는 것을 채용하면 살면서 갈팡질팡할 위험을 피할 수 있다. T자형 접근법의 핵심은 한 가지 영역에서 나의 '주제'가 될 진짜 전문성을 키운 다음('T자'에서 세로축), 그것을 폭넓은 상황에 걸쳐 응용하는('T자'에서 가로축) 것이다. 또한 폭넓은 경험(가로축)에서 배운 교훈은 다시 나의 전문 분야(세로축)에 적용하면 된다.

T자형 접근법과 관련해서는 나중에 세 사람의 사례를 살펴볼 것이다. 데이비드 헤이스[David Hayes], 캐럴 브라우너[Carol Browner], 로저 샌트[Roger Sant]는 에너지와 환경 문제에서 지식의 중심축을 발전시킨 사람들이다. 이들은 서로 다른 시기에 각각 다른 방법으로 이 전문성을 활용했다. 정부에 적용해 정책 솔루션을 설정하고 시행했고, 기업에 적용해 막대한 사업을 일으켰으며, 비영리부문에 적용해 뚜렷한 목표를 가진 기관을 만들고 환경보호 운동을 강력히 추진했다. 당신도 이렇게 T자형 접근법을 취한다면 넓이가 가진 이점을 누리면서 초점과 일관성을 유지할 수 있다. 어설픈 아마추어가 되는 일을 피하면서 화력을 집중할 수 있다.

응용 가능한 능력

사업을 성공적으로 운영하는 능력이나 사회경제적 문제에 대한 정책 솔루션을 개발하는 능력 같은 것은 그 성격상 한 가지 여건에서만 발휘된다. 이와는 달리, 여러 여건에서도 발휘될 수 있는 능력을 개발하려면 방법도 달라야 하고 과정도 더 어렵다. 그러나 폭넓은 삶을 살고 싶다면 반드시 충족시켜야 할 요구조건이기도 하다. 서로 다른 상황을 오갈 때 가지고 갈 수 있는 응용 가능한 능력을 개발해야 한다.

이 책에서는 응용 가능한 여러 능력 중에서도 다양한 상황에서 성공하는 데 중요한 능력들에 관해 이야기할 것이다. 그중에는 조직의 방향을 규정하고 눈에 보이는 문제를 해결하는 툴이나 테크닉, 방법론 같은 '왓 스킬what skill'도 있고, 어떤 상황에서든 조직의 변화를 추진하는 방법인 '하우 스킬how skill', 달라진 환경에서 사람들에게 다가가고 의욕을 불어넣고 팀을 이끄는 '후 스킬who skill'도 있다. 그중에서도 가장 중요한 능력은 '나 자신을 리드하는 능력'이다. 왜냐하면 폭넓은 방향으로 인생을 써나가려면 개인적 여정이나 직업적 여정을 자세히 그려본 후, 어떤 선택지가 있는지 확인하고 결정을 내려야 하기 때문이다.

이 책에서는 이런 능력들을 종합해 한 분야에서 다른 분야로 성공적으로 이동한 사람들의 이야기도 다룰 것이다. 그중에는 군대 리더에서 기업 리더가 되거나 또는 그 반대인 경우도 있고, 기업을 경영하다가 정부기관을 운영하거나 그 반대인 경우, 또 자원봉사활동을 하다가 기업으로 옮겼거나 종교에 종사하다가 정부로 옮겨 간 경우도 있다. 기업에서의 능력을 정치 세계로 옮겨 가는 것이 왜 가장 어려워 보이는지에 관해서도 이야기할 것이다.

인적 네트워크 확장

고도의 특수 전문가는 한 가지 분야에서 인간관계나 인맥을 구축하는 데 자원을 집중할 가능성이 크다. 그렇기 때문에 실제로 많은 사람이 자신의 경험과 활동범위의 제약 내에서 상당히 좁은 인적 네트워크를 갖고 있다. 네트워크를 넓히겠다는 결심을 하고 단계적으로 접근하지 않는다면 깊고 좁은 네트워크의 포로가 되어 영영 깨고 나오지 못할 수도 있다.

인적 네트워크를 확장하고 활용할 수 있는 방법으로 내가 제안하는 것은 세 가지다. 첫째, 더 폭넓고 협업적인 방식으로 문제를 해결할 수 있는 네트워크를 구축하는 방법이다. 그러면 다양한 출처의 통찰과 시각을 활용할 수 있다. 둘째, 별생각 없이 자신과 비슷하게 생기고 말하고 생각하는 사람을 찾지 말고, 네트워크 전반에 걸쳐 다양성을 가진 사람들로 폭넓은 팀을 구성하는 방법이다. 한 예로 에이브러햄 링컨이나 시어도어 루스벨트, 버락 오바마 같은 미국 대통령들은 내각을 구성할 때 '라이벌로 구성된 팀'을 꾸렸다.[19] 셋째, 폭넓은 커리어 선택을 가능하게 해주는 네트워크를 구축하는 방법이다. 왜냐하면 빈자리가 생기면 대부분 기존 네트워크 내에서 사람을 찾아보기 때문이다.

상황지능

폭넓은 인생을 만들어가려면 달라진 직업 환경이나 생활환경에 효과적으로 적응해야 한다. 새롭고 낯선 상황을 빠르게 파악하고, 나의 접근법이나 언어 사용을 조정하고, 해당 상황에 딱 맞는 방법론을 찾아내야 한다. 새로운 상황에 적응하는 능력은 우리 DNA에 새겨져 있다. 실제로 이 능력은 생물학적으로, 사회적으로 우리가 진화해오는 과정에서 없어서는 안 될 필수적 요소였다. 그렇기 때문에 태어날 때부터

우리가 폭넓은 것들을 그토록 열망하는 것이다. 스스로 타고난 상황지
능^{Contextual Intelligence}을 위축시키지만 않는다면, 이미 아는 것에만 자족하
지 않는다면 폭넓게 사는 것은 당연한 우리의 운명이다.

상황지능 덕분에 우리는 새로운 상황이나 도전에도 도움이 되는 쪽
으로 빠르게 적응할 수 있다. 하버드대학교 로널드 하이페츠^{Ronald Heifetz}
교수는 이렇게 말한다. "이 세상에서, 정치나 비즈니스에서 우리는 늘
적응적 도전에 직면한다. 그때마다 우리는 새로운 방법을 배워야 한
다."[20] 이 책은 어떻게 하면 달라진 상황이 요구하는 것들을 충족시킬
새로운 방법을 배울 수 있는지, 어떻게 하면 적응적 도전을 성공적으
로 해결할 수 있는지 그 방법을 알려줄 것이다.

준비된 마음

마지막으로 폭넓은 삶의 가장 큰 이점 중 하나는 '선택의 폭'이 넓다
는 것이다. 다양한 선택의 여지가 생기고, 이전에 무엇을 했든 제약을
덜 받으며, 내 인생과 커리어의 선택을 남에게 덜 의존하게 될 것이
다. 하지만 이것은 뒤집어 말하면, 더 넓고 복잡한 선택과 타협을 해
야 하고 남들이 가지 않은 길을 가야 할지도 모른다는 의미다.

폭넓은 삶이 주는 이점은 취하고 리스크는 피하려면 루이 파스퇴르
^{Louis Pasteur}의 유명한 말을 지침과 자극으로 삼을 수 있다. "기회는 준비
된 자만을 돕는다."[21] 내가 만나보고 인터뷰했던 성공한 사람들 중에
서 폭넓은 인생 계획이나 커리어 계획을 미리 세워놓았다고 인정하는
사람은 거의 없다. 보통은 "그냥 그렇게 됐어요"라고 말한다. 거의 우
연인 것처럼 폭넓은 인생이 펼쳐졌다고 말이다.

하지만 알고 보면 그들은 중요한 결정을 내릴 수 있게끔 실제로 준비를 해왔다. 예컨대 정부에 들어가기 위해 일정 기간 비교적 금전적 희생을 감수할 수 있다거나, 학계에서 지적인 배터리를 재충전하기 위해 대중의 스포트라이트로부터 한 발 벗어난다거나, 가족을 위한 돈을 벌기 위해 공익을 향한 열망을 잠시 미뤄두는 선택을 내릴 수 있도록 말이다. 미리 의사결정의 규칙을 갖고 있는 사람들도 있다. 이를테면 "내가 지지하는 정당이 집권하면 정부에 들어가겠다"라거나 "몇 년마다 나 자신의 폭을 넓히고 새로운 기운을 주입하도록 변화를 주겠다"라고 결심하는 것이다. 다시 말해 이런 사람들은 폭넓은 삶을 위한 기회나 도전에 대비해 경제적으로, 지적으로, 정서적으로 준비돼 있다.

나는 넓이인가, 깊이인가

이 모든 것이 우리와 무슨 관계가 있을까? 넓이를 택할지, 깊이를 택할지, 또는 어느 쪽을 더 많이 추구할지 묻는 질문에 어떻게 접근해야 하는 걸까? 이게 왜 중요할까? 먼저 현재 내가 넓이-깊이 스펙트럼의 어디에 위치하는지 알면 여러모로 도움이 된다. 나의 '기준선'은 어디인가? 나는 폭넓은 쪽으로 타고났는가, 아니면 본능적으로 깊이 쪽으로 기우는가?

이것을 알아볼 수 있는 과학적으로 증명된 방법은 없지만, 대략적으로나마 자기 평가를 통해 타고난 성향과 사고방식, 태도를 가늠해

볼 수 있다. 다음의 문장을 읽고 각각 '예', '아니오'로 답해보라. 나에게 가장 정확하게 해당하는 것을 고르면 된다.

01 —— 나는 몇 가지에 관해 많이 아는 것보다, 많은 것을 조금씩 아는 편이 좋다.

02 —— 나는 한 가지를 뛰어나게 잘하기보다는 많은 것을 적당히 잘한다.

03 —— 나는 정규 교육과정에서 겉보기에 무관한 주제와 과목들을 공부하는 것을 좋아했다.

04 —— 나는 커리어에서 다양한 일을 해보는 데 관심이 있다.

05 —— 나는 직업적으로 다양한 분야에서 일해보고 싶다.

06 —— 나는 일 외에도 여러 개인적 관심사를 추구한다.

07 —— 나는 다양한 주제의 글을 널리 읽는 것을 좋아한다.

08 —— 나는 기회가 있을 때마다 개인적으로 새로운 경험을 해보려고 한다.

09 —— 나는 개인적으로나 직업적으로나 타고난 모험가다.

10 —— 나에게는 온갖 종류의 전공과 경험을 가진 친구들이 있다.

11 —— 나는 새롭고 낯선 것에서 에너지를 얻는다.

12 —— 나는 익숙하지 않은 주제에 관해 내가 상대적으로 무지해 보이는 것을 개의치 않는다.

13 —— 나는 다양한 이슈에 대해 영향력을 행사하고 싶다.

14 —— 나는 내 안전지대를 벗어났을 때 최고의 성과를 낸다.

15 —— 나는 잘 모르는 곳이라고 해도 새로운 환경에 자연스럽게 잘 적응한다.

16 —— 나는 새로운 나라를 방문하고 새로운 문화를 이해하는 것이 좋다.

17 —— 나는 때때로 내 인생에 큰 변화를 주고 싶다.

18 —— 나는 논의되는 주제를 잘 모를 때조차 다양한 대화를 나누는 것이 좋다.

19 —— 나는 낯선 주제를 다룰 때 빠르게 배우는 편이다.

20 —— 나는 한 가지에 너무 오래 집중하면 금세 지루해한다.

다시 한 번 말하지만, 이것은 과학적인 조사는 아니다. 하지만 '예'라는 답이 많을수록 아마도 폭넓은 성향을 타고난 사람일 것이다. 가만히 내버려둔다면 스펙트럼에서 넓이 쪽으로 기울어질 가능성이 크고, 경험의 폭을 좁히기보다는 넓힐 수 있는 일을 하고 있을 때 가장 행복하고 만족스러울 것이다. (솔직히 밝히면 나는 거의 모든 문항에 '예'라고 답했다. 특히나 쉽게 지루함을 느끼고 무지한 것에 개의치 않는다는 항목은 확실히 '예'이다!)

폭넓은 성향은 '내성적, 외향적'처럼 타고난 성격 유형이라고 말하기 어렵다. 심리학적으로 그만큼 연구가 되지도 않았다. 1920년대 칼 융Carl Jung부터 시작해 선천적으로 내향성인지 외향성인지, 또는 그 스펙트럼 위 어디쯤인지를 좀 더 확실히 평가하기 위한 연구법과 연구 툴은 수없이 개발됐다. 《콰이어트》에서 수전 케인Susan Cain이 말한 것처럼, 이 스펙트럼의 두 극단 중간에 있는 사람들을 가리키기 위해 심지어 '양향성'이라는 복합적 단어까지 나왔다.[22] 과학적으로 이렇게 나누는 기저에는 태어날 때부터 우리가 내향성과 외향성 사이의 스펙트럼 어디엔가 위치하고, 조금씩 그 스펙트럼 위에서 조정될 수도 있다는 가정이 깔려 있다. 하지만 '타고난 내향성'인 사람이 온전히 외향성이 된다거나, 그 반대 경우를 찾기는 매우 어렵다.

그러나 넓이-깊이의 스펙트럼은 이와는 다르다. 심리학적으로 보면 우리 대부분은 폭넓은 사람으로 태어난 것이 확실하다. 믿기 힘들다면 어린아이나 아장아장 걸어 다니는 아기들이 노는 것을 한번 지켜보라. 아기들은 모든 것에, 특히 낯선 것에 흥미를 느낀다. 하지만 그 흥미가 오래가는 경우는 드물다. 아기들의 가장 큰 특징은 맹렬한 호기심이고, 낯선 것에도 곧잘 겁 없이 덤벼든다. 아이를 데리고 나갔을 때 우리가 아이의 손을 꼭 잡고 다니는 이유도 그 때문이다. 아이가 또 뭔가 새로운 모험을 찾아 휙 뛰쳐나가지는 않을까 겁이 나는 것이다. 위험할수록 아이들은 더 좋아한다. 그러나 시간이 지나면 사람들은 대부분 서서히 익숙한 것을 전문으로 하는 쪽으로 선택을 내린다. 학교에서, 대학에서, 직업 선택에서, 직장을 바꾸면서, 개인적인 호기심과 가족과의 관계에서도 말이다.

문제는 그 길을 어디까지 가야 하느냐는 것이다. 만약 계속해서 어린아이처럼 이것저것 다 해보려고 하고 다양한 관심사를 유지한다면 우리는 제대로 생활도 못하고 비참한 처지가 될 것이다. 나이가 들고 더 똑똑해질수록 관심이 가는 영역은 기하급수적으로 늘어날 텐데 그 중에서 선택을 내리지 않는다면 우리는 미쳐버리고 말 것이다. 하지만 점점 더 계속 한쪽으로 특화하는 쪽으로만 선택을 내린다면 언젠가는 내가 파놓은 깊이에 갇혀 꼼짝 못 하게 될 것이다. 선택권은 점점 제한되고 시야는 좁아지며, 환경에 따라 적응하고 변화하는 능력은 줄어들어 있을 것이다.

깊이보다 넓이가 좋다고 선언하라

모자이크 원리를 구성하는 여섯 가지 조각은 누구나 쉽게 내 것으로 만들 수 있다. 우리의 타고난 능력과 성격을 바탕으로 발달시키는 것이기 때문이다. 이 여섯 조각은 우리 안의 본능 중에 더 좋은 면을 반영해 우리가 되고 싶은 바로 그런 사람이 되게 해준다. 모자이크 원리를 자신의 핵심 특징으로 만든다면 모두가 부러워할 인생과 커리어를 만들 수 있는 기초가 마련된다. 이 책의 목적은 바로 그 과정을 돕는 것이다.

지금 당신은 폭넓은 만능인과 고도의 특수 전문가 사이의 스펙트럼 어디쯤에 살고 있을 것이다. 살면서 언제든지, 특히나 어릴 때에는 스펙트럼의 이쪽저쪽으로 옮겨 갈 수 있는 선택권이 있다. 그렇다고 해도 어느 한쪽 극단으로 가지는 않을 테고 그때그때 가장 잘 맞는 최적점을 찾을 것이다.

이 책의 후반부에서는 우리에게 '넓이의 최적점'이 어디인지 찾아본다. 극단적 넓이와 극단적 깊이 사이의 스펙트럼에서 나에게 가장 이상적인 지점 말이다. 고도의 특수 전문가 기질을 타고난 사람조차도 특정한 환경에서는 폭넓은 접근법을 취할 수도 있다. 특히나 정말로 중요한 목표를 추구할 때라면 더욱 그렇다. 우리는 또 '내 넓이의 한계점'도 찾아볼 것이다. 폭넓음에 대한 욕망이 자연적인 한계에 달하는 지점이자, 더 이상은 나가봤자 나의 이해를 벗어나는 지점이다. 이 한계를 벗어나면 어설픈 아마추어가 될 위험이 있다. 딱 위험할 만큼만 알 뿐이고, 원하는 결과를 얻기에는 지식의 중심축이 모자란다.

응용 가능한 능력이 더 이상 응용되지 않고, 네트워크의 확장도 더 이상은 소용이 없다.

폭넓은 인생을 바란다는 말은 완전히 새로운 선택, 인생을 바꿀 수도 있는 커리어 선택을 생각해본다는 뜻이다. 나의 관심 분야, 활동 분야라는 포트폴리오를 확장한다는 뜻이고, 현재와 다르고 심지어 이질적이기까지 한 환경 속에 주기적으로 들어가 본다는 뜻이다. 나 자신의 삶과 나를 둘러싼 주위 사람들의 삶을 바꾼다는 뜻이기도 하다. 예컨대 아내와 나는 2006년 런던에서 워싱턴으로 이주할 결심을 했다. 사내에서 내가 경영진에 합류할 좋은 기회가 있었던 것이다. 더불어 우리 가족에게도 삶의 폭을 넓힐 기회였다. 그 결정으로 우리는 아내와 나의 삶만이 아니라 우리 네 자녀의 삶까지 영원히 바뀌는 선택을 했다.

그러나 늘 이렇게 큰 선택만 있는 것은 아니다. 열망하는 폭넓은 삶을 살려면 날마다, 주마다, 달마다 작은 결정을 내려야 한다. 폭넓은 삶을 위해 지금 이 자리에서 경험과 시야를 넓힐 수 있는 결정들 말이다. 예컨대 비영리사업에 자원봉사자로 참여할 수도 있고, 새로운 언어나 기술을 배울 수도 있고, 악기를 연주하거나 그림을 그릴 수도 있다. 삶의 다른 길을 걸어볼 방법은 이 외에도 수없이 많다. 그렇게 수없이 많은 작은 선택이 축적되어 폭넓고 놀라운 인생과 커리어를 향한 길이 만들어진다. 주변이 넓어지고 나라는 사람의 '정의'가 확장된다.

퓰리처상을 받은 르네상스 역사서 《1417년, 근대의 탄생》에서 스티븐 그린블랫Stephen Greenblatt은 "세상이 어떻게 현대화됐는지" 탐구한다.[23] 그러면서 특히 르네상스 시대의 선구자들이 "지금과 같은 의미의 휴머니즘, 행복한 의미의 탐구"를 만들어냈다고 말한다. 그의 이야기의 중심에는 루크레티우스의 2,000년 된 시 〈사물의 본성에 관하여 De rerum natura〉가 있다. 이 시는 "인간이 할 수 있고 해야 하는 것은 (⋯) 자신의 공포를 정복하고, 자신이나 자신이 마주치는 모든 것들이 지나가는 것에 불과함을 인정하고, 세상의 아름다움과 기쁨을 끌어안는 것"이라고 말한다.

그린블랫은 14세기에 이 시를 재발견한 것이 그가 '스워브 swerve'라고 부르는 것에 이바지했다고 말한다. 스워브란 예상치 못했고 예측 불가한 사물의 움직임이다. 아름다움과 기쁨을 정당하게 추구해도 되는 가치 있는 것으로 인정한 덕분에 르네상스 시대 수많은 천재들의 탁월한 업적이 나올 수 있었다. 레오나르도 다빈치의 과학 및 기술 발명, 갈릴레오 갈릴레이의 천문학 관련 폭로, 프랜시스 베이컨의 연구, 리처드 후커의 신학, 심지어 마키아벨리가 정치 전략의 권모술수를 조사하게 된 것도 그 영향이었다. 그 무엇보다 탁월한 업적은 르네상스 시대의 예술적 결과물이다. 그림, 조각, 음악, 건축, 문학 등은 최고의 아름다움을 구현해냈다. 그린블랫은 이렇게 말한다. 이 스워브 덕분에 "쉽지는 않았지만, 시인 오든 W. H. Auden의 시구에서도 이제 인간 세상을 볼 수 있게 됐다. 표현할 수 없는 개성 때문에 또는 다재다능하다는 이유로, 또는 호기심이 강하다는 이유로 사람을 칭찬할 수도 있게 됐다".

르네상스는 인간의 역사에서 용기와 자극이 되는 경이로운 시기였다. 그러나 한 가지 다소 안타까운 점을 남겼는데, 바로 우리가 '르네상스인'이라는 용어를 쓰게 된 것이다. 그때 이후로 이 용어는 점차 혼자서도 의미 있고 영향력이 있으며 폭넓고 다채로운 삶을 영위할 수 있는 비범한 인류를 가리키는 말로 사용됐다. 요즘에는 이 말을 그토록 남다른 사람들을 평범한 사람과 구분하고 싶을 때 주로 사용한다. 마치 그들은 타고난 종이 다른 인류이고, 나머지 우리는 우리가 만들어놓은 박스 속으로 되돌아가야 할 것처럼 말이다.

하지만 오히려 거꾸로는 아닐까? 그들의 비범함이 주로 그들이 그렇게 폭넓고 다양한 삶을 영위하기로 선택한 덕분이라면? 기꺼이 그렇게 다양한 관심을 기울이려고 했기 때문에 넓은 분야에서 비범한 능력을 쌓을 수 있었다면? 원인과 결과가 바뀐 거라면? 공공연하게 폭넓은 것에 관심이 있다고 밝힌 것이 먼저이고, 그 덕분에 뒤이어 놀라운 인생과 커리어가 가능해졌다면?

'르네상스인'이라고 부르고 싶어지는 폴 파머 같은 사람은 심리학자 캐럴 S. 드웩Carol S. Dweck이 '성장형 사고방식'이라고 정의한 것을 보여주는 좋은 예다.[24] 성장형 사고방식이란 '나 자신에 대한 일련의 믿음'으로서 우리가 삶을 영위하는 방식에 깊은 영향을 준다. 이런 사고를 가진 사람은 타고난 자질을 개척하고 개발하고 실제로 바꿀 수도 있다고 믿으며, 그렇게 때문에 정해진 듯 보였던 것과는 다른 방향으로 삶이 진행될 수도 있다고 생각한다. 이것은 '나는 나'일 뿐 거기에 내가 할 수 있는 일은 별로 없다고 생각하는 '고정된 사고방식'과 대조를 이룬다.

드웩이 말하는 것처럼 이런 사고방식의 차이는 삶의 태도에도 큰 영향을 준다. "내 자질이 고정불변이라는 신념은 수많은 생각과 행동으로 이어진다. (…) 내 자질을 개척할 수 있다는 신념은 그와 다른 생각과 행동으로 이어져 완전히 다른 길을 가게 한다." 그녀는 이렇게 덧붙인다. "사람들은 재능, 적성, 관심, 기질 등등 모든 면에서 각양각색이지만 누구나 노력과 경험을 통해 변화할 수 있다."

실제로 파머와 같은 사람들은 '폭넓은 사고방식'의 전형이다. 낯설고 때로는 전혀 무관한 영역으로 자신을 확장하려는 열정이 넘친다. 그런 사람들이 바로 이 책의 전제를 잘 보여준다. 폭넓은 삶은 '저절로 일어나는 일'이 아니라 스스로 '만드는 것'이라는 점 말이다. 폭넓은 삶을 만들려면 일련의 크고 작은 선택을 해야 한다. 시간이 지나면 그 선택들이 모여서 놀라운 인생과 커리어를 만들어준다. 그리고 이 것은 비범한 소수의 사람들, 이른바 '르네상스인'에게만 한정되는 일이 아니다. 누구라도 넓이가 더 좋다고 선언하기만 하면 기회는 열려있다.

이제 막 시작된 21세기를 살아가는 우리는 넓이가 주는 다양한 선물을 누릴 수 있게 개성, 다재다능, 강한 호기심을 향한 또 다른 '스워브'를 선언해야 한다. 그러지 않는다면 우리는 깊이라는 위험에 쓸데없이 과도하게 노출될 것이다.

2 _____ 깊이와 넓이

_____ 폭넓은 방향으로 스워브를 선언하라

내가 있어서 세상이 조금이라도 더 좋아진다면 한없이 기쁠 것이다. 온몸을 던져 사람과 짐승에게 여유와 관용, 자비, 절제, 평화, 친절을 베푼다면 뭔가 이뤄질지도 모른다. 모두가 강편치를 날릴 수는 없지만, 작은 두드림이라고 해서 무의미하지는 않다.

아서 코난 도일 경, 《스타크 먼로의 편지》The Stark Munro Letters〉

깊이의 함정에 주목하라

글로벌 금융위기[1]가 임박했다는 것을 처음으로 어렴풋이 느낀 것은 2005년 여름이었다. 금융위기가 실제로 세계 경제 시스템을 거의 초토화시켜놓기 3년 전이다. 나는 동료 한 명과 평범한 대화를 나누고 있었다. 그는 금융회사 자문을 전문으로 하는 친구였다. 그 친구는 우리 회사가 '서브프라임 모기지 대출 공간'에서 벌이고 있는 놀라운 일에 관해 이야기하기 시작했다. 나중에 나의 양심에 깊이 박힌 그 용어를 처음으로 들은 날이었다. 그 친구가 말했다. "정말 놀라워. 경제 통계 알고리즘이 어찌나 정교해졌는지 이제는 대출기관이 사실상 담보라고 할 만한 게 아무것도 없는 사람한테까지 대출을 해줄 수 있다니까. 소득이라고 할 만한 게 제대로 없는 사람들한테까지도 말이야. 앞으로는 이게 금융업계의 성장과 수익성을 주도하게 될 거야."

그때 나는 이 말이 좀 놀랍고 이상하다고 생각했다. 하지만 솔직히 그 이상 깊이 생각해보지는 않았다. 나는 금융 분야에 똑똑한 사람이 많다고 생각했고, 우리 회사의 금융기업팀에서 일하는 동료들도 의심할 여지없이 영리하고 경험 많은 사람들이었다. 그러니 어련히 알아서 잘들 할까 생각했던 것이다. 특수 전문가들이 서브프라임 모기지나 그것을 뒷받침하는 수많은 금융상품에 아무 문제가 없다고 생각한다면 나로서는 더 의심해볼 이유가 없었다. 무엇보다 그들은 하루 종일 그 문제만 생각하는 사람들이 아닌가? 그들의 전문 분야이지, 내 분야는 아니었다. 내가 뭘 알아서?

물론 나만 그랬던 것은 아니다. 21세기 초 거의 모든 똑똑한 사람들 그리고 몇몇 똑똑하지 않은 사람들마저 죄다 이 금융 서비스 업계의 '오르기만 할 것처럼' 보이던 모멘텀을 믿었다. 그때 시티그룹의 CEO 였던 척 프린스Chuck Prince만이 유일하게 그 당시 확산되고 있던 여론을 전달했다. 2007년 7월 8일 그는 유명한 말을 남겼다. "음악이 멈추면 그제야 다들 당황할 것이다. 하지만 아직 음악이 흘러나오는 동안에는 일어나 춤을 춰야 한다. 우리는 아직도 춤추는 중이다."[2]

2008년 여름이 되자 금융위기 초기 단계가 착착 진행되고 있었다.

그게 어느 정도 규모가 될지는 아직 잘 몰랐지만 말이다. 2008년 3월에서 9월 사이에 미국의 대형 금융회사 여덟 곳이 파산했다. 베어스턴스Bear Stearns를 필두로 다음은 인디맥IndyMac, 파니메이Fannie Mae, 프레디맥Freddie Mac이 뒤따랐고, 아마도 가장 컸던 것은 리먼브라더스Lehman Brothers, AIG, 워싱턴뮤추얼Washington Mutual, 와코비아Wachovia일 것이다. 지금은 너무나 잘 알듯 이 여파는 마치 전염병처럼 전 세계 금융업계로 번져 나갔다. 당시 미국 재무부의 2인자였던 밥 스틸Bob Steel이 "금융계의 광우병"이라고 부를 만했다. 2007년 7월에서 2009년 2월 사이에 유럽 10개국 20개 이상의 은행이 금융구제를 받았다. 나랏돈이 대량으로 수혈됐고, 소유권의 일부 또는 전부가 정부로 넘어간 경우도 많았다. 금융 분야에서 적어도 몇 년간은 공공부문과 민간부문의 경계가 사실상 사라졌다.

금융위기를 연구한 책《금융의 딴짓》에서 영국의 경제학자 존 케이는 이전의 엔론 사태를 인용하며 금융위기 때 벌어진 일을 설명했다. 특수 전문가들에게 우리가 왜 그토록 멍청하게 속았는지 말이다.[3] 그는 이렇게 말했다. "금융과 비슷한 이유로 회계는 더 영리하고 사악해졌다." 특수 전문가들은 엔론 파산을 비롯해 그간의 유사한 금융 붕괴 사태에서 배운 게 거의 없는 모양인지, 계속해서 미래 추정 수익에 미련을 버리지 못하고 장부에 남겨두고 있었다. 그 수익이 언젠가 구체화될 거라는 확신은 손톱만큼도 없었으면서 말이다.

그러나 존 케이가 지적하는 것처럼 당시에 만연한 철학은 이런 식이었다. "무슨 상관이야? 그때가 되면 나도 사라졌을 테고, 자네도 사라졌을 테고. 우리는 투자은행가야. 5년 후에 일어날 일은 신경 쓰지 않는다고."

미래에 대한 이런 편협한 시각에 기술 전문가들이 만들어낸 복잡한 툴 및 시스템이 결합되어 이른바 '심리적 부psychic wealth'라는 것이 만들어졌다. 그리고 거기에 힘을 보탠 것이 '약탈과 사실상의 횡령'이라는 '쌍둥이 악'이었다. J. K. 갤브레이스J. K. Galbraith는 1929년 발생한 월스트리트 붕괴 사태를 분석한 탁월한 논문에서 횡령의 특징을 다음과 같이 설명했다. "범죄를 저지르고 그것이 발견되기까지 수주, 수개월, 또는 수년이 걸린다. 그런데 그동안 횡령자는 이득을 얻고 횡령을 당한 자는 손실을 느끼지 못한다. 심리적 부의 순증가가 생기는 것이다."[4]

2008년 금융위기 사태 이후 워런 버핏의 사업 파트너 찰리 멍거Charlie Munger는 반드시 불법 행위가 있어야만 심리적 부가 만들어지는 것은 아니라는 점을 지적했다. 실수나 자기기만에 의해서도 심리적 부가 만들어질 수 있다는 것이다. 그는 환상을 만들어내고 파괴하는 데까지 걸리는 시간 사이에 존재하는 부를 표현하기 위해 '사실상의 횡령'이라는 의미로 '페베즐febezzle'이라는 단어를 만들었다. 이것을 존 케이는 다음과 같이 요약했다. "미래 청구권의 가치는 미래에 약탈과 사실상의 횡령 기회가 있을 거라는 신념에 기초하고 있었다. 거래 가능한 청구권의 양이 늘어날수록 약탈과 페베즐이 일어날 수 있는 규모도 더 커졌다."[5] 이게 바로 금융위기 사태로 치닫고 있던 시기에 벌어진 일이다. 우리는 사실상 횡령을 당하고 있었고, 그걸 저지르는 사람은 기술 전문가들이었다.

2008년에서 2009년 정점에 달했던 글로벌 금융위기는 엔론 분식회계 사건과 마찬가지로 전 세계가 '깊이'에 홀랑 넘어가서 생긴 직접적 결과이자, 특수 전문가들의 지식에 완전히 넋을 놓은 인간이 만들어낸 인재^{人災}였다. 이 사건은 개인으로서 그리고 사회적 차원에서도 왜 깊이만을 과신해서는 안 되고 폭을 더 넓혀가야 하는지 여실히 보여줬다. 그리고 깊이가 지닌 치명적 위험 네 가지를 고스란히 드러냈다. '오만, 협소한 시각, 의심스러운 신빙성, 예측력 부족'이 바로 그것이다.

첫 번째 '오만'부터 한번 살펴보자. 당시 일류 글로벌 금융회사들의 원동력은 고도로 숙련된 특수 전문가들이었다. 이 전문가들은 제프 스킬링이나 엔론의 직원들이 그랬던 것처럼 대단한 전문성을 가졌을 것으로 간주되어 어마어마한 보수를 받았고, 자신들의 능력에 극도의 자신감을 갖고 있었다. 그들은 보통 서로만 알고 있는 약어와 용어들을 동원해가며 우리는 잘 이해할 수 없는 언어를 썼다. 물론 금융위기 이후로는 우리도 신용부도스와프^{CDS}니, 부채담보부증권^{CDO}이니 하는 용어들을 더 많이 알게 될 수밖에 없었지만 말이다. 비정상적으로 높은 수익을 만들어내는 것처럼 보이는 성공에 붕 떠버린 그들은 자신의 전문성과 기술을 활용해 점점 더 복잡하고 불투명한 금융상품을 개발했고, 그 결과 그들이 이해하는 것과 나머지 우리가 이해하는 것 사이에 건널 수 없는 격차가 생겨버렸다.

프린스턴대학교의 경제학자 앨런 블라인더^{Alan Blinder}는 《음악이 멈추고 난 뒤^{After the Music Stopped}》에서 바로 이런 복잡성과 불투명성이 결합해 금융위기 사태를 촉발했다고 주장했다. "가장 복잡하고 불투명한 유가증권의 경우 그 속에 뭐가 들었고 실제 가치가 얼마인지 아는 사람은 아무도 없었다. 그렇다면 의심이 고개를 들었을 때 패닉이 일어날 것은 불 보듯 뻔한 일이었다. 어느 날 월스트리트에서도 가장 복잡한 것을 연구하고 있던 과학자 한 명이 그 모든 비우량 파생상품을 들여다보고는 '유레카'를 외쳤다[실은 욕설이었을 가능성이 더 크지만]. 이런 식이면 납으로 금도 만들 수 있겠는걸!"[6]

블라인더는 이렇게 '미친 복잡성'이 '단순하게 가라Keep it Simple, Stupid'는 KISS 원칙을 정면으로 위배했다고 말한다. KISS 원칙이야말로 시장의 안정성과 신뢰성을 가장 잘 보장해줄 텐데 말이다. 블라인더의 말을 들어보자. "가장 기본적인 문제는 이것이다. 파티가 끝나지 않는 한 시장을 만들고 지배하는 사람들, 즉 월스트리트 사람들은 복잡성과 불투명성을 더없이 사랑한다. 그 덕분에 그들은 수백만 달러, 수십억 달러를 번다. 하지만 음악이 멈춰버리는 순간, 호시절 좋은 친구였던 '복잡성과 불투명성'이 최악의 적으로 돌변할 수 있다. 가격이 하락하면서 투자자들은 내가 가진 것, 또는 누군가 지금 내게 제안하고 있는 것이 뭔지 잘 모르겠다는 사실을 깨닫기 시작한다. 이 복잡한 것들의 '가치'가 대체 얼마인지는 고사하고 말이다."

여러 권의 금융 관련 서적을 펴낸 마이클 루이스Michael Lewis는 1989년 초판이 나온 베스트셀러 《라이어스 포커》에서 이런 사실을 일부 암시했다. 당시 루이스는 이렇게 가정했다. 머지않아 "대심판이 일어날 것이다. (…) 월스트리트는 잠에서 깨어날 것이고 수백 또는 수천 명의 그와 같은 젊은 사람들, 남의 돈으로 거대한 도박을 할 줄 모르는 사람들 또는 남들에게 그런 도박을 하라고 설득하지 못하는 사람들은 금융권에서 쫓겨날 것이다."[7] 루이스는 또 언젠가 '그 옛날' 월스트리트 대형 금융회사의 CEO들이 자기 회사 채권 트레이더가 굴리는 상품의 복잡한 리스크를 거의 알지 못했다는 사실을 사람들이 발견하고 충격을 받게 될 것이라고 예상했다.

그런데 실제로 "역사상 가장 순수하게 금융이 원인이 된 경제 참사"를 유발한 모기지 채권 시장을 발명한 곳이 바로 루이스가 금융권 커리어의 첫발을 내디뎠던 살로먼브라더스^{Salomon Brothers}였다. 이 복잡한 모기지 채권 시장 파생상품들은 만들어질 당시만 해도 근사한 아이디어처럼 보였다. 그러나 루이스는 이 상품들이 결과적으로 왜 그토록 큰 재앙을 몰고 왔는지 분명히 알고 있었다. "월스트리트는 그동안 너무 복잡해졌다. 외부인이 내부의 도움 없이 월스트리트를 이해하는 것은 사실상 불가능했다." 그리고 도움을 받아도 되겠다고 믿을 수 있는 사람은 아무도 없었다. 이게 1989년의 일이었다. 2008년 붕괴 사태가 벌어지기 거의 20년 전이다. 그러니 그 20년 동안 상황이 대체 얼마나 더 복잡하고 불투명해졌을지 한번 상상해보라.

복잡성과 불투명성에 대한 그토록 오만한 태도는 전문가들이 지배하는 시스템의 두 번째 위험, 즉 '협소한 시각'과 결합했다. 기술적 전문가들은 자신이 보는 것만 알고, 아는 것만 본다. 2010년에 나온 〈금융위기 조사위원회 보고서^{Report of the Financial Crisis Inquiry Commission}〉는 섬뜩할 만치 간단한, 다음과 같은 문장으로 시작된다. "이번 금융위기 사태는 피할 수도 있는 일이었다."[8] 백번 옳은 말이다. 누군가 있었다면, 무슨 일이 벌어지고 있는지 알고 행동할 수 있는 사람이 권위 있는 자리에 한 명이라도 있었다면 그런 사태를 피했을 것이다.

그러나 이들 대형 금융회사의 리더들은 특수 전문가들에게 매여 있는 몸이었다. 그 특수 전문가란 경험도 시야의 폭도 좁아터져서 금융

시스템에 가장 기초적인 의문조차 가져보지 않았다. 이를 테면 바로 이런 의문 말이다. '많은 사람들이 갚을 능력도 안 되면서 대출을 받아 가고, 그 대출을 묶어서 아무도 이해하지 못할 파생상품을 만들고, 그렇게 만들어진 금융 불신이 이미 금융체계가 충분히 방탕하고 무질서한 국가들에까지 확산된다면 과연 무슨 일이 벌어질까?'

그 당시 우리에게는 주택구입자와 판매대행사, 투자은행, 금융 관련 교육자, 신용협동조합, 신용조사기관, 연금펀드, 입법기관, 규제기관, 중앙은행 기타 대출 시스템과 관련된 모든 측면을 폭넓게 이해할 수 있는 사람이 필요했다. 특정 지역뿐만 아니라 국가적, 글로벌 차원에서까지 말이다. 담보대출 및 재정 기획과 관련된 경제, 수학, 금융, 사회학, 사람들의 심리까지 폭넓게 이해할 수 있는 사람, 과도한 인플레이션 거품으로 경제 불황이 발생했던 과거의 경험을 이해하는 넓은 역사적 시각을 가진 사람이 있어야 했다. 미국이 경상수지적자로 인해 과도한 대출을 부추기고 있고, 소비자들은 아메리칸 드림을 좇아 자신의 능력 이상으로 물건을 구매하고 있다고 경종을 울려줄 사람이 필요했다.

여기서 바로 깊이가 지닌 세 번째 위험이 드러난다. '의심스러운 신빙성' 말이다. 금융위기 사태의 특이한 점은 우리 모두가 그 전문가들이 철저히 틀렸음을 인정할 수밖에 없을 때까지 그들이 옳다고 철석같이 믿었다는 점이다. 그전까지는 아무도 입도 뻥긋하지 않았다. 특수 전문가들의 확신과 호언장담에 설득을 당했거나 아니면 주눅이 들었던 것이 틀림없다. 사회적 차원에서 우리는 반대하는 자들의 말을 듣고 싶어 하지 않았다. 특수 전문가들의 전문성을 믿었기 때문이다.

그리고 제프 스킬링이 그랬던 것처럼 금융 전문가들은 다시 한 번 분명히 알려줬다. 만약 우리가 이해를 못 했다면 그것은 '우리의 잘못'이라고 말이다.

앨런 블라인더가 금융위기의 원인으로 지목한 일곱 가지 이유 중에서 두 가지가 이 의심스러운 신빙성이 갖는 위험과 직접적으로 연관된다. 블라인더는 "규제기관은 어디에 있었는가?"라고 물으며, 무디스나 스탠더드앤푸어스 같은 "과대평가된 신용평가기관들"을 질책한다. 규제기관들은 신용평가기관에 지나치게 의존했고, 신용평가기관들은 전형적인 이해관계의 상충에 빠져 있었다. 그 결과 "그들은 마치 신탁을 받는 사제와 같은 권위를 획득했고 이른바 '지혜'라는 것을 독점했다. 그들은 결코 그런 권위를 가져서도 안 됐고, 그럴 자격도 없었다."[9]

신용평가기관들이 금융위기를 예견하지도, 위기를 막기 위해 뭔가를 하지도 못했던 것을 보면 그런 권위를 받을 자격이 없었던 것은 분명하다. 깊이가 지닌 네 번째 위험, '예측력 부족'의 전형적 사례다. 그러나 놀랄 일은 아니다. 특수 전공자나 흔히 '전문가'라고 불리는 사람들이 미래 예측의 측면에서는 형편없다는 증거가 학계에 산더미처럼 쌓여 있기 때문이다.[10] 특히나 자신이 전공한 고도의 전문 분야라면 더욱더 그렇다. 댄 가드너[Dan Gardner]는 이런 관찰 결과를《앨빈 토플러와 작별하라》에서 밝힌 바 있다.

1980년대 초에 펜실베이니아대학교의 필립 테틀록[Philip Tetlock] 교수는 주제와 관련된 전문가와 비전문가의 예측 정확성을 분석해보려고 했다.[11] 연구를 위해 그는 여러 분야 중에서도 금융시장처럼 불확실성이 만연한 분야인 '지정학'을 골랐다. 테틀록은 여러 복잡한 정치 시나리오 속에서 자신의 전문 분야 또는 전문이 아닌 분야에 관해 예측을 내놓았던 284명의 전문적 예측가들의 발언 8만 개 이상을 추적했다. 그 결과 실제로 가장 정확한 예측을 내놓은 것은 비전문가들이었다.

테틀록에 따르면, 중요한 한 가지 주제를 잘 아는 특수 분야 전문가들에게는 나름의 특성이 있었다고 한다. 그런데 그 특징들은 지금 세상의 지배적 경향이라고 할 수 있는 시시각각 변하고 불확실하며 복잡하고 모호한 상황에서 정확한 예측을 내놓는 데는 도움이 되지 않는 것들이었다. 예컨대 그들은 흔히 세상의 복잡성을 과소평가했고, 일단 마음을 정하고 나면 다양한 의견에 마음을 잘 열지 않았다. 또 합리적 대답이 여러 개 나올 수 있는 질문을 싫어했고, 대단한 확신을 가지고 빠르게 의사결정을 내렸다. 반대편 입장이 어떻게 정당화될 수 있을지 이해하는 능력이 부족했고, 자신과 의견이 크게 다르지 않은 사람들과 교류하는 것을 선호했다.

테틀록 교수는 앞으로 무슨 일이 벌어질지 현실적인 예측을 원하는 사람들에게 다음과 같이 추천했다. "'작은 것들을 많이 아는 사람들'에게 의지하는 편이 낫다. 그들은 다양한 분야에서 생각을 끌어내고 모호함과 모순을 삶의 불가피한 특성으로 받아들이기 때문이다. 이런 사람들은 한 가지 분야만 죽도록 파고 잘못 정의된 문제에 정형화된 해답을 내놓으려고 하는 '중요한 한 가지 주제를 잘 아는' 사람들보다 선견지명을 갖고 있을 가능성이 크다." 작은 것들을 많이 아는 사람과 중요한 한 가지를 잘 아는 사람의 차이를 주제로 한 유명한 논문으로는 이사야 벌린Isaiah Berlin의 〈고슴도치와 여우The Hedgehog and the Fox〉가 있다.

이 책에 관해서는 뒤에서 다시 얘기할 것이다.

특수 분야 전문가들이 왜 미래를 잘 예측하지 못하는지에 관해서는 온갖 사회심리학적 설명이 나와 있다. 그들은 특히 '군집 본능'에 취약하다. 사람들은 자신의 공동체 또는 인접 공동체의 생각이나 행동에 맞추고 싶어 하는 본능이 있다. 특히나 같은 생각을 가진 동료들과 함께 폐쇄적인 조직 속에서 일하고 있다면 더욱 그렇다. 종종 군집 본능이 '허위 합의 효과'와 결합할 때가 있다. 남들도 우리 생각이나 경험을 공유한다고 가정해버리는 것이다. 또 특수 전문가들은 무의식적으로 자신의 예측력을 과신하는 경향이 있다. 그리고 기본 전제를 크게 바꿨을 때 생길 기쁨이나 고통을 잘 예측하지 못하는 편이다. 심리학자들은 이것을 '쾌락 적응'이라고 부른다. 다시 말해 사태를 정확히 바라보지 못하는 쪽은 오히려 기술적 특수 전문가인 경우가 너무나 많다.

금융 전문가들은 지나친 과신이나 현상유지 편향 같은 여러 무의식적 경향에 휘둘린 채로 의사결정을 내렸다. 또 의미 있는 확률적 사고를 하기보다는 여전히 이분법적 사고를 선호했다. 그렇게 되면 수많은 복잡한 이슈가 '예스/노' 또는 '좋다/나쁘다'의 단순한 질문으로 축약돼버린다. 가정을 바꾸고 대화의 규칙을 바꾸고 확률을 계산하면 놀랄 만큼 창의적이고 혁신적인 아이디어가 나올 수 있지만, 이것은 의지가 있어야만 가능한 일이다. 의지가 없다면 미래에 어떤 일이 생길지에 관해, 논란은 있어도 근본적 도전은 없는, 단일한 시각만을 갖게 될 것이다.

물론 미디어는 주로 하나만 전공한 전문가를 TV 패널로 모셔다 앉혀놓고 미래를 예측해보라고 요청한다. 정작 그 전문가들은 정확한 예측을 내놓을 수 있는 요건이 안 되는데 말이다. 이 책을 쓰는 동안 미국에서 진행된 2016년 대통령 선거가 보여준 현상이 바로 그랬다. 반전에 반전을 거듭하는 동안 그 어느 '전문가'도 정확한 예측을 내놓지 못했다.

마찬가지로 영국에서 국회의원 선거가 치러졌던 2015년 5월 7일도 특수 분야 전문가들이 아주 무안해진 밤이었다. 사전 여론조사 결과나 평론가 예측은 모두 과반수 정당이 없을 거라고 했다. 어느 정당도 주도권을 쥐지 못할 거라고 말이다. 하지만 선거 날 밤 속보로 나오는 출구조사 결과는 전혀 다른 얘기를 내놓기 시작했다. 보수당의 확고한 승리가 될 거라고 말이다. 일전에 보수당은 자유민주당과의 연정을 펼쳐나가는 데 어려움을 겪었다. 정치 전문가들은 저녁 내내 자신의 입장을 고수하며 출구조사가 잘못된 것이 틀림없다고 주장했다. 심지어 그중 한 명인 패디 애시다운Paddy Ashdown은 출구조사가 맞는 것으로 밝혀지면 손에 장을 지지겠다고까지 했다. 실제 투표한 사람들의 출구조사 결과로 어느 정도 짐작은 됐으나 그 어떤 전문가도 예견하지 않았던 최종 결과, 정말로 보수당이 깔끔하게 승리하자 장을 지져야 할 사람이 한두 명이 아니었다!

비단 정치 선거가 아니더라도, 이런 일은 왜 이렇게 자주 벌어질까? 그 이유는 특수 전문가들이 자신의 신념에 확고한 태도를 갖고 있고, 그 신념을 매우 큰 권위를 갖고 표현하기 때문이다. 그들의 예측은 다방면을 조금씩 아는 사람들보다 정확도가 더 떨어질 가능성이 큼에도 불구하고 대중의 담론이나 정책 솔루션을 지배한다. 금융위기로 치달을 때도 틀림없이 그랬었다. 전 재무부장관 팀 가이트너Tim Geithner가 말한 것과 같다. "우리의 위기는 결국 상상력의 실패였다. 모든 위기가 그렇다."[12]

모든 금융위기나 회계부정 사건은 따지고 보면 전문가에 대한 지나친 의존과 그에 따르는 오만, 편협한 시각, 의심스러운 신빙성, 예측력 부족에서 원인을 찾을 수 있다. 그 결과 소수의 사람은 (허상에 불과하지만) 단기간 이익을 얻고, 다수의 사람은 장기간 손실을 치른다. 2008~2009년 금융위기의 심각성이 분명해지자, 이번에는 정말로 폭넓은 경험과 관점을 지닌 사람들이 문제 해결을 위해 등판했다.

팀 가이트너는 뉴욕 연방준비은행장을 지낸 사람으로 당시 미국 재무부장관이었다. 그는 이렇게 말한다. "대학에 입학하기 전까지 나는 아프리카와 인도, 태국에 살며 전쟁과 쿠데타를 겪었다." 오바마 대통령이 그를 재무부장관으로 임명할 당시 그는 이미 재무부와 IMF(국제통화기금)에서 근무하고, 뉴욕 연방준비은행장으로 일하며 세계 곳곳에서 여러 차례의 경제위기를 겪어본 상태였다.

가이트너의 전임자였던 행크 폴슨[Hank Paulson] 전 재무부장관 역시 골드먼삭스의 공동회장을 지내는 등 폭넓은 유관 경험을 보유한 사람이었다. 폴슨은 그만한 위엄과 권위를 가졌기에 좀처럼 입을 잘 열지 않는 월스트리트의 옛 동료들을 단박에 제압할 수 있었다. 베서니 매클레인[Bethany McLean]과 조 노세라[Joe Nocera]의 설명을 한번 들어보자. "2008년 10월 13일 TARP[Troubled Asset Relief Program](미 재무부 금융구제프로그램)에서 7,000억 달러를 확보한 폴슨은 재무부 회의실에서 8대 은행 CEO들과 회의를 가졌다. 그는 싫든 좋든 그들 모두가 정부의 돈을 받게 될 거라고 말했다. 일부는 나중에 후회했지만 감히 그 자리에서 행크 폴슨에게 싫다고 말할 배짱을 가진 사람은 아무도 없었다."[13]

폴슨과 가이트너는 벤 버냉키Ben Bernanke와 손발이 잘 맞았다. 온화한 화법의 버냉키는 스탠퍼드대학교와 프린스턴대학교에서 경제학 교수를 지냈다. 사우스캐롤라이나의 작은 마을에서 성장한 그는 행군 악대에서 알토 색소폰을 연주했고 출판되지는 않았으나 소설을 한 편 쓰기도 했다. 그는 하버드대학교를 최우등으로 졸업했고 MIT에서 경제학 박사학위를 받았다. 대통령 경제자문위원회 의장을 지낸 동료 교수 크리스틴 로머Christine Romer와 함께 버냉키는 세계 대공황을 광범위하게 연구한 사람이었다.

영국 등 다른 나라에서도 중앙은행 총재들과 규제 당국이 협업을 했다. 금융위기가 한창일 때 잉글랜드은행의 부행장이던 폴 터커Paul Tucker는 대형 기관에는 폐쇄적 부서 속에 전문가들만 득실거리고 있어서 그들 사이를 오가며 무슨 일이 벌어지고 있는지 설명해줄 "문화 통역관"[14]이 필요하다고 했다. "대형 조직이라면 어디든 통역관 역할을 해줄 사람이 필요하다. 그들은 전문가들끼리만 알아듣는 수많은 언어를 쓰기 때문이다." 이 때문에 모두가 정보를 제각각 해석하는 문화가 생기고, 서로 다르거나 심지어 상충하는 해석까지 듣게 된다.

운 좋게도 폭넓은 경험과 관점이 동원된 덕분에 결국 미국, 영국 나아가 글로벌 경제는 죽다가 다시 살아났다. 그리고 깊이에 대한 지나친 의존이 야기한 손상도 일부 회복됐다. 그러나 전투가 끝나려면 아직 시간이 필요했다. 금융위기가 한창일 때 나는 금융회사 자문을 전문으로 하던 또 다른 동료와 얘기를 나누었다. 내가 워싱턴에서 일하는 줄 알고 있던 그는 "연방정부가 금융 분야 전체를 짓밟고 다니며 간섭한다"라고 하소연을 늘어놨다. 나는 고개를 절레절레 흔들며 그대로 자리를 떴다.

한편 전문가의 깊이에 지나치게 의존할 때 우려되는 또 다른 점은 의료 분야에서 그 사례를 찾을 수 있다. 일전에 나는 나이 든 사람이라면 피해 갈 수 없는 의료 의식인 대장내시경을 받으려고 소화기 전문의와 얘기를 나누고 있었다. 그는 내게 절차를 설명해주고는 어디서 검사를 받고 싶은지 물었다. "월요일 수요일에는 제가 시블리병원에서 일하고요, 화요일 목요일에는 서브어번병원, 금요일에는 근처 개인병원에 있습니다." 이 병원들은 모두 어느 한 곳에 갈 수 있다면 다른 곳도 쉽게 갈 수 있을 만큼 가까이에 위치했다. 나는 그에게 굳이 왜 그렇게 여러 병원에서 근무하는지 물었다.

그는 기다렸다는 듯이 수치를 술술 읊어댔다. "저는 30년째 소화기 전문의로 일하고 있습니다. 1년에 45주를 일하고요, 매주 이런 시술을 최소 열다섯 번은 합니다. 근무환경에 변화라도 없었다면 저는 미쳐버렸을 거예요." 그 순간 번쩍 드는 생각이 있었다. '깊이'가 지닌 다섯 번째 위험, '지루함'이었다. 나는 당연히 전문 경험이 많은 의사가 대장내시경을 해주길 바랐다. 하지만 지루해서 돌아버리지 않으려면 풍경이라도 자주 바꿔야 한다는 말을 듣고 나니 잠깐 멈칫할 수밖에 없었다. 이게 왜 중요한 문제인지는 이 의사의 설명을 들어보면 쉽게 알 수 있다. "참 실망스러운 직업이라고 할 수 있어요. 가끔은 아주 지루하고요. 실제로 날마다 이 일을 하는 데 들어가는 지적 능력보다 훨씬 더 큰 지적 능력이 있어야 이 일을 하는 데 필요한 자격증을 딸수 있거든요." 그는 이렇게 덧붙였다. "지루할 때가 바로 실수가 일어나는 때죠."

특수 전문가에 대한 과도한 의존은 피해를 낳는다. 우리는 이미 여러 차례의 회계부정 사건과 금융위기 사태, 그로 인한 경제 붕괴를 겪었다. 깊이의 네 가지 위험, 즉 오만과 협소한 시각, 의심스러운 신빙성, 예측력 부족으로 인한 악몽은 계속해서 되풀이된다. 그럼에도 아직 우리는 고도의 특수 전문가에 대한 믿음을 놓지 못하고 있다.

넓이의 선물을 누리려면

폭넓은 접근이 왜 더 효과적인지 잘 이해할 수 있는 사례가 하나 있다. 바로 우리 시대의 가장 복잡한 도전 과제 중 하나인 '물 안보' 문제를 성공적으로 해결한 사람의 이야기다.

정부기관에서 조용히 잘 일하고 있던 제프 시브라이트Jeff Seabright는 어느 날 민간부문으로 옮겼다. 당시 시브라이트의 친구들은 왜 괜히 '어둠의 세계'로 건너가 사악하고 불명예스러운 세력에 합류하려 하느냐고 했다.[15] 친구들은 시브라이트와 마찬가지로 스스로를 '공무원 체질'이라고 말하는 사람들이었다. 국제정치학 학위를 가진 시브라이트는 사회생활 첫 15년을 연방정부에서 보냈다. 냉전시대 후기의 핵폐기 및 군비 축소 문제가 그의 전문 분야였다.

1990년대 초 그는 대외정책 이슈이던 기후변화와 재생에너지 문제에 집중하기 시작했다. 그는 국무부에서 미국국제개발국USAID으로 자리를 옮기고 브라질이나 인도네시아, 남아프리카공화국 같은 신흥시장에서 청정에너지를 개발하는 사업을 추진했다. 그의 현장 경험은 클린턴 백악관의 관심을 끌었고 그는 기후변화 태스크포스의 리더로 임명되어 특히 교토의정서 협상을 주도하게 됐다.

그렇게 기후변화 전문가가 된 그는 아이러니하게도 민간부문의 관심을 끌게 됐다. 특히 흥미를 느낀 텍사코^{Texaco}는 시브라이트를 공공정책팀에 영입하려고 했다. 처음에는 성사되기 힘든 제안처럼 보였다. 시브라이트는 민간부문에 대한 경험이 부족하기도 했고, 텍사코 같은 대형 석유회사는 기후변화를 부정하는 집단이라고 생각하고 있었다. 게다가 텍사코는 기후변화 문제에 대한 정부 규제에 반대해 로비를 펼치던 세계기후연합$^{Global Climate Coalition}$의 창단 멤버이기도 했다.

제프 시브라이트는 조건을 내걸었다. 텍사코가 세계기후연합을 탈퇴해야만 텍사코에 합류하겠다고 한 것이다. 결국 텍사코는 시브라이트의 조건을 받아들였다. 시브라이트는 이렇게 회상한다. "정부에서 함께 일했던 친구들한테 욕도 많이 먹었죠. 하지만 얼마 지나지 않아 저는 에너지 문제에 대응할 수 있는 효율적 인프라에 실질적 자금을 댈 수 있었어요. 동료들 말처럼 제가 정말로 배신을 했던 걸까요? 아니면 더 큰 영향력을 가질 수 있게 더 높이 올라간 걸까요? 저는 제가 하는 일이 뿌듯했습니다. 정부에서 그렇게 긴 세월을 보내고 민간부문에서 일하고 있는 것이 좀 이상하긴 했지만요."

머지않아 시브라이트를 더 간절히 원하는 또 다른 민간기업이 나타났다. 글로벌 음료회사 코카콜라였다. 2001년 당시 코카콜라는 환경문제로 인해 위기를 겪고 있었다. 인도 남부의 한 지역정부 및 몇몇 NGO(비정부단체)에서 코카콜라가 극심한 물 부족과 주기적 가뭄으로 고통받는 지역에서 물을 과도하게 소비한다며 반대 캠페인을 벌였던 것이다. 그들은 해당 지역에서 코카콜라가 음료를 제조할 수 없게 금지 조치를 취하려 했고, 아시아 및 아프리카의 다른 정부들도 그 뒤를 따를 계획이었다.

코카콜라는 기술적으로나 윤리적으로나 기반이 약했다. 음료 자체뿐만 아니라 제조 공정에서 물을 많이 사용한다는 사실을 부인할 수 없었기 때문이다. 당시 콜라 1리터를 만들려면 3리터의 물이 필요했다. 시브라이트의 말을 들어보자. "인도뿐만이 아니었습니다. 물 부족 문제를 겪는 지역은 많았어요. 단순히 홍보로 해결할 문제도 아니었고요. 환경적 지속가능성이라는 문제 전체가 부각되고 있었습니다." 세계은행World Bank과 기업체 컨소시엄이 만든 합동벤처 워터리소시스 그룹Water Resources Group에 따르면 "2030년이 되면 심각한 물 부족에 대처하기 위해 세계 인구의 3분의 1이 강가에 살고 있을 것이다. 거기에는 경제 성장을 주도한 여러 지역 및 국가도 다수 포함될 것이다".

이 물 부족 문제에 대처하기 위해 시브라이트는 정부에서, 특히 클린턴 행정부에서 환경 업무를 추진하며 쌓은 경험을 적극 활용했다. 그는 환경 담당 기관들에게 친숙한 분석 툴인 지리정보시스템 지도를 주문 제작했다. 이 지도를 보면 코카콜라 제조 설비의 39퍼센트는 전 세계에서 가장 물이 부족한 지역에 위치하고 있었다. 그는 이것을 매출 및 이익 성장의 위험 요소로 규정했다.

그런 다음 회사의 더 깊숙한 곳까지 관여해 코카콜라 23개 사업 단위에 '물 위험 평가'를 만들었다. 시브라이트는 이 평가 결과를 단순한 자신의 분석 결과로 끝내지 않고 한 사업 단위가 다른 사업 단위에 무엇이 필요한지 알려주는 도구로 삼았다. "공장 운영자들이 물 부족 문제에 관해 의견을 내놓게 된 거지요." 시브라이트는 이 데이터를 이용해 사업 단위마다 특정 '물 위험 모형'을 만들었다. 이 모형들이 규합되고 거기에 경영진과 공동체 참여, 회사가 위험에 노출되는 것을 줄일 수 있는 각종 건의사항 등이 합쳐져 전사적인 글로벌 리스크 모형이 완성됐다.

코카콜라의 부문별 사장들이 천연자원 소비와 같은 '사업의 비재무적 측면'이 그렇게 체계적이고 철저하게 정리된 것을 본 것은 이때가 처음이었다. 이 자료 덕분에 시브라이트는 추가적인 환경운동에 예산을 배정해야 한다고 사장들을 설득할 수 있었다. 예컨대 시브라이트가 코카콜라에 합류했을 당시 코카콜라는 그린피스^{Greenpeace}와 특히나 적대적인 관계에 있었다. 그린피스는 코카콜라가 냉각 과정에서 수소화불화탄소^{HFC}를 사용하는 것에 반대해 2000년 시드니 올림픽에서 눈에 띄는 캠페인을 펼쳤다. 시브라이트의 조언에 따라 네빌 이스델^{Neville Isdell} 회장은 대안을 찾기가 쉽지 않았음에도 이 냉각 방식을 탈피하기로 했다. 쉽지 않았으나 그린피스와 코카콜라는 결국 서로에 대한 이해를 넓혔다. "그린피스에서 이 문제는 코카콜라에 맞춰줄 테니 다른 문제는 자신들을 따라달라고 하더군요." 시브라이트의 말이다.

현재 코카콜라는 1리터의 콜라를 만들어내는 데 2리터의 물을 사용한다. 이것은 2020년까지 '물 중립성'을 달성하겠다는 목표의 절반 이상을 달성한 것이다. 현재 NGO들은 이 문제에 관한 한 코카콜라를 업계 선두로 여긴다. 정작 시브라이트는 2014년 유니레버^{Unilever}의 최고지속가능성책임자^{Chief Sustainability Officer, CSO}로 자리를 옮겼다. 그리고 전략기획, 인적자원, 경영, 마케팅, 소비자 참여 등 유니레버의 핵심 부문마다 지속가능성을 심어주는 일을 추진 중이다. 이제 민간부문에서 일한 지도 10년이 넘었지만 시브라이트는 그 어느 때보다 기업이나 NGO와 더 밀접히 일하는 기분이다. 그는 "목적보다 사업을 우선시하는 게 아니라, 사업보다 목적을 우선시하는" 기분이라고 말한다. 그는 자신의 회사가 재무 목표와 사회적 목표를 모두 달성하도록 함으로써 주주와 그 외 이해관계자들의 이익에 공헌하고 좋은 일을 하면서도 번창할 수 있게 돕고 있다.

제프 시브라이트는 '세 부문을 모두 뛰는 선수'[16]의 대표적인 사례다. 그는 사회의 세 부문, 즉 기업과 정부, 비영리단체를 오가며 협업하고 참여함으로써 세 부문 모두에서 중요한 목표를 이뤘다. 우리 사회의 힘든 문제들을 해결하려면 시브라이트 같은 사람들이 꼭 필요하다. 활동 반경을 쉽게 옮겨 다닐 수 있고 주주의 가치뿐만 아니라 공공의 가치도 중시할 수 있는 사람이 필요하다.

시브라이트의 경력을 알고 나서 두 가지 생각이 들었다. 첫째, 산업용 및 가정용 물 부족 이슈는 지금 세계가 직면한 여러 문제의 특성을 잘 보여준다. 이런 문제는 복잡하고 여러 분야에 걸쳐 있으며, 문제의 원인과 결과에 대해 이해관계자들이 서로 상충하는 시각을 가진 것은 물론 대안에 대해서는 더 큰 의견차를 보인다. 이렇게 크고 복잡한 문제들을 정부나 기업, 비영리단체, 또는 해당 조직을 이끄는 사람들이 단독으로 해결할 수 있으리라고는 상상조차 하기 어렵다.

사회의 이 세 부문 사이에 존재하는 그 모든 문화적 장벽과 구조적 장벽을 제거하는 것은 가능하지도 않고 바람직하지도 않다. 기업들은 매출과 이익을 우선시할 필요가 있고, NGO들은 효율성보다 미션을 중시하는 것이 당연하다. 또 정부는 정책 형성과 설득, 때로는 법적 제재를 통해 제 역할을 해야 한다. 부문을 넘나드는 리더라고 해서 모두가 쉽게 변신에 성공해 가치를 창출하는 것은 아니다. 그러나 사회적 차원에서 본다면 더 많은 개인들, 열정과 헌신, 창의력이 넘치는 개인들이 부문 간의 틈을 메우고 어려운 여러 문제에 좀 더 협력적인 해결책을 찾아줘야 한다. 그렇게 하는 사람들이 자신의 삶도, 커리어도 한 차원 높이 향상시킨다.

두 번째로는 물 부족 문제와 같은 이슈에서 기업과 정부, 비영리 부문 사이의 틈을 메우려면 세 부문을 나누는 사고방식이나 접근법으로는 어림도 없겠다는 생각이 들었다. 이런 문제에 접근하려면 다차원적이고 폭넓은 경험과 관점이 필요하다. 그래서 '좁고 깊은 특수 전문가는 할 수 없고 폭넓은 사람만이 할 수 있는 일은 과연 무엇인가?' 하는 질문이 떠올랐다.

정답은 그들이야말로 오늘날 여러 문제가 지닌 폭넓은 복잡성을 이해하고 거기에 접근할 수 있다는 것이다. 이런 문제에는 다양한 측면이 있지만 보통 가장 중요한 것은 다섯 가지다. 부문, 업계 및 이슈, 지식 분야, 문화, 기능이 그것인데, 시브라이트와 코카콜라의 사례로 좀 더 자세히 알아보기로 하자.

세 부문을 뛰는 선수

코카콜라의 위기는 기업의 문제였을까, 아니면 정부의 문제 또는 사회적 문제였을까? 정답은 물론 '모두 다'이다. 이 문제는 세 부문 모두의 관심이 필요한 민감한 사안이 본격적으로 전개된 경우였다. 기업과 정부 리더들과 직접적으로 관련된 문제였고, 이들이 상대해야 할 비영리단체는 강력하면서도 전문적이었다. 정부와 비영리단체 리더의 머리와 가슴 속에서 무슨 일이 일어나고 있는지 아는, 제프 시브라이트처럼 세 부문을 모두 뛰는 검증된 선수가 필요한 일이었다. 시브라이트는 국무부 및 백악관에서 일하며 그런 경험을 쌓았고 세계자연기금WWF이나 그린피스 같은 비영리단체와 협업해본 경험도 있었다.

오늘날에는 이처럼 기업, 정부, 비영리 세 부문이 협업해야 하는 경우가 흔하다. 코카콜라의 CEO 무타 켄트Muhtar Kent는 이렇게 정부, 기업, 시민사회가 지속가능한 해결책을 제공하도록 협업해야 하는 경우를 '골든트라이앵글'[17]이라고 부른다. 켄트는 사하라 이남 지역에서 말라리아와 씨름하기 위해 협업하고 있는 네츠포라이프NetsforLife라든가, 탄자니아에서 에이즈와 싸우고 필수 의약품 공급을 늘리기 위해 노력하는 그 외 골든트라이앵글 파트너십을 거론하면서 이렇게 말한다. 코카콜라와 같은 회사들은 "아직까지 제대로 활용되고 있지 못한, 기업과 정부, NGO의 창의적인 협업 잠재력"을 폭발시킬 수 있고 또 마땅히 그래야 한다고 말이다.

《모두의 문제Everybody's Business》에서 존 밀러Jon Miller와 루시 파커Lucy Parker는 "대기업이 어떻게 세상을 해결할 수 있는가에 관해 불가능해 보이는 이야기"를 한다.[18] 두 사람은 이렇게 말한다. "기업과 사회의 관계에서 일부 가장 심하게 어긋난 부분들이 이제는 협업을 위한 비옥한 토양이 됐다." 두 사람은 부문을 넘나드는 협업이 "가장 앞서나가는 새로운 사업 방식"이라고 주장한다. 그러면서 이런 트렌드를 가장 잘 보여주는 일부 기업의 리더는 나름 '영혼의 어두운 밤'들을 보냈고 "때로는 오늘의 영웅이 어제의 악당"이라고 말한다.

동기가 무엇이었든 이런 종류의 협업이 흔해지려면 세 부문을 모두 뛰는 선수가 훨씬 더 많이 필요할 것은 자명하다. 부문을 넘나들며 일할 수 있는 사람은 보통 더 창의적인 편이고 공감 능력과 열린 마음을 키운다. 또 사람들에게 특정 분야의 전형적인 사고방식에서 탈피해보라는 말을 자주 한다.

각 부문의 전담 직원을 대체할 수는 없겠지만 세 부문을 모두 뛸 수 있다는 것은 단순히 이력서에 한 줄 들어갈 특정이 아니라 하나의 '사고방식'이다. 그런 사고방식을 갖추려면 일하는 장소를 바꾸는 것 못지않게 사고의 폭과 아는 사람의 범위를 넓히는 것이 중요하다.

코카콜라의 직접적 경쟁자라고 할 수 있는 펩시 역시 물 부족이나 비만 같은 이슈에 비슷한 전략으로 접근했다. 《포브스》는 "코카콜라와 펩시는 제2의 담배회사가 될 것인가?"라는 표제로 그런 우려를 나타낸 바 있다. 펩시의 CEO 인드라 누이[Indra Nooyi]는 특히 펩시의 방향을 "몸에 좋은" 제품 쪽으로 재설정하려고 노력했다. 그러면서 정확히 세 부문을 모두 뛰는 선수라고 명시한 것은 아니지만 그런 사람을 찾기 위해 채용 캠페인을 벌였다.[19] 세계보건기구 사무총장과 록펠러재단 글로벌보건팀장을 지냈고 예일대학교 글로벌보건 교수를 역임한 데릭 야크[Dereck Yach] 같은 사람이 바로 그런 인재다.

제프 시브라이트처럼 야크 역시 종종 "대의를 버린 자"로 낙인찍힌다. 그러나 펩시의 보건 및 농업 정책 글로벌 팀장을 맡고 있는 야크는 이것이 그가 계속 노력해오던 이슈에 크게 기여할 기회라고 봤다. '공중보건'이라는 이슈 말이다. "저도 제가 민간 식품회사에 합류하리라고는 꿈도 꿔본 적이 없습니다. 하지만 펩시가 R&D와 혁신 부분에 얼마나 진지한 계획을 세우고 큰 투자를 기획하고 있는지 알고 나니 훌륭한 기회라고 생각됐습니다."

업계 및 이슈

코카콜라의 물 안보 위기는 음료업계가 우려할 일이었을까? 아니면 환경보호에 관련된 문제였을까? 표면적으로 답은 '둘 다'이다. 하지만 물 부족 때문에 인도의 시골 농부들이 곡식을 생산할 수 없다면 이것은 그보다 훨씬 더 큰 문제일 수밖에 없다.

당시 시브라이트가 힘들게 깨쳐가고 있던 사안이 바로 지금 우리가 '에너지-물-식량 연계'라고 부르는 이슈다. 이 문제는 현재 각국 정부와 NGO, 기업들 사이에 근본적 이슈로 급부상하고 있다. 전 세계에서 사용되는 물의 70퍼센트 이상이 농업 생산에 이용된다. 에너지 생산에도 막대한 양의 물이 필요하고, 물 인프라를 가동하려면 많은 양의 에너지가 필요하다. 세계 인구가 증가하고 잘사는 국가가 늘어나면서 에너지, 식량, 물 공급에 대한 전 세계 수요는 계속 늘어나고 있다. 그래서 이 문제가 이제는 지속가능한 경제성장률을 결정짓는 핵심 요소가 됐다. 이 문제가 기후변화 효과와 결합되면 아랍의 봄이나 북아프리카 여러 정부의 몰락 같은 중요한 지정학적 사건도 일으킬 수 있다.

한 가지 산업을 다른 산업들로부터 따로 떼어놓고 보는 것은 더 이상 합리적이지 않은 일이 됐다. 21세기에는 예컨대 은행업과 주택산업 또는 기술업과 소매업 사이의 경계가 빠르게 흐려지고 있다. 아마존 같은 기업들은 그런 업종 경계의 틈을 파고들었다. 제프 베저스^{Jeff} ^{Bezos}는 뉴욕의 헤지펀드 D. E. 쇼^{D. E. Shaw}에서 계량 금융 분석가 및 트레이더로 일했다. 그는 그 경험을 바탕으로 아마존의 최초 콘셉트를 생각해냈다. 처음에 그의 초점은 출판 및 소매 업계에 파괴적 혁신을 일으키는 것이었다. 하지만 지금 아마존은 상상할 수 있는 모든 것을 판매한다.

'아마존 시대'에 관해서 브래드 스톤^{Brad Stone}이 쓴 책의 제목은 《아마존, 세상의 모든 것을 팝니다》이다. 하지만 실제로 스톤도 말하고 있듯이 베저스는 원래 아마존이 '상점'이 아니기를 원했다.[20] 소매업의 전통적 규칙에 얽매지 않기를 바란 것이다. "그것은 무한한 진열 공간을 가지고 모든 고객에 맞춤화돼 있었다. 긍정적인 상품평뿐만 아니라 부정적인 상품평도 할 수 있었다. 중고품을 새 제품 옆에 놓아 고객이 충분한 정보를 바탕으로 선택을 내릴 수 있게 했다." 아마존이 획기적인 '아마존 웹 서비스'를 내놓아 수천 개의 인터넷 스타트업이 생겨날 수 있는 여건을 만들어주자 스톤은 이렇게 말했다. "긴 세월 여러 차질과 내부 반발을 거쳐 마침내 아마존은 의심할 여지가 없는 기술회사가 됐다. 제프 베저스가 언제나 바랐던 그대로."

아마존의 인재 전략은 전통적 업종 경계를 파괴하는 이런 혁신적 접근법을 꾸준히 반영해왔다. 한 예로 아마존이 새로운 주력 제품 카테고리로 장난감과 전자제품 두 가지를 선정했을 때 제프 베저스는 해당 사업을 운영할 책임자로 해리슨 밀러^{Harrison Miller}를 골랐다. 밀러는 양쪽 업종 모두에 경험이 전무한 사람이었는데도 말이다. 스톤은 이렇게 설명한다. "베저스는 상관하지 않았다. 그리고 이런 패턴은 계속해서 반복됐다. 베저스는 다재다능한 경영자를 찾고 있었고 실제로 그는 경영자들을 '선수들'이라고 불렀다. 빠르게 움직이고 큰일을 해낼 수 있다면서 말이다."

이렇게 업종 간 경계를 제거한 것은 비단 기업에만 한정되지 않는다. 정부부문도 재정 적자와 기술 발전, 시민들의 기대치 변화라는 압박 속에서 자신들이 제공하는 서비스의 범위와 규모를 재고하고 있다. 또 비영리단체들은 사회적 요구와 자금 지원 요인의 변화에 지속적으로 발맞춰가면서 자체 효율성을 높이려고 노력 중이다. 이렇게 경계가 바뀌고 있는 환경에 기민하고 민첩하게 대응하는 것은 이제 커리어 성공의 핵심 요소다.

지식의 폭

제프 시브라이트가 직면했던 물 안보 문제는 생물학이나 화학의 문제였을까, 아니면 사회과학이나 환경 정책의 문제였을까? 또는 기업 경영과 운영의 문제였을까, 아니면 혹시 윤리나 도덕철학의 문제는 아니었을까? 다시 한 번 말하지만 답은 '전부 다'이다. 시브라이트가 이 모든 지식 분야를 직접 다 배울 수는 없었다. 물론 일을 하면서 국제 관계나 환경과학을 공부하기는 했다.

물 안보는 전문화된 지식 분야 간의 통합이 필요한 우리 사회의 수많은 이슈 중 하나다. 과학철학자 에드워드 O. 윌슨Edward O. Wilson은 이게 특별한 일이 아니라고 말한다. "민족 갈등, 군비 확대, 인구 과잉,

낙태, 환경문제, 고질적 빈곤 등 매일같이 인류를 괴롭히는 문제의 대다수는 자연과학과 사회과학의 지식을 통합하지 않고서는 해결할 수 없다."[21] 하지만 골치 아픈 문제를 해결하는 것이 문제의 전부는 아니다. 이것은 새로운 지적 영역을 개척하는 문제이기도 하다. 니체가 《인간적인, 너무나 인간적인》에서 "지식과 상상의 경계를 이루고 있는 무지개색"[22]이라고 불렀던 것 말이다. 윌슨은 폭넓고 다채로운 접근법으로 지식 발견에 나서야만 "가능한 미래를 상상하여 그중에서 고르고 계획하는 능력"이 생긴다고 주장한다.

어려운 이슈를 풀어내고 지적 탐구의 기회를 얻기 위해서는 윌슨이 '통섭consilience'이라고 부른 것이 필요하다. 독립적이고 무관한 여러 출처에서 나온 증거가 합쳐지면 하나의 지적 영역이 내놓을 수 있는 것보다 더 강력한 하나의 결론이 나올 수 있다는 원칙 말이다. 윌리엄 휴얼William Whewell은 1840년에 발표한 논문 〈귀납적 과학의 철학 The Philosophy of Inductive Sciences〉에서 처음으로 통섭이라는 말을 언급했다. 여러 분야에 걸친 사실과 사실 기반 이론들을 서로 결부해 설명을 위한 공통의 기반을 만듦으로써 말 그대로 지식을 "서로 잇는다"라는 뜻이었다. 현대에 와서 인지신경과학자 조슈아 그린Joshua Greene은 '수반supervenience'[23]이라는 또 다른 용어를 사용했다. 모든 것이 서로 어떻게 연결돼 있는지 생각하기 위한 총괄적 프레임워크를 가리키는 말이다.

물 안보는 폭넓은 지식을 위한 통합적 접근법, 즉 통섭 내지는 수반이 너무도 필요한 종류의 이슈다. 이런 환경문제에 관해 에드워드 O. 윌슨은 지적 활동의 4분면을 상상해본다. 그 4분면이란 각각 환경 정책, 윤리, 생물학, 사회과학이다. "우리는 이미 이 네 가지 영역이 밀접하게 연결돼 있고 그래서 어느 한 영역을 합리적으로 탐구하면 다른 세 영역의 추론에도 유익한 정보를 줄 수 있다고 생각한다. 그런데도 지금 학계는 각 영역을 따로따로 생각하고 있다. 각 영역마다 연구자, 언어, 분석 방식, 검증 기준이 제각각이다."[24] 그래서 빈번하게 혼란이 야기될 수 있다고 윌슨은 경고한다. 400년 전 프랜시스 베이컨이 "주장이나 추론이 하나의 경험 세계에서 다른 경험 세계로 넘어갈 때마다 일어난다"라고 경고한 바로 그런 '혼란' 말이다.

그 해결책에 관해 윌슨은 이렇게 말한다. "새로운 종합의 시대에는 통섭을 테스트하는 일이 가장 어려운 지적 도전이다. 자연과학 내에서 학문의 경계는 사라지고 있고 통섭이 내재된 '움직이는 혼성 영역'으로 대체될 것이다." 이런 종합은 여기서 한 발 더 나아간다. 인간의 행동이 물리적 인과관계를 가진 사건들로 구성된다는 점을 고려하면 사회과학과 인문학이 자연과학과 통섭되지 못할 이유가 뭐가 있을까? 윌슨은 이렇게 결론 내린다. "과학자와 철학자가 협업하기에 지금보다 더 좋은 때는 없었다. 특히나 그들이 생물학과 사회과학, 인문학의 접경지에서 만난다면 말이다."

문화의 폭

가장 세계적인 기업이라고 할 수 있는 코카콜라는 인도 남부에서 발생한 문제에 대처하기에 문화적으로 잘 준비돼 있었을까? 그렇다고 생각할 수도 있다. 하지만 기업이나 기업 리더는 언제나 먼 타지에서 현지 규범에 맞추는 데 고전한다. 이런 상황에서는 미묘한 문화적 기준과 기대, 때로는 언어까지도 이해해야 하지만, 그러한 문화적 폭을 보여주는 경우는 드물다. 그 이유를 에린 마이어^{Erin Meyer}는 《컬처 맵》에서 이렇게 설명했다. "안타깝지만 여러 나라에서 사업을 운영하는 경영자의 절대 다수는 문화가 그들의 업무에 미치는 영향을 거의 이해하지 못하는 것이 현실이다."[25]

문제는 문화가 중요하지 않다는 생각으로 모든 것을 대하면 나도 모르게 내가 물려받은 문화적 렌즈를 통해 남들을 바라보고 그에 따라 남들을 심판(또는 오심)하게 된다는 점이다. 마이어는 업무성과 피드백을 예로 들어 프랑스 사람과 미국 사람의 접근법이 어떻게 다른지 보여준다. 프랑스에서는 긍정적 피드백은 암묵적으로 하는 경우가 많은 반면, 부정적 피드백은 보다 직설적으로 한다. 미국은 정반대다. 따라서 프랑스 직원에게 흔히 미국식으로 하듯이 부정적 피드백 하나에 긍정적 피드백 세 개씩을 준다면, 회의실을 떠날 때 그 직원의 귀에는 행복한 칭찬만 울려 퍼지고 부정적 피드백은 사소하게 치부될 것이다. 이렇게 문화적 기대가 다른 이유 중에는 영어의 어휘가 프랑스어보다 일곱 배나 많기 때문에(50만 개 대 7만 개) 애매모호한 의미를 이해하기 위해 프랑스인들이 미국인보다 훨씬 더 문맥적 단서에 의존하는 탓도 있다.

에린 마이어는 파리 남쪽 퐁텐블로에 위치한 유럽경영전문대학원 인시아드^{INSEAD}에서 교수로 재직 중이다. 나도 MBA 학위를 1980년대에 인시아드에서 받았다. 인시아드는 아름답고 역사적인 지역 심장부의 화려한 궁전에서 겨우 수백 미터 떨어진 아주 프랑스적인 환경이지만, 교수진이나 학생층은 문화적으로 다채롭게 구성돼 있다. 마이어는 이곳 학생 중 프랑스인은 어림잡아 7퍼센트 정도밖에 되지 않는다고 하면서, 이렇게 다양한 국적을 가진 사람들이 "누구나 문화적으로는 소수민족"이라는 사실을 대변해준다고 말한다. 대부분이 중년의 경영자로 이루어진 여기 학생들에게 이 점은 특히 중요한데, 커리어 내내 이 지역 저 지역을 옮겨 다니며 전 세계를 무대로 일하고 생활한 사람이 많기 때문이다.

제프 시브라이트는 인시아드에서 공부하지는 않았으나 그에 못지 않게 폭넓은 문화적 배경을 갖고 있다. 그 결과 자신이 직면한 도전에서도 평범한 미국의 경영자들보다는 잘 준비된 편이었다. 그는 인도뿐만 아니라 브라질, 인도네시아, 남아프리카공화국에서 외교 정책 관련 업무를 해봤다. 미국국제개발국에 있을 때 1990년대의 대부분을 아파르트헤이트(남아공의 인종차별 정책과 제도_옮긴이)가 갓 폐지된 남아프리카공화국에서 일했고, 세계자연기금 인도 사무실과도 일해본 경험이 있었다. 지금은 많은 기관들이 국경과 문화를 초월한 시브라이트의 경험을 모범으로 삼아 따라 하려고 애쓰고 있다. 특히 네슬레나 유니레버, GE와 같은 대형 다국적 기업들은 다양한 지역에 미래의 리더들을 순환 근무시킴으로써 다문화적 세상을 준비하게 하려고한다. 사업을 하는 방식에 관한 서로 다른 문화적 시각을 접할 수 있게해주려는 것이다. 글로벌화가 진행 중인 세상에 반드시 필요한 일이다.

기업들은 이렇게 할 만한 이유가 충분하다. 2010년 멕시코만에서 딥워터 호라이즌 폭발 사고가 있고 나서, BP의 영국인 CEO 토니 헤이워드Tony Hayward가 직면했던 난관을 한번 생각해보라. 헤이워드는 미국의 핵심 주주들과 효과적으로 소통하지 못했고 결국 CEO 자리를 내놔야 했다. 그 덕분에 그렇지 않아도 위기에 처해 있던 BP의 상황은 더욱 악화됐다. 헤이워드처럼 경험이 풍부하고 많은 지역을 돌아다닌 최고경영자가 똑같이 영어를 쓰는 미국에서조차 의사소통 문제를 감당하지 못했다면, 언어가 다르거나 문화적 규준 및 기대를 직관적으로 이해할 수 없는 국가에서 효과적으로 사업하는 일은 얼마나 더 어렵겠는가.

최근《하버드 비즈니스 리뷰》에는 저자들이 하고 싶은 말을 제목 한 문장으로 명쾌하게 표현한 기사가 실렸다. "더 나은 경영자가 되는 법: 해외에서 살아라." 저자들은 이렇게 말했다. "국제적인 경험이 있거나 국적이 하나 이상인 사람들은 문제를 더 잘 해결하고 창의성을 더 많이 보인다."[26] 더 구체적으로는 이렇게 문화적 폭이 넓은 사람이 "새로운 사업이나 제품을 창출하거나 승진할 가능성이 더 크다".

와튼스쿨의 교수이자 저자이기도 한 애덤 그랜트[Adam Grant]가 인용한 연구 결과를 보면 창의성이 매우 높은 사람들은 어린 시절에 새로운 지역으로 이주해 새로운 문화와 사고방식에 노출된 사례가 많다고 한다.[27] 경영전략을 연구하는 프레더릭 고다르[Frederic Godart] 교수팀이 조사해보니 가장 창의적인 컬렉션을 선보인 패션업체들은 디렉터가 해외에서 많은 시간 근무하고 생활한 경우였다고 한다. 경험한 문화가 이질적일수록 더 결과가 좋았다.

에린 마이어는 이 점을 이해하려면 핵심적으로 "문화 상대성"[28]을 이해해야 한다고 말한다. "경영자가 성공적으로 협업할 수 있는 글로벌팀을 구성해 운영하고 싶다면, 자기 문화 출신의 사람들이 다양한 해외 문화 출신자들을 어떻게 느끼는지뿐만 아니라, 그 해외 문화 출신자들이 '서로를' 어떻게 느끼는지까지 알아야 한다."

기능의 폭

제프 시브라이트와 코카콜라가 인도 남부에서 직면한 문제는 대정부 관계의 문제였을까? 만약 그렇다면 공공부문에서 오랫동안 일해온 시브라이트는 문제를 해결하기에 최적의 조건을 갖춘 사람이었다. 하지만 얼마 지나지 않아서 이 문제는 대정부 관계보다 훨씬 큰 문제로 부풀었다. 마케팅과 브랜드의 문제가 됐고, 궁극적으로는 코카콜라의 생산 조건 전체를 리엔지니어링해야만 해결할 수 있었다. 그쯤 되자 시브라이트는 엔지니어, 공장 설계자, 생산 흐름 전문가, 설비 기술 전문가들까지 상대하고 있었다.

시브라이트 본인이 이 모든 분야의 전문가는 결코 아니었다. 누구라도 개인 한 명이 이 모든 분야의 전문가일 수는 없을 것이다. 하지만 그는 기본적 사항에 충분히 폭넓은 지식을 갖고 있었고, 함께 일하거나 상대해야 할 사람들과 효과적으로 소통할 수 있을 만큼은 상황을 이해하고 있었다.

대형 기관들이 직면하는 가장 중요한 이슈는 주로 여러 기능조직 사이의 문제인 경우가 많다. 기업이라면 재무, 사업운영, 마케팅, 기술, 인적자원 등에 걸친 문제일 테고, 정부라면 정책 형성, 규제법률, 운영관리, 정치적 계산 등이 포함될 것이다. 또 비영리단체라면 기금 조성과 효과 측정이라는 차원이 추가된다. 여러 기능조직에 걸친 경험을 가진 사람은 조직이 직면한 중대한 문제들을 더 정확하게 예측하고 예리하게 분석하여 생산적으로 반응할 가능성이 크다.

폭넓은 사람이 리더로 성공하는 이유

리더라면 오늘날 세상의 이렇게 다차원적인 측면을 모두 상대할 준비가 돼 있어야 한다. 그런 여러 측면을 내가 운용해야 하는 폐쇄적 조직, 지켜내야 할 영역, 맞서야 할 도전, 심지어 극복해야 할 '적군'처럼 '방어적으로' 생각할 수도 있다. 하지만 이것들을 탐험해야 할 신세계, 세상을 새롭게 볼 수 있는 렌즈, 성장하고 응용해볼 기회로 생각할 수 있다면 더 좋을 것이다.

루시 파커와 존 밀러는 오늘날의 기업 리더들은 제품, 서비스, 마케팅 메시지, 사업운영 툴 및 재무 툴과 같은 경영의 전통적 요소들만 신경 써서는 안 된다고 말한다. 당면한 대형 이슈에 대한 '시각', 특히 자신이 그 이슈의 생산적 해결에 어떻게 이바지할 수 있을지를 연구하고 소통해야 한다고 주장한다. 파커와 밀러는 "열한 개의 대화, 공적 정보 공간의 큰 논란들을 구체화하는 방법"[29]을 언급한다. 기업, 정부, 비영리단체의 리더들은 에너지와 기후변화, 교육과 기술, 건강과 인권 등 글로벌 차원에서 지속적으로 화두가 되는 열한 개의 큰 대화 주제에 끼어들게 된다. 전 세계가 직면한 난관이 걱정되고 해결책 도출을 돕고 싶기 때문이다.

개인적으로 이들 이슈 및 과제에 긍정적이고 자신 있게 접근할 수 있다면 성공한 리더가 될 가능성이 더욱 커진다. 사회적 차원에서는 리더들이 이렇게 문제가 되는 여러 영역에서 보조를 맞추어 효과적으로 활동하면 모두에게 혜택이 돌아간다. 실제로 제프 시브라이트처럼 다차원적인 사람이 더 많다면 우리 사회를 끈질기게 괴롭히는 복잡하고 광범위한 문제들에 대처하기가 더 쉬워질 것이다. 정부와 비영리단체, 기업 간 공감대가 더 커지고 기회 창출에 관한 공통의 언어가 더 많아지며, 정책 형성과 규제에 대한 적대적 접근 방식도 줄어들고 다 함께 혁신에 매진하면서 지속가능한 포용적 자본주의 모형이 생길 것이다.

아주 기술적이고 전문화된 기관들조차 고위 경영진에는 폭넓은 사람을 배치하는 경향이 있다. 우리가 흔히 '일반 경영'이라고 부르는 일 자체가 본질적으로 많은 것에 관해 최소한 조금씩은 알아야 하는 일이기 때문이다. 스포츠팀과 마찬가지로 거의 모든 조직의 최고 위치에는 '뭐든 다' 할 수 있는 사람이 네다섯 명쯤 있다.[30] 최근 MBA를 졸업한 학생들에 대한 2016년 연구 결과를 보면 다방면을 조금씩 아는 사람이 특수 전문가보다 더 좋은 취업 제안을 받았다.[31] 노련한 채용 관리자들은 다양한 능력을 가진 사람을 선호한다.

실제로 시브라이트 같은 사람들은 다양한 개인적 경험과 인적 네트워크를 통해 일종의 '내적 다양성'을 발달시킨다. 혼자서 활동하더라도 본질적으로 '군중의 지혜'를 보여주는 것이다. 이런 사람들은 '종합적으로 똑똑하게끔' 돼 있다. 이들은 또한 일종의 '직업적 양손잡이'가 된다. 능력도 유연성도 적응 능력도 더 크고, 한 가지 경험에 사로잡히거나 제약을 받는 경향이 적다. 스스로 훨씬 폭넓은 경험을 갖고 있기 때문이다. '손에 든 게 망치뿐이면 모든 게 못으로 보인다'는 속담처럼 편협하게 행동할 가능성이 보통 사람들보다는 훨씬 낮다.

실제로 과학자들은 폭넓은 경험을 가진 사람은 자기도 모르게 뇌의 '가소성可塑性'이 증가한다고 말한다. 한때 뇌는 정적인 기관으로 생각

됐지만, 최근 신경과학 연구들은 뇌 회로의 구조가 경험에 따라 끊임없이 변한다는 사실을 보여줬다. 오랫동안 심리학자들은 신경체계가 특히 성장기 경험에 민감하다고 생각해왔다. 그러나 최근에는 성인의 뇌가 얼마나 많이 바뀔 수 있는 잠재력을 가졌는지 인정하기 시작했다.

바로 이런 내적 다양성, '군중의 지혜', 정신적 가소성 덕분에 폭넓은 성향은 리더십의 필수적 특징이 된다. 폭넓은 경험을 가진 리더는 복잡하고 애매모호한 문제에 대처할 능력이 있다. 그들이 해결해야 할 이슈는 물론이고 자신의 커리어 개발 측면에서도 마찬가지다. 성공한 리더들은 흔히 현 상태를 고수하려고 하기보다는 변화와 실험을 옹호한다. 실제로 리더와 관리자의 차이는 바로 이 점이라고 많이들 이야기한다. 다양한 관심사와 경험을 활용할 수 있는 리더는 아주 큰 변화와 완전히 새로운 접근법도 적극 옹호할 수 있다.[32]

따라서 폭넓은 성향은 성공하는 리더십의 근본적 토대다. 하지만 본질적으로 폭이 넓어지려면 다양한 경험과 시간이 필요할 수밖에 없다. 그리고 때로는 특이한 방식으로 그런 일이 벌어지기도 한다. 성공한 리더들의 전기나 인생 역정을 읽으면 두 가지 공통된 테마가 자주 발견된다.

첫째, 상식에는 반하지만 경험적으로 봤을 때 지름길이 반드시 우리를 최고의 위치에 올려주는 것은 아니라는 점이다. 놀라운 인생과 커리어는 일직선이 아닌 때가 많고 복잡하거나 심지어 정신없을 때도 있다. 유명한 정치 지도자 및 기업 지도자 중에는 오랜 세월 야인으로 보낸 사람도 많고, 커리어에 좌절을 겪었거나 우회로를 통해 최고의 위치까지 오른 경우도 많다. 또 셋 모두에 해당하는 사람도 있다. 그들의 개인사를 들어보면 왜 그들이 유별난 커리어 경로를 선택했고 전통적 지혜에서 나온 조언들을 거절했으며, 망신을 당하거나 커리어상 치명적인 실수를 겪은 후에도 회복할 방법을 찾았는지 알 수 있다. 역사를 조금이라도 참조하겠다면, 최고의 위치까지 올라가고 싶다면 지름길을 택하지 마라. 하는 일마다 모두 성공하지는 마라.

한 예로 시어도어 루스벨트는 60년 인생 동안 대부분의 사람이 몇 번을 살아야 이룰 수 있는 것보다 더 많은 일을 해냈다.[33] 그 과정에서 그는 여러 역할을 수행했는데 그 역할들은 대통령이 되는 지름길과는 거리가 멀어 보였다. 그는 사우스다코타주의 배드랜드를 포함해서 아직 제대로 개발되지 않았던 서부 지역을 오랫동안 탐험했고, 험한 땅에서 모험한 것이 일부 원인이 되어 여러 차례 심각한 질환에 걸렸다. 그리고 결국 나중에는 그 질환 중 하나 때문에 사망하게 된다. 대통령이 될 때까지 그는 주의회 하원의원과 시민위원회 위원, 경찰국장, 해군부 차관보, 뉴욕 주지사를 역임했지만, 목장 주인이자 정처 없는 여행가, 역사가, 작가이기도 했다.

그의 조카 프랭클린 델러노 루스벨트는 타고난 재능과 특권을 십분 발휘해 대통령이 된 경우다. 하지만 그 역시 1920년대에는 소아마비에 걸려 치료를 하느라 오랫동안 말 그대로 몸져누워 있었다(나중에 알고 보니 다른 이유도 있었다). 존 F. 케네디도 마찬가지다. 케네디는 비극으로 끝나기까지 빛나는 정치 커리어를 이어가는 동안 전쟁 때 입은 심한 부상과 만성질환으로 고생했다.

두 번째로 내가 발견한 것은 존경받는 리더들의 다수가 상당히 폭넓은 사람이었다는 점이다. 그 점은 그들의 인생 경험과 지성, 관심사의 범위에서 모두 드러난다. 적잖은 이들이 한마디로 '박식한' 사람이었다. 박식하다는 말의 사전적 정의는 "전문성의 범위가 상당히 많은 주제 영역에 걸쳐 있는 사람. 구체적 문제 해결에 복잡한 지식을 활용하는 사람"이다. 이 표현의 뿌리는 르네상스와 계몽시대까지 거슬러 올라간다. 당시에는 여러 분야의 과학 및 예술에 출중한 사상가들을 가리키는 말로 사용됐다. 하지만 이 단어가 실제로 사전에 등재된 것은 20세기에 들어선 뒤였고, 지금은 나이에 관계없이 훌륭한 사상가나 실천가들에게 사용된다. 이렇게 박식한 사람들은 역사의 곳곳에서 우리에게 영감과 통찰을 제공한다.

힐러리 맨텔Hilary Mantel의 소설 《울프 홀》을 각색한 대본을 보면 특이한 취업 면접 장면이 있다.[34] 엉뚱하고 발랄하면서도 은근한 이 인터뷰는 헨리 8세와 곧 비서장관이 될 토머스 크롬웰 사이의 대화다.

헨리 8세   저기, 크롬웰. 나는 당신한테 악감정은 없어요. 정책이나 선거 방향과 관련해서는 경험이 전무하지요?

크롬웰   그렇습니다, 폐하.

헨리 8세   하지만 돈과 관련된 건 좀 알죠? 맞나요? 울지 말로는 당신이 내 왕국에 있는 수도원들이 얼마짜리인지 죄다 안다던데.

크롬웰   뭐, 수도사들이 재산을 숨기는 데는 아주 교활한 경우가 있지요, 폐하. 하지만 전체 금액은 드러날 수도 있습니다.

헨리 8세   그래서 그 총액이라는 게?

크롬웰   (멈춤. 왕이 끼어든다.)

헨리 8세	그냥 한번 알고 싶네요.
크롬웰	네, 그러시겠지요, 폐하.
헨리 8세	당신이 계산을 어떻게 하는지 한번 보자고요.
크롬웰	저는 피렌체 은행과 베니스에서 교육을 받았습니다.
헨리 8세	추기경의 말로는 당신이 병사였다던데.
크롬웰	병사이기도 했습니다.
헨리 8세	다른 건?
크롬웰	제가 뭐였으면 좋을까요?

크롬웰은 일부러 요리조리 빠져나가는 중이지만 그의 경험이나 능력은 과장이 아니었다. 비서장관이 된 1532년이면 그는 이미 모험이 가득한 인생을 충분히 보낸 후였다. 그는 유럽의 용병이었고, 이탈리아에서는 은행가, 네덜란드에서는 서기, 영국에서는 법률가였다. 이 모든 것을 겪은 후 그는 울지 추기경의 비서가 됐다. 울지 역시 다채로운 경험과 관심사를 가진 사람이었다. 역사가 디아메이드 매컬로크Diarmaid MacCulloch는 울지를 "하나도 빼놓지 않고 모든 것을 다 하는 기술을 잘 가르쳤던 사람"[35]이라고 설명했다. 매컬로크는 크롬웰을 "모르는 게 없는 박식가"이면서 "재치 있고, 사색적이고, 다정하며, 엄청나게 잔혹한" 모순돼 보이는 성격의 소유자라고 했다.

좀 더 최근의 리더 중에서 "모르는 게 없는 박식가"의 전형적인 예는 시어도어 루스벨트다.[36] 저명한 루스벨트 전기 작가 중 한 명인 도리스 컨스 굿윈Doris Kearns Goodwin은 시어도어 루스벨트의 저술 중에는 원정 수렵에 관한 이야기, 늑대나 회색곰, 검은꼬리사슴에 관한 사색 및 박물학, 유명 인물에 대한 전기, 수필, 전쟁과 평화에 관한 평론, 새들에 관한 스케치까지 있다고 했다. "그는 모든 것에 관심이 있었다. (…) 요즘 사람들, 과거 사람들, 동물, 광물, 중요 사건, 별, 과거, 미래까지." 프랑스 대사 장 쥘 쥐스랑Jean Jules Jusserand의 말이다.

영국의 정치가 리 자작Viscount Lee은 루스벨트를 이렇게 말했다. "화제에 오른 것이 정치 경제이든, 고대 그리스 희곡이든, 열대의 동식물, 아일랜드의 영웅담, 자연의 보호색, 형이상학, 미식축구 기술, 후기 미래주의 그림이든 그는 똑같이 정통해 있었다." 이렇게 다채로운 관심사와 경험은 그가 정치 지도자로 성공하는 데 빼놓을 수 없는 요소였다. 그 덕분에 그는 각계각층의 사람들과 "열정적으로 연결"됐다. "서부의 소몰이꾼, 도시의 격투기 선수, 탐험가, 부자, 가난뱅이, 때로는 흑인, 편집자, 작가들"까지도 말이다. 또한 그것들은 루스벨트에게 요즘 표현 같으면 '정치적 배후지背後地'라고 할 수 있는 것을 제공했다. 그는 그런 일련의 지적 관심사들 속으로 언제든지 행복하게 도피할 수 있었다.

시어도어 루스벨트나 존 F. 케네디와 마찬가지로 버락 오바마도 처음 대통령에 당선됐을 때 40대였다. 오바마의 정치 인생은 전형적인 오르막길을 걸었고 눈에 띄는 '방황'은 덜했지만, 그에게는 훨씬 다채롭고 다양한 문화적 유산과 성장 과정이 있었다. 그는 이런 내용을 베스트셀러가 된 그의 유년 시절에 대한 회고록《내 아버지로부터의 꿈》에서 강렬하게 포착해내고 있다. 2008년 대통령 선거가 끝난 직후에 쓴 글에서 소설가 제이디 스미스Zadie Smith는 오바마의 개인사에 관해 이렇게 말했다. "그가 하는 이야기는 온통 '더하기'에 대한 것이다. 정말 많은 목소리를 가진 사람의 이야기다. 그 속에 교훈이 있다면 사람은 자기 자신'들'에게 진실해야 한다는 것이다."[37] 제이디 스미스는 오바마가 '드림시티Dream City'라는 신화적 장소를 그려낸다고 말한다. "많은 목소리가 있는 그곳에서 하나의 통일된 목소리란 환상이다." 그녀는 또 이렇게 덧붙였다. "그는 얼굴에 쓰여 있지는 않더라도 대부분의 사람이 드림시티 출신이라고 대담하게 말한다. 사람에게는 대체로 복잡한 뒷이야기가 있다. 어지러운 역사와 여러 이야기가 있다. 우리는 상반되는 목소리를 불러내 이질적인 것들 사이의 종합을 구하려 한다."

전시 영국의 상징과도 같은 지도자 윈스턴 처칠 역시 다양한 역할을 수행했다. 그는 둘러 가는 길뿐만 아니라 종종 돈키호테처럼 보이는 여정을 통해 정치 지도자가 됐다. 그 역할들 중 적지 않은 것들이 "가망 없는 일"처럼 보였다. 1930년대 내내 그의 커리어는 정치와는 영영 무관할 것 같았다. "재야 시절" 처칠은 다양한 측면의 정치적 배후지를 개척했다. 그래서 전시 영국의 가장 추앙받는 수상이 됐을 때쯤 그는 영국 군대 장교뿐만 아니라, 역사가, 작가, 예술가, 아마추어 벽돌공과 나비 사육사의 경험까지 있었다. 그렇게 아흔의 나이로 죽음을 맞았을 때 그의 저술 목록에는 소설 하나, 두 권의 전기, 세 권의 회고록, 여러 권의 역사책이 들어 있었다. 이 모든 저술 덕분에 그는 프롤로그에서 얘기한 것처럼 노벨 문학상을 받았다.

시대를 불문하고 유명한 비즈니스 리더 중에도 특징적일 만큼 폭넓은 경험과 시각을 가졌던 사람이 많다. 앤드루 카네기와 앤드루 멜런Andrew Mellon, 조지 슐츠George Shultz, 존 화이트헤드John Whitehead도 그렇고, 마이클 블룸버그$^{Michael Bloomberg}$와 행크 폴슨, 스티브 잡스, 빌 게이츠, 제프 베조스 그리고 마크 저커버그도 그중 한 명이다.

그러나 이들 정치 지도자와 비즈니스 리더 중에서 벤저민 프랭클린에 필적할 수 있는 사람은 없을 것이다. 프랭클린은 죽기 전까지 작가, 인쇄공, 정치 이론가, 정치가, 우체국장, 과학자, 발명가, 시민운동가, 의회의원, 외교관의 길을 모두 걸어봤다. 월터 아이작슨$^{Walter Isaacson}$은 프랭클린 전기에서 이 부분이 오늘날 어떤 시사점을 갖는지 얘기했다. "벤저민 프랭클린이 살아 있었다면 정보 혁명도 아주 편안하게 받아들였을 것이다. 프랭클린이 그토록 매력적인 인물인 이유는 명석한 두뇌를 가졌으면서도 실용적이고, 모든 것 특히 사물의 원리에 관심이 있었기 때문이다."[38]

개인적으로나 사회적 차원에서나 우리는 '깊이의 위험'에 빠질 여력이 없다. 우리는 폭넓은 방향을 향한 '스워브'를 공개적으로 선언해야 한다. 인생을 폭넓은 방향으로 성공적으로 만들어간 사람들에게서 영감을 얻어야 한다. 그렇다면 문제는 '폭넓고 다양한 뛰어난 삶을 꾸리기 위해서는 무엇이 필요한가' 하는 점이다. 어떻게 해야 다면적 통일체의 모자이크 원리를 실현할 수 있을까?

나는 그 답을 여섯 가지 측면으로 설명할 수 있다고 본다. 이 여섯 가지는 그런 인생과 커리어를 만들 수 있느냐를 결정하는 가장 중요한 능력과 기술, 특징이다. 이 책에서 자세히 소개하는 경험이나 연구 결과를 보면 놀라운 인생과 커리어를 만드는 가장 유력한 방법은 확실한 도덕적 나침반을 사용하고, 한 가지 지식의 중심축을 확실히 정하고, 응용 가능한 능력을 개발하고, 상황지능에 투자하고, 네트워크를 확장하고, 항상 준비된 마음을 갖는 것이다. 그러면 이제 모자이크 원리를 구성하는 각 조각들을 하나씩 차례로 살펴보기로 하자. 가장 기초가 되는 개념인 도덕적 나침반부터 시작한다.

PART 2

모자이크 원리,
6개의 조각

3 _____ 도덕적 나침반

_____
_____ 옳은 일을 하라

하나님은 여기 앉아 계시다. 내 영혼을 들여다보며 내가 올바른 생각을 하고 있는지 보고 계시다. 하지만 나는 두렵지 않다. 옳은 사람, 선한 사람이 되려고 노력하기 때문이다. 하나님은 내가 얼마나 힘들게 싸우는지 모두 아신다.

에밀리 디킨슨^{Emily Dickinson}, '아비아 루트^{Abiah Root}에게 보낸 편지' 중에서, 1858년

조직의 지속가능성은 그 조직을 지배하는 도덕률의 폭에 비례한다. 따라서 조직의 지속력은 지도부의 자질에 의존하며, 지도부의 자질은 그 바탕이 되는 도덕률의 폭에서 나온다.

체스터 바너드^{Chester Barnard}, 《경영자의 역할》, 1938년

도덕적 복잡성의 영역

파트너스인헬스를 처음 만들 당시, 젊고 포부에 차 있던 폴 파머와 동료들은 보스턴에서 둘러앉아 몇 시간이고 토론을 벌이곤 했다.[1] 앞으로 어떤 인생을 살지, 자신들이 가진 상당한 능력을 어떻게 활용하는 게 최선일지가 토론의 주제였다. 그들이 내린 결론은 자신들이 가장 원하는 것이 '도덕적 명료성의 영역'이라는 사실이었다. 그들은 자

신의 재능을 가장 잘, 가장 고귀하게 사용하고 싶었다. 그리고 언제나 옳은 일을 하고 있다는 확신을 갖고 싶었다. 그래서 그들은 "가난한 자들에 대한 편애"를 바탕으로 공중보건 분야를 선택했다. 사람을 살리고, 병들고 다친 사람에게 건강을 찾아주고, 가난한 이들이 인간의 존엄성을 유지하며 희망을 품고 살 수 있게 돕고자 했다. 그 시작이 아이티였다. 서반구에서 가장 가난한 나라의 위치를 끈질기게 유지하는 곳. 그곳이야말로 그들이 찾을 수 있는 '도덕적 명료성의 영역'에 가장 가까운 곳일 것 같았다.

그러나 머지않아 그들은 나무랄 데 없어 보이던 이 선택이 실은 '도덕적 명료성의 영역'이 아니라 '도덕적 복잡성의 영역'이 될 것임을 깨달았다. 거기에는 그들이 동시에 내린 또 다른 선택의 영향도 있었다. 그들은 아이티의 구조적 가난과 주기적 혼돈 속에서 가난한 자들에게 의료를 제공하겠다는 것 외에도 미국에서 계속해서 직업적 능력을 개발하겠다는 선택을 내렸던 것이다. 미국에서 생활한다는 것은 전 세계 최고의 의과대학과 병원에서 무시할 수 없는 부와 번영에 둘러싸여 일한다는 뜻이었다. 1년의 반은 캉주의 간이시설에서 일하고, 나머지 시간은 보스턴의 새하얗게 빛나는 수술실에서 풍족한 의료 시스템을 누리며 일하게 될 것이다. 이렇게 대조적인 상황과 동기에 대체 어떻게 자신을 적응시켜야 하는 걸까?

파머도 이런 상황의 도덕적 복잡성을 인식했다. 나중에 그는 이렇게 말했다. "(아이티 같은 곳에서 일하는 것처럼) 자신을 희생하고 있는 사람은 일상으로 돌아왔을 때 자꾸만 마음이 불편해서 그 불편을 줄여보려 애쓰게 될 것이다. 이런 어려움을 겪지 않으려면 무의식적으로 늘 따를 수 있는 어떤 규칙 같은 게 필요하다." 파머는 자신이 의료 서비스를, 세상의 그 누군가는 살 수 없는 의료 서비스를 돈을 받고 '팔고' 있는 것처럼 느꼈다. 이게 바로 남을 돌보는 그의 직업이 가진 도덕적 복잡성이었고, 그는 그것이 아주 불편했다. 파머는 이렇게 덧붙였다. "양쪽의 느낌이 동시에 들 수 있다. 왜냐하면 마땅히 그렇게 느껴야 할 문제이기 때문이다." 달리 의료혜택을 누릴 방법이 없는 열악한 환경 아래 사는 사람들을 위해 파머가 자신의 시간을 일부 나누는 의사가 되겠다고 결정한 것은 '자기희생'으로 볼 수도 있지만, 이런 도덕적 복잡성에 대처하는 한 방법으로 생각할 수도 있다. 심지어 어쩌면 양심의 가책을 더는 방법이라고 생각할 수도 있다.

폴 파머는 아주 신중한 선택을 통해 특정 방식의 인생을 살기로 결정했다. 가장 선진화된 환경에서 직업 능력을 연마할 테지만, 그 능력을 가장 어렵고 부족한 환경에서도 활용하겠다고 말이다. 그는 도덕적 명료성의 영역에서 한 가지 활동에 전념하는 대신, 도덕적 복잡성의 영역에서 매년 씨름하는 쪽을 택했다. 그는 선택을 내리고 타협해야 했다. 때로는 분명한 이해관계의 상충을 해결해야 할 때도 있었다. 그럴 때면 그는 매번 스스로에게 물어봤다. '옳은 일은 무엇인가?'

이게 바로 폭넓은 인생과 커리어를 만들고 싶을 때 벌어지는 일이다. 아무리 '도덕적 확실성의 영역'을 갈망하더라도 도덕적 복잡성의 영역에 대처할 일이 더 많을 것이다. 인생을 이런 방식으로 써 내려온 사람들, 그러니까 깊이보다 넓이를 선택하거나 최소한 깊이와 넓이를 함께 택한 사람들을 만나보면 자신이 옳은 일을 했다고 확신한다고 말하는 사람은 거의 없다. 오히려 그들은 자신이 옳은 선택을 한 것인지, 다른 길로 가는 것이 더 좋지는 않았을지 의심스럽다고 대놓고 말한다. 그들은 거의 항상 애매모호함과 불확실성을 느끼며 심지어 때로는 이면의 죄책감을 느끼기도 한다.

그렇기 때문에 폭넓은 삶을 사는 것은 쉽지 않다. 100여 년 전 월터 리프만$^{Walter\ Lippmann}$도 그랬다. 미국의 작가이자 기자, 정치 평론가면서 《뉴 리퍼블릭$^{The\ New\ Republic}$》의 설립자 중 한 사람인 그는 복잡한 현대 사회에서 자유와 민주주의 사이의 눈에 띄는 모순과 씨름했다. 그는 이렇게 썼다. "인간이 본성상 필요로 하는 그 무엇보다, 다른 어떤 욕구의 만족보다, 배고픔이나 사랑, 쾌락, 명성에 대한 욕구의 만족이나 어쩌면 목숨 그 자체보다 사람에게 가장 필요한 것은 자신이 어떤 질서정연한 존재의 규율 안에 들어가 있다는 확신이다."[2] 하지만 그 질서정연한 존재를 대체 어디서 찾을 것인가? 지금과 같은 세상에서 폭넓은 삶을 산다면 복잡성과 애매모호함이 당연히 수반될 텐데 말이다.

많은 사람들에게 그 해결책은 확실한 '도덕적 나침반'을 찾고 적용하는 것이다. 나쁜 선택과 좋은 선택을 구분해주는 '내적 판단'의 기준, 도덕적으로 적절한 행동이 무엇인지 암묵적 윤리 원칙과 가이드가 되어줄 수 있는 것을 찾아야 한다. 이것은 사회가 법이나 규칙, 관습을 통해 무엇이 옳다 그르다 가리는 것보다 한 발 더 나아간 것이다. 도덕적 나침반은 개인적이고 사적인 원칙으로서 삶의 방향을 결정해준다. '나'라는 사람의 있는 그대로의 모습, 또는 되고 싶은 모습에 걸맞은 결정을 내리게 해주는 원칙이다. 20세기 최고의 심리학자 중 한 사람인 칼 로저스$^{Carl\ Rogers}$는 낙천적으로 생각했다. "인간의 행동은 기막히게 합리적이다. 미묘하지만 질서 있는 복잡성을 따라 자신의 몸이 달성하려는 것을 향해 움직인다."[3]

철학자 찰스 테일러Charles Taylor도 비슷한 생각을 갖고 있다. 그는 "진정성의 문화"라는 것을 설명하면서 이렇게 말했다. "우리의 도덕적 구원은 진정한 자기 자신과 도덕적으로 접촉할 때 이뤄진다."[4] 그는 각자가 계발해야 할 선하게 타고난 "진정한 자아"가 있다고 했다. 그렇게 하면 내 안의 목소리에 충실할 수 있고 부패한 세상의 왜곡에 따르지 않을 수 있다. 그는 이렇게 덧붙였다. "'나의 길'이라는 존재 방식이 있다. 나는 남의 길을 흉내 내는 것이 아니라 내 인생을 살라는 명을 받았다. 그렇지 않다면 내 인생은 의미가 없어진다. 인간답다는 것이 내게 어떤 의미인지를 놓치는 것이다."

튼튼한 도덕적 나침반이 모자이크 원리의 첫 번째 조각이다. 이것은 한 인간으로서 내가 저지를 수 있는 모든 미덕, 악행, 행동을 아우르는 개념이다. 그리고 이것이 내가 남들에게 어떻게 행동하고 삶을 어떻게 써갈지를 결정한다. 도덕적 나침반이 완전히 만들어지면 그저 옳아 보이는 일을 하고 나쁜 일을 피하는 수준이 아니라 삶에 미션과 목적이 생긴다. 폭넓은 삶이 제기하는 복잡성에 대처할 수 있으며 옳은 일을 하고, 목적에 따른 삶을 살 수 있다. 깊고 좁은 삶을 살기로 했더라도 확실한 도덕적 나침반이 있다면 도움이 되고, 폭넓고 복잡한 삶을 살기로 했다면 도덕적 나침반은 필수 요소다.

회전문을 지나도 잃지 말아야 할 것

폭넓은 삶을 살려고 한다면, 특히 기업과 정부가 교차하는 곳에서 폭넓은 삶을 살고자 한다면 조만간 '회전문'이라는 소리를 듣게 될 텐데, 아마 칭찬은 아닐 것이다. 적어도 내 경우는 분명히 그랬다.

나는 매킨지에서 일한 30년 동안 폭넓고 다양한 경험을 할 기회를 많이 얻었고, 그때마다 기회를 살리려고 노력했다. 나는 다양한 업계에서 일했다. 그 범위는 광업부터 미디어, 음료, 건설, 소매, 기술 업계에 이를 정도다. 고객들이 전략상 커다란 이슈에 대응하거나 대규모 조직 변화 프로그램을 짜는 것을 돕기도 했고, 날마다 하는 업무의 개선 방안을 도출하는 일을 돕기도 했다. 경영과 경제학, 금융 쪽으로 받았던 전문 교육도 활용했지만, 때로는 내가 학부에서 역사학을 전공한 첫 사례라는 점도 기억했다. 이로써 내가 할 수 있는 가장 가치 있는 일은 이용 가능한 사실과 증거를 동원해 과거를 설명하고 미래를 예견하는, 조리 있고 분명한 '이야기'를 만들어내는 것이었다. 고객 중 다수가 다국적 기업이었기 때문에 나는 세계 곳곳에서 일했다. 그러다가 미국으로 갈 기회가 생겨서 그 기회를 잡았다. 다행히도 아내와 네 명의 우리 아이들 역시 함께 가기로 해줬고 우리는 다 함께 미국으로 옮겨 올 수 있었다.

이 모든 것이 근사했지만, 충분하지는 않았다. 매킨지의 고객은 대부분 대기업이었고 나는 분명 업계를 좋아했다. 그러나 정치, 공공정책, 사회 변화, 스포츠, 예술, 문화를 비롯한 그 밖의 것들에도 매력을 느꼈다. 전통적인 매킨지 커리어 안에서 그런 관심사를 모두 키우기는 어려웠다. 그래서 처음에는 이런 '부차적 관심사들'을 추구하기 위해 주로 취미나 여가 시간을 활용했고, 특히 비영리단체에 주로 자원봉사자로 참여했다. 나는 전문적인 교사 양성에 초점을 맞춘 비영리 교육사업 기관인 티치퍼스트TeachFirst의 설립을 도왔다(내 부모님 두 분이 모두 선생님인 것도 일부 동기로 작용했다). 또 세계 최고의 극단 중 하나인 로열셰익스피어극단Royal Shakespeare Company, RSC의 개혁 작업에도 함께했다. 미국으로 옮긴 후에는 벤처자선파트너Venture Philanthropy Partners나 워싱턴에 있는 셰익스피어극단Shakespeare Theatre Company 같은 비영리단체에 참여했다.

게다가 1990년대 내내 나는 BBC를 고객으로 두고 있었다. 세계 최고의 방송사 중 하나가 디지털 시대 초기의 도전 과제에 대응하는 일을 함께하게 된 것이다. 거기에는 일반 수신료로 운영되는 공공서비스 조직이라는 제약도 있었다. 내가 돕는 동안 BBC는 많은 일을 진행했다. 새로운 디지털 텔레비전 방송국과 라디오국을 설계해 출범시켰고, 프로그램을 다양화해 새로운 시청자층의 요구에 부응했다. 또 급부상 중이던 인터넷에도 처음으로 진출했다. 그리고 이 모든 비용을 대려면 수신료 인상이 필요하다는 사실을 영국 정부가 분명히 알 수 있게 했다. 이 과정에서 나는 영국의 기관에서 일하는 고위 관료들과 자주 연락했고, 정부 및 정계의 많은 동료 및 친구와 튼튼하고 폭넓은 네트워크를 구축할 수 있었다.

그러다가 2001년 마침내 정부 내에서 일할 기회가 찾아왔다. 다우닝가 10번지 총리 관저에서 총리 전략팀 특별고문직을 맡은 것이다. 토니 블레어 총리가 두 번째로 선거에서 대승을 거둔 직후였다. 블레어 총리는 전통에 얽매어 경직돼 있는 의료, 교통, 교정, 교육 등 공공서비스부문을 개혁하겠다는 의지가 그 어느 때보다 강했다. 그래서 3년간 나는 총리 관저에서 장차 정책고문을 지망하는 사람들과 함께 공공부문 개혁을 위한 장기 전략 개발 작업을 했다. 건물 내 다른 곳에서는 블레어 총리가 이라크전 참전 결정을 내리고 있었다. 이 결정이 결국 그의 몰락을 가져오게 된다.

그 3년간 나는 정부에서 일이 어떻게 진행되는지 또 무산되는지에 관해 많은 것을 배웠다. 그 후 2004년 초 다시 매킨지의 업무에만 전념하게 됐을 때 당연히 나는 사내에 대정부 파트를 신설하려고 했다. 과거에도 우리 회사는 드문드문 정부와 관련된 일을 하기는 했지만 지속적으로 대정부 업무에 초점을 맞춘 적은 한 번도 없었다. 그래서 때가 왔다고 생각했다. 나는 뜻이 맞는 몇몇 동료와 함께 정부의 컨설팅 계약에 입찰하기 시작했다. 하나둘씩 프로젝트를 따냈고 내무성을 필두로 교육부, 국방부, 노동연금부 등으로 상대 부처가 늘어났다. 특히 그중에는 획일적이지만 중요한 영국의 국가보건서비스[NHS]를 감독하던 보건부도 있었다.

2005년 중반쯤 되자 모든 게 순조로워 보였다. 꽤 많은 프로젝트를 진행하고 있었고, 정부 곳곳에 연락 부서가 늘어나고 있었으며, 우리 일이 성과를 나타내기 시작한 것에 고무돼 있었다. 바로 그때 내게 시련이 찾아왔다.

"공포의 대상이 되고 있는 총리 관저의 경영 컨설턴트" 2005년 6월 13일 월요일자 《가디언》의 헤드라인이다. 쓱 한번 훑어봤더니 그 기사에서 말하는 경영 컨설턴트가 바로 나였다. 그리고 이후 며칠에 걸쳐 그 '공포'에 빠진 사람은 기득권에 반대하는 좌파 성향의《가디언》만이 아니라는 사실이 분명해졌다. 정치적으로 반대편에 서 있는 인기 우익 타블로이드 신문《데일리 메일》도 가세했다. 당시《가디언》과《데일리 메일》이 의견 일치를 보기란 쉽지 않은 일이었음에도, 나와 우리 회사를 불신하는 데 있어서만큼은 두 신문의 의견이 일치했다. 거기에 보수당 국회의원들까지 가세했다. 이 정치가들의 주된 목적은 토니 블레어 총리와 노동당 정부를 당혹스럽게 만드는 것이었지만, 그와 더불어 정부가 아주 좋아하는 듯 보이는 이 '비밀' 최고급 컨설팅회사에까지 손해를 입힌다고 한들 눈 하나 깜짝하지 않았다.

이 정치가들과 정치 평론가들의 눈에 비친 우리의 죄는 영국 정부의 윗선에 "부적절한 접근권과 영향력"을 가졌다는 점이었다. 또 다른 신문《인디펜던트》는 이 문제를 다음과 같이 요약했다.

> 총리 관저와 매킨지의 관계가 밀접하고 또 매킨지의 임원과 정부
> 고위 관료가 서로 자리를 바꾸다 보니 그들 사이에 회전문이 있다
> 는 얘기가 나온 것이다.

그리고 또 다른 신문, 유서 깊은 런던의《타임스》는 삽화를 하나 실었다. 총리 관저와 매킨지 사이에 있다는 소위 '회전문'을 그린 만화였다.

미디어에서 그런 우려를 표명한 것은 단지 우리가 정부와 가까워 보였기 때문이 아니라 우리가 정부와 뭘 할지 걱정해서였다. 예컨대한 신문은 매킨지를 '자본주의의 예수회 수사'라고 칭하면서, 매킨지

[그림 3.1] 《타임스》(런던)에 실린 만화, 2005년 8월 2일

가 공무원들에게 "기업인 같은 사업적 태도"를 갖게 하고 모든 공공
서비스부문에 민간부문 같은 전자 혁명을 추진할 거라고 추측해놓았
다. 그 신문은 매킨지의 슬로건이 "모든 것은 측정 가능하고, 측정 가
능한 것은 관리할 수 있다"라고 했다. 신문은 공공서비스 경영에 대한
정부의 접근법을 그런 식으로 바꿀 경우 앞서 얘기한 많은 것들 외에
도 일자리가 더 감축될 수 있다고 썼다. 또 정부직에 기업가 출신들을
임명하는 것에 관해 그렇지 않아도 불만이 높은 공공부문 노조와 충
돌이 일어날 것이라고 했다.

　나는 이렇게 미디어상에서 원치 않은 악명을 떨치게 된 것이 개인
적으로 불편했다. 원래 나는 전형적인 '무색무취형 인간'이었고, 배후
에서 또는 보이지 않는 곳에서 일하는 데 익숙했다. 이런 공공연한 스
포트라이트는 익숙지 않았다. 유일하게 내가 미디어의 관심을 끈 적
이 있다면 그보다 10년 전이었던 1995년 초 《런던 이브닝 스탠더드

London Evening Standard》가 BBC 리더들에게 내가 너무 큰 영향력을 끼친다고 비난한 것이 전부였다. 당시는 인터넷이 아주 초기였기 때문에 해당 신문사가 내 사진을 디지털로 갖고 있지 않았다. 그래서 그들은 기사에 삽화를 곁들이고 익명의 기업 경영자를 나타내는 실루엣에 중절모를 씌워놓았다. 당시 중절모는 시티오브런던 금융 중심가의 상징이었다. 나는 실질적으로 시티오브런던과 아무 관계가 없었지만 그들이 암시하는 내용은 분명했다. '금융인'들이 자신들의 전통적 생활양식을 접수하려 들고 있다는 뜻이었다.

물론 '너무 큰 영향력'을 행사한다고 미디어로부터 이따금 이런 비난을 받는 것은 나 같은 경영 컨설턴트에게는 도덕적 복잡성의 영역이다. 자문을 직업으로 하는 사람이라면 누구나 그렇겠지만 고객에 대한 접근권과 영향력을 얻는 것은 나의 절대적 목표였다. 그래야 내가 고객을 도와줄 수 있고, 일을 잘한다는 소리를 들어서 나나 내 회사의 일감도 더 많아질 테니 말이다. 그런데 이 목표를 성공적으로 수행했다고 해서 비난을 받는다니 좀 이상한 기분이 들었다. 사실 나는 개혁 정신을 가진 정부가 스스로 선언한 목표대로 효율성을 향상하고 질 높은 공공서비스를 효과적으로 관리하고 수행하도록 도울 수 있어서 기뻤다. 정부가 공공서비스의 설계 및 수행 과정에 좀 더 기업가적인 사고방식과 툴을 채용하는 것이 도움이 된다고 정말로 믿었고 거기에 일조할 수 있어 기뻤다.

그러나 나는 '회전문'이라는 단어가 그《타임스》의 삽화에 표현된 것처럼 경멸적 의미를 띠고 있다는 것을 잘 알고 있었다. 지금 이 단어는 기업가가 정부로 가거나 공직자가 기업으로 갈 때마다 천박한 의미로, 심지어 비도덕적인 동기를 암시하는 뜻으로 쓰일 때가 더 많다. 대놓고 말해서 이런 식으로 이동하는 사람은 자신의 인맥이나 영향력 또는 지식을 이용해 개인적 부를 늘리고 있고, 그것은 정부나 납세자의 손해로 이어진다는 생각이 깔려 있는 것이다. 토니 블레어도 자신이 기업인을 정부에 영입하려고 할 때마다 무슨 부패의 꿍꿍이라도 있는 사람처럼 매번 비난을 받았다고 나중에 한탄한 적이 있다.[5] 그때나 지금이나 타블로이드 신문들은 이런 현상을 '정실주의'라는 말로 표현하기를 좋아했고, 나 같은 사람을 '블레어의 연줄'이라고 불렀다.

미국에서는 2008년 금융위기 이후 회전문에 대한 우려가 더 심화됐다. 앤드루 로스 소킨Andrew Ross Sorkin이 《뉴욕타임스》에 쓴 것처럼, 금융위기 이전에 "월스트리트의 경영자들은 뻔질나게 워싱턴으로 영입됐다".[6] 소킨은 그런 유산을 물려받은 재무부장관들을 줄줄이 인용했는데 케네디 대통령 때 딜런Dillon의 더글러스 딜런Douglas Dillon, 레이건 대통령 때 메릴린치의 도널드 리건Donald Regan, 조지 W. 부시 대통령 때 골드먼삭스의 행크 폴슨도 있었다. 하지만 소킨은 이렇게 덧붙였다. "최근 월스트리트의 경영자들은 워싱턴에서 일하기를 꺼리거나 아니면 이들의 지명에 반대하는 국회의원들의 방해를 받고 있다. 금융위기 이후 대부분의 은행가들은 본인의 선택이든 또는 처음부터 배제됐든 워싱턴을 피해 가고 있다." 한 예로 2014년에 오바마 대통령은 라자드Lazard 은행부문 고위 경영자였던 안토니오 와이스Antonio Weiss를 재무부차관으로 지명했었다. 하지만 엘리자베스 워런 상원의원이 임명 동의를 저지하겠다고 나서자 와이스는 그 자리를 고사하고 상원의 임명 동의가 필요 없는 재무부장관 특별고문으로 갔다.

이제 '회전문'이라는 말은 기업과 정부가 교차하는 지대에 위치한 도덕적 복잡성의 가장 첨예한 영역을 뜻하게 됐다. 나는 이 점을 잘 알고 있었고, 바로 그 교차 지대에서 일하는 다른 사람들과 마찬가지로 내 도덕적 나침반에 대한 확신이 필요했다. 나에게는 항상 옳은 일 또는 적어도 그 당시에는 '옳아 보이는' 일을 하고 있다는 확신이 필요했다. 하지만 그 신문이 정확하게 암시하고 있듯이 내 도덕적 나침반은 사실 중요한 순간에 제 기능을 못 하고 있었다.

몇 년 전 나는 BBC 사장을 지낸 존 버트^{John Birt}를 매킨지의 미디어 사업 파트타임 고문으로 영입했다. 그는 BBC에서 은퇴하기 전 내 고객이었고 그래서 나는 그가 노련한 미디어산업 전문가일 뿐만 아니라 매우 유능한 전략가임을 알고 있었다. 나는 그가 우리 고객과 팀들에게 열정적인 조언을 해줄 거라고 확신했고, 실제로도 우리는 서로 생산적인 관계를 구축했다. 그런데 얼마 후 그가 무보수 파트타임으로 총리의 전략고문 역할을 맡았다. 꽤 영향력 있는 자리였다. 직접적으로, 또 간접적으로도 그는 정부와의 컨설팅 계약을 누가 수주할지에 관해서는 전혀 발언권이 없었다. 하지만 그가 조금이나마 입김을 불어넣을 수 있지는 않을까라고 생각해보는 것은 전혀 어려운 일이 아니었다. 실제로는 이해상충이 아니라고 해도 누군가는 분명히 그렇게 생각할 수 있는 문제였다.

우리가 정부 계약에 입찰하기 시작했다면 내 도덕적 나침반은 매킨지와 존 버트의 관계를 잠시 접어두라고 알려줬어야 했다. 그러나 내 도덕적 나침반도, 또는 그의 도덕적 나침반도 그렇게 하지 않았다. 그 결과 나는 어느새 미디어의 비난을 받아내야 하는 입장이 돼 있었고 이것이 법률적으로 문제가 될 수도 있다는 것을 깨달았다. 나는 도덕적인 타협을 한 셈이었고 그 점을 인지했어야 했다.

뒤늦게 나는 존 버트에게 매킨지의 파트타임직에서 물러나달라고 요청했다. 그는 물러나면서도 아쉬워했다. 그 일을 좋아했기 때문이다. 이후 그는 다른 경영 컨설팅회사에서 비슷한 일을 맡았다. 이해상충의 오해를 받을 염려가 덜하고, 어쨌거나 우리 회사보다는 덜 주목받는 회사였다. 우리는 신문사와 정치인들에게 우리가 정책을 바꿨다고 설명했고 격앙된 미디어의 반응도 곧 가라앉았다. 그 자리에는 훨씬 더 중요한 다른 이야기들이 채워졌다. 이 일을 겪으면서 나는 미디어와 건설적인 관계를 맺어야 한다는 귀중한 교훈을 얻었다. 하지만 그보다 더 중요한 교훈은 복잡하고 애매모호한 삶을 사는 와중에도 내 도덕적 나침반을 잘 간수해야 한다는 점이었다.

나만의 도덕적 나침반을 찾아라

한 사람을 규정하는 것은 뭘까? 그 사람의 전문지식일까? 아니면 추억? 취미? 가족이나 친구? 과연 이것들이 개인의 정체성을 규정할까? '당신'을 규정할까?

예일대학교 경영대학원 연구진은 더 깊이 들여다보라고 주장한다.[7] 영혼 속을 들여다보라고 말이다. 이들의 연구 결과에 따르면 관대함, 충성심, 공감능력, 예의 바름 등의 도덕적 특성들이야말로 개인의 존재를 이루는 요소라고 한다. 연구진은 이런 가설을 세우고 현실 세계에서 가장 힘든 상황인 급격한 정신적 변화를 수반하는 이른바 '신경 퇴행' 상황에서 가설을 검증했다. 연구진인 슈트로밍어Strohminger와 니콜스Nichols는 구체적으로 세 가지 신경퇴행성 질환에 초점을 맞췄다. 전두측두엽 치매FTD, 알츠하이머병 그리고 ALS 또는 루게릭병이라고 더 잘 알려진 근위축성 측색경화증이었다. ALS는 주로 신체 움직임에만 영향을 주고 기억력이나 도덕적 행동에는 별 영향을 주지 않기 때문에 대조군으로 설정했다. 알츠하이머병은 주로 기억력에 영향을 주는데 도덕적 행동에도 일부 영향을 준다. 반면 FTD는 사람의 도덕적 행동에 영향을 미칠 가능성이 가장 큰 질환이다. FTD의 증상에는 공감능력 상실, 판단력 부족, 부적절한 행동의 증가가 포함된다.

연구진은 가족이나 친구가 FTD나 알츠하이머병, ALS에 걸린 사람들이 서로를 격려하는 온라인 모임을 통해 조사 대상을 모집했다. 그리고 '환자가 여전히 내가 아는 사람이라고 느끼나요?' 같은 질문을 주고 5점 척도로 답하게 했다. 이 척도에서 ALS 환자의 가족, 친구들 평균은 4.1점이었다. 그러나 알츠하이머병의 경우 평균은 3.8점, FTD는 3.4점으로 평가 점수가 급격히 떨어졌다. 이런 결과는 실제로 사랑하는 사람의 정체성을 인식할 때 도덕성이 핵심을 이룬다는 사실을 암시했다. 더 자세한 분석을 통해 연구진은 다음과 같이 결론을 내렸다. "여러 세대에 걸쳐 많은 철학자나 심리학자들이 생각해온 것과는 정반대로 기억 상실은 누군가를 다른 사람처럼 보이게 만들지는 않았다. 오히려 어떤 사람이 같은 사람처럼 느껴지는지, 아니면 해당 질병이 그 사람의 정체성을 다 집어삼킨 것처럼 느껴지는지에는 (…) 도덕성이 가장 큰 역할을 했다."

신경변성 질환을 경험하거나 지켜보는 것을 통해 누군가의 정체성을 규정하거나 그들의 도덕적 나침반을 확인하는 것은 극단적인 경우임이 분명하다. 그렇다면 좀 더 평범한 경우에, 나에게 벌어지는 일을 내가 더 통제할 수 있을 때 내 도덕적 나침반은 어떻게 찾을 수 있을까? 대부분의 사람들에게는 이것이 자신의 인생과 커리어를 꾸려나가는 중요한 첫걸음이다. 특히나 폭넓은 삶을 살고 싶다면 말이다. 폭넓은 삶에는 많은 선택과 타협의 기로, 애매모호함, 때로는 이해상충의 경우가 있을 것이다. 많은 것들이 동기가 될 테고, 어느 것이 더 중요한지 결정해야 할 것이다. 도덕적 확실성의 영역보다는 도덕적 복잡성의 영역에서 더 많은 시간을 보내게 될 것이다. 우리는 흔히 이런 생각을 하고 있을 것이다. "내가 이 필요를 충족시키기로 한다면 필연적으로 다른 필요는 충족시키지 않기로 선택하는 셈인데 어떻게 해야 아쉬움이 남지 않을까?"

그래서 도덕적 복잡성에 접근하는 법을 정해줄 수단이 필요하다. 데이비드 브룩스David Brooks의 다음과 같은 말처럼 말이다. "겉에 있는 마음이 지위와 돈, 찬사를 갈구한다면 속에 있는 마음은 조화와 유대감을 갈구한다. 이런 순간에는 자의식이 희미해지고 사람은 도전 앞에서 대의나 다른 사람의 사랑 또는 신의 사랑에 푹 빠져든다."[8] 우리는 도덕적 나침반이 있어야만 브룩스가 말하는 "우리에게 하나의 자아가 아닌 여러 개의 자아가 있다는 생각"을 유지할 수 있고, 우리의 "무의식적인 그 내부의 외향적 자아가 (…) 직장이나 친구, 가족, 국가, 대의와 교섭하게" 할 수 있다.

자신의 도덕적 나침반을 찾는 일이 상대적으로 쉬운 사람들도 있을 것이다. 폴 파머가 "무의식적으로 일정한 규칙을 따른다"라고 말하는 것처럼 도덕적 나침반을 찾는 사람들이다. 그 규칙은 조직화된 종교일 수도 있고, 어떻게 행동해야 할지 미리 정해진 요구사항이나 최소한 '가이드라인'을 갖고 있는 고도로 구조화된 철학일 수도 있다.

그러고 보면 파머도 어느 정도 조직화된 종교 내지는 중심적 철학을 따라왔다.' 그는 비록 "무의식적으로 일정한 규칙을 따르는" 사람이 아니지만, 그가 일찌감치 '해방신학'이라는 종교적 철학을 받아들였다는 점은 그의 직업적 또는 개인적 여정의 핵심 요소를 이루었다. 해방신학이 그의 도덕적 나침반의 결정적 요소가 된 것이다. 그의 설명을 들어보자. "20대를 지나는 동안 너덜너덜 얇아져 끊어졌다고 생각했던 나 자신의 가톨릭적 신념이 천천히 되돌아왔다. 생각했던 것보다 약간 더 튼튼한 실이 남아 있었던 것이다. 그 실이 보이게 된 것은 아이티에서 나를 맞아주던 사람들과 내 환자들, 친구들의 영향도 있고, 보스턴의 빈민가나 노스캐롤라이나의 농장, 리마^{Lima}의 슬럼가처럼 이질적인 환경에서 빈곤에 맞서 싸우고 있던 가톨릭 사회운동가들의 영향도 일부 있다."

특히 그는 이렇게 영적으로 각성하게 된 것이 "작은 체구의 겸손한 도미니카인 사제" 구스타보 구티에레스$^{Gustavo\ Gutierrez}$ 신부 덕분이라고 말한다. 구티에레스 신부는 현재 파머처럼 미국의 대학(노트르담대학교)과 라틴아메리카의 페루에 시간을 쪼개 사용하고 있다. 그는 저술을 통해 해방신학의 핵심 원칙들을 정립했다. "가난한 자들에 대한 편애"나 빈곤과 인종차별, 성불평등, 동성애 혐오, 외국인 혐오 등을 통해 '구조적 폭력'이 가해진다는 개념 그리고 '동반' 개념 등이 그것이다. 이런 개념을 의료, 특히 가난한 자들을 위한 의료에 적용함으로써 구티에레스 신부는 이렇게 묻는다. "치료나 복지, 질병에 덜 고통받는 삶을 향해 환자들과 어떻게 동반할 것인가?"

'조직화된 생각 체계'가 없는 사람도 자신의 도덕적 나침반을 분명하고 간단한 용어로 규정할 수 있다. 자신의 도덕적 나침반을 도덕적 또는 윤리적 규칙인 '성실'로 규정하는 사람들도 있다. 마이클 윌슨Michael Wilson은 은행업에서 두각을 드러내다가 이후 정신건강 연구 분야에 중요한 사회운동을 이끌었고 결국 캐나다의 재무부장관이 됐다. "당신의 도덕적 나침반은 어디에 있습니까?"라는 질문에 그는 이렇게 답했다. "나는 내 성실성을 의심받을 일은 할 수 없습니다. 그러니 나의 북극성은 거울인 셈이죠. 나는 거울을 보며 자문합니다. '이 일을 해도 괜찮아?' 살면서 안이하게 질러가려고 했다가는 곤란에 빠질 수 있다는 것을 알아야 합니다. 그게 내일이 됐든, 다음 달 또는 5년 후가 됐든 조심할 필요가 있습니다. 안타깝지만 쉽지 않은 일이죠. 상황의 윤리를 따져 결정을 내린다면 무슨 일을 하든 더 좋은 결과를 보게 될 겁니다."[10]

많은 사람에게 도덕적 나침반의 핵심은 바로 이런 종류의 성실함이다. 이 성실함은 개인이 진실함과 정직, 개인적 위험 요인이 따르더라도 옳은 일을 하겠다는 의지를 꿋꿋이 실천할 때 강화된다. 아주 축소해서 생각하면 이것은 자기 방어로 보일 수도 있다. 왜냐하면 성실함을 가진 사람, 그래서 정직으로 이름이 난 사람은 곤경을 겪을 일이 없기 때문이다. 제프 스킬링은 이 점을 아주 어렵게 깨달았고, 몇 년 후 나의 다른 전직 동료 둘도 같은 길을 걸었다.

라자트 굽타는 9년간 전 세계 매킨지를 총괄하는 CEO였다. 그리고 그보다 훨씬 오랜 기간을 동료 및 임원으로 보냈다. 매킨지에서 은퇴한 후에는 다른 기업 및 비영리 업계에서 경영자가 아닌 여러 역할을 수행했다. 그럼에도 그는 아직 매킨지에 남아 있는 사람들 사이에서 매우 존경받고 영향력 있는 사람이었다. 우리는 그를 '우리 중 한 명'으로 생각했고, 많은 이들에게 그는 중요한 개인적 멘토였다. 그가 가장 가까이서 멘토링을 해줬던 사람 중 한 명이 바로 아닐 쿠마[Anil Kumar]다. 쿠마는 매킨지의 임원으로 매킨지라는 기관과 굽타라는 개인을 이른바 '갤리언 스캔들'에 끌어들인 장본인이다.

라지 라자라트남[Raj Rajaratnam]은 쿠마의 와튼스쿨 동기였다. 라자라트남은 뉴욕에서 대성공을 거둔 헤지펀드 '갤리언그룹[Galleon Group]'을 설립하고 키웠다. 전성기에 갤리언그룹이 운영한 돈은 70억 달러가 넘었다. 갤리언그룹이 투자자들에게 놀라운 수익률을 안겨준 것은 다양한 정보원을 활용한 덕분이었다. 그러나 그 정보원 중 일부는 알고 보니 적법성이 의심스러운 것들이었다. 나중에 드러났듯이 갤리언그룹은 쿠마가 매킨지 고객들을 상대로 수집한 내부 정보를 활용했고, 나중에는 굽타가 골드먼삭스의 이사회에 직접 참여해 정보를 캐내기까지 했다. 이 사건은 전형적인 '내부자 거래' 사례처럼 보였고 굽타는 결국 유죄가 인정되어 연방교도소 2년형을 선고받았다. 굽타와 달리 라자라트남에게서 정보에 대한 대가를 직접 받은 것으로 보이는 쿠마는 검찰 측에 증거를 제공한 대가로 징역형을 면했다.

전임 CEO를 포함한 동료 두 명이 심각한 연방 범죄를 저질러 유죄 판결을 받았다면 분명히 이런 생각이 들 것이다. '내가 그들이었더라도 똑같이 행동했을까?' 그러지 않았으면 하겠지만 우리는 모두 같은 회사에서 성장했으니, 혹시 우리가 공통적으로 받은 직업 교육에 뭔가가 있어서 이런 결과가 나온 건 아닐까 하는 생각이 당연히 들 것이다. 그리고 이런 종류의 상황에 빠지는 것을 피해 갈 만큼 내 도덕적 나침반이 충분히 튼튼한가 하는 생각도 들 것이다.

이게 바로 도덕적 나침반 개념을 생각하는 한 가지 방법이다. 도덕적으로 극도로 복잡한 상황에서 범죄나 처벌을 피해 갈 수단으로 도덕적 나침반을 생각하는 것이다. 하지만 많은 사람들에게 도덕적 나침반은 단순히 말썽을 피해 갈 방법 그 이상이다. 이들은 도덕적 나침반을 훨씬 더 적극적으로 생각한다. 때로는 시행착오를 통해 때로는 실전 경험을 통해 복잡한 삶에서 '의미와 목적'을 찾을 수단으로 생각한다.

오스트리아의 신경과학자이자 정신과 의사인 빅토르 프랭클^{Viktor Frankl}은 가장 극단적인 상황에서 자신의 도덕적 나침반을 발견했다. 바로 아우슈비츠와 다하우^{Dachau}의 나치 수용소 캠프였다. 그는 제2차 세계대전의 마지막 2년간 이곳에 수용돼 있었다. 프랭클 본인은 살아남아 다시 일할 수 있었지만 그의 아내와 어머니는 그러지 못했다. 프랭클은 '로고테라피^{logotherapy}' 원칙에 입각한 '정신요법 제3학파'를 정립했다. 로고테라피란 실존적 분석의 한 형태로 사람들에게 무엇이 중요한지를 연구하는 이른바 '동기의 과학'을 말한다.

기념비적인 저작《죽음의 수용소에서》에서 프랭클은 수용소 캠프에서 보낸 시절의 이야기를 들려준다.[11] 그때 그는 아무리 가혹한 것이라 해도 존재하는 모든 것에서 의미의 중요성을 발견하고 계속해서 살아야 할 이유를 찾았다고 한다. 아우슈비츠의 끔찍한 경험을 통해 프랭클은 원래 갖고 있던 핵심적인 생각 중 하나를 더욱 강화하게 됐다. 그 생각이란 바로 삶의 주된 목적은 프로이트가 생각한 것처럼 쾌락을 좇는 것도, 알프레드 아들러가 가르친 것처럼 권력을 좇는 것도 아니며 '의미'를 찾는 여정이라는 것이다. 누구든 개인에게 가장 큰 과제는 삶의 의미를 찾는 것이다. 우리는 나에게 발생할 일을 마음대로 정할 수 없지만, 그것을 어떻게 느끼고 어떻게 대처할지는 내 마음이다. 개인적으로 나는 이 생각이 내 인생과 커리어상의 불가피한 굴곡에 대처할 때 중요한 역할을 해준다는 사실을 발견했다.

프랭클은 의미의 중요성, 즉 내적 동기의 중요성과 도덕적 나침반의 중요성을 다음과 같이 상술한다. "사람이 의미를 찾는 것은 인생의 주된 동기다. 본능적 충동의 '2차적 정당화'가 아니다. 이 '의미'는 오직 자신만이 충족시킬 수 있고 또 그래야 한다는 점에서 고유하고 구체적이다. 오직 그때에만 의미는 중요성을 획득할 것이고 의미를 찾는 그의 의지를 만족시킬 것이다." 그러고는 니체의 말을 인용한다. "살아야 할 이유가 있는 사람은 어떤 상황에서도 견뎌낼 수 있다."

그러나 인생을 꾸릴 때 의미를 찾는 것이 아무리 중요하다고 해도, 그게 반드시 해답이나 내적 평화를 찾는다는 뜻은 아니다. 프랭클은 다양한 동기를 균형 있게 조화시키려고 애쓰는 수많은 사람들을 괴롭히는 것처럼 보이는 '애매모호함'에 관해 말한다. 그는 사실 애매모호함이 우리의 자연스럽고 바람직한 상태라고 설명한다. 애초에 사람들이 마음의 평정이나 생물학에서 말하는 '항상성(긴장이 없는 상태)'을 원한다고 생각하는 것은 정신위생학에서 나온 위험한 오해다. 실제로 사람들이 원하는 것은 긴장이 없는 상태가 아니라 가치 있는 목표, 자유의지로 선택한 과제를 향해 분투하고 싸우는 것이다.

영감을 준 그 사건 이후 거의 50년 만에 쓴 1992년판 서문에서 프랭클은 이렇게 말한다. "당신의 양심이 명령하는 일에 귀를 기울이고 최선을 다해 그 일을 수행하길 바란다. 그러면 언젠가는 ('언젠가는' 이라고 했다!) 당신이 성공에 연연하지 않았기 때문에, 바로 그 이유로 성공이 당신을 따르고 있을 것이다."

이것은 도덕적 나침반 개념을 훨씬 더 적극적이고 희망적으로 생각하는 것이다. 도덕적 복잡성의 영역에서 의미를 찾는 중요한 수단으로 도덕적 나침반을 생각하는 것이다. 그리고 이것은 곧장 폭넓은 태도의 중요성으로 이어진다. 왜냐하면 직관적으로 생각했을 때 우리가 한 가지 탐색 방법만 사용해서 한 곳만 보고 판단면 의미를 찾는 일을 충족할 수 있을 것 같지 않기 때문이다. 그것은 마치 가장 중요한 질문에 대한 답을 한 권의 책만 읽거나 웹사이트 한 곳만 보면서 찾으려고 하는 것과 같다. 설령 아무리 헌신적인 성경학자라고 해도 그것이 너무 좁은 방법임을 알 것이다. 검색 영역을 넓히고 사용할 수 있는 검색 툴을 다양화하는 시도가 훨씬 더 합리적일 것이고, 탐색에 성공할 가능성도 훨씬 더 클 것이다.

만약 도덕적 나침반이 의미를 찾도록 도울 수 있다면, 우리의 가장 높은 목표라고 할 수 있는 우리나 타인의 '행복'을 찾는 데도 도움이 되리라 기대할 수 있을 것이다. 《의식 있는 비즈니스Conscious Business》에서 프레드 코프만Fred Kofman은 이렇게 묻는다. "인간 삶의 최종 목표는 무엇인가? 행복이다. 돈이나 명성, 권력과 같은 다른 기본적 물건을 찾는 것은 그것들이 당신을 행복하게 해줄 거라 생각하기 때문이다. 하지만 행복은 그 자체를 위해서 찾는다. 당신이 하는 모든 일은, 그러니까 일하고 놀고 기도하고 공부하고 결혼하고 아이를 갖는 것은 행복을 찾는 행동이다."[12]

코프만은 체스에 비유하여 '실전에서 이기려면' 뭐가 필요한지 이야기한다. 실전에서는 기꺼이 희생하려고 할 때에만 행복이 일어난다. 그는 우리가 희생을 할 때, 말 그대로 '신에게 바쳐질 때'에는 더 높은 목표를 추구하기 위해 서열이 낮은 목표는 포기한다고 주장한다. 체스를 할 때도 그렇고 인생에서도 마찬가지다. 목표들 간의 서열을 잊어버리면 바보 같은 실수를 하게 된다. 의식적으로 체스를 하려면 수단과 목표의 서열을 염두에 둬야 한다. 희생하되, 벌 받을 짓은 하지 말아야 한다. 다시 말해 의미와 목적을 추구하고 성실함을 지켜야 한다.

의식적으로 행복을 추구하려면 무슨 일을 할지 고르는 수준을 넘어서서 그 일을 '어떻게' 할지도 선택해야 한다. 결과가 중요하기는 해도 행복은 과정에 달려 있다. 행복은 목표 달성에 성공해서가 아니라 성실함과 의미에서 나온다. 이기고 지는 데서가 아니라 핵심 가치에 걸맞은 행동을 했을 때 나온다. 말하자면 '승리보다 중요한 것은 참여'라는 올림픽 모토의 변형이라고 할 수 있다. 비록 이 원칙이 현대 스포츠계, 특히나 올림픽에는 좀처럼 적용되지 않는 것 같지만 말이다. 코프만은 이렇게 결론 내린다. "의식을 가지고 비즈니스를 하고 싶다면, 의식 있게 살고 싶다면 지혜, 용기, 사랑, 정의, 절제, 초월과 같은 보편적 미덕을 실천해야 한다. 성공 이상의 성공을 찾아야 한다."

윤리적 행동이나 의미, 목적, 행복 같은 여러 측면을 조화시킬 방법을 찾기 위해 클레이튼 크리스텐슨만큼 노력한 비즈니스 사상가도 없을 것이다.[13] 그는 특히 성공적인 기업을 만들고 유지하려고 하는 미래의 비즈니스 리더들에게 무엇이 필요한지를 많이 연구했고, 이게 그가 만든 MBA 수업의 주제이기도 했다. 크리스텐슨의 수업과 저서는 특히 그의 친구와 동료들이 느낀 좌절과 실망에서 많은 영향을 받았다. 또한 최근에는 유한한 삶에서도 어느 정도 영향을 받은 것으로 보인다.

최근에 있었던 하버드 경영전문대학원 동창회를 떠올리며 그는 이렇게 말한다. 처음 그들을 알았을 때 "수업을 함께 듣던 동기들은 내가 아는 가장 똑똑한 사람들이었을 뿐만 아니라 가장 품격 있는 사람들이었다. 졸업을 할 때 그들은 단지 커리어만이 아니라 개인적 삶에서도 뭘 이루고 싶은지 계획과 비전을 갖고 있었다. '그런데 그사이 뭔가가 잘못된 모양이다.'" 특히 크리스텐슨은 꽤 많은 동료들의 개인적 인간관계가 악화됐다고 지적했다. 직업적으로는 커리어가 꽃을 피우려고 하고 있었는데도 말이다. "그들은 개인적 삶과 직업적 삶의 궤도가 상반된 것을 친구들에게 설명하기 창피해하는 듯했다." 1장을 떠올려보라. 극적인 몰락을 겪은 엔론의 제프 스킬링도 크리스텐슨과 수업을 함께 들었던 동문이다.

크리스텐슨이 개인의 동기와 행동을 더 면밀히 관찰해보게 된 데에는 동창들이 고생하는 모습, 그러니까 개인적으로 만족하지 못하고 가족 문제와 직장 문제를 겪고 심지어 범죄까지 저지르는 것을 지켜본 것이 하나의 계기가 됐다. 또 다른 계기는 2009년 그가 자신의 아버지가 걸렸던 것과 똑같은 종류의 암에 걸린 일이었다. 그는 이 사실을 MBA 수업을 듣던 학생들에게도 알려줬다. 자신과 학생들의 마음에 집중하기 위해서였다. 이런 일들을 계기로 크리스텐슨은 자기만의 도덕적 나침반을 규정하는 한 가지 방법을 개발해냈다. 다음과 같은 근본적 질문 세 가지를 해보는 방법이다. '나는 어떻게 다음 세 가지를 확신할 수 있을까?'

- 나는 커리어에 성공하고 만족할 것이다.
- 배우자와 자녀, 가족, 친척 및 가까운 친구들과의 교류는 지속적으로 내 행복의 원천이 될 것이다.
- 나는 성실한 삶을 살 것이고, 감옥에 갈 일은 없다.

제프 스킬링이 아니었다면 크리스텐슨이 감옥을 들먹이지는 않았으리라는 생각이 들 것이다. 하지만 개인적으로 나는 제프 스킬링과 라자트 굽타를 생각해볼 때 당연시할 수 있는 건 아무것도 없다고 생각한다.

크리스텐슨은 많은 사람이 가장 저지르기 쉬운 실수가 '눈에 보이는 직업적 성공'이라는 덫을 과하게 충족시키려고 하는 점이라고 지적한다. 더 높은 연봉, 더 그럴듯한 직함, 더 좋은 사무실이 우리를 행복하게 해줄 거라는 잘못된 믿음을 가진다는 것이다. "하지만 눈에 보이는 직업적 측면에만 초점을 맞추고 있다는 사실을 깨닫는 순간, 몇몇 내 동창들처럼 돼버리는 수가 있다. 신기루를 좇는 것이다. 연봉이 한 번만 더 오르면 행복해질 거라고 생각하겠지만, 결코 성공할 수 없는 원정이 될 것이다."

크리스텐슨은 "동기의 이론"이라는 것을 선호한다. 생산적 대답을
내놓을 가능성이 더 큰 일련의 질문을 해보는 것이다. "이 일이 나에
게 의미가 있는가? 이 일이 나에게 발전할 기회를 주는가? 새로운 것
을 배우게 되는가? 인정받고 성취감을 느낄 기회가 있는가? 책임이
부여되는가? 이런 것들이 바로 진정한 동기를 제공할 수 있는 질문들
이다." 이 질문들은 삶을 써 내려가고 동기의 지도를 따라 길을 찾는
데 도움이 되는 도덕적 나침반을 제공한다.

동기의 지도를 따라 길을 발견하라

실제 세상에서 나침반은 지도와 함께 사용할 때 가장 유용하다. 지도
는 내가 지금 어디에 있고 어디로 가려고 하는지 보여준다. 마찬가지
로 도덕적 나침반도 '동기의 지도'와 함께 사용할 때 훨씬 더 유용하
다. 그래야 지금 내가 어디에 있고 내 인생이 어디로 갈지 알 수 있다.
또 폭넓은 삶을 택했을 때 피할 수 없는 복잡성과 애매모호함도 이해
할 수 있다.

나의 동기는 무엇인가? 나는 세상을 구하고 싶은가, 돈을 많이 벌고
싶은가, 업적을 인정받고 상을 받고 싶은가? 아니면 내가 일하는 조직
을 바꾸고 싶은가, 권력을 잡고 남들에게 영향력을 행사하고 싶은가?
또는 내 능력과 기술을 향상하고 싶은가, 재미있고 신나는 일을 하고
싶은가, 즐거운 동료들과 함께 일하고 싶은가? 그도 아니면 나에게 꼭

맞는 라이프스타일을 갖고 싶은가?

아마 본능적으로 가장 먼저 나온 대답이 가장 중요하거나 대다수 나머지보다 중요할 것이다. 사람은 여러 개의 동기를 갖고 있다. 하나만 중요하고 다른 것은 모두 상관없는 사람은 없다. 게다가 어떤 동기들은 양립할 수 있다. 예컨대 다른 사람에 대한 권력이나 영향력이 있다면 '세상을 구하거나' 적어도 구체적으로 세상을 바꿀 가능성이 더 커진다. 그리고 그 과정에서 내가 좋아하고 존경하는 동료들과 아주 재미있는 일을 할 수도 있다.

오늘날 비즈니스 세계에서 '좋은 일을 하면서 성공'할 기회는 생각보다 많다. 그래서 많은 사람들이 그런 기회를 찾는다. 크레이그리스트Craigslist를 설립한 크레이그 뉴마크Craig Newmark는 "찐따 같은 가치관"이 동기였다는 말을 자주 한다. "우선 그럭저럭 먹고살 수준은 된 다음에 세상을 바꾼다"[14]는 것이다. 그는 은행에서 일하다가 취미로 샌프란시스코 인근의 재미난 이벤트를 알려주는 크레이그리스트를 시작했다. 그래서 그는 이렇게 조언한다. "먼저 정말로 공동체에 도움이 되는 사이트 하나를 지속적으로 운영하면서, 굳이 그걸로 부자가 되겠다는 생각은 하지 마라." 이베이는 10년 이상 소수 지분이 상당했지만, 크레이그리스트는 개인 소유의 독립적 회사로 남아 있다. 현재 크레이그리스트는 중고차 구입부터 연애 상대를 찾는 것까지 전 세계 도시 수백만 사람들을 돕고 있다.

물론 크레이그 뉴마크도 디지털 기술 및 인터넷 업계의 다른 많은 사람들과 마찬가지로 부자가 됐다. 하지만 실리콘밸리의 많은 기업과 그를 비롯한 리더들은 자신을 거의 반기업적 또는 탈기업적이라고 규정한다. 이윤 창출을 넘어선 목적이 있음을 강조하는 것이다. 예컨대 마크 저커버그는 "당초 회사를 만들려고 페이스북을 만든 건 아니다. 사회적 미션을 수행하려고 만들었다. 세상을 더 열린 공간, 연결된 공간으로 만들고 싶었다"라고 했다. 2012년 1월 기업 공개 제출 서류에서 저커버그는 앞으로 투자를 해줄 사람들에게 다음과 같은 내용의 편지를 썼다. "페이스북은 사람들에게 공유할 수 있는 능력을 제공하고 다시 한 번 우리의 핵심 제도와 산업을 탈바꿈할 수 있게 돕고자 합니다. 저희는 돈을 벌기 위해 서비스를 만들지 않습니다. 우리는 더 나은 서비스를 위해 돈을 법니다."[15]

어쩌면 우리는 누구나 좋은 일을 하면서 성공하기를 열망한다. 특히나 크레이그 뉴마크나 마크 저커버그의 발자국을 뒤따라갈 수 있다면 말이다. 하지만 솔직히 말해서, 가장 중요한 몇몇 동기는 서로 충돌할 가능성이 크다. 세상을 구하려고 한다면 돈을 많이 벌기는 힘들 수도 있다. 많은 사람에게 권력이나 영향력, 책임이 미치는 자리에 있다면 지속가능한 라이프스타일은 갖지 못할 수도 있다. 우리는 자신에게 정말로 중요한 것을 위해 일부는 선택 또는 타협을 해야 할 가능성이 크다. 그렇기 때문에 도덕적 나침반과 동기의 지도가 필요하다.

좀 다른 방식으로 질문을 해보자. 이 동기들 중에서 나에게 가장 중요한 것은 무엇인가? 가장 덜 중요한 것은 무엇인가? 하나도 중요하지 않은 것은 무엇인가? 다시 말해 내가 가진 동기의 위계서열은 어떻게 되는가? 그리고 생활을 유지하기 위해 나는 이 동기들을 어떻게 조화시키고 균형을 잡고 있는가?

폭넓은 인생과 커리어를 갖고 싶다면 이런 질문들과 씨름해야 한다. 그리고 인생의 각 단계마다 어느 선택을 따를지 결정해야 한다. 특히 '돈이라는 문제'와 씨름해야 할 것이다. 보수가 넉넉지 않은 경우가 많은 공익 목적 또는 사회적 목적이라는 동기를 가졌을 때 나는 얼마만큼의 돈을, 수입을 희생할 각오가 돼 있는가? 권력이나 영향력을 위해 얼마만큼의 부를 내줄 수 있는가? 이것은 특히 스스로에게 솔직해져야 할 정말로 중요한 질문이다.

빌 노벨리^{Bill Novelli}는 유니레버라는 다국적 대기업의 임원을 지냈다.[16] 그는 포터 노벨리^{Porter Novelli}라는 공익사업 자문회사를 만들었고, 미국 최대의 회원제 비영리조직인 AARP^{American Association of Retired Persons}를 이끌었다. 70대 초반이 된 지금 그는 조지타운대학교 경영대학원에서 글로벌 사회적 기업 프로그램을 주도하고 있다. 노벨리는 자신에게 가르치는 재능이 있고, 에너지가 넘치는 경영대학원생들 다수가 근사한 사회적 기업을 세울 거라고 믿었다. 1차적으로 공익에 목적을 둔 기업들을 설립하고 이끌게 될 거라고 말이다. 하지만 그는 내게 약간은 아이러니하다는 듯, 안타깝다는 듯 이렇게 말했다. "경영대학원에는 두 종류의 학생들이 있다는 걸 알게 됐습니다. 내가 하는 사회적 기업 수업이 무슨 말인지 도무지 모르겠다고 하면서 투자은행이나 컨설팅회사로 가는 친구들이 있고요. 또 내가 하는 얘기를 이해하고 아주 좋아한다고 하면서 여전히 투자은행이나 컨설팅회사로 가는 적지 않은 학생들이 있지요! 정말로 그 일이 하고 싶어서 그런 건 아닐 수도 있습니다. 다만 그렇게 큰돈을 거절하기가 힘든 거지요. 특히나 학자금대출을 갚아야 한다면 말이에요."

데이비드 브룩스는 이렇게 말한다. "우리가 살고 있는 문화적, 기술적 환경이나 능력 위주의 사회 분위기가 우리를 야만인으로 만든 것은 아니다. 하지만 이 사회가 우리를 도덕적으로 덜 분명하게 만든 것은 맞다. 많은 사람이 본능적으로는 옳고 그름을 알고 또 무엇이 선한 행동이고 어떻게 해야 좋은 사람이 되는지 알지만 모든 게 도무지 분명하지가 않다."[17]

그러면 어떻게 해야 좀 더 '분명'해지고, 어떻게 해야 좋은 선택을 할 수 있을까? 폭넓은 인생과 커리어에는 이해상충처럼 보이는 것들이 따라올 텐데 말이다. 해답은 도덕적 나침반을 활용해서 동기의 지도를 잘 따라가며 자신의 동기들을 이해하고, 평가하고, 조화시키는 것이다. 크레이그 뉴마크는 이렇게 말했다. "내가 사업을 하면서 알게된 가장 큰 교훈은 정말로 본능을 따라야 한다는 점이다. 당신의 본능과 도덕적 나침반을 믿어라." 그러면서 우리를 격려하려는 듯 그는 이렇게 덧붙인다. "놀라운 것은 어찌 보면 어디를 가나 거의 모든 사람이 믿을 만하고 선하다는 사실이다."

동기의 지도를 따라가면서 우리는 여러 동기에 각각 다른 비중을 두게 될 것이다. 그러면서 자신에게 가장 중요한 것은 무엇인지 결정하고 이런 경중을 반영한 경로를 그리게 될 것이다. 이 동기의 지도를 만들고 또 따라가는 것은 순간에 끝나는 것이 아니라 평생의 과업이다. 환경이 변하면 동기도 변한다는 간단한 이유 때문이다. 영원한 것은 없다. 자신에게 가장 중요한 것만큼 자주 바뀌는 것도 없다.

우리는 모두 다르지만, 동기의 지도를 따라가다 보면 보통은 적어도 여덟 가지의 서로 연관된 질문을 스스로에게 던지게 될 것이다.

1. 좋은 일을 얼마나 많이 하고 싶은가?

좋은 일을 하고자 하고 남들의 선행을 칭찬하는 사람은 많다. 하지만 동기의 위계서열에서 좋은 일을 최고 위치에 두는 사람은 얼마 되지 않는다. 정말로 선행을 최고에 두는 사람은 세상을 바꾸고 싶은, 심지어 세상을 구하고 싶은 사람이다. 그런 사람은 가난한 자들과 약한 자들에게 봉사하고, 우리 모두가 살고 있는 환경을 보호하고 보존하고, 기타 이타적인 목표를 추구하려는 강렬한 욕망에 이끌린다. 이들은 '미션에 충실한' 사람들이다. 어떤 대의명분에 대한 열렬한 신념이 그들의 동기이고, 변화를 위해 사회운동을 일으키려는 경우도 자주 있다. 스스로는 '양쪽의 감정을 느낀다', '정신적으로 불편하다'고 말하지만, 폴 파머나 파트너스인헬스에 있는 그의 동료들은 선행을 하는 것을 동기의 지도 중심부에 둔 것이 분명하다. 그들은 중요한 사회적 선행을 이루기 위해 물리적, 육체적, 정서적 고난을 견디기로 기꺼이, 심지어 열정적으로 마음먹은 사람들이다.

일찌감치 좋은 일을 할 방법을 찾아내고 이를 소명이나 천직으로 삼아 지속적으로 해온 사람들도 있다. 브렛 위그도츠Brett Wigdortz는 매킨지에서 나와 함께 일할 때 무료 자선 프로젝트를 진행하다가 자신의 소명을 찾았다. 당시 우리 목표는 런던에서 지역 기업체들이 취약 계층 어린이들의 교육을 강화해줄 방법을 찾는 것이었다. 이 프로젝트를 통해 나온 아주 실용적인 아이디어가 '티치퍼스트'라는 비영리 사회적 기업을 만드는 것이었다. 티치퍼스트를 통하면 훌륭한 대학을 졸업한 재능 있는 젊은이들이 많은 사람이 꺼리는 그 긴 연수 기간을 거치지 않고도 정해진 기간 동안 교사가 될 수 있다. 이렇게 되면 가난한 도심 지역 학교의 가장 시급한 문제인 재능 있는 교사 영입 및 경력 개발이 가능해져서 교육의 질을 높일 수 있다.

당시 매킨지에서 위그도츠는 뉴저지주 오션타운십에서 온 미국인 새내기 애널리스트였다. 신입 시절 미국과 극동 지역에서 여러 경력을 쌓고 이제 막 런던 사무실로 발령을 받아 온 그가 이 업무에 배치된 것은 거의 우연이었다. 하지만 프로젝트가 끝날 때쯤 그는 내게로 와서 이렇게 말했다. "이게 제가 하고 싶은 일이에요. 티치퍼스트가 성공하려면 기업 경험이 있는 리더가 필요할 거예요. 제가 그 역할을 할 수 있을 것 같아요." 물론 나는 그러라고 했다. 하지만 그가 티치퍼스트를 이렇게까지 성공시킬 수 있으리라고는 생각지 못했다. 당시로서는 이제 막 시작 단계인 검증되지 않은 아이디어였기 때문이다. 하지만 13년이 지난 지금 티치퍼스트는 영국 교육계의 풍경에서 주목할 만한 특징이 됐다.[18] 수천 명의 '동창들'이 생겼고 그중에는 그 일을 계속해 교육을 평생의 업으로 삼은 사람도 많고, 다른 길을 가서 성공적인 커리어를 쌓고 있는 사람도 있다.

13년간 위그도츠에게 동기가 된 것은 좋은 일을 하겠다는 억누를 수 없는 열망, 그리고 제2의 고향이 된 나라에서 교육체계를 바꾸겠다는 열망이었다. 그 과정에서 그는 이미 미국에서 비슷한 열망을 추구하며 놀라운 성공을 거둔 티치포아메리카Teach for America의 설립자 웬디 코프Wendy Kopp와 팀을 이뤘다. 티치포올Teach for All이라는 공통 플랫폼을 통해 그들은 처음에는 각자 발전시켰던 콘셉트, 즉 "각국의 가장 유망한 미래 리더를 영입해 2년간 가장 도움이 필요한 지역의 교육에 헌신토록 하고 양질의 평등한 교육을 위한 평생 리더가 되도록 함으

로써"교육의 기회를 확대한다는 콘셉트를 전 세계에 전했다.[19]

모든 사람이 브렛 위그도츠나 웬디 코프처럼 일찍부터 좋은 일에 대한 소명을 찾아내는 것은 아니다. 훨씬 나중에 그런 소명을 찾을 수도 있다. 빌 드레이턴[Bill Drayton]은 법률가 교육을 받고 매킨지에서 10년을 일했으며, 카터행정부에서 4년간 환경보호국[EPA] 보좌관으로 있었다. 그러고 나서야 1980년에 아쇼카[Ashoka]를 출범시켰고 지금까지 이 조직을 이끌고 있다. 아쇼카는 30년이 넘는 세월 동안 사회적 기업가 및 드레이턴이 "변화의 선도자들"이라고 부르는 사람들의 최대 네트워크가 됐다.

2. 얼마나 성공하고 싶은가?

부를 창출하는 것이 나와 내 가족의 행복과 의미 있는 삶을 위한 최우선 목표인가? 삶의 가장 큰 원동력인가? 대부분의 사람은 '그렇다'고 답한다. 적어도 '어느 정도'는 그렇다. 그리고 누군가에게는 쉬운 질문이다. 그들은 최대한 빨리, 가능한 한 많은 돈을 벌고 싶어 한다. 이것이 헤지펀드나 기타 어떤 종류든 자금운용 기업을 세우고 거기서 일하는 사람들의 열망인 것은 분명하다. 대외 공시자료에는 자유기업 체제에서 유동자산 시장이 얼마나 중요한지와 같은 말을 늘어놓을 수 있겠지만 누가 그 말을 믿을까? 목표는 돈을 버는 것이다. 금전적, 물질적 모든 면에서 성공하는 것이다.

하지만 다른 사람들에게 이 질문은 답하기가 조금 미묘하고 애매하다. 누구나 성공하고 싶어 한다. 물론이다. 하지만 그걸 꼭 순전히 '돈'이라는 기준으로만 규정하지는 않는다. 지위, 명예, 존경에도 그만큼 관심이 있을지 모른다. 금전적 성공에만 한정해서 생각해도 그 의미는 사람마다 다를 것이다. 어떤 사람에게는 그게 더 이상 돈에 너무 연연하지 않아도 될 정도의 돈을 의미할 수도 있다. 그래서 돈이 제1의 동기가 되지 않아도 되도록 말이다. 우리가 반드시 갑부가 되고 싶다거나 또는 그럴 수 있다고 합리적으로 기대하는 것은 아니다. 하지만 가족을 부양하고 싶고 어느 정도 금전적 안정성을 확보하고 싶은 것은 분명하다. 비즈니스 용어로 말하자면 '이익 극대화'가 우리 목표는 아니다. 하지만 우리는 살면서 투자한 것에 그런대로 괜찮은 금전적 보상을 바란다.

연구에 따르면 사회 전체적으로 우리는 점점 더 이른 삶의 단계부터 거침없이 물질적이 되고 있다고 한다.[20] UCLA는 대학교 신입생을 대상으로 매년 설문조사를 실시해 그들이 무엇을 중시하고 어떻게 살고 싶어 하는지 조사한다. 1966년에는 80퍼센트의 신입생이 의미 있는 인생철학을 만드는 것에 강한 동기를 가졌다. 지금은 그렇게 말하는 신입생이 절반 이하로 줄었다. 1966년에는 42퍼센트의 신입생이 부유해지는 것을 중요한 개인적 목표로 생각했다. 1990년이 되자 그 비율은 74퍼센트에 이르렀다. 경제적 안정이 한때는 우선순위의 중간쯤에 위치했지만, 지금은 신입생들의 1순위 목표다. 지금은 대학에 갓 입학한 학생들조차 돈을 버는 것이 우선순위에서 높은 위치를 차지한다는 사실을 거리낌 없이 드러낸다.

문제는 이 동기가 좋은 일을 하고 싶은 열망과 자주 충돌하는 것처럼 보인다는 점이다. 민간부문과 공공부문의 보수에서 격차가 벌어진 결과다. 이 점을 잘 알 수 있는 예를 하나 들어보면, 50년 전에는 연방정부의 대통령 지명직 보수가 대단하지는 않다고 하더라도 민간부문의 성공한 직장인과 비슷한 수준이었다. 하지만 지금 정부의 최고위 관리, 심지어 평균 가계소득의 몇 배에 이르는 장관의 연봉도 로스쿨이나 MBA 출신자의 초봉과 대략 비슷한 수준이다. 로펌이나 기업 CEO 연봉에 비하면 몇 분의 1 수준밖에 안 된다. 이렇게 커지는 격차 등을 탓하며 하버드대학교 케네디 행정대학원의 잭 도너휴[Jack Donahue]와 리처드 젝하우저[Richard Zeckhauser]는 "정부는 스며들지가 않고, 비즈니스는 들러붙는다"[21]라고 냉소적으로 말하기도 했다.

더 중요한 것은 소득 불평등이 현대사회에 만연한 특징이 됐다는 점이다. 이것은 많은 사람들에게 복잡한 도덕적 타협을 만들어낸다. 폭넓은 인생과 커리어를 구축하는 데 가장 뚜렷한 제약은 금전적 문제인 경우가 많다. 소득과 경제적 안정이라는 제약 말이다. 사회 초년생 시절에는 학자금대출을 갚아야 한다. 최근 미국의 여러 대통령 후보들은 자신이 40대 초반인 얼마 전에야 학자금대출을 모두 갚았다는 사실을 선거운동에 활용하기도 했다. 특히 2008년 선거에서 버락 오바마, 2016년 선거에서 마르코 루비오가 그랬다.

이런 의무와 가족이 늘어나면서 생기는 요구가 합해지다 보니 많은 사람들이 돈 버는 것을 동기의 위계서열 제일 꼭대기에 올려놓는다. 그리고 일단 상당한 부의 길에 오르고 나면 길을 갈아타고자 하는데 그게 결코 쉽지는 않다. 돈과 그에 따르는 라이프스타일에 익숙해지기도 했고, 자녀나 노부모를 부양하기 위한 경제적 의무도 계속되고, 또 익숙해진 삶을 다시 축소하고 싶지는 않기 때문이다.

3. 사회에서 어느 정도의 힘과 영향력을 갖고 싶은가?

제1의 동기가 세상을 바꾸는 것인 사람도 있다. 그렇게 하려면 어느 정도 집행 권한이 있거나 적어도 집행자들에게 뚜렷한 영향력을 행사할 수 있어야만 한다. 사회에서 힘과 영향력을 추구하는 가장 분명한 사례는 기업에 있다가 정부로 옮기는 사람들에게서 볼 수 있다. 그렇지 않고서야 높은 소득과 사생활을 포기할 이유가 없다. 특히나 선거판이라는 험난한 세계로 뛰어드는 사람이라면 말이다. 그러나 힘과 영향력을 좇아서 기꺼이 이런 선택을 내리는 사람들은 언제나 있었다.

2011년 미트 롬니^{Mitt Romney}가 공화당 대통령 후보가 되기 전에 출판된 그의 전기에서 《보스턴글로브》의 마이클 크래니시^{Michael Kranish}와 스콧 헬먼^{Scott Helman}은 2008년 선거운동 도중 일어난 일화를 꺼낸다. 뉴햄프셔에서 열린 집회에서 한 젊은 여성이 미트 롬니에게 학생들이 정치가가 되고 싶어 하도록 해줄 말이 없느냐고 물었다.[22] 처음에 그는 짐짓 무표정하게 "제 대답은 '없다'입니다. 그러지 마세요. 최대한 멀리 도망치세요"라고 했다. 하지만 곧 진지한 표정으로 바뀐 그는 아버지가 몇 년 전 해준 조언이라며 말을 이었다. "직업으로 정치에 뛰어들지 마세요. (…) 현실 경제라는 세상에 뛰어드세요. 그리고 언젠가 당신이 기여를 할 수 있게 되면 그때 정치가가 되십시오." 이것이 롬니가 한 연설의 핵심이었다. 협상가로 이름을 날리던 1980년대와 1990년대부터 그는 줄곧 그래왔다. 그는 돈을 아주 많이 벌었고 자신의 아버지가 그랬던 것처럼 이제는 자기 자리를 마련해준 나라에 빚을 갚아야 한다고 생각했다.

힘과 영향력을 좇는 것은 큰돈을 번 사람들에게만 해당되는 얘기가 아니다. 학계에서 한창 빛나는 커리어를 쌓고 있던 마이클 이그나티에프^{Michael Ignatieff}는 고향인 캐나다의 자유당이 설득하자 본국으로 돌아가 선거에 출마했고, 결국 2011년 총선에서 당을 이끌었지만 굴욕적 패배를 당했다. 이 이야기는 나중에 다시 할 것이다. 하지만 이그나티에프가 자신의 좌절된 짧은 정치 생활을 털어놓은 《타고 남은 재^{Fire and Ashes}》에 나오는 다음의 말은 여기서 한번 되새겨볼 만하다. "나는 정치권으로 건너간 지성들을 언제나 존경해왔다. 페루의 마리오 바르가스 요사^{Mario Vargas Llosa}, 체코 공화국의 바츨라프 하벨^{Vaclav Havel}, 멕시코의 카를로스 푸엔테스^{Carlos Fuentes}를 존경했다. 정치야말로 큰 무대다. '의미 있는 삶을 살 수 있는 무대.'"[23]

4. 얼마나 변화를 주도하고 싶은가?

나는 주위의 부족한 부분을 보면 실망해 참지 못하고, 무슨 난관이 있거나 단기적 희생을 치르더라도 꼭 개선해야겠다고 마음먹는 사람인가? 만약 타고난 성향이 그렇다면, 이해관계자가 많고 복잡한 문제를 해결하는 것이 최우선 동기인가? 어렵고 까다로운 문제일수록 더 좋아하는가? 전통적 방법으로는 큰 감명을 받지 못하고 전통을 깨는 데서 만족을 느끼는가? 새로운 접근법을 개발하고 변화를 위한 운동을 조직하는가?

데이비드 버스타인^{David Burstein}은 타고난 변화 주도자다. 이제 겨우 30대의 나이인데 말이다. 그는 이른바 '밀레니얼'이라고 하는 본인 세대의 정치 참여를 높여 영향력을 키우고 싶어 한다. 그는 이 큰 목표를 위해 이미 여러 개의 메커니즘을 사용했다. 젊은 유권자 참여 조직인 제너레이션18$^{Generation 18}$을 설립해 대표를 지냈고, 〈2008년의 18$^{18 in}$ $^{'08}$〉과 〈우리에게 달렸다$^{Up\ to\ Us}$〉라는 다큐멘터리 영화를 감독했다. 또 제목부터 하고 싶은 얘기가 분명한 《고속 미래: 밀레니얼 세대는 세상을 어떻게 만들어가고 있는가$^{Fast\ Future:\ How\ the\ Millennial\ Generation\ Is\ Shaping\ Our}$ ^{World}》를 집필하기도 했다. 현재 그는 '런포아메리카$^{Run\ for\ America}$'라는 또 다른 조직을 출범시켰다. 선거에 출마하고 싶은 밀레니얼을 모으고, 훈련하고, 지원하는 것이 목표다.

버스타인은 본인 세대의 변화 주도자를 위한 구호를 만들었다. "실제로도, 우리가 느끼기로도, 우리는 가장 글로벌한 세대다. 우리는 세계 어디서든 클릭 한 번으로 또래들과 연락할 수 있다. 밀레니얼은 고속 미래에서 성장했기 때문에 세상을 실질적이고 실용적으로 생각한다. 우리가 직면한 문제들은 더 크고 더 글로벌해 보인다. 우리는 더 장기적이고 체계적인 해결책을 그리고 있지만, 그 어느 때보다 문제 해결이 시급한 것도 사실이다. 우리는 우리가 이들 문제의 해결책을 평생 고민할 것을 안다. 그리고 지금 당장 시작해야 한다는 사실도 안다."

5. 얼마나 재미있는 일을 하고 싶은가?

어떤 사람들은 인생에 관해 대단한 열망을 선언하는 것을 조심스러워한다. 그럼에도 결국에는 대단한 일을 해낼지도 모른다. 팀 가이트너는 자신의 커리어를 이렇게 말한다. "저는 십자군이 되어 개혁을 일으키려고 정부에 들어간 게 아닙니다. 그냥 재미있고 중요한 일을 하고 싶었어요."[24] 그런데도 그는 결국 뉴욕연방은행장이 됐고, 최악의 경제위기 한가운데서 미국 재무부장관을 지냈다. 그만하면 "재미있고 중요한 일"을 좀 넘어섰다고 할 수 있을 것이다.

"재미있고 중요한 일"을 추구하는 것은 많은 사람들에게 실제로 가장 핵심적인 열망이다. 굳이 지구를 구하거나 기업을 혁신할 필요는 없다. 그래도 우리는 자신이 느끼기에 재미있고 도전할 만한 뭔가를 해야 한다. 이왕이면 즐거운 환경에서 말이다. 커리어 초창기를 얘기하면서 가이트너는 다른 환경, 자신에게는 잘 맞지 않는 환경에서 일하는 것이 힘들었다고 말한다. "IMF는 재무부에 비해 딱딱하고 재미없는 곳이었죠. 끝도 없는 회의에 지독한 관료주의, 참견 많고 까다로운 이사회, 어마어마한 양의 서류, 다양한 세력들 사이 파벌 싸움도 많았어요."

나 같은 사람, 즉 문제를 해결하고 자문해주는 사람에게는 이런 것들이 최고의 동기다. 우리 같은 사람은 이 직업이 가진 방대하고 다양한 도전에 끌린다. 우리는 변덕스러워서 쉽게 지루함을 느낀다. 우리가 가장 자주 하는 질문은 "다음엔 뭐 하지?"다. 우리는 처음 보는 도전이나 급변하는 근무환경에서 어렵고 낯선 문제에 직면하는 것을 좋아한다. 뇌를 한껏 활용해보고 심지어 헤매기도 할 수 있는 그런 문제 말이다.

6. 즐거운 동료와 함께 일하고 싶은 마음이 얼마나 큰가?

좋아하고 존경하는 사람들과 함께 일할 수 있다면 다른 동기를 얼마나 포기할 수 있는가? 동료의 자질이나 동료와의 관계를 얼마나 중시하는가?

이게 그렇게 보기 드문 생각은 아니다. 우리는 이런 말을 흔히 듣는

다. "나는 면접 때 만난 사람들이 정말 마음에 들어서 이 조직에 들어왔어." "리더들의 말이 굉장히 와닿더라고. 아주 설득력이 있었어." 많은 사람들이 해당 조직의 가장 개인적인 부분, 즉 함께 일할 사람들을 보고 커리어상의 중요한 결정을 내린다.

그리고 한번 합류한 조직을 떠나지 않는 이유도 사람들 때문인 경우가 많다. 직접적으로든 간접적으로든 말이다. 무엇보다 우리는 사회적 자본을 구축했고, 인간관계를 발전시켰고, '상호 이해'라는 느낌을 만들었고, 같은 일에 헌신했다. 즐거운 동료들과 일할 수 있기 때문에 조직에 몸을 담고 같은 이유로 계속해서 그곳에 머물게 된다. 우리는 스스로에게 이렇게 말한다. "동료들이 친구가 돼버렸기 때문에 나는 계속 이곳에 있을 거야." 내가 한 회사에 그토록 오래 몸담은 것은 분명히 이것도 중요한 이유 중 하나였다.

7. 나 자신을 얼마나 발전시키고 싶은가?

더 나은 직업인, 더 나은 한 사람이 되기 위해서 무엇까지 기꺼이 할 수 있는가? 시간을 내서 다시 학교로 돌아가 능력을 높이고 자격증을 딸 수 있는가? 지금 당장 기회가 있거나 중요한 것은 아니지만 그래도 시간과 돈을 투자해 독학할 마음이 있는가? 사람들은 배울 게 참 많다고 느낀다. 사실 인생 자체가 끊임없는 배움의 과정이기도 하다. 그래서 많은 것을 배울 수 있는 환경에 우선순위를 둔다.

8. 지속가능한 라이프스타일을 갖고 싶은 마음이 얼마나 큰가?

일은 나에게 얼마나 중요한가? 그 외 인생의 다른 측면들, 즉 가족, 친구, 본업 외의 관심사, 신념과 대의, 개인적 건강 등은 얼마나 중요한가? 이들 항목 중에서 언제 어느 것이 우선할지 어떻게 결정하는가?

마지막 이 여덟 번째 질문을 할 수 있는 이유는 직업이 자기 전체를 규정하지는 않는다는 사실을 누구나 의식적으로는 알기 때문이다. 또 폭넓은 삶에 대한 열망은 직업뿐만 아니라 사생활에도 해당되기 때문이다. 이 질문에는 균형 있고 지속가능한 방식으로 살아가기가 아주 어렵다는 사실도 반영돼 있다. 특히나 요즘처럼 성공한 직장인이 되려면 어마어마한 요구를 충족시켜야 하는, '항상 뭔가가 켜져 있는' 세상에서는 말이다.

한 계단 한 계단 삶을 이끌어라

이 여덟 가지 동기를 모두 가지고 있고 그중 일부가 서로 충돌한다면 어떤 기준으로 무엇을 어떻게 선택해야 할까? 실제로 동기의 지도는 어떻게 찾아가야 하는 걸까? 이 질문에 명확하고 구체적인 답을 가진 사람도 있다.

피터 틸Peter Thiel은 실리콘밸리에서 가장 성공한, 그리고 부유한 기업가 겸 벤처캐피털리스트다. 틸은 그의 책《제로 투 원》에서 여러 개의 동기를 갖지 말고 하나의 목적을 가지라고 강력히 주장한다.[25] "미래를 통제할 수 있을까?"라는 단락에서 그는 "통제할 수 있다"라고 말하면서, 다만 그러려면 '단일한' 커리어상의 목표를 명시적으로 선언해야 한다고 말한다. 그는 이것을 "명확한 낙관주의"라고 부르는데,

'미래'를 뭔가 명확한 것처럼 취급하면 미리 이해할 수도 있고 만들어가려고 노력할 수도 있다고 설명한다. 그는 이렇게 덧붙인다. "(…) 미래를 명확한 것으로 생각한다면 흔들림 없는 확신이 있을 것이다. 확신이 있는 사람은 평범한 것들을 이것저것 좇으면서 '다방면에 소질이 있다'고 말하지 않고, 가장 하고 싶은 것 하나를 정해서 그 일을 한다. 남들과 구별되지 않는 사람이 되려고 부단히 노력하는 게 아니라, 뭔가 실질적인 것에서 뛰어난 사람이 되려고 노력한다. 즉, 한 가지를 독점하기 위해 노력하는 것이다."

틸은 자신이 열렬히 지지하는 명확한 낙관주의자에 대한 생각을 행동과 돈으로 뒷받침한다. 2010년 그는 사람들이 대학에 가지 않고 스스로 벤처를 만들 수 있게 20세 이하의 창업가 20명에게 10만 달러를 수여하는 틸펠로십Thiel Fellowship을 만들었다. 그는 많은 젊은이가 그저 자기 인생에서 뭘 해야 할지 모를 때 대학이라는 경로를 택한다고 주장한다. 그는 이렇게 말한다. "이 부분에 관해서는 나 자신도 비난을 피해 갈 수 없다. 인생에서 뭘 해야 할지 모르니 대학 졸업장을 딴다. 대학 졸업장으로 뭘 해야 할지 모르니 석사학위를 딴다. 내 경우에는 그게 로스쿨이었다. 달리 뭘 해야 할지 모르는 사람이 전형적으로 택하는 길이다. '크게 후회는 없다.' (…) 하지만 다시 한 번 산다면 나는 미래에 관해 그때보다는 더 많이 생각해볼 것이다."

아주 명확한 주장이다. 하지만 틸이 지금까지 살아온 삶도 그가 표하는 의견 못지않게 많은 교훈을 준다. 그가 기술 기업가와 투자자로 성공한 것은 거의 상상이 되지 않을 정도로 의외의 일이다. 틸은 맥스 래브친Max Levchin 및 일론 머스크Elon Musk와 함께 페이팔Paypal을 공동으로 창업하고 CEO직을 맡았다. 또 팰런티어^{Palantir}를 공동으로 설립해 회장직을 맡고 있다. 그는 페이스북의 첫 외부 투자자로 10.2퍼센트의 지분을 50만 달러에 매입했고 지금은 페이스북의 이사회 구성원이다. 그는 또 여러 투자회사를 운영했으며 틸재단^{Thiel Foundation}을 통해 자선활동도 많이 했다. 그는 2014년 《포브스》가 선정한 '미다스의 손 슈퍼리치' 명단에서 순자산 가치 22억 달러로 4위에 랭크됐다.

하지만 이 모든 일을 이루기 전에 그는 무얼 했을까? 그는 스탠퍼드대학교 학부 시절 20세기 철학을 공부했고 그 후에는 스탠퍼드대학교 로스쿨에서 법학학위를 받았다. 제11연방항소법원에서 판사 보좌관으로 일했고, 1993년부터 1996년까지는 크레디트스위스그룹에서 파생상품 트레이더로 일했다. 이후 멀티전략펀드인 틸캐피털매니지먼트^{Thiel Capital Management}를 설립했는데 그 결과로 1998년 온라인 결제 시스템의 선구자인 페이팔을 설립한 것이다.

피터 틸의 말은 옳다. 당신은 선택을 내려야 한다. '가장 하고 싶은 것 하나를 정해서 그 일을 한다'고 말할 수 있을 만큼 말이다. 하지만 그 선택을 정말로 그렇게 일찍부터 내려야 하는 걸까? 대학도 가기 전에, 심지어 대학에 갈 생각조차 배제한 채? 그리고 그런 선택이 정말로 평생 지속돼야 할까? 틸 자신은 분명 그렇게 살지 않았다. 그는 대학에 갔고, 심지어 도무지 사업적 성공과는 아무 관련이 없을 것 같은 철학을 공부했다. 그는 법률과 투자경영을 공부하고 실습해본 후에야 인생을 바꿀 사업 기회를 찾았다. 그리고 22억 달러를 번 지금조차 그는 폭넓고 다양한 삶을 살며 계속해서 수많은 옵션 중에서 선택을 내리고 있다.

폭넓은 삶과 커리어에 회의적인 의견을 피력했을지는 몰라도 피터 틸은 자신의 삶에 "크게 후회는 없다". 어떻게 보면 그는 자신에게 맞는 동기의 지도를 따라 한 계단 한 계단 삶을 이끌어간 셈이다. 아마도 틸은 대학에 들어갔을 때나 로스쿨에 진학하기로 했을 때, 또는 판사 보좌관이 되거나 금융시장에서 파생상품을 거래할 당시에는 자신이 뭘 하고 싶은지 몰랐을 수도 있다. 하지만 얼마 지나지 않아 그는 자신이 뭘 하고 싶은지 알아냈다. 그리고 그가 받았던 폭넓고 다양한 교육 및 초창기 직장 생활의 경험이 어쩌면 그에게 손해가 아니라 이득이 됐을 가능성도 배제할 수 없다. 틸 역시 자신의 깊이 못지않게 넓이 덕분에 성공한 사람일 수 있는 것이다.

동기의 지도를 따라가는 것은 순간의 과제가 아니라 평생의 과업이다. 우리가 가진 동기의 본질이나 무게는 계속해서 바뀐다. 주변 환경이 바뀌고, 또 내가 바뀌기 때문이다. 우리는 때로 뒤돌아보며 이런 생각을 한다. "대체 무슨 생각으로 내가 그런 선택을 했을까? 그때 당시에는 대체 뭐가 동기가 됐던 걸까?" "내가 어쩜 그렇게 바보 같을 수가 있었지? 지금 아는 걸 그때도 알았더라면 그런 선택은 절대로 하지 않았을 텐데." 하지만 곰곰이 생각해보면 그때 동기는 지금과 달랐다는 것을 알 수 있다. 어쨌거나 우리는 여정의 도중이고 이 길을 헤쳐 나아가기 위해 최선을 다하는 중이다. 우리는 인생을 한 장씩 살아나갈 수밖에 없다.

제니퍼 프라이스 Jennifer Pryce 는 지난 20년간 자기 동기의 지도를 따라 한 장 한 장 인생을 써 내려왔다.[26] 지금 그녀는 저렴한 주택 공급과 일자리 창출, 환경보호 등 사회적 목표 달성에 힘쓰는 조직들을 개인

투자자들과 연결해주는 비영리단체인 캘버트재단^{Calvert Foundation}의 대표
다. 그녀가 여기까지 밟아온 길은 복잡하고 굽어 있으며 어수선했다.
그녀는 동기의 지도를 따라가며 남다른 선택들을 내렸고 필요할 때에
는 도덕적 나침반("내면의 목소리")을 활용해 옳은 일이 무엇인지 판
단했다.

프라이스는 뉴욕주 북부에 있는 유니언대학교^{Union College}에서 기계공
학과 생명의학공학을 공부했다. 그녀는 "남자뿐인 분야의 유일한 여
자"였다고 말한다. "저는 그 분야의 계량적인 측면이 정말 좋았어요.
또 일반적 사고 과정에 관해서도 많이 배웠고요. 체계적인 방법을 찾
아 복잡한 문제를 분해하는 게 좋았어요. 재미있는 작업이었습니다."
당시에는 그게 프라이스의 주된 동기였다. "재미있는 일"을 하는 것
말이다. 하지만 상황은 바뀌었다. 졸업이 다가오면서 프라이스는 눈
앞의 커리어 기회들이 자신에게는 맞지 않는다는 사실을 깨달았다.

전통적인 길을 따라 공학계에 들어가고 그 능력을 갈고닦아 해당
분야의 전문가가 되는 걸로는 행복하지 않으리라는 것을 알았어요.
그러던 5월 평화봉사단이 캠퍼스를 방문했는데(저는 6월 졸업 예
정이었죠) 흥미로운 기회처럼 보이더라고요.
그때 내가 한 번도 미국을 떠나본 적이 없다는 생각이 떠올랐어요.
할 줄 아는 외국어도 없었고요. 좀 부끄러운 생각이 들었어요. 탐험
에 나서서 나의 지평을 넓혀보고 싶었죠. 그래서 평화봉사단에 지
원하고 전 세계 어디든 가겠다고 했어요.

그 후 2년간 프라이스는 아프리카의 작은 나라 가봉에서 수학 선생님으로 일했다. "가끔은 외롭고 아주 어려운 일이었지만 더할 나위 없이 만족스러웠어요. 내게 완전히 새로운 언어인 프랑스어를 배웠고 낯선 환경에서도 효과적으로 일하고 생활하는 법을 배웠죠. 도움이 필요한 사람들을 도울 수 있었고요. 그리고 내가 다른 사람들과 함께 일하는 것을 얼마나 좋아하는지도 알게 됐어요."

하지만 미국으로 귀국해 고향인 뉴욕에 돌아왔을 때에는 "길을 좀 잃었다"라고 했다. 프라이스는 비록 임시이기는 했지만 사회적 책임을 중시하는 투자회사와 장기 과제를 추진했다. 그렇게 그녀는 금융계에 들어섰고, 처음에는 투자회사의 연구원으로 일하다가 MBA 학위를 받은 후에는 투자은행가가 됐다. 3년 정도 연구원으로 있으면서 프라이스는 자동차 제조나 반도체 연구처럼 여러 업종의 애널리스트를 돕는 일을 했다. 그리고 투자은행가로 모건스탠리에 합류했고 자신이 좋아하는 계량적 측면의 금융 분야 전문가가 됐다. 자신이 "중요한 계약과 거래가 이뤄지는 중심"에 있다는 점도 좋았다. 그녀는 런던으로 터전을 옮겼고 큰돈을 버는 투자은행업의 성공한 커리어에 안주할 것처럼 보였다. 어쩌면 그녀는 투자은행업계에서 상당한 힘과 영향력을 갖게 됐을지도 모른다.

하지만 런던에 온 지 2년도 안 돼 프라이스는 질리고 말았다. 자신의 생활과 건강을 자기 마음대로 할 수 없어 힘들었던 데다가 알고 보니 만성질환이 있었다. 그때를 떠올리며 그녀는 이렇게 말한다. "지치고 아팠어요. 투자은행업에 과연 내 미래가 있는지도 의심스러웠고요. 나 자신을 좀 추슬러야 했어요. 장기적으로 그 일이 나를 행복하게 만들어줄 것 같지 않았죠. 이대로 가다가 5년 후에 후회하고 싶지 않았어요. 흔치 않은 선택이었죠. 많은 돈을 포기한 게 분명하고요. 하지만 그러고 싶다고 결심이 섰고, 결단대로 행동에 옮겼어요." 흔치 않았던 것은 그녀가 큰돈을 버는 잘나가는 커리어를 떠난 것만이 아니었다. 그 후에 한 일도 그랬다. 프라이스는 세상 반대편으로 갔다. 호주로 가서 요가 강사 자격증을 따기 위한 교육을 받았다. 여가 시간에 좋아하던 일을 직업으로 만든 것이다. 그녀는 라이프스타일을 최우선순위에 놓았다. 적어도 당분간은 그랬다.

"이때쯤 저는 분명히 비전형적인 길을 가고 있었죠. 이른바 '커리어 사다리'라는 것을 이 악물고 오르기는커녕 사다리에 올라서지도 않았어요. 대신에 지난 삶을 성찰하며 삶의 우선순위를 다시 세웠습니다. 그다음 미국으로 돌아와서 나에게 딱 맞는 전문 분야를 찾아냈어요." 프라이스는 이 비전형적인 접근에 관해 좀 더 폭넓게 설명했다. "명확히 규정된 조직의 사다리에서 분명한 노선을 따르고 있지 않은 사람에게는 다음 걸음을 어디로 옮겨야 할지 알아내는 게 결코 쉬운 일이 아니라는 걸 깨달았어요. 그래서 옆길로 잠시 빠졌죠. 내가 행복하게 잘해나가려면 어떤 기술, 어떤 환경을 찾아야 할지 분명히 파악하려고요. 이럴 때는 멘토도 도와주기가 어려워요. 자기 자신을 이해하고 스스로 길을 찾아야 하죠."

뉴욕으로 돌아온 프라이스는 더퍼블릭시어터^{the Public Theater}에 자리를 구했다. "비영리단체가 어떻게 운영되는지 배우기 위해서"였다. 그녀는 투자은행에서 쌓은 경험을 활용해 '공동체 및 사회 지향 금융'이라는 당시 싹트던 분야에 인맥을 구축했고 비영리자금펀드^{The Nonprofit}

Finance Fund의 책임자가 됐다. "워싱턴으로 가서 보건소 같은 지역시설에 자금을 지원하기 위한 노력을 시작했어요. 멋진 시절이었죠. 정부 및 은행들과 협업하면서 놀라운 결과를 많이 얻었어요. 재무적으로 봤을 때 일반적으로는 절대 말이 안 되는 거래들을 만들어냈으니까요." 그녀는 이렇게 덧붙였다. "살면서 내가 하는 일이 너무 좋아서 힘들지 않게 느껴졌던 시기였어요. 저는 금융계가 어떻게 돌아가는지도 알고 있었고, 정부나 비영리단체에 관해서도 충분히 알게 됐죠. 저는 자율형공립학교의 이사회 구성원이 됐고, 그 모든 게 어떻게 맞아 들어가는지 내가 활용할 수 있는 핵심 패턴을 알게 됐어요."

그 덕분에 그녀는 캘버트재단에서 각종 역할을 연이어 맡게 됐다. 처음에는 미국 포트폴리오 매니저를 맡았고, 다음에는 최고전략책임자, 지금은 대표이사 회장직을 맡고 있다. 캘버트재단의 이사회는 프라이스를 대표이사로 임명하면서 "수십 년간 혁신 정신으로 경험을 쌓은 인물"이라고 극찬했다. 프라이스의 설명을 들어보자.

> 캘버트재단은 금융계에 둘도 없는 자산입니다. 단순히 투자 분야에 영향을 미친 것을 넘어, 투자자들이 사회적으로 영향을 미치고 싶은 분야에 손쉽게 투자할 수 있는 길을 열어줍니다. 저희는 모두에게 기회를 창출하고 평등을 만드는 자본을 모아 전달하려고 합니다. 우리가 사는 세상이 번창하려면 캘버트재단 같은 아이디어들이 필요합니다.
>
> 개인적으로는 저에게 딱 맞는 역할을 찾은 느낌입니다. 저는 큰 목표와 열망을 가진 조직을 이끌고 있습니다. 제가 좋아하고 존경하

는 동료들과 함께 일하고 있고요. 투자계를 변화시키는 중요한 영역에 제 금융 및 비즈니스 경험을 활용하고 있습니다. 여러 가지가 맞아 들어간 덕분에 제가 이런 일을 할 수 있게 된 거죠.[27]

인생의 여러 단계에서 제니퍼 프라이스가 우선시했던 것은 흥미로운 일, 자기계발, 즐거운 동료, 건강, 힘과 영향력, 지속가능한 라이프 스타일, 변화 주도, 좋은 일을 하는 것 등이었다. 그녀는 "내면의 목소리", 자신의 도덕적 나침반을 따랐고 자기에게 맞는 순서에 따라 동기의 지도를 찾아 나갔다. 그리고 그 과정에서 폭넓은 인생과 커리어를 만들어갈 수 있었다. 그녀는 모자이크 원리의 첫 번째 조각을 잘 보여주는 사례다. 궁극적으로 그녀가 커리어의 장기적 방향을 찾을 수 있었던 것은, 다시 말해 "여러 가지가 맞아 들어갔던" 이유는 자신의 폭넓은 인생 경험을 뒷받침할 수 있는 지식의 중심축을 찾은 영향도 있었다.

4 _____ 지식의 중심축

_____ T자형 인간으로 거듭나라

우리는 진보할수록 더 진보하는 경향이 있다. 우리는 산술급수적으로 발전하는 것이 아니라 기하급수적으로 진보를 이룬다. 우리는 역사가 밝은 이래 축적된 모든 지식 자본과 미덕으로부터 복리 이자를 얻는다.

아서 코난 도일 경, 《스타크 먼로의 편지》

2010년 봄 데이비드 헤이스David Hayes는 오바마 대통령으로부터 임명장을 받은 지 채 몇 달 되지 않아 그 어느 전임자도 겪어보지 못한 최악의 위기와 맞닥뜨렸다.[1] 멕시코만에 있던 석유회사 BP의 딥워터 호라이즌호 시추설비가 폭발한 것이다. 이 사고로 열한 명의 직원이 사망했고, 한번 붙은 불길은 도저히 끌 수 있을 것 같아 보이지 않았다. 4월 22일 딥워터 호라이즌호는 가라앉았다. 유정은 해저에 기름을 마구 뿜어냈고 미국 역사상 최대 규모의 연안 석유유출 사태가 발생했다.

파열된 유정에서는 석 달 이상 계속해서 기름이 흘러나와 플로리다와 앨라배마, 미시시피의 해안을 오염시켰다. 바다 및 야생생물 서식지가 광범위한 피해를 받았고 멕시코만 연안의 어업 및 관광업도 큰 타격을 입었다. 데이비드 헤이스는 당시의 악몽을 이렇게 회상한다. "63일간 하루도 빠짐없이 딥워터 호라이즌호 소식이 저녁 TV 뉴스의 첫머리 기사였습니다. 케이블 뉴스는 기름이 바다로 쏟아져 나오는 영상을 날마다 매시간 끊임없이 보여줬죠. 끝이 없어 보였어요."

미국내무부 차관이었던 헤이스는 정부 대응을 조율하는 책임을 맡았다. 그는 미국 해안경비대(전임 수장인 사드 앨런Thad Allen이 멕시코만 작전 지휘를 맡았다), 에너지부를 비롯해 정부 여러 부처와 협업해야 했다. BP, 트랜스오션Transocean, 할리버턴Halliburton과도 협업해야 했는데 회사마다 소유주와 설계자, 유정 담당자가 따로 있었다. 유정이나 구조 작업에 참여하는 민간부문의 수많은 회사와도 협업해야 했다. 그린피스를 비롯한 전국적, 지역적 압력 단체도 수십 군데였고, 그중에는 어부들로 구성된 자원봉사협회와 지역 교구도 있었다.

그 누구도 통제할 수 없는 상황이었지만, 헤이스는 다른 이들보다 잘 대처할 수 있는 자격을 갖춘 사람이었다. 특이하게도 그는 내무부에서 하는 지금의 역할을 전에도 맡아본 경험이 있었다. 클린턴 행정부 시절 그는 내무부에서 수년간 '최고운영책임자' 역할을 했다. 거기에는 국립공원사무국National Park Service, 어류 및 야생생물 사무국Fish and Wildlife Service이 포함됐고, 해양 굴착의 감독 및 규제를 책임지고 있던 광물관리국Minerals Management Service도 있었다. 그는 자신의 부서는 물론이고 연방정부 곳곳의 담당부서를 모두 꿰고 있었다. 게다가 그는 두 행정부에서 지낸 기간보다 더 광범위한 경험을 활용할 수 있었는데, 그의 인생이 훨씬 더 폭넓었기 때문이다.

아르데코 양식의 내무부 본관은 자연과 야생을 사랑했던 시어도어 루스벨트 대통령의 기념비 같은 곳이다. 이 건물 6층에 위치한 그의 사무실에서 헤이스는 당시의 위기 상황을 이렇게 회상했다. "정말이지 그렇게 복잡한 상황은 저도 처음이었어요. 하지만 다른 사람들에 비하면 분명히 저는 이점이 있었죠. 저는 제 커리어의 상당 부분을 정부 밖에서 보냈어요. 규제 이슈와 관련해 정부를 상대하던 기업 및 개인을 대리하는 환경 전문 변호사 겸 운동가였거든요. 딥워터 호라이즌 사태에 관련된 사람들을 개인적으로 많이 알고 있었기 때문에 저는 그 사람들의 입장을 이해할 수 있었어요. 사태에 대응하는 데 그게 일종의 이점이 돼줬어요."

헤이스는 정부에서 일한 두 시기를 제외하고는 래섬앤드왓킨스 Latham & Watkins 로펌에서 오랫동안 일하며 환경토지자원팀을 이끌었다. 그는 또한 비영리부문에서도 비슷한 직책을 여러 번 맡았다. 환경법률연구소Environmental Law Institute 소장, 세계자연기금 선임연구원, 스탠퍼드대학교 환경연구소 자문교수, 미국하천위원회American Board of Rivers 부회장 등이다. 그는 정부와 기업, 비영리 부문에 걸쳐 폭넓은 커리어를 쌓았다. 이 모든 것은 그가 환경 관련 법률 및 정책을 깊이 알고 있었기에 가능한 일이었다. 그는 튼튼한 지식의 중심축을 만들어놓았던 것이다.

이 부분은 헤이스가 날마다 상대하던 백악관 연락책 캐럴 브라우너에게도 해당되는 얘기다.[2] 브라우너는 오바마 대통령이 에너지 및 기후변화 정책실장으로 임명한 인물로서 종종 "환경 차르"로 통하던 사람이다. 캐럴 브라우너 역시 환경 전문 변호사였던 적이 있는데 처음부터 그랬던 것은 아니다. 브라우너는 플로리다에서 폭행당한 여성들을 대리하는 인권변호사로 사회에 첫발을 내디뎠다가 정책의 세계에까지 발을 들였다. 브라우너의 의뢰인들은 하나같이 자신을 폭행한 그 남자에게로 되돌아가는 것 같았고, 브라우너는 사건을 하나씩 해결하는 것으로는 세상을 바꿀 수 없다는 것을 깨달았다. 정책을 하나씩 바꿔야 할 것 같았다.

처음에 브라우너는 시민행동워싱턴Washington with Citizen Action에 들어갔다. 이곳에서 그녀는 1986년 일명 슈퍼펀드법(포괄적 환경대응 보상 및 책임법)을 둘러싼 정책 이슈에 뛰어들었다. 그 후 의회로 가서 처음에는 로턴 차일스Lawton Chiles 상원의원, 그다음에는 앨 고어 상원의원의 입법 보좌관으로 일했다. "의회에서 변화를 만들 수 있는 사람들과 일하는 게 좋았어요. 아주 신났었죠. 당시에는 환경그룹과 시민그룹이 논의에 큰 영향을 줄 수 있었어요. 지금처럼 양극화된 상황이 아니었거든요. 초당적인 정책 입안이 훨씬 더 많았죠."

브라우너가 클린턴 행정부에서 일할 기회를 얻게 된 것은 우연에 가까웠다. 그녀는 다시 플로리다로 돌아가 주지사 밑에서 주 환경정책 담당관으로 일하고 있었다. 1992년 8월 허리케인 앤드루가 플로리다 남부를 강타했다. 대통령 선거운동이 한창이던 빌 클린턴이 플로리다를 방문했고, 그 때문에 브라우너도 주지사 옆에서 클린턴을 만나게 됐다. 클린턴은 선거에서 승리하자 브라우너를 리틀록으로 초대했다. 그녀는 환경보호청 면접을 봤고 통과했다.

브라우너는 클린턴 행정부 8년 내내 자리를 지킴으로써 역대 최장 기간 재임한 환경보호청 청장이 됐다. 재임 기간 그녀는 환경보호청의 시행 구조를 재편하고, 전통적 규제에 대한 대안으로 업계와 유연한 파트너십을 맺을 수 있는 새로운 프로그램 두 가지를 감독했다. 이뿐만 아니라 도시 지역의 오염된 토지를 처리하는 프로그램도 성공적으로 시작했다. 클린턴 행정부 최초로 기존 법률과 예산을 보호하면서 엄격한 일련의 대기질 기준을 마련했다.

환경보호청에서 정책 입안과 집행 프로그램을 운영하면서 브라우너는 환경운동가들과 기업 리더들 중간에 딱 끼인 입장이 됐다. "저는 환경보호국 안팎의 과학자들과 과학적 결과를 중시하기로 결정했어요. 환경주의자들을 만나면 저는 주문처럼 '나는 과학적 결과가 정해주는 수준까지 대기 및 수질을 보호하겠다'고 말했어요. 또 기업가들을 만나면 '과학적 결과에 관해서는 당신들과 토론하지 않겠다. 하지만 기준을 충족시키는 문제라면 기꺼이 유연성을 인정해주겠다'고 했죠. 저는 '합법적 경쟁'이라는 논리로 제 주장을 펼쳤어요. '당신네 회사가 대기질 또는 수질 기준을 충족시키기 위해 5억 달러를 투자하는데 경쟁자는 그러지 않는다면 그건 공정하지 않은 일이다. 그렇다면 나는 규제에 나서겠다. 두 회사 모두 규제를 따르도록 강제하겠다. 어쨌거나 두 회사 모두 같은 공공사업 시장에 진출해 있으니까'라고요."

브라우너가 환경보호국에 재임한 기간은 워싱턴의 정치적 환경이 점점 더 과열되면서 잔잔함과는 거리가 먼 때였다. "저희가 취임한 후 뉴트 깅그리치^{Newt Gingrich}가 하원의장이 됐죠. 공화당 공약집 〈대국민 약속^{the Contract with America}〉에 따르면 환경보호청은 연방정부 셧다운

government shutdown(미국에서 예산안 합의가 이루어지지 못해 행정부가 임시 폐쇄되는 상태_옮긴이)의 원흉이나 마찬가지였어요. 저는 환경보호청이 왜 꼭 필요한지 논리를 만들어야 했어요. 백악관이 수세에 몰려 웅크리고 있던 와중에 말이죠."

부시 정권 때 브라우너는 상업 외교에 초점을 맞춘 컨설팅회사 올브라이트그룹Albright Group의 창단 멤버가 됐다. 또 환경문제에 초점을 맞춘 몇 개의 싱크탱크와 이사회에서도 활동했다. 2009년 그녀는 다시 정부로 돌아가 오바마 행정부가 포괄적인 에너지 및 기후변화 프로그램의 초안을 잡는 작업을 이끌었다.

데이비드 헤이스와 함께 캐럴 브라우너 역시 딥워터 호라이즌으로 위기에 처한 정부에 폭넓은 경험을 제공했고, 여기에는 환경 관련 법률 및 정책과 직접적으로 연관된 지식의 중심축이 큰 뒷받침이 됐다. 이 점이 왜 중요한지에 관해 브라우너는 이렇게 말한다. "저는 흥미롭게도 시민운동가로서 환경 정책의 영향을 받아본 경험도 있고 의회 보좌관으로 환경 규제를 직접 입안해본 경험, 또 책임자로서 실제 내가 작성한 환경 법률이 시행되는 것을 추진한 경험도 있어요. 지금은 그런 법률 내에서 효과적으로 일할 수 있는 방법을 기업들에 조언해주고 있고요. 저는 상황을 시민운동가의 측면, 입법 측면, 행정 측면, 기업 측면에서 바라볼 수 있었죠. 저는 이 모두를 우리가 만든 환경운동의 일부라고 생각해요. 그게 지금보다 더 필요한 때도 없죠."

폭넓은 방식으로 환경운동을 구축하다 보니 그녀는 아끼는 사람들과의 관계에서도 다소 어려움을 겪었다. "사회변화 운동에서 정부로 옮길 때 제 동기에 의문을 제기하는 친구들 때문에 압박감이 심했어요. 이렇게 말할 수밖에 없었죠. '여전히 내 믿음에는 변화가 없어. 다만 다른 상황에서 실천할 방법을 모색하려는 것뿐이야.' 정부에서 제 수중에 있는 수단들은 사회운동가로서 갖고 있던 수단들과는 완전히 달랐어요. 그게 가장 설명하기 어려웠죠. '나는 여전히 같은 사람이야. 내가 믿는 걸 다른 방식으로 실천하고 있을 뿐이야.'"

고문처럼 길었던 여름이 지나고 데이비드 헤이스와 캐럴 브라우너는 결국 대책 수립에 성공했다. 석유유출 사태를 매듭짓고, 상당 부분의 석유를 제거하며 멕시코만을 이전과 비슷한 상태로 수고스럽게 복원하고, 피해자 보상을 위해 유출사고대응기금Spill Response Fund을 마련하는 방안이었다. 차츰 헤이스는 석유유출 사태가 아닌 곳에도 에너지를 쏟을 수 있게 됐고, 자신이 책임지고 있던 23개 기관과 7만여 명의 공무원들에게로 돌아갈 수 있었다. 딥워터 호라이즌 사태를 회상하며 그는 이렇게 말했다. "제가 정부뿐만 아니라 기업이나 비영리부문에 비교적 폭넓은 경험을 가진 것은 분명히 도움이 됐습니다. 환경 분야에 대한 지식을 파악하고 있던 것도요. 그 덕분에 저는 그들의 이슈나 동기를 이해할 수 있었고, 저뿐 아니라 다른 이해 당사자들도 그들의 목표를 달성할 수 있게 도울 수 있었습니다."

T자형 접근법

이 책은 폭넓은 인생과 커리어를 만들어갈 때의 좋은 점을 찾아내 전달하려고 한다. 하지만 그게 '무작위적인 우연'이나 취미만 잔뜩 즐기는 사람, 또는 '팔방미인이지만 제대로 하는 건 하나도 없는' 사람을 만들어내는 방법으로 오해돼서는 안 된다. 오히려 튼튼한 지식의 중심축을 만드는 사람이 폭넓은 인생과 커리어를 쌓을 가능성이 훨씬 크다. 폭넓은 경험에 연관성을 제공하고 힘을 보태줄 수 있는 '집중적인 지식과 경험'을 쌓는 사람 말이다. 바로 그렇기 때문에 지식의 중심축을 규정하는 일이 모자이크 원리의 두 번째 조각이다.

요즘 나는 "폭을 넓혀야 하나요, 깊이 파야 하나요?", "다방면을 알아야 하나요, 특수 전문가가 돼야 하나요?"라는 질문을 받을 때마다 "맞아요"라고 답한다. 질문 자체를 존중하지 않거나 무시하려는 것이 아니다. 그저 그것이 별로 의미 있는 질문이 아니라고 여기게 된 것뿐이다. 구체적으로 말하면 양자택일형 질문은 이 주제에 어울리지 않는다. 성공을 위해서는 양쪽이 다 필요하다. 정말로 물어봐야 할 질문은 이런 것이다. '어떻게 하면 폭넓은 스페셜리스트specialist 또는 깊이 있는 제너럴리스트generalist가 될 수 있을까?' '어떻게 하면 넓이와 깊이 사이에서 성공한 하이브리드가 될 수 있을까?' 그래서 나는 오히려 이렇게 되묻는다. "당신이 가진 지식의 중심축이 뭔가요?" 또는 더 직설적으로 "남들이 뭐 때문에 당신에게 도움을 청할까요? 대부분의 사람들보다, 어쩌면 그 누구보다 당신이 더 잘 아는 건 뭔가요?"

수많은 사람이 지적 개발의 과정에서 넓이와 깊이 사이의 딜레마를 느낀 것은 어제오늘 일이 아니다. 철학자 이사야 벌린은 〈고슴도치와 여우〉에서 이 딜레마를 아주 생생하게 표현했다.[3] 사실 이 유명한 논문은 소설가 레프 톨스토이 및 《전쟁과 평화》 에필로그에 나타난 그의 역사관을 다룬 글이다. 하지만 1951년 발표 직후부터 〈고슴도치와

여우〉는 한없이 다양한 것에 매료되는 사람과 모든 것을 아우르는 중
앙 시스템을 가진 사람을 근본적으로 구별한 글로 이해됐다. 다시 말
해 넓은 범위를 포괄하는 제너럴리스트의 방법과 집중된 스페셜리스
트의 방법을, 또는 넓이와 깊이를 구분해놓은 글로 해석된 것이다.

논문은 고대 그리스의 시인 아르킬로코스의 글에서 따온 격언으로
그 테마를 제시한다. "여우는 많은 것을 알지만, 고슴도치는 중요한
것 한 가지를 안다." 벌린은 이 간단한 구분에서 시작해 인류 모형을
만들어낸다.

> 완전히 구별되는 두 종류의 사람이 있다. 한쪽은 모든 것을 하나의
> 중심 비전, 하나의 시스템, 비교적 일관성 있고 분명한 원칙에 연결
> 한다. 이들은 이 단일한 구성 원리로 사물을 이해하고 생각하고 느
> 낀다. 이들의 정체성이나 이들이 하는 말은 모두 그 원칙과 관련해
> 서만 의미가 있다. 그리고 다른 한쪽은 흔히 아무 관련 없고 때로는
> 모순되기까지 한 수많은 목적을 추구한다. 이 목적들에 혹시라도
> 어떤 연관이 있다면 사실상 심리학적 또는 생리적 원인일 뿐, 도덕
> 적이거나 미적인 원칙과는 아무 관련이 없다.
> 후자인 여우들은 구심력이 아니라 원심력을 가진 삶을 살고, 그런
> 행동을 하고 생각을 가지고 있다. 그러면서 방대하고 다양한 경험
> 과 대상으로부터 핵심을 뽑아내 활용한다.

여우들이 그렇게 할 수 있는 것은 "단일한 내적 비전, 즉 불변이고
모든 것을 아우르고 때로는 자기 모순적이고 불완전하며 이따금 광

적이기까지 한 하나의 비전"에 자신의 다양한 생각과 경험을 끼워 맞춰야 한다는 생각을 전혀 하지 않기 때문이다. 벌린은 좀 더 인문학적인 표현을 동원해 톨스토이는 전자일까, 후자일까 묻는다. "그는 일원론자인가, 다원론자인가? 그의 비전은 한 사람의 것인가, 다수의 것인가? 그는 단일한 물질인가, 이질적 요소들의 혼합물인가?"

그렇다면 정작 벌린 본인은 고슴도치를 더 좋아했을까, 아니면 여우를 더 좋아했을까? 많은 사람들이 이 같은 질문을 했고, 벌린은 1991년 한 인터뷰에서 이 질문에 답을 했다. "저는 단일한 비전을 가진 사람들에게 어떤 질투도 집착도 흥미도 없습니다. 그들이 아주 대단한, 중요한 천재들이라고 생각하기는 합니다. 하지만 위험한 천재들이죠. 확신을 향한 인간의 욕망이란 확고부동, 구제불능의 아주 위험한 것이니까요."[4] 그러나 벌린 자신도 중요한 한 가지 생각, 그 자신의 '고슴도치'라 할 만한 것을 갖고 있었다. 바로 '큰 생각을 조심하라. 특히 그 생각이 정치 지도자들의 손에 들어갔을 때는'이라는 역설적인 내용이었다.

벌린이 사람들을 극단적인 두 종류로 나누는 바람에 아이러니한 철학적 유머가 생기기도 있다. 영국의 철학자 브라이언 매기Bryan Magee는 벌린과 관련해 이렇게 말했다. "벌린은 사람들을 마치 파티 게임처럼 나누기를 좋아했다. (…) 주로 카테고리는 둘만 있었다. 한마디로 사람은 보수주의자이거나 급진주의자였다. 아니면 고슴도치이거나 여우였다. 또는 주교이거나 마권업자였다. 그는 이 '두 종류'의 구분법을 무궁무진하게 만들어냈다. 그래서 벌린과 관련해 이런 농담까지 생겼다. '세상은 두 종류의 사람으로 나뉜다. 세상이 두 종류의 사람

으로 나뉜다고 생각하는 사람과 그렇지 않다고 생각하는 사람.'[5]

물론 세상이 두 종류의 사람으로 나뉘는 것은 아니다. 양쪽 극단에 있는 사람은 몇 명 되지 않는다. 어떤 특징을 들이대든 대부분의 사람들은 양극단 사이에 있는 스펙트럼 위 어디엔가 위치한다. 예컨대《콰이어트》에서 수전 케인은 완전히 내향적이거나 완전히 외향적인 사람은 거의 없다는 점을 보여줬다. 많은 이들이 그 중간 어디쯤에 위치한다. 우리는 '양향성'이다.[6] 같은 맥락에서 애덤 그랜트는《기브 앤 테이크》에서 크게 성공한 사람은 대부분 '기버giver'도 '테이커taker'도 아니라고 말한다. 성공한 사람들은 그가 '다른 종류의 기버'라고 부르는 유형의 사람들이다.[7] 기버로서의 사고방식을 갖고 있지만 여전히 자신의 이해관계도 챙길 줄 아는 사람들이다.

넓이와 깊이의 이분법도 마찬가지다. 대부분의 사람들은 전적으로 깊거나 넓거나 어느 한쪽 극단에만 해당할 필요도, 이유도 없고 그게 가능하지도 않다. 우리는 넓이와 깊이의 가장 가치 있는 요소들만 포함하는 중간 지대를 차지하는 편이 훨씬 좋다. 이사야 벌린의 논문은 인간이 나뉘는 모습을 비할 데 없이 훌륭하게 묘사하기는 했지만, 벌린은 모든 사람이 자기 안에 여우와 고슴도치의 요소를 모두 가지고 있어야 한다고 했다. 우리는 '하이브리드 엔진'처럼 행동하는 것이 가장 좋다. 두 극단 사이 어딘가에 자리를 잡아야 한다. 다행히도 어떻게 해야 넓이와 깊이를 두루 갖출 수 있는지에 관해서는 이미 증명된 모형이 있다. [그림 4.1]과 같은 T자형 모형이다.

T자형 접근법은 직장에서도 인생에서도 성공하기 위한 최고의 모형이다. 'T'는 넓이와 깊이의 결합을 시각적으로 나타낸 것이다. 이것

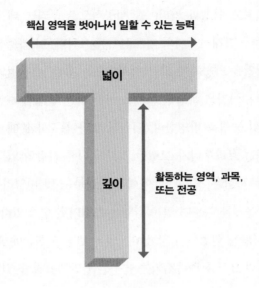

넓이

깊이

활동하는 영역, 과목,
또는 전공

[그림 4.1] T자형 접근법

은 깊은 지식의 중심축을 가진 폭넓은 제너럴리스트를 뜻한다. T자의 세로축은 기술이나 전문지식의 깊이를 나타낸다. 보통 다년간의 연구와 실습을 통해서 얻을 수 있는 특정한 지식의 중심축이다.

데이비드 헤이스와 캐럴 브라우너는 수십 년간 에너지 및 환경 분야에서 일한 덕분에 바로 그런 지식의 중심축을 갖고 있었다. 두 사람은 이 분야를 이론적으로도, 실질적으로도 잘 알고 있었다. 해당 학문과 법률, 경제학, 시장 역학, 정치, 핵심 참여자들의 동기까지도 말이다. 이렇게 깊이 있는 구체적 경험을 갖고 있었기 때문에 두 사람은 딥워터 호라이즌 같은 환경 위기 사태에 흔히 발생하는 복잡한 법적, 정책적 이슈를 상대할 수 있었다.

하지만 이런 종류의 구체적인 깊이(T자의 세로축)는 복잡한 문제를 해결하고 인생과 커리어를 성공적으로 꾸리는 데 충분하지 않을 때가 많다. 그래서 T자의 가로선이 필요하다. 이 가로선은 다른 영역과의 협업을 가능하게 하고 강화해주는 경험 및 관점의 폭과 범위를 나타낸다. 이것은 복잡한 문제를 전혀 다른 관점에서 상상할 수 있는 감정이입 능력을 반영한다. 딥워터 호라이즌 사태 때 데이비드 헤이스와 캐럴 브라우너가 그랬던 것처럼 다른 사람의 입장에 서보는 것이다. 두 사람은 정부뿐만 아니라 민간부문 및 비영리부문에서 복잡한 환경문제를 다루며 얻은 경험을 끄집어낼 수 있었다. 그 경험 덕분에 두 사람은 협업해야 할 상대방들의 관점을 한눈에 파악할 수 있었고 그들의 요구를 충족시키는 솔루션을 만들어낼 수 있었다.

T자의 세로축(해당 주제에 대한 깊은 전문지식)밖에 가지고 있지 않은 사람은 편협한 자신의 경험과 관점 속에 갇혀버린다. 이슈나 문제가 생겼을 때 특정 렌즈를 통해서만 볼 것이고, 완전히 다른 삶을 살아온 상대방이 어디서 정보를 얻고 어떤 동기로 움직이는지 이해하기 어려울 것이다. 반대로 T자의 가로선만 갖고 있는 사람은 세상을 헤쳐 나가기가 힘겹다. 자신의 전문성을 찾는 사람이 아무도 없을 것이기 때문이다. 전문 분야가 없으니 당연한 이치다. 복잡한 기술상, 운영상의 문제를 이해하는 데 필요한 구체적 기술이나 지식이 없을 테고 그것을 해결할 노하우도 없을 것이다. 해당 주제에 훨씬 깊이가 있는 사람에게 과도하게 의존하게 될 테고, 어쩌면 그런 사람에게 눈가림을 당할 수도 있다. 기술적 특수 전문가들의 바로 그런 행동 때문에 엔론이 무릎을 꿇고 나중에는 글로벌 금융위기까지 일어났다.

《오리지널스》에서 애덤 그랜트는 T자형 접근법으로 전문성의 깊이와 폭을 결합했을 때 얻을 수 있는 또 다른 이점을 설명한다.[8] 창의성을 발휘하고 균형 잡힌 리스크 포트폴리오 내에서 사업적 위험을 감수할 수 있는 최선의 방법이라는 것이다. "한 가지 영역에서 확실한 안정감을 느끼는 사람은 다른 영역에서 독창성을 발휘할 자유가 생긴다." 애덤 그랜트는 다음과 같이 폴라로이드[Polaroid]사를 설립한 에드윈 랜드[Edwin Land]의 말을 인용한다. "사람은 자신이 독창성을 발휘 중인 그 영역을 뺀 다른 모든 영역에서 확고한 태도가 있어야 정서적, 사회적 안정성이 생긴다. 이 안정성 없이는 그 누구도 한 가지 영역에서 독창적일 수 없다." 그랜트는 성공한 혁신가나 사업가들은 "한 가지 영역에서 극도의 리스크를 감수하면서 다른 영역에서는 극도로 조심하는 식으로 그 리스크를 상쇄한다"라고 덧붙인다.

지식의 중심축 만드는 법

T자형 접근법은 지식의 중심축, 즉 해당 분야의 전문성을 쌓으려는 지속적인 노력과 폭넓은 다차원적 사고방식을 서로 연결해준다. 이렇게 결합된 넓이와 깊이는 시간이 지나면서 지적인 연구이자 실질적인 경험으로 축적된다. 이것이 곧 하이브리드 연료가 되어 뛰어난 커리어를 오랫동안 이어가며 다양한 영역에 깊이 있는 영향력을 미칠 수 있게 해준다.

로저 샌트의 경우가 바로 그랬다.[9] 이제 80대 중반이 된 샌트는 정부와 기업, 비영리 부문에서 폭넓고 출중한 커리어를 이어왔다. 하지만 그가 눈에 띄는 것은 커리어의 길이와 넓이 때문만은 아니다. 60년 이상 그는 에너지 효율성 및 환경 보전 분야에 지식의 중심축을 만들었다. 그 덕분에 정책을 형성하고 성공한 기업을 세우고 발전시키며 여러 비영리사업에 길을 제시할 수 있었다. 그는 T자형 접근법을 실제로 구현해냈다.

내가 로저 샌트를 처음 만난 것은 스미소니언연구소^{Smithsonian Institution} 운영위원회 자리였다. 스미소니언연구소는 주로 워싱턴 인근에 자리 잡고 있는 열아홉 개의 주요 국립박물관과 연구기관들을 감독하는 통솔 기구이다. 로저 샌트는 비영리부문의 다른 많은 직책 외에도 전체 스미소니언 이사회의 부회장직을 맡고 있었다. 하지만 대화를 나눈 지 얼마 지나지 않아 그가 진정으로 열정을 가진 것은 스미소니언 자연사 박물관 회장직이라는 것을 분명히 알 수 있었다. 스미소니언 자연사 박물관은 내셔널몰^{National Mall}에 위치한 거대한 기관으로 환경과 수많은 종의 보전 및 보호에 힘쓰고 있다.

샌트는 커리어 초기부터 지식의 중심축을 만들기 시작했다. 하버드대학교 경영대학원을 졸업하고 금융업계를 잠깐 기웃거린 직후였다. 그는 워싱턴으로 옮겨 와 2년간 연방에너지국에서 일했다. 당시에는 정부의 이름 없는 한직 부처였던 연방에너지국은 1970년대 에너지 위기 사태를 겪으면서 중요한 기관으로 급부상했고, 카터 대통령이 새로 만든 에너지부에 흡수됐다. 샌트는 이렇게 회상한다. "당시 제가 연방에너지국에 들어간 건 그냥 정부에서 시간이나 좀 보내자는 게 아니었어요. 저는 환경문제 및 관련 에너지 문제가 아주 심각한 이슈라고 생각했고 그래서 이 분야에 몰두하고 싶었습니다. 그러자면 연방에너지국에 들어가는 게 좋겠다고 생각한 거예요. 운 좋게도 제가 합류한 당시는 이제 막 정책을 처음부터 만들어가던 때였으니 그보다 좋은 경험을 할 수는 없었죠."

정부에 있을 때 랜트는 지금도 그가 "번뜩했던 순간"이라고 부르는 경험을 했다. 바로 '에너지 서비스 개념'을 깨달았던 순간이다. 사람들은 정확한 에너지원이 뭐든 상관하지 않고 자신들의 필요에 맞는 "최저 비용 솔루션"을 원한다. 정부를 떠난 직후 샌트는 어떻게 하면 에너지 투자의 방향을 에너지 효율이 높은 쪽으로 옮길 수 있는지 연구하는 싱크탱크를 만들었다. 그러고 얼마 지나지 않아 파트너와 함께 어플라이드 에너지서비스Applied Energy Services를 설립했다. 바로 현재 AES AES Corporation의 전신이다. 《하버드 비즈니스 리뷰》에 기고할 글을 썼던 게 기억나네요. 미래에는 이런 식으로 에너지를 사고팔 것이라고 했죠. 우리는 연료가 무엇인지에 거의 신경 쓰지 않고 에너지시스템 제공자의 효율성과 효과성에만 관심을 갖게 될 거라고 했어요."

현실적으로 샌트는 시장이 한 번도 그의 깨달음을 온전히 인정해준 적 없다는 사실을 인정한다. 그 이유는 주로 여러 에너지원들 간에 규제 구조가 폐쇄적으로 남아 있었기 때문이다. 하지만 당시 그는 "나의 주된 책임은 내용이 뭐가 됐든 지금 있는 규제 아래서 회사를 성공시키는 것"이라고 마음먹었다고 한다. 그리고 실제로 그는 회사를 성공시켰다. 가족과 지인들로부터 모집한 110만 달러를 기초자금 삼아 출발했던 AES는 1988년이 되자 미국 내 최대 규모의 독립발전사업자가 돼 있었다. AES는 곧 사업을 해외로 확대했고 국유화돼 있던 발전소와 설비들을 사들였다. 샌트는 실망과 후회도 조금은 있다고 털어났다. "좋은 일을 하며 서비스를 제공하겠다던 고귀한 목표에서 출발한 일이 결국에는 시간당 킬로와트를 공급하는 회사로 끝났죠. 실제로 우리는 가장 '깨끗한' 시간당 킬로와트 공급자가 되려고 노력했어요. 하지만 얼마 지나지 않아 알게 됐어요. 유일하게 의미 있는 시장은 시간당 킬로와트를 판매하는 시장뿐이라는 것을요. 해외로 진출한 후에는 최저 비용의 생산자가 되려고 노력 중이에요."[10]

샌트가 AES와 함께한 기간이 줄곧 순탄하지만은 않았다. 특히나 그가 공식적으로 회사를 은퇴한 이후엔 더 그랬다. 엔론 사태로 에너지 서비스 시장이 격랑에 휩쓸리면서 AES도 붕괴 위기까지 갔었고, 은퇴했던 샌트가 다시 돌아와 AES의 회생을 이끌었다. 하지만 다시 돌아왔을 때 그의 주된 관심사는 이미 여러 비영리사업으로 옮겨 가 있었다. 주로 에너지 효율성과 환경 보전이라는 테마를 가진 사업들이었다. 그는 이렇게 회상한다. "시작은 환경과에너지연구소the Environmental and Energy Study Institute라는 작은 단체였어요. 의회에 정보를 공급하는 조그만 '정책 가게' 같은 곳이었죠. 당시 저의 관심사는 에너지와 도시 시스템이었는데, 막상 뛰어들고 보니 제가 훨씬 더 마음이 쓰이는 대상은 자연이라는 걸 깨달았어요. 지금 우리가 '생물다양성'이라고 부르는 것 말이죠. 그래서 저는 관심을 세계자원연구소World Resources Institute로 돌렸어요. 좀 더 폭넓은 주제에 관심을 기울이는 기관이죠. 제가 처음으로 기후변화 논쟁을 접한 곳도 그곳이었고 그다음이 세계자연기금이었어요. 온전히 자연 보전에만 집중하는 곳이죠."

세계자연기금의 미국지부 회장이 된 그는 (의식적으로 그렇게 부르지는 않았지만) 기업들이 사용하는 우선순위 원칙을 적용할 방법을 찾고 있었다. "세계자연기금에서 제가 가장 흥분했던 순간은 과학자들이 선택과 집중을 시작했을 때였어요. 그들이 생각해낸 '글로벌 200' 아이디어는 정말 기가 막혔죠. 전 세계를 돌아보고는 이렇게 말하는 겁니다. '여기 표시된 전 세계 200곳이 우리에게 가장 중요한 곳입니다. 지금 우리가 아는 지구의 다양성을 유지하려면 이곳에 집중해야 합니다. 사람들이 생각해낼 수 있는 최고의 생태계예요.' 입이 떡 벌어져서 말이 나오지 않더군요."

세계자연기금에 있는 동안, 그리고 스미소니언으로 온 뒤에도 샌트는 성공과 실패의 기준을 만들려고 노력했다. "우리가 어떤 식으로 영향을 미치고 있는지 알기가 아주 어려웠어요. 어떻게 된 노릇인지 아무도 물어보는 사람이 없었거든요! 거기에는 확실한 이유가 있다고 생각합니다. 이곳 사람들 대부분은 목표를 달성하도록 훈련받은 것이 아니라 생물학자 또는 식물학자로 특수 전문가가 되도록 훈련을 받았거든요. 쉽지는 않았지만 결국 우리는 널리 공감대를 형성했어요. 상대적인 건강 상태를 1점에서 10점 척도로 측정할 수 있다고 말이죠. 쉽지는 않았지만, 해보니 불가능하지는 않더라고요."

T자형 접근법의 힘

2장에서 말한 것처럼 2008년 금융위기를 야기한 사람들은 깊이 있는 전문지식을 가진 특수 전문가들이었다. 물론 그들의 활동을 제대로 감독하고 규제하지 못한 사람들도 사태를 조장 내지는 거기에 일조했다. 반면, 이 위기에서 전 세계를 구제하고 회복하도록 이끈 사람들은 개인적으로나 또는 모아놓고 봤을 때나 T자형 접근법을 보여주는 소수의 사람들이었다. 폭넓고 다양한 경험을 깊이 있는 지식의 중심축이 뒷받침하는 경우였다. 그들은 넓이와 깊이가 결합된 경험과 지식을 적용함으로써 글로벌 경제가 금융 멜트다운에 빠지는 최악의 시나리오를 피해 가게 할 수 있었다.

처음에 이 그룹의 실질적 리더는 행크 폴슨이었다. 그는 닉슨 행정부 때 재무부와 상무부 사이의 연락 담당으로 커리어를 시작한 지 30년 만에 부시 대통령의 재무부장관으로 워싱턴에 돌아왔다. 그사이 그는 골드먼삭스에서 차근차근 승진하여 1998년부터 2006년까지 CEO를 지냈다. 재무부에 취임했을 당시만 해도 글로벌 경제는 튼튼해 보였고 그래서 그는 조용히 지내게 될 줄 알았다. 하지만 실제로 그는 경고 신호가 있다는 것을 알고 있었고 일찌감치 재무부 직원들에게 "금융 시스템이 난관에 부딪힐 것을 대비할 때"[11]라고 말했다.

2008년 금융위기는 상황이 너무 심각하여 잠시 멈추고 고민해볼 여유도 거의 없었다. 실시간으로 그때그때 직관에 의존해 의사결정을 내려야 했다. 하지만 그것은 역으로 폴슨이 금융 시스템에서 구축하고 있던 지식의 중심축을 확인할 수 있는 계기였다. 그는 직관적 사고의 틀을 곧장 문제에 적용할 수 있었다. 행동경제학자 대니얼 카너먼 Daniel Kahnemann은 이것을 "시스템 1"[12] 사고라고 부른다. 멈춰서 고민할 시간이 없거나 그럴 필요가 없을 때 본능적으로 내리는 결단을 가리킨다. 금융위기는 절정에 달해 있었고 위기 상황에서는 보다 반성적이고 논리적인 "시스템 2" 사고를 할 수 있는 사치를 거의 누릴 수가 없다. 폴슨은 이렇게 말한다. "위기 상황에서는 아무것도 안 했을 때 치르게 될 비용과 불완전하다는 것을 알면서도 뭔가를 했을 때 드는 비용을 따져봐야 하죠. 조치를 취하지 않는다면 보호할 시장조차 남아 있지 않을 겁니다." 결과적으로 위기 회복에 도움이 된, 금융업계 및 자동차업계에 대한 정부의 "구제금융"을 두고 한 말이다.

폴슨이 가진 지식의 중심축은 책으로 배운 추상적인 것이 아니라 아주 실무적이고 경험적인 것이었다. 그는 당시 집중 조사 대상이던 바로 그 시장에서 일해본 적이 있었고, 이제는 자본구조를 바꾸고 엄중한 규제를 받게 된 금융회사를 실제로 이끌어본 경험이 있었다. 또 생존을 위해 투쟁 중인 주식, 부채, 파생상품 등 다양한 투자 시장에서 대규모 거래를 지휘해본 경험도 있었다. 폴슨의 후임으로 재무부 장관이 된 팀 가이트너 역시 T자형 접근법을 이어갔다. 가이트너도 이전에 클린턴 행정부 및 뉴욕 연방준비은행장으로 근무하면서 금융위기를 겪어봐서 현장 경험이 풍부했다. 이 점은 당시 연방준비은행장이었던 벤 버냉키와 경제자문위원회의 크리스틴 로머도 마찬가지였다. 두 사람 다 1929년의 경제 대공황을 연구해 식견이 매우 깊은 학자들이었기 때문이다.

그러나 T자형 접근법을 가장 잘 보여준 사람은 아마도 재무부장관 밑에서 국제 문제를 담당했던 두 젊은이일지도 모른다. 서로 다른 시기에 같은 직책을 맡았던 두 사람은 각각 부시 행정부의 데이비드 맥코믹David McCormick과 오바마 행정부의 레이얼 브레이너드Lael Brainard다.

맥코믹은 피츠버그의 중산층 가정에서 자랐다.[13] 미국육군사관학교에서 기계공학을 전공한 그는 육군 장교로 제1차 걸프전에 참전했다.

그는 잠시 국무부에서 일하다가 학교로 돌아가 프린스턴대학교에서 박사학위를 받았다. 이후 잠깐 컨설팅회사에서 근무하던 그는 회사를 그만두고 인터넷 스타트업을 세웠다. 그런 다음 회사를 다른 스타트업에 팔고 합병된 회사의 CEO를 지냈다. 이후 부시 행정부에 들어간 그는 백악관 및 재무부에서 8년간 근무했다.

군대, 대학 그리고 스타트업을 포함한 민간부문에서 보낸 시간과 정부에서 일한 오랜 세월을 생각하면 그의 경험이 얼마나 폭넓을지 짐작할 수 있다. 이렇게 다양한 경험이 합쳐져 그의 'T자'를 구성하는 튼튼한 가로선이 만들어졌다. 그러나 똑같이 중요한 것은 그가 국제경제 분야에서 지식의 중심축을 만들기 위해 열심히 노력했다는 점이다. 그는 국제관계학으로 박사학위를 받았고, 민간부문에서 국제적 사업을 운영했으며, 정부 여러 부처에서 정책을 입안했다. 실제로 그는 군대 시절 해외로 파병됐을 때(그의 부대는 제1차 걸프전 때 최초로 이라크에 파견된 부대 중 하나로 사우디아라비아에 주둔했다) "국제적인 것들"에 처음으로 관심이 생겼다고 말한다. 그러니 금융위기가 닥쳤을 때쯤에는 그의 T자에서 세로축도 가로선만큼이나 아주 뚜렷했다.

맥코믹은 부시 행정부 초기에 자신이 가진 지식의 중심축을 적용하고 확장할 기회를 만났다. "대통령의 국제경제 담당자가 사임을 했어요. 그래서 면접을 봤는데 놀랍게도 제가 발탁이 된 겁니다. 대통령으로부터 다섯 단계는 떨어진 곳에서 일하던 제가 대통령 바로 밑에서 일하게 됐죠. 정부 다른 부처 수장들과 함께 국제경제 문제에 관한 정상회담 준비를 하면서 말이에요." 그는 백악관 국제경제 "안내자"로서 2년을 보냈다. 그 덕분에 재무부의 행크 폴슨과도 오랜 시간을 보냈고 2006년 폴슨은 맥코믹에게 재무부 국장을 맡아달라고 했다.

재무부에서 맥코믹은 공화당 행정부의 일원이 되어 민간기업과 시장에 공격적인 정부 개입 정책을 펼치고 있었다. 그는 이렇게 말한다. "모두가 위기에 대처하는 중이었어요. 저는 미지의 영역을 헤쳐 나가고 있었고요. 그래서 저는 정파적인 결정이 아니라 내 생각에 옳다고 생각되는 신중한 의사결정을 하려고 노력했습니다."

하지만 그는 T자형 경험을 갖고 있다고 해도 혼자서 모든 결정을 내릴 수는 없었다는 점을 재빨리 지적했다. "재무부나 백악관에는 어마어마하게 재능이 있는 직원들이 수도 없이 많아요. 이런 문제를 평생 연구해온 사람들이죠. 저는 제 일이 자잘한 모든 정책 이슈의 전문가가 되는 건 아니라고 생각했어요. 하지만 의장, 중재자, 최종적으로는 '자문'이 되고 싶기는 했습니다. 제가 의사결정자가 될 때도 있겠죠. 하지만 전문가들이 아는 것보다 제가 더 많이 알 수는 없었어요. 제 일은 여러 선택사항을 둘러싼 논쟁이나 지식 관련 문제에 관한 제대로 된 척도를 마련하는 것이었습니다. 저는 문제를 여러 가지 차원에서 볼 수 있는 제 직업적 배경을 살려서 사실에 기초한 논리적 판단을 하려고 노력했어요. 그래야 모든 선택 가능 사항을 검토하고 핵심 이해관계자들을 다룰 수 있으니까요."

금융위기의 범위가 과연 어디까지인지 아직 다 드러나지 않았던 2009년 1월 부시 행정부가 오바마 행정부로 바뀌었다. 데이비드 맥코믹은 재무부의 국제 문제 브리핑을 레이얼 브레이너드에게 넘겨줬다. 이관 과정은 비교적 순조로웠는데 이는 브레이너드 역시 맥코믹과 아주 비슷한 T자형 접근법으로 커리어를 쌓아온 덕분이기도 했다.[14] 학계에서 연구를 하여 보낸 기간은 브레이너드가 더 길었지만 말이다.

브레이너드는 하버드대학교에서 경제학 석사학위를 취득하고 잠깐 경영 컨설턴트로 일하다가 박사학위를 딴 후 MIT의 응용경제학 부교수로 있던 중 1996년 클린턴 행정부에 합류했다. 대통령 경제자문 차장 자리였다. 이후 2001년부터 2009년 부시 행정부 기간에는 워싱턴에 있는 브루킹스연구소[Brookings Institution]에서 글로벌 경제 및 개발 프로그램 초대 이사로 활약했다. 그 뒤 다시 재무부로 돌아갔는데, 이번에는 G20 재무차관회의 및 새로 만들어진 금융안정위원회의 미국 대표 역할까지 맡는 위치였다.

브레이너드는 자신이 가진 지식의 중심축, 즉 T자의 세로축을 만드는 데 의식적으로 투자했다고 말한다. "그냥 흘러가는 대로 두는 것보다는 지식적 토대를 마련하는 것이 정말로 도움이 된다고 생각합니다. 그렇기 때문에 저에게는 브루킹스연구소에서 보낸 시간이 아주 중요해요. 몇 년 정도 정부를 벗어나서 내가 직전에 알게 된 것들과 내가 참여해서 결정한 사항들을 온전히 내 것으로 만들 수 있었으니까요." 그녀는 이렇게 덧붙였다. "상대방 국가와 협상을 하다 보면 지식적 토대가 있는 사람과 없는 사람이 눈에 딱 보입니다. 금융시장의 움직임에 관한 개념이 머릿속에 서 있는 사람인지, 재정정책이나 통화정책이 금융시장과 맞물리는 구조를 아는지 금방 알 수 있죠."

브레이너드는 자신이 가진 지식의 중심축 중 일부는 아주 오래됐다고 말한다. "젊은 시절 경영 컨설턴트였을 때, 국경을 초월해 금융기관들이 어떻게 움직이는지 알게 됐죠. 규제 개혁에 그들이 어떻게 대응하는지도 봤고요. 얼마 전에 G20 금융 대표 모임이 있어서 멕시코를 방문했는데, 멕시코 대표에게 제가 1985년에 신입 컨설턴트로서 멕시코시티에서 많은 시간을 보냈다고 했죠. 금융위기 당시 자산이 동결돼 있던 한 다국적 금융회사를 도왔거든요. 나중에 백악관에 있을 때도 한번 난리가 나서 멕시코시티에 갔었죠."

브레이너드는 특히 금융회사에서 일하거나 그들과 협업했던 경험을 잘 활용하고 있다. 그 경험은 국제적 기업에서 일할 때도, 또 다수의 다국적 기업을 고객으로 두는 데도 도움이 됐다. 그런 경험을 통해 그녀는 '규제 차익regulatory arbitrage'의 위험도 잘 이해하고 있다. 규제 차익이란 경제위기에 대응해 워싱턴에 일련의 규제 개혁을 실시할 때, 런던은 그와는 다른 개혁들을 추진하고 프랑크푸르트나 파리도 자체 개혁을 추진하며 싱가포르는 완전히 다른 내용의 개혁을 진행할 때 일어나는 위협을 말한다. 여러 금융기관에서 일하며 브레이너드는 금융회사들이 규제 환경을 이해하는 데 많은 자원을 투입하고, 비즈니스 모델을 바꾸고 인센티브에 따라 사업을 재배치하는 것을 지켜봤다. 이런 것들을 모두 알고 있기 때문에 그녀는 언제나 공평한 입장에서 협상에 임할 수 있었다.

레이얼 브레이너드는 정책을 입안하고 규제를 시행할 분야에서 실질적 경험을 쌓은 사람들이 정부에 필요하다고 강력하게 믿고 있다. "지금 미국의 금융 분야는 대규모 구조 개혁을 겪고 있습니다. 타국의 유관 기관들과도 협업해야 하죠. 이 일을 제대로 해내려면 '흠, 트레이더라면 이렇게 행동할 거야. 금융회사의 CEO라면 이런 생각을 할 거야'라고 확실히 말해줄 수 있는 사람이 반드시 필요합니다. 그런

'시각'이 필요해요. 만약 자동차회사에 투자 규제를 한다면 사모투자 영역에서 그런 투자를 해본 사람의 시각이 필요한 것처럼 말이죠." 요약하자면 그녀는 '회전문'이라는 개념이 윤리적으로나 실질적으로나 제대로 작동할 수 있는 방법을 찾아야 한다고 믿고 있다.

행크 폴슨, 팀 가이트너, 데이비드 맥코믹, 레이얼 브레이너드는 모두 T자형 접근법으로 커리어를 쌓은 사람들이다. 그들은 이 접근법을 활용해 금융위기에 대한 미국 정부의 대처를 이끌었다. 그런데 캐나다에는 이들보다 더 대담한 주장을 할 수 있는 사람이 있었다. 그는 T자형 접근법을 활용해 자기 나라가 아예 금융위기 자체를 피해 갈 수 있게 도왔다.

당시에는 캐나다은행 총재였고 지금은 잉글랜드은행 총재로 있는 마크 카니Mark Carney는 폭넓은 경험과 깊이 있는 전문지식, 특히 T자형 접근법을 통해 국경을 초월해 활동하는 소수의 경제 규제 담당자 중 한 명이다. G20 금융안정성위원회 의장직을 겸하고 있는 그는 자신이 가진 지식의 중심축을 활용해 전 세계 어디든 시스템적인 금융위기가 발생하면 이에 대처하고 있다.

카니는 캐나다 노스웨스트 준주 포트스미스에서 태어났다. 아버지는 고등학교 교장 선생님이었고 나중에는 에드먼턴에 있는 앨버타대학교 교수로 재직했다. 캐나다 출신임에도 카니는 학부 시절 하버드대학교에서 경제학을 전공했다. 그런 다음 옥스퍼드대학교에서 경쟁의 역학적 이점에 관한 연구로 석사 및 박사 학위를 받았다. 골드먼삭스에서 보낸 13년 동안 런던, 뉴욕, 토론토 지점에서 일했고, 차근차근 승진하면서 소버린리스크sovereign risk(국제 금융시장에서 어느 국가가 채무

상환을 하지 못했을 때 생기는 리스크_옮긴이) 공동팀장과 신흥 채권자본시장 팀장, 투자금융 총감독 등을 역임했다. 그는 아파르트헤이트 이후 남아공의 국제채권시장 진출과 1998년 러시아 금융위기 때 골드먼삭스의 대응 등을 맡았다.

정책 환경에 늘 관심을 갖고 있던 그는 2004년 골드먼삭스를 떠났다. 그 후 캐나다은행 부총재로 있다가 자리를 옮겨 캐나다 재무부 선임 차관보 및 G7 대표가 됐다. 당시 그는 이렇게 말했다. "가끔은 정책 분야에서 뭔가를 하는 것이 시민으로서의 의무라고 생각합니다." 재무부에서 그는 석유회사 페트로캐나다Petro Canada에 대한 정부 보유 주식 31억 달러어치의 매각을 주도했다. 재무부장관은 "캐나다 정부가 단일 거래로 가장 많은 수익을 낸 거래"라고 설명했다. 이 거래는 카니가 이뤄낸 철저한 조율의 산물이었다. 그는 보유 주식을 글로벌 금융시장에 내놓으면서도 해외 세력을 비롯해 그 누구도 페트로캐나다의 지분을 20퍼센트 이상 좌우할 수 없게 만들었다.

재무부에 있는 동안 카니는 임박한 글로벌 경제위기에 캐나다가 탁월하게 대처할 수 있는 초석을 마련했다. 2007년 여름 이미 금융기관들의 자금 조달에 이용되는 단기채상품의 하나인 자산담보부 기업어음ABCP 시장이 둔화될 징조가 보였다. 300억 달러어치의 자산담보부 기업어음 증서 보유자들이 오도 가도 못하는 상황이었다.《토론토 글로브 앤드 메일Toronto Globe & Mail》은 이렇게 지적했다. "수백 개의 기업, 연기금, 정부와 2,000명 이상의 개인 투자자들이 된서리를 맞았다. 이들 중 다수는 자신들이 보유한 자산담보부 기업어음이 단순 부채로 채워진 것이 아니라, 몇 달 후면 가치가 거의 상실될 위험한 파생상품이라는 사실을 전혀 몰랐다."[15]

무슨 일이 닥칠지 면밀히 관찰하고 있던 카니는 이 채무상품에 대한 지급 보증을 제공함으로써 계속해서 가치를 보유하고 유통되도록 정부 개입을 설득했다. 이런 개편 작업을 통해 관련 시장이 만들어졌고, 현금이 즉시 필요한 소유자들은 손실을 떠안고 이 상품을 팔 수 있었다. 개편 이후 이 상품을 매입한 투자자들은 시장 공포가 걷히면서 상당한 이익을 봤다.

2007년 11월 카니는 캐나다은행 총재로 임명됐다. 2008년 2월 공식 취임 이전에도 그는 글로벌 금융위기가 닥쳐오는 동안 은퇴를 준비하는 총재 데이비드 다지David Dodge의 자문으로 활동했다. 유럽 국가들과 달리 오타와는 그 어느 G8국가보다도 1인당 채무가 적었고 채무 초과 상태의 은행이 하나도 없었다. 그러나 시장은 격랑에 휩쓸렸고 국가경제가 안전한 곳은 어디에도 없었다.

그는 재임 초기에 일찌감치 결정적 조치를 취했다. 그가 자리에 앉은 지 채 몇 달도 되지 않은 2008년 3월 캐나다은행은 콜금리를 0.5퍼센트 낮추기로 결정했다. 반면에 2008년 7월 유럽중앙은행은 정반대의 조치를 취했다. 이자율 인상을 승인한 것이다. 하지만 카니는 자산담보 대출에서 출발한 위기가 전 세계로 확산될 것을 예상했다. 캐나다의 기준금리가 사실상 바닥을 쳤을 때, 중앙은행은 새로운 통화정책을 내놨다. 2009년 4월 기준금리를 최소한 1년간 유지하도록 하는 '조건부 지속정책'을 발표한 것이다. 국내 신용 여건과 시장 신뢰성을 높이기 위해서였다. 얼마 후 벤 버냉키와 미국 연방준비제도 이사회 역시 같은 조치를 내놓았다.

한편 2009년 중반부터 캐나다는 생산과 고용이 회복되기 시작했는데 일부는 이런 통화 자극 정책 덕도 있었다. 캐나다 경제는 G7의 타국들보다 좋은 성과를 냈고 G7국가 중에서는 최초로 GDP와 고용 모두 금융위기 이전 수준을 회복했다. 2009년 말《뉴스위크》는 이렇게 지적했다. "캐나다는 금융위기에서 단순히 살아남은 수준이 아니다. 캐나다는 금융위기 속에서도 오히려 번창하고 있다. 캐나다 은행들은 자본구조가 건전하고 미국과 유럽 은행들은 붙잡을 수 없는 기회를 유리하게 활용할 태세다."[16]

2011년 11월 카니는 글로벌 금융 시스템을 모니터링하고 권고사항을 내놓기 위해 G20에서 만든 국제기구인 금융안정성위원회 의장으로 지명됐다. 카니가 이끄는 금융안정성위원회는 "시스템적으로 중요한 금융회사[SIFI]"를 지정하고 타 기관보다 더 높은 기준의 규제를 감당하도록 하는 가이드를 내놓았다. 특히 그 어떤 가상의 시나리오에서도 수중에 충분한 현금을 확실히 갖고 있도록 추가적으로 자본여력을 보유하게 했다. 이런 조치에 JP모건체이스의 CEO 제이미 다이먼[Jamie Dimon]을 비롯한 여러 사람들이 공격해오자 카니는 이렇게 대답했다. "지난 몇 년간의 안타까운 경험을 보면, 글로벌 금융 시스템은 효율성과 회복력을 크게 개선할 필요가 있다. 그러려면 정책의 목적을 분명히 밝히고 확실하게 시행할 필요가 있다."[17]

2012년 11월 26년 영국 재무부장관 조지 오스본[George Osborne]은 잉글랜드은행 총재 머빈 킹[Mervyn King] 경의 후임으로 마크 카니를 지명했다. 알고 보니 오스번은 여러 차례 카니에게 러브콜을 보낸 상태였다. 이미 1년 전 멕시코시티에서 G20의 금융장관회의가 열렸을 때 일식 레스토랑에서 카니를 따로 만나 그의 의견을 귀담아 들었던 것이다. 잉글랜드은행이 세워진 1694년 이래 영국인이 아닌 사람이 잉글랜드은행 총재로 지명된 것은 카니가 최초였다. 카니가 취임할 당시 잉글랜드은행은 은행의 자본 요구조건을 설정하는 등 여러모로 권한을 늘려가던 때였다. 영국인들은 영향력 있는 자리에 외국인을 지명하는 것에 회의적인 경향이 있었으나 카니가 지명될 때에는 심각한 반대가 전혀 없었다. 오히려 출신이 어디든, 연봉이 얼마가 들든 최고의 선수를 데려오는 것을 가장 중시하는 프리미어리그 축구팀 같은 분위기였다. 카니는 최고의 선수 중 한 명임이 틀림없었다.

마크 카니의 가장 큰 특징은 금융 시스템 및 규제와 관련해 아주 튼튼한 지식의 중심축을 갖고 있다는 점이다. 전 세계를 금융위기로부터 구해낸 행크 폴슨을 비롯한 몇몇 정책 입안자들 및 규제 담당자들에게 필적할 정도로 말이다. 카니는 분야 및 국가를 초월해 눈에 띄게 폭넓은 경험과 시각을 보유한 사람으로서 T자형 접근법이 얼마나 강력한지를 잘 보여주는 예다. 이 점은 그가 다양한 이해관계자들과 협업할 때 인간적 공감대를 형성하며 일하는 것만 봐도 잘 알 수 있다. 2014년 1월《파이낸셜타임스》는 이렇게 보도했다. "잉글랜드은행 총재 마크 카니의 지휘 아래 스타일이 얼마나 변했는지 잘 알 수 있는 사건이 이번 주 다보스포럼에서 있었다. 그의 전임자인 머빈 킹 경은 억만장자와 은행가, 기업가들이 몰려드는 이 포럼을 철저히 무시했으나 마크 카니는 패널 참석 및 인터뷰 등을 통해 스코틀랜드 독립부터 비트코인과 은행 보너스에 이르기까지 다양한 주제에 대한 의견을 밝히는 데 세계경제포럼을 십분 활용했다."[18]

나만의 지식 중심축은 무엇인가

"자신의 열정을 따르라." 대학 졸업식 강연에서 가장 흔히 듣는 조언
이다. 가장 유명한 예로 2005년 스탠퍼드대학교 졸업식에서 스티브
잡스는 이렇게 조언했다. "앞을 내다보면서 (인생의) 여러 점들을 서
로 이을 수는 없습니다. 오직 뒤돌아볼 때에만 우리는 그 점들을 이을
수 있습니다. 그러니 그 점들이 어떤 식으로든 미래에는 서로 이어질
거라고 믿어야만 합니다. 여러분은 뭔가를 믿어야 합니다. 직감이든,
운명이든, 인생이든, 업보든 무엇이든지요. 이 방법은 한 번도 저를 실
망시킨 적이 없습니다. 이 방법 덕분에 제 인생이 완전히 달라졌습니
다."[19]

이어서 그는 이렇게 말했다. "여러분이 좋아하는 것을 찾아내야 합
니다. 애인을 찾을 때처럼 일에서도 마찬가지입니다. 일이 여러분 인
생의 큰 부분을 채우게 될 겁니다. 만족할 수 있는 유일한 방법은 여
러분이 위대한 일이라고 믿는 일을 하는 겁니다. 그리고 위대한 일을
하는 유일한 방법은 내가 하는 일을 사랑하는 겁니다. 아직 발견하지
못했다면 계속해서 찾아보세요. 타협하지 마세요. 마음이 하는 일이
모두 그렇듯이 찾는 순간 알 수 있을 겁니다. 마음이 하는 일이 모두
그렇듯이 해가 갈수록 더 좋아질 겁니다. 그러니 발견할 때까지 계속
찾아보세요. 타협하지 마세요."

잡스의 강연은 거기 모인 스탠퍼드대학교 졸업생들은 물론 이후 수
많은 졸업생과 이미 수십 년 전에 졸업한 나 같은 사람에게까지 영감
을 줬다. 그러나 이 멋진 연설 속에는 어려운 질문이 하나 들어 있다.

그 열정이라는 것을 대체 어떻게 찾아낼 것인가? "하고 싶은 일"이라고? 내 지식의 중심축을 어떻게 찾아낼 것인가?

　나처럼 본능적으로 폭을 의미하는 T자의 가로선에 끌리고 지식의 중심축을 의미하는 세로축은 찾기 어려워하는 사람에게는 특히나 어려운 질문이다. 우리 같은 사람들이 일이나 인생에 직관적으로 접근하는 방법은 "제발 나한테 선택을 강요하지 마!"라고 하는 것이다.[20] 우리는 선택지를 하나로 좁혀가기보다 수많은 관심사를 추구할 가능성이 훨씬 더 크다. 우리는 흔히 다음과 같은 특징을 강하게 보인다. 동시에 여러 가지에 흥분할 수 있고 선택을 잘 못 한다. 새로운 도전을 좋아한다. 하나의 도전에 성공하고 나면 쉽게 질린다. 똑같은 커리어나 활동에 평생 갇혀버리지 않을까 하는 두려움이 있다. 금세 수많은 소일거리에 빠지면서도 때로는 만족하지 못한다. 커리어의 성공 사이사이에 지루한 시기와 들뜬 시기가 교차한다.

　에릭 랜더Eric Lander도 처음 지식의 중심축을 찾는 동안에는 이 모든 경향을 보였다. 랜더는 노동자 계급들이 모여 사는 브루클린 플랫랜즈에서 어머니 손에 자랐다. 그에게는 돌파구가 일찌감치 찾아왔는데 바로 맨해튼에 있는 엘리트 학교인 스타이브샌트고등학교Stuyvesant High School 입학이 허가된 일이었다. 그는 수학팀에 들어갔고 뛸 듯이 기뻐했다. 그는 1974년 수학 올림피아드 미국 대표팀에 선발됐고 미국은 소비에트연방에 이어 2위를 기록했다. 그의 룸메이트였던 폴 자이츠Paul Zeitz는 이렇게 말했다. "그는 활달한 성격이었다. 그는 나머지 우리에 비해 아주 야심이 컸다. 그는 모든 것에 열정적이었고, 진정한 카리스마가 있었다."[21] 다들 언젠가 랜더가 미국 상원의원이 될 거라고 믿어 의심치 않았다.

그는 타고난 수학자임이 분명했다. 최단 기간인 2년 만에 옥스퍼드 대학교에서 박사학위를 받았을 정도다. 하지만 문제가 하나 있었다. 남은 평생 동안 수학을 하면서 산다는 것은 도저히 상상할 수가 없었다는 점이다. 그의 박사학위는 순수수학의 하위 분야로 아주 특수하고 소수의 사람들만 아는 분야였다고 한다. "누가 대단한 성과를 내더라도 그걸 이해하고 평가할 수 있는 사람은 전 세계에 수십 명밖에 되지 않았다. (…) 나는 수학자의 커리어라는 것이 수도사와 비슷하다는 점을 이해하기 시작했다." 그는 또 이렇게 말했다. "수학은 아름답고 나는 수학을 정말 좋아하지만 수도사가 될 자질은 별로 없었다." 그래서 그는 하버드 경영대학원에서 경영경제학 수업을 가르칠 기회를 만들었다. 학생들보다 그가 겨우 조금 더 많이 아는 분야였다. 처음에 이 일은 순수수학보다는 실용적 접근에 가까워 보였다. 하지만 얼마 지나지 않아 이 영역 역시 그의 관심을 오래 잡아둘 수는 없는 분야로 드러났다.

랜더는 자신에게 내재된 과학적 호기심에 이끌려 생물학 실험실 근처를 어슬렁거리기 시작했다. MIT에 있는 로버츠 호비츠Robert Horvitz의 기생충 유전학 연구실이었다. 아는 사람을 통해 랜더는 당시 MIT 교수이던 데이비드 보트스타인David Botstein 박사를 소개받았다. 당시 보트스타인 박사는 고혈압처럼 복수의 유전자와 관련 있는 특징들에 관한 프로젝트를 진행하려고 수학을 잘 아는 사람을 찾고 있었다. 보트스타인은 랜더를 이렇게 소개받았다. "하버드 경영대학원에 랜더라는 친구가 있는데, 생물학과 관련된 일을 하고 싶어 해요." 두 사람은 만난 바로 그날 "칠판으로 가서 논쟁을 시작했다"고 한다.

랜더는 이내 인간의 질병 유전자 지도를 푸는 문제에 푹 빠졌다. 보트스타인 박사는 "인간 게놈의 염기서열 분석에 관해 이야기하는 게 구미를 당기기 시작했다"라고 회상한다. 랜더는 생물학에 수학자가 쓸모 있는지 알고 싶었다. 쓸모가 있다는 것을 분명히 알게 된 그는 경영대학원에서 하던 일을 그만두고 MIT의 바이오메디컬연구소 Institute for Biomedical Research에 조교수 자리를 얻었다. 그는 인간 유전체학 공개토론에 참석하기 시작했고 빠르게 두각을 드러냈다. 그는 이렇게 말한다. "전문가가 없는 새로운 영역에서 전문가가 되기란 아주 쉬운 일이죠. 손만 들면 되거든요."

그렇게 돌고 돌아서 오긴 했지만 랜더는 고작 서른 살에 생의학 조교수가 됐고 맥아더재단 장학금을 받았다. 그는 게놈 염기서열 분석의 중심인물이 돼가고 있었다. 그는 자신이 배운 수학을 연구실들을 어슬렁거리면서 배운 생물학과 화학에 결합했다. 그리고 경영대학원 시절 알게 된 산업조직에 관한 통찰을 추가해 노력의 능률을 높이고 비용을 조절했다. 그 모든 경험을 통해서 그가 얻은 것은 '협업'이라는 개념이었다. "마법 같은 일이 일어났습니다. 사람들이 모여서 정말 대담한 문제에 덤벼들고 있었어요."

그 "마법 같은 일"이 결국 인간 게놈 프로젝트가 됐다. 게놈의 염기서열을 분석하고 지도로 만드는 15개년 프로그램이었다. 이 과정에서 랜더 팀은 비교 분석을 통해 각 게놈이 가진 독특한 특징을 연구했다. 사람들 사이의 서로 다른 유전 변이에 관한 프로필을 만들고 그것이 특정 질병에 대한 취약성과 어떤 관련이 있는지 연구했다. 또 암의 기저에 있는 유전자 돌연변이에 관한 매우 포괄적인 분석을 실시했다.

2002년 랜더는 하버드대학교와 MIT 총장을 만나 인간 게놈 프로젝트가 개척한 학제 간 연구를 계속 이어나갈 수 있도록 영구적인 연구소를 만들자고 제안했다. 양쪽 학교의 지원과 브로드재단Broad Foundation의 상당한 후원을 받아 그는 연구소를 설립할 수 있었다. MIT 주 캠퍼스 인근에 위치해 있고 맞춤식으로 설계된 이 현대적 건물에서 현재 1,800여 명의 과학자들이 협업하고 있다.

에릭 랜더가 초대 소장이 된 이 연구소가 'MIT 하버드 브로드연구소Broad Institute of MIT and Harvard'라는 의미심장한(원래 '브로드Broad'는 '폭넓은'이라는 뜻을 갖고 있다_옮긴이) 이름을 갖게 된 것은 순전히 우연이었다. 원래는 먼 앞날을 내다본 독지가 엘리 브로드Eli Broad와 이디스 브로드Edyth Broad의 이름을 딴 것이기 때문이다. 하지만 랜더 팀은 이 우연한 말장난을 얼마든지 인정하기로 했고, T자형 접근법의 폭넓은 시각은 사실상 연구소의 핵심적 콘셉트가 됐다. 연구소의 웹사이트에 들어가보면 '폭넓은 생각 블로그Broad-Minded Blog'라는 코너가 있는데 자신들은 "기관이나 학문 분야를 넘나드는 독특한 문화"를 창조하는 데 힘쓰고 있다고 밝히고 있다.[22]

브로드연구소의 지도부는 "의학계 혁신이라는 단일한 목표를 위해 자신이 가진 다양한 재능을 헌신할 수 있는 모든 사람을 돕는 일"에 매진하고 있다. 랜더는 브로드연구소를 이렇게 말한다. "어떻게 보면 이곳은 보호된 공간입니다. 공간의 절반에서는 질병의 기원을 발견하는 데 힘쓰고 있고, 나머지 절반에서는 치료법의 발전을 가속화하고 혁신하려 애쓰고 있죠. 저마다의 것을 연구하는 여러 연구소를 보유한 수많은 대학들과는 다른 환경입니다."

브로드연구소는 폭넓은 생각과 학과를 넘나드는 접근법을 장려하기 위해 직원들 사이에 예술가를 상주시킨다. "예술가와 과학자들 사이의 교류, 문제 해결에 대한 서로 다른 접근법과 관점을 공유하는 것이 과학과 예술 모두에 영감을 제공할 잠재력이 있기 때문"이다. 이렇게 과학과 예술의 결합을 강조하는 얘기는 과학철학자 에드워드 O. 윌슨에게서도 들을 수 있다. "가장 성공하는 과학자는 시인처럼 (폭넓고 때로는 환상적으로) 생각하고 회계사처럼 일한다. 안타깝게도 세상은 후자의 역할만 본다."[23] 윌슨은 또 더 큰 관점에서도 얘기한다. "과학의 경험적이고 분석적인 힘에 인문학의 자기성찰적 창의성이 결합될 수 있다면 인류의 존재는 무한히 더 생산적이고 흥미로운 의미를 띠게 될 것이다."

현재 에릭 랜더는 분자생물학, 의학, 유전체학 분야에서 가장 강력하고 영향력 있는 리더 중 한 사람이다. 정작 그 자신은 이 분야들 중 어느 하나도 정식 교육을 받은 적이 없는데도 말이다. 그는 브로드연구소에서 생물학 제국을 이끌며 억만장자들로부터 자금을 모집한다. 그는 과학과 건강 관련 정책에 관해 미국 대통령에게 자문을 제공한다. 그리고 자신은 한 번도 들어본 적 없는 생물학개론을 MIT에서 가르치고 있다. 어떻게 이런 일이 가능했을까? 어떻게 과학의 가장 고립된 영역에서 출발해 한 번도 정규 교육을 받지 않은 영역까지 진출하여 새로운 협업을 이끌게 됐을까?

랜더 자신은 이런 일들이 대부분 예상치 못한 여러 기회 덕분이라고 말한다. "제가 여기까지 오게 된 것은 정말 이루 말할 수 없이 운이 좋았던 덕분이라고 느낍니다. 제가 계획을 세워서 여기까지 올 수는 없었을 거예요. 데이비드 보트스타인을 만나지 못했다면 어떻게 됐을까요? 인간 게놈 회의에 가지 않았다면? 저도 모릅니다. 정말 우연의 연속이에요. 아주 이상한 커리어지요."

그의 말대로 운이 좋았던 것일 수도 있다. 하지만 랜더가 본능적으로 자신의 지식의 중심축을 찾기 위해 의도적으로 방법을 찾아다닌 것도 분명해 보인다. 무엇보다 그는 하나의 가능성에 매달리지 않고 여러 가지에 도박을 걸었다. 그는 수학, 경제학, 생물학, 의학을 시도해봤다. 그리고 나서야 인간 유전체학이 자신의 영역이라고 결정할 수 있었다. 사실상 그 네 가지 학문 분야가 모두 합해진 영역 말이다.

은연중에 랜더는 여러 선택으로 구성된 포트폴리오식 접근법을 따랐다고 할 수 있다. 이 방법은 마거릿 로벤스타인Margaret Lobenstine이 '르네상스의 혼'을 가진 사람들(앞서 언급한 것처럼 지적으로 또 정서적으로 부단히 움직이는 사람들)이라고 부르는 이들에게 추천하는 방법이다.[24] 특히 랜더는 로벤스타인이 지적 활동이 왕성한 사람들에게 추천하는 '르네상스식 집중 전략'을 따르고 있었다. 아이스크림 가게에 가서 네 가지 맛 아이스크림을 고르는 것처럼 핵심 관심사항을 네 가지 고르는 방법이다. 로벤스타인은 '4'라는 숫자가 "행운의 숫자"인 듯하다고 말한다. 다양한 것을 좋아하면서도 집중이 필요한 우리에게 딱 맞는 균형을 제공한다는 것이다. 4는 집중할 수 있게 하면서도 굳이 그중 하나를 고를 필요는 없게 해준다. 적어도 가장 좋아하는 것이 분명해질 때까지는 말이다. 무엇보다 폭넓은 성향을 타고난 사람들에게 '고르라'는 말은 '버리라'는 것과 같다. 그렇기 때문에 고르기보다는 초점을 찾는 편이 낫다. 초점을 맞추면 더 많은 것을 성취할 수 있기 때문이다. 가능성의 세계 한가운데서 초점을 찾으면 대상이 분명해지고 마음을 하나로 모을 수 있다. 모든 가능성을 열어두느라 에너지를 써야 할 것 같은 유혹을 느낄 때 에너지를 모아서 적어도 자신이 좋아하는 네 가지는 할 수 있다.

둘째로 랜더는 기존의 학문들이 교차하는 곳에서 아무도 밟지 않은 땅을 찾아냈다. 그는 지식의 중심축을 찾는 과정에서 굳이 '○○학'으로 알려진 기존 학문을 고를 필요는 없다는 것을 깨달았다. 사실 그 길은 피하는 편이 더 좋을지도 모른다. 랜더는 겸손하게 이렇게 말한다. "해당 주제를 연구하는 몇 안 되는 사람 중 한 명이 되면 전문가로 보이기 더 쉬워요."[25] 세계 대학과 싱크탱크들은 이미 학제 간 연구를 개척하는 것이 중요하다는 사실을 적극 인정하고 있다.

셋째로 랜더는 지식의 중심축을 찾는 과정이 자기 발견의 여정이라며 반드시 계획돼야 하는 것은 아니라고 했다. 가끔은 자기가 자연스럽게 뭘 하고 있는지 점검해보는 것도 중요할 수 있다. 인간의 뇌에는 타고난 선호가 워낙 강하게 각인돼 있어서 사람은 본능적으로 자기가 열정을 가진 것에 끌리게 돼 있다. 그 점을 생각하면 사람의 선호 패턴은 자연스럽게 발달하는 것이므로 그저 우리는 가끔, 보통은 교육이나 직업 궤도에 변화를 고려할 때 자연스럽게 내가 무슨 일을 하는지 성찰해보기만 하면 되는 것일지도 모른다.

니체는 바로 그런 자기 발견의 과정을 제안하며 다음과 같이 말했다. "젊은 영혼들이 다음과 같은 질문을 시작으로 자신의 삶을 둘러보게 하자. 지금까지 내가 정말로 좋아한 것은 무엇인가? 정말 나의 정신이 고양되고 동시에 나를 사로잡고 기쁘게 한 것은 무엇인가?"[26] 니체는 그렇게 숭배하는 대상을 나열해보라면서 그러면 근본적 자아가 드러날 것이라고 했다. 그러면 내 지식의 중심축이 무엇인지 알게 된다고 말이다. 어쩌면 똑같은 방법으로 영역을 옮겨 다닐 때 내가 쉽게 응용할 수 있는 능력이 무엇인지 찾아낼 수 있을지 모른다.

5 _____ 응용 가능한 능력

_____ **공통의 기초를 마련하라**

전문가의 자리는 이제 컴퓨터가 차지할 것이다. 우리 인간은 타고난 '종합성'을 즐기고 이용하고 재정립
할 수밖에 없을 것이다. 우주선 지구호 전체, 우주 전체를 상대하는 과제가 우리 모두 앞에 놓여 있다.

벅민스터 풀러[Buckminster Fuller], 《우주선 지구호 사용설명서》

플러스 요인 만들기

어떻게 하면 자동차업계를 단 하루도 겪어보지 않은 사람이 정부의
'자동차 차르'로 임명될 수 있을까? 그 사람은 어떻게 업계 전체의 존
망이 걸린 경제위기 한가운데서 미국 자동차업계 전체의 운명을 되돌
려놓을 수 있을까?

이게 바로 2009년 스티브 래트너[Steve Rattner]가 해낸 일이다.[1] 그의 사

례는 전혀 다른 분야에서도 아주 중요한 능력을 응용할 수 있는 사람이 있다는 것을 잘 보여준다. 특히나 이처럼 극한의 환경에서 그렇게 할 수 있는 능력이 있다면 사회적 차원에서는 중요한 문제를 해결할 수 있고, 자기 자신을 위해서는 놀라운 인생과 커리어를 만들 수 있다.

스티브 래트너의 초창기를 살펴보면 그가 나중에 자동차업계를 구하게 되리라는 힌트는 전혀 찾아볼 수 없다. 그는 《뉴욕타임스》의 정치부 기자로 사회생활을 시작했다. 실제로 그가 처음 맡았던 일은 전설의 정치 칼럼니스트 제임스 레스턴James Reston의 조수 역할이었다. 그는 1970년대 후반 워싱턴 사무실에서 일할 때 크게 두 가지 일을 했는데, 하나는 에너지 위기 사태를 취재한 것이고 또 하나는 당시 인플레이션 위기에서 폴 볼커Paul Volcker가 이끌던 연방준비제도 이사회를 취재한 것이다. 이후 그는 잠시 유럽 경제 통신원으로 런던에 머물렀다.

그가 취재한 복잡한 경제 이슈는 세간의 관심을 끌었다. 1982년 그는 이제 막 레이건 행정부를 벗어난 로저 알트먼Roger Altman에게 스카우트되어 투자은행 리먼브라더스에서 함께 일하게 된다. 이후 20년간 래트너는 투자은행과 사모펀드 관련업에 종사했고 금융계에서 대단한 명성을 쌓았다. 1984년 리먼브라더스가 아메리칸익스프레스에 팔린 이후 그는 상사이던 에릭 글리처Eric Gleacher를 따라 모건스탠리로 옮겼고, 거기서 통신사업팀을 만들었다. 1989년 모건스탠리가 상장 신청을 한 후 그는 무한책임사원으로 라자드에 합류했다. 그리고 비아콤Viacom이나 컴캐스트Comcast처럼 인수합병이 많은 기업들을 고객으로 삼아 미디어 및 통신 부문의 주요 계약을 성사시키면서 유명해졌다. 1997년 그는 라자드의 부회장 겸 부대표로 임명됐다. 그 후 비영리부문에서도 적극적으로 활동하기 시작했는데 교육방송^{Educational Broadcasting} ^{Corporation}의 회장이 된 것 등이 그에 속한다. 또 정치 쪽으로는 민주당, 특히 빌 클린턴 및 힐러리 클린턴의 탁월한 자금 모집가가 됐다.

2000년 3월 래트너는 라자드의 다른 파트너 셋과 함께 회사를 나와 직접 투자자문회사를 설립한다. 콰드랭글그룹^{Quadrangle Group}이라고 이름 붙인 이 회사 역시 주력 분야는 미디어 및 통신 업계였다. 회사는 성장을 거듭해 여러 분야에서 60억 달러 이상을 운용하게 된다. 그 중에는 사모펀드, 부실증권, 헤지펀드 사업 등도 포함됐다. 이때 처음으로 래트너는 마이클 블룸버그의 투자 매니저로 입지를 굳힌다. 현재 래트너는 블룸버그의 자산투자 총감독을 맡고 있다. 또한 뉴욕 미디어업계의 상징적 모임이 된 포스퀘어 미디어 콘퍼런스^{Foursquare media} ^{conference}를 만들기도 했다.

그가 콰드랭글에 있는 동안 논란이 없지는 않았다. 대표적으로 콰드랭글은 2005년 2차 바이아웃펀드(부실 기업의 경영권을 인수하여 기업 가치를 올린 뒤, 지분을 판매해 수익을 내는 펀드_옮긴이)의 자금 모집을 도와달라고 사모 중개인 행크 모리스^{Hank Morris}에게 대금을 지급했는데 이게 좋지 않은 관심을 불러일으켰다. 모리스는 뉴욕주 감사원장이자 뉴욕주 퇴직연금기금 관리자이기도 했던 앨런 헤베시^{Alan Hevesi}의 자문도 겸하고 있었다. 2009년 콰드랭글과 래트너는 "불법 사례금"으로 여겨지는 사례 때문에 수사를 받았고 결국 2010년 4월에는 증권거래위원회, 2010년 12월에는 뉴욕주 법무장관 앤드루 쿠오모^{Andrew Cuomo}와 합의로 분쟁을 매듭짓는다.

한편 금융위기가 발생하고 오바마 대통령의 선거가 한창 진행되던 시기, 래트너는 다시 자신의 제1 관심사에 끌리게 된다. 바로 정치와 공공정책 분야였다. 과거에도 래트너는 정부와 관련된 일을 조금씩 하기는 했지만, 새로운 행정부가 시작되는 만큼 이번에는 제대로 한 번 나서볼 때라는 생각을 했다. 다음은 래트너의 말이다. "나라가 대공황 이후 최대의 금융위기에 직면해 있었습니다. 저 같은 금융맨의 능력이 그때처럼 유용할 때가 또 어디 있겠어요? 그런 때에도 뒷짐만 지고 있다면 저라는 사람이 뭐 얼마나 대단한 일을 하겠어요?"

그는 무슨 일을 해야 가장 도움이 될지 몰랐고, 또 미리 정해놓고 싶지도 않았다고 한다. 그는 새 행정부의 경제팀을 꾸리고 있던 팀 가이트너와 래리 서머스^{Larry Summers}에게 도움이 된다면 기꺼이 돕고 싶다고 말했다. 두 사람의 대답은 이랬다. "문제가 한두 가지가 아니에요. A, B, C, D, E, F까지 있어요. 어느 걸 맡으시겠어요?" 래트너는 두 사람에게 알아서 골라달라고 했다. 굳이 그들의 생각을 제한하고 싶지 않았다. 2008년 12월 두 사람은 다시 전화를 걸어 와 "자동차요"라고 했고, 래트너는 "자동차요? 자동차에 관해서는 아무것도 모르는데요"라고 답했다. 그러자 두 사람은 "뭐, 곧 파악하시겠죠"라고 했다.

붕괴 직전까지 몰린 자동차산업은 재앙이 될 조짐을 보이고 있었다. 당시 위기가 한창이던 주택대출금시장 붕괴 사태와 곤두박질치던 주식시장 다음으로 시급한 문제였다. GM과 크라이슬러는 사실상 지급 불능 상태였고 자동차업계 및 유관업계 종사자 100만 명의 일자리가 위태로웠다. 미트 롬니는 이 시나리오를 가지고 《월스트리트 저널》에 "디트로이트를 그냥 파산하게 두라"라는 제목의 글을 썼는데, 이 글은 결국 2012년 대통령 선거운동 때 롬니를 두고두고 괴롭히게 된다.

래트너는 재무부 선임고문 및 수석 자동차고문으로 임명되어 언론에서 "자동차 차르"로 불리게 됐다. 래트너는 자동차산업 태스크포스팀에서 론 블룸[Ron Bloom], 다이애나 패럴[Diana Farrell] 등과 함께 미국 자동차업계의 대대적 '정비안'을 만든다. 이 계획은 정부가 자동차 부문에 총 820억 달러를 투자하고 두 회사는 '통제하 파산'을 실시하며, 양사 모두 경영진을 교체하는 내용을 담고 있었다. 또 자동차 대리점 2,000곳을 폐쇄해 수만 명이 일자리를 잃는 내용도 포함됐다. 물론 구제계획이 없었다면 더 많은 대리점과 일자리가 사라졌을 것이다. 2009년 말이 되자 GM과 크라이슬러는 파산에서 벗어났고 새로운 경영진이 들어섰으며, 수익을 낼 조짐이 보였다. 이렇게 한번 잡힌 궤도는 이후로도 지속됐다. 미국 자동차 제조업체의 최강자 포드는 내내 지급능력을 유지하여 정부 보조를 필요로 하지 않았다.

래트너 자신도 이때의 경험을 자주 되짚어본다. "시작할 때는 우리도 몰랐지만 알고 보니 우리가 해결할 수 있는 문제였습니다. 저를 비롯한 여러 사람이 정부에 도입했던 금융 구조조정이 직접적인 도움이 됐죠." 그는 또 이렇게 말한다. "제가 자동차 쪽에 경험이 있어서그 일을 저에게 맡긴 건 결코 아니었습니다. 사실 저는 자동차 쪽 경험이 전무했죠. 그렇다고 재무 능력이나 구조조정 능력만 갖고 저를뽑은 것도 아니었어요. 그들이 저를 택한 것은 재무 능력도 충분한 데다가 정치 시스템을 잘 안다는 플러스 요인이 있었기 때문입니다. 정부에서 일해본 사람처럼 대하면서 저한테 '가산점'을 준 거지요. 저는저널리즘, 자금 모집, 싱크탱크, 정책 형성 등에 모두 경험이 있었습니다. 그래서 저를 원했던 거지요. 제가 그 민감한 이슈를 헤쳐 나갈 수 있을 거라고 봤던 겁니다."

당시 정부에 꼭 필요했던 것이 바로 '민감한 이슈를 헤쳐 나갈 수 있는 능력'이었다. 단일한 지배적 속성이 아니라 이렇게 폭넓은 경험과 능력이 통합된 사람은 어디서나 그 능력을 발휘할 수 있기에 이루 말할 수 없이 귀중했다. 래트너는 또한 기업과 정부에서 보낸 시간에 유사한 면도 있었다고 말한다. "잘 운영되는 행정부는 기업과 꼭 같죠. 그 점이 정말 놀랍도록 비슷했어요. 메모를 하고, 회의를 하고, 대안들을 평가하고, 의사결정을 내리고, 그렇게 결정 내린 사항을 실행하려고 애쓰죠. 핵심적 활동이나 필요한 능력은 거의 같다고 보면 됩니다. 그렇기 때문에 직접적으로 정부에서 일해본 경험이 전혀 없었던 저 같은 사람도 뭔가를 해낼 수 있었던 거죠."

래트너는 이 놀라운 경험을 통해 또 하나의 결론을 얻었다. "저 자신에 관해 알게 된 건 제가 포트폴리오식 접근법을 좋아한다는 겁니다. 뭔가 한 가지에서 끝장을 내려고 할 때에는 이 방법이 최선이 아닐 수도 있죠. 하지만 이 방법을 쓰면 한 영역에서 알게 된 걸 다른 영역에도 활용할 수 있습니다. 도움이 되는 사람이 되는 거죠."

배운 것을 다음 단계에서 응용하는 사람

커리어 형성기를 정치 저널리스트로 보낸 사람이 영국 최고의 문화기관 두 곳을 이끌게 됐다면 무슨 일이 있었던 걸까? 그는 어떻게 두 곳 모두에서 대중적 명성과 재무적 성과 모두를 쇄신할 수 있었을까?

이 사람은 토니 홀Tony Hall이다.[2] 그는 지난 15년간 대단한 전환을 두 번이나 이뤄냈다. 첫 번째는 코번트가든에 있는 왕립오페라극장이었고, 그다음은 전 세계 최고의 방송국 중 하나인 BBC였다. 하지만 스티브 래트너와 마찬가지로 홀의 커리어 초창기를 보면 그가 이런 '대단한 혁신의 리더' 또는 '그냥 리더'라도 될 것 같은 조짐은 전혀 보이지 않는다.

토니 홀은 대학 졸업 직후 BBC 뉴스의 인턴으로 커리어를 시작했다. 그리고 나서 꽤 전통적인 방법으로 저널리즘 내에서 위치를 높여 갔는데 주로 TV나 라디오의 뉴스 프로듀서로서 일했다. 1990년대 초 그는 BBC 텔레비전에서 저녁 메인 뉴스 방송의 편집을 맡고 있었고, 얼마 지나지 않아 BBC 뉴스의 총감독이 됐다. 이때쯤 그는 회사의 고위 경영진에 속했지만 커리어 내내 텔레비전과 라디오 저널리즘에 종사했고, 그것도 모두 BBC에서였다.

2000년 토니 홀은 회사를 떠나는 존 버트의 후임으로 BBC 최고 직책인 대표이사에 지원한다. 온화하고 부드럽고 지적이고 프로다운 성격의 홀은 자신과 정반대의 성격, 스타일, 성정을 가진 사람에게 이 자리를 뺏기고 만다. 바로 그레그 다이크Greg Dyke였다. 다이크는 화려하고 저돌적이고 인기 영합적이며 거리낌이 없는 사람으로 커리어 내내 주로 뉴스보다는 엔터테인먼트, 민영 방송만 해왔고 한 번도 BBC에서 일해본 적이 없었다. 이 대담하고 특이한 선택이 결국 화근이 되어, 나중에 다이크는 큰 논란이 된 BBC의 이라크전 정치 환경 보도에 관한 책임을 지고 사임한다. 하지만 대표이사 선임 당시 토니 홀은 BBC의 경영진으로서 더 이상 미래를 내다볼 수 없었다. 그래서 내키지는 않지만 다른 곳으로 눈을 돌렸다.

그때까지 홀의 커리어는 처음에는 언론인으로서, 그다음에는 편집자, 그다음에는 복잡한 뉴스 사업을 경영하는 사람으로서 자신의 능력을 갈고닦는 것에 초점이 맞춰져 있었다. 똑같은 뉴스 회사로 옮기지 않는 이상, 이런 능력이 과연 다른 분야에서는 어떤 쓸모가 있을지 처음에는 눈에 잘 보이지 않았다. 하지만 뉴스 책임자로 일하는 동안 그는 여러 뉴스룸을 전전하며 자존심 센 수많은 인재들을 관리하는 능력을 키웠고, BBC의 편집 방향에 영향력을 미치고 싶어 하는 다양한 외부 관계자들을 다루는 요령도 생겼다. 바로 이런 경험과 능력이 왕립오페라극장 이사회의 주목을 끌었고, 그들은 토니 홀을 최고경영자로 임명했다.

영국의 상징적 문화기관인 왕립오페라극장은 오랫동안 존폐 위기에 서 있었고 그런 상황은 2001년에도 마찬가지였다. 홀은 이렇게 회상한다. "극장 전체가 난리법석이었죠." 오페라극장은 코번트가든에 새 둥지를 틀기 위해 1990년대 말 2년간 급작스러운 폐쇄를 겪었고 그 여파가 고통스럽게 이어지고 있었다. 공공기금에 크게 의존하는 기관인 오페라극장은 재정상 그리고 운영상 경영에 잘못이 있다는 오명을 떨치고 있었다.

이후 몇 년간 홀은 오페라극장의 부활을 이끌었다. 처음에는 그냥 한번 시도를 해보는 수준이었지만, 저명한 음악감독 안토니오 파파노^{Antonio Pappano} 경이 함께하면서 차츰 자신감이 붙었다. 홀은 오페라극장의 재정 상태를 튼튼하게 복원했고, 새롭게 리모델링한 코번트가든 극장을 뛰어난 예술작품의 보루로 만들었다. 그 과정에서 그는 대중의 이목이 쏠리는 유명 사업을 바꿔놓으려면 뭐가 필요한지도 알게 됐다. 어느새 홀은 저널리즘 평론가가 아니라 평론을 당하는 인물이 됐고, 그 평은 점점 더 호의적으로 바뀌었다.

2012년 BBC가 격랑에 휩쓸렸을 때 회사를 구할 몇 안 되는 후보 중에서도 홀이 가장 먼저 언급된 것은 바로 왕립오페라극장이라는 문화기관을 탈바꿈시키며 얻은 명성에 BBC에서 쌓은 나무랄 데 없는 경력이 더해진 결과였다. BBC를 격랑으로 몰아넣은 직접적 원인은 한때 BBC의 가장 유명한 진행자 중 한 명이었던 지미 새빌^{Jimmy Saville}이 과거에 저지른 스캔들이었다. 알고 보니 방송인으로 지낸 내내 그는 아동들을 성적으로 착취한 성범죄자였다. 이 사건은 금세 부풀려져 잊을 만하면 등장하는 BBC의 대형 스캔들 중 하나로 확대됐다. BBC는 영국에서 가장 저명한 기관이면서도 종종 논란의 대상이 됐는데, 주로 데스크의 잘못된 판단이나 내분 같은 것들이 단골 주제였다.

그러나 이번 위기에서만큼은 BBC 이사회도 이례적인 조치를 취했다. 그들은 자리에 앉은 지 45일밖에 안 된 대표이사 조지 엔트위슬^{George Entwistle}이 이 달갑지 않은 시선에 제대로 대처하지 못했다는 이유로 사임을 요구했다. 불길이 더 거세지자 BBC의 회장 패튼 경은 공개적으로 빌다시피 하여 토니 홀에게 BBC로 돌아와 대표이사를 맡아 달라고 했다. 홀이 제안을 수락하자 한 신문에는 다음과 같은 논평이 실렸다. "이제 토니 홀은 1920년대와 1930년대 BBC의 설립자로 독재를 휘둘렀던 리스^{Reith} 경 이래 가장 큰 실권을 지닌 대표이사가 될 것이다."[3]

현재 토니 홀은 자신이 크게 다섯 가지 커리어를 거쳤다고 생각한다. 저널리스트, 편집자, 보도국장, 공연예술기관장 그리고 이제는 복합미디어기업의 리더가 그것이다. 각 단계마다 그는 배운 것이 있었고 뭐가 됐든 그 배운 것은 다음 단계로 가져가 응용했다. 그는 자신이 취한 접근법을 이렇게 설명한다. "저는 당면한 문제나 난관에 초점을 맞추고 해결책을 마련하는 법을 배웠습니다. 또 파트너십과 협업을 통해 사람들을 이끄는 법도 배웠습니다. 가끔은 제가 잘못 이해할 때도 있지만 저는 맡은 일을 성공시키려고 애씁니다. 저는 언제든지 그런 것들이 제가 집중해야 할 중요한 일이라고 생각합니다. 특히나 위기의 한가운데에 있고 내가 이끄는 조직의 구조를 재정비해야 한다면 말이지요. 제가 가진 응용 가능한 능력이라면 그런 것들이라고 말할 수 있겠네요."

성공으로 이끌어주는 기초 능력

스티브 래트너와 토니 홀, 두 사람은 모두 모자이크 원리의 세 번째 조각을 잘 보여준다. 자신이 가진 능력을 하나의 맥락에서 다른 맥락으로 옮겨 가서 긍정적인 효과를 낼 수 있는 능력 말이다. 래트너는 정치 저널리스트로 커리어를 시작했다. 그가 정책의 세계를 취재하면서 얻은 능력과 기술은 후에 은행가, 사모투자가, 자금 모집가로서의 커리어와 결합되어 결국에는 2009년 자동차 차르가 되고 미국 자동차업계의 혁신을 이끌게 해줬다. 토니 홀 역시 커리어의 시작은 정치 저널리스트였다. 그리고 그것이 편집자와 보도국장, 공연예술기관장으로서의 경험과 결합되어 2012년 BBC를 구원하고 훌륭하게 부활시킬 수 있었다.

래트너와 홀은 인생과 커리어의 중요한 순간에 어떻게 보면 편안하지만은 않은, 새로운 형태의 리더 역할을 부여받았다. 그들은 몇몇 기본적인 질문에 답해야 했다. 이 도전과 관련해 내가 아는 것은 뭐가 있는가? 내가 끌어다 쓸 수 있는 관련 경험은 무엇인가? 내가 가진 능력 중에 원하는 결과를 얻는 데 도움이 될 만한 것은 무엇인가? 나는 어떻게 하면 그 능력을 생산적으로 응용할 수 있을까?

인간으로서 우리가 가진 가장 위대한 재능은 경험에서 배우고 배운 것을 미래의 난관에 적용하는 능력이다. 새로운 장애물이나 기회를 맞닥뜨리면 우리는 언제나 본능적으로 가장 먼저 이렇게 물어본다. '이 비슷한 것을 내가 언제 봤을까? 그때의 경험에서 나는 뭘 배웠을까?' 이렇게 경험을 통해 배우는 과정을 '패턴 인식'이라고도 부른다. 그래서 익숙한 환경을 만나면 종종 본능적으로 또는 거의 무의식적으로 대니얼 카너먼이 말하는 "시스템 1" 사고⁴가 가능한 것이다.

한 분야에 아주 오랫동안 종사하면 완전히 새로운 상황이나 난관을 만나는 일은 거의 사라지다시피 한다. 옛사람들의 말처럼 이미 죄다 본 적 있는 일이 되는 것이다. 그래서 과거의 시행착오를 바탕으로 상황을 이해하고 대처하는 능력에 점점 더 큰 자신감이 생긴다. 해당 분야에 깊은 지식을 가진 전문가라면 당면한 문제에 직접적으로 꼭 맞는 아주 구체적인 기술을 갖게 된다. 사람들이 특수 전문가가 되려는 것은 바로 이 때문이다.

하지만 지평을 넓혀보면, '안전지대를 벗어나' 새롭고 낯선 분야에 들어서 보면, 더 이상 그렇게 직접적이고 본능적인 패턴 인식에 크게 의존할 수가 없다. 새로운 환경에서는 이미 죄다 본 적 있는 일일 수가 없다. 구체적으로 한 번도 본 적 없는 일을 처리해야 할 수도 있다. 더 의식적으로 생각하고 반성적으로 성찰해야 한다. "시스템 2" 사고를 적용해 팀에 이바지할 방법을 찾아내야 한다. 대체 내가 끌어올 수 있는 쓸모 있고 응용 가능한 경험이 뭘까? 어떤 유용한 능력을 끌어올 수 있을까? 폭넓은 삶의 장점은 더 다양하고 많은 경험을 끌어올 수 있다는 점이다. 반면에 단점은 대체 어느 것이 쓸모 있는 경험이고 응용 가능성이 높은 능력이며, 어떻게 해야 그것들을 가장 잘 활용할 수 있는지 첫눈에는 분명하지 않을 수도 있다는 점이다.

스티브 래트너와 토니 홀도 녹록지 않은 새 직책을 맡았을 때 바로 그런 직관적 성찰 과정을 거쳤다. 그들은 어떤 경험과 능력이 가장 유용할까 자문해봤다. 래트너는 자신이 가진 능력 중에서 "공공 영역에 속하는 민감한 이슈들을 헤쳐 나갈 수 있는 능력"이 가장 중요하다고 결론 내렸다. 오랜 세월 저널리스트와 자금 모집가로 활동하며 정책의 세계 안팎에서 일한 경험에 금융 거래를 성사시켜본 경험을 결합해 얻은 통합적인 능력이었다. 홀의 경우는 "변덕스러운 사람들이 가득한 문화기관을 이끌고 어려운 혁신을 이뤄낸" 그의 이미 검증된 능력을 활용할 수 있었다. 이것 역시 왕립오페라극장의 부활을 이끈 것과 그전에 BBC 보도국장으로서의 경험이 결합돼 얻은 통합적 능력이었다. 두 사람 모두 폭넓은 경험을 통해 개발한 능력을 결합해 당면한 문제 해결에 활용할 수 있었다.

폭넓고 다양한 교육적, 직업적 경험을 쌓는다면 누구나 어떤 종류의 상황에든 적용할 수 있는 다차원적 능력을 개발할 수 있다. 어떤 상황에서나 유용한 핵심 능력이라는 튼튼한 기초가 있다면 이렇게 능력을 응용하는 과정이 훨씬 쉬울 것이다. 그리고 학업이나 직업적 커리어 초창기에 그 핵심 능력을 확보할 수 있다면 더욱 이상적일 것이다. 이것이 직장생활을 시작하기도 전에 선택한 사항들이 차이를 만들어내는 이유다.

1828년 예일대학교에서 출판된 교과 과정에 대한 보고서를 보면 폭넓은 인문학 교육을 실시하는 근본적 이유가 아주 잘 나와 있다. "어느 한 직업에만 특화된 것을 가르치지 않고 그 모든 직업에 공통된 기초를 놓아주기 위해서"라고 말이다.[5] 보고서는 그 공통된 기초를 구성하는 요소들 중에서 바람직한 것이 무엇인지 아주 생생하게 언급한다. 그 요소들은 "집중하고, 사고 훈련을 이끌고, 연구해야 할 주제를 분석하는 기술을 가르칠 수 있도록 치밀하게 계산돼야 한다. 분별력 있게 논의를 따라가고, 판단의 근거들을 잘 가늠하고, 기억 속의 중요한 것들을 요령껏 잘 배열하고, 천재들이 가진 힘을 일깨우고 잘 안내하도록 해야 한다."

이후 어떤 분야에서든 성공으로 이끌어주는 기초 능력이 과연 무엇인지를 밝히려는 연구가 수없이 많이 있었다. 그중에서도 가장 중요한 '타인을 이끄는 분야'와 관련된 연구가 특히 많았다. 《좋은 기업을 넘어… 위대한 기업으로》에서 짐 콜린스Jim Collins는 최고의 리더란 눈부신 선지자가 아니라, 확고한 결심과 근성을 가지고 목표를 추구하며 겸손하고 자기를 내세우지 않고 성실하고 강단이 있는 영혼일 때가 많다는 것을 발견했다.[6]

2001년 한 연구는 기업 리더에 관한 100년 치의 연구 결과를 검토했다.[7] 그랬더니 외향성이나 센 성격은 리더로서의 성공과 상관성을 보이지 않았다. 오히려 중요한 것은 정서적 안정과 성실함이었다. 믿을 만하고, 계획을 세우고, 끝까지 실천하는 특성이었다. 2009년 발표된 후속 연구는 CEO 316명의 상세한 성격과 해당 기업의 실적을 측정하여 CEO에게 중요한 특성이나 능력이 무엇인지 알아봤다.[8] 그 결과 기업의 성공과 가장 큰 상관성을 보인 리더의 특징은 세부사항에 대한 관심, 끈기, 능률, 철저한 분석, 장시간 일하면서도 집중력을 잃지 않는 능력 등이었다.

각기 다른 삶을 살아가는 사람들이 성공하는 이유를 설명하기 위해 이 외에도 여러 연구가 각종 기술과 능력에 주목했다. 정치, 미디어, 엔터테인먼트 분야처럼 매력이나 카리스마가 필요한 상황도 분명히 있었다. 하지만 확신할 수 없더라도 끝까지 놓지 않는 결의와 조직하고 실천하는 능력, 지속적인 노력과 끈기 등이 성공의 기초가 된 경우가 더 많았다.

이렇게 바람직한 리더의 속성들은 다양한 직업군에 걸쳐 적용이 가능하고 또 유용하다는 사실이 점점 더 설득력을 얻고 있다. 이 속성들은 정부나 기업, 비영리 부문 또는 군대나 학계를 가리지 않고 효과적인 리더라면 어떤 것들을 해야 하는지 알려준다. 연구에 따르면 그런 요건은 크게 세 가지로 요약할 수 있다. '문제 해결', '팀원 리드', '변화 주도'가 그것이다. 이 세 가지 요건을 뒷받침하는 핵심 능력으로, 한 가지 커리어에서 다른 커리어로 옮겨 갈 때 가장 중요한 능력에는 다음과 같은 열 가지가 있다.

문제 해결

1. **처음부터 끝까지 시스템 전체를 이해하는 능력** 전체 체계가 얼마나 복잡하고, 애매모호하고, 서로 연결돼 있고, 모순돼 보이는지 평가하는 능력

2. **데이터를 사용해 의사결정 과정을 향상시키는 능력** 데이터를 수집하고 최대한 활용하며, 위험·수익 분석을 사용하고 성공과 실패에서 배우는 능력

3. **독립적으로 사고하는 능력** 창의적인 문제 해결 기법을 사용하고 기술을 써서 해묵은 문제를 새로운 모형으로 해결하는 능력

개인 및 팀 리드

4. **팀을 리드하는 능력** 공통의 목적을 위해 다양한 사람과 그룹을 모으고 동기를 부여하고 격려하는 능력

5. **문화를 조성하는 능력** 위험을 감수하고, 솔직한 대화를 나누고, 고객이나 이용자, 시민에게 집중하는 환경을 조성하는 능력

6. **권력구조를 관리하는 능력** 상하 권력구조에 생산적인 관계를 구축하고 발전을 위한 긍정적 위임 환경을 만드는 능력

변화 주도

7. **혁신을 배양하는 능력** 구식 접근법에 제약을 받는 것이 아니라 새롭게 일하는 방법을 개발하는 능력

8. **주장을 표현하는 능력** 스토리를 만들고 공유하고 변화를 향한 움직임을 만드는 능력

9. **실행력** 긍정적 변화를 조성할 수 있는 규제의 틀이나 정책, 전략을 고안하는 능력

그리고 마지막으로 가장 중요한 응용성 높은 능력은 이것이다.

10. **자신을 리드하는 능력** 자신만의 동기의 지도를 따라가고, 직업적 여정을 계획하고, 대안을 찾아내고, 시의적절하게 분명한 선택을 내리는 능력

이 항목들을 폭넓고 다차원적이고 분야를 넘나드는 리더를 위한 일종의 자체평가 체크리스트라고 생각한다면, 나는 과연 이 능력들을 얼마나 잘 쌓았는지 생각해봐야 한다. 이 열 가지 능력을 모두 갖추고 있거나 적어도 다수를 갖추고 있다면 그 어떤 여건에서도 효과적인 리더가 될 가능성이 높다. 응용성 높은 리더십 능력이라는 툴박스를 갖게 되는 것이다.

놀라운 점은 각계각층의 정말 많은 사람들이 이렇게 자신의 능력을 응용하는 과정을 거쳤다는 사실이다. 다른 영역으로 옮겨 가서 중요한 능력을 발휘해야 하는 필요와 기회가 생기면 한 영역에서 다른 영역으로 능력을 응용했던 조합은 수도 없이 많다. 군대와 기업, 비영리 분야와 기업, 기업과 정부, 그리고 정말 어려워 보이지만 기업과 정계 사이에도 그런 응용의 과정이 일어났다. 심지어 종교와 정치 분야 사이에도 응용 가능한 능력이 있을지 모른다. 이번 장에 나오는 이야기들은 바로 그런 조합을 잘 보여준다. 그리고 놀라운 인생과 커리어를 만

드는 데 응용성 높은 능력이 왜 그토록 중요한지 알려준다.

미래의 기업 리더들은 어디서 경력을 쌓을까

네이트 픽Nate Fick은 본인도 인정하듯이 해병대를 떠난 후 잠시 방황했었다.[9] 그는 이렇게 회상한다. "스물여섯 살에 저는 벌써 좋은 시절이다 지난 것 같아서 두려웠어요. 제가 해병대에서 느꼈던 목적의식이나 소속감을 다시는 느끼지 못할 줄 알았죠." 그는 또 이렇게 덧붙였다. "전투 때문에 저는 거의 정신이 나가 있었어요. 사랑하는 가족과나를 응원해주는 친구들이 있고 좋은 교육을 받았는데도 전쟁은 내삶 구석구석으로 밀고 들어와 나를 미지의 운명으로 떠밀어 갔어요." 그가 미국으로 돌아온 직후 그의 후임으로 소대장을 맡았던 브렌트모렐Brent Morel 대위가 이라크에서 매복을 만나 사망하면서, 퇴역은 그에게 개인적으로 특히나 큰 타격이 됐다.

사실 픽이 해병대, 아니 군대라는 곳에 들어간 것부터가 상당히 뜻밖이었다. 그는 의과대학원에 진학하려고 다트머스대학교에 다니다가 결국은 고전문학을 전공했다. 그의 졸업논문 주제는 투키디데스의 《펠로폰네소스 전쟁사》가 미국의 대외 정책에 주는 시사점에 관한 것이었다. 하지만 고대 전쟁사에 대한 학문적 관심을 제외하면 그가 군대와 조금이라도 관련된 부분이라곤 할아버지가 해군 장교로 남태평양의 체스터 니미츠Chester Nimitz 제독 밑에서 근무한 것이 전부였다.

그럼에도 그는 국방부에서 파견 나온 어느 뛰어난 장교의 학내 연설에 감명을 받아 해병대 사관학교에 다니기로 결심했고 졸업 후 소위로 임관한다. 그의 설명을 들어보자. "다트머스대학교는 뻔하지 않은 길을 가보라고 권장하지만, 실상은 고작해야 평화봉사단이나 티치포아메리카에 들어가라는 정도죠. 저는 좀 더 혁신적인 걸 해보고 싶었어요. 내가 죽을 수도 있는 것, 만약 죽지 않는다면 더 훌륭하고, 강하고, 유능한 사람이 될 수 있는 뭔가를 해보고 싶었어요. 전사가 되고 싶었던 거죠."

픽은 1998년 해병대에 들어갔다. 비교적 평화로운 시절이었고 그는 자신의 복무 기간 내내 그런 상황이 이어질 줄 알았다. 그러다가 9·11 테러가 터졌다. 이후 3년간 픽은 두 번의 전쟁에 참전했다. 아프가니스탄이 먼저였고 다음은 이라크였다. 2003년 마지막 파병 때 그는 이라크를 침공하는 제1정찰대대 브라보중대 제2소대를 이끌었다. 65명의 해병대원과 관련 물류 및 장비 가동이 그의 책임이었다. 그는 병력을 이끌고 여러 차례 교전을 벌였는데 그중 다수가 예기치 못한 전투였다. 고작 스물여섯 살인 픽이 사선에서 이 남녀들의 운명을 책임지고 있었다.

하지만 그가 맡은 리더의 역할은 그보다도 훨씬 폭넓은 것이었다. 아프가니스탄과 이라크 전쟁에 참전했던 수많은 젊은 장교가 그랬듯이, 픽은 그때그때 상황에 따라 시장이 됐다가 경제 재건을 책임지는 '차르'가 됐다가 외교관이 되기도 했고, 부족을 대표하는 협상가나 수백만 달러에 달하는 자산의 관리인이자 보안책임자가 되기도 했다. 실제로 이 모든 역할이 하루 안에 모두 일어날 수도 있었다. 말하자면 준비 없이 벌어지는 온갖 리더십의 경연장이었다. 픽은 "세 블록

전쟁^{three-block war}"을 치르는 법을 훈련받았다고 한다. "해병대는 도시의 한 블록에서는 쌀을 배급하고, 다른 블록에서는 평화 유지를 위해 순찰을 돌고, 또 다른 블록에서는 불꽃 튀는 총격전을 벌일 수도 있습니다. 이 모든 게 한 마을에서 벌어지는 상황이지요."

해병대를 떠나 미국으로 돌아오면서 그는 이렇게 말할 수 있었다. "저는 65명을 전쟁에 데리고 나가 65명을 본국으로 데려왔어요. 저는 그들에게 제가 가진 모든 걸 줬습니다. 우리는 다 함께 시험을 통과했어요. 서로를 위해 싸웠죠." 그러나 그는 해병대를 떠났다. 한때는 해병대를 평생 직장으로 삼을까도 생각했었다. 하지만 그는 "내키지 않는 전사"가 돼 있었다고 한다. "직장 생활 내내 나를 [죽이지 않으면 죽어야 하는] 그런 상황에 처하게 할 수는 없었어요. 도저히 제정신으로는 불가능했어요."

해병대를 떠난 후 픽의 방황은 길지 않았다. 이내 그는 하버드 경영대학원과 행정대학원 양쪽에서 입학 허가를 받았다. 기업 경영과 공공정책 합동 과정으로 대학원을 졸업한 그는 뉴아메리칸보안센터 Center for New American Security에 들어가 처음에는 최고운영책임자^{COO}로, 그다음에는 CEO로 일했다. 그리고 한 싱크탱크에서 3년을 보낸 뒤 엔드게임^{Endgame}의 CEO로 다시 기업에 들어갔다. 엔드게임은 벤처의 도움을 받아 최첨단 사이버보안 솔루션을 제공하는 선도적 기업으로, 미국 정보기관 및 국방부에 소프트웨어 및 지원 서비스를 제공했다. 이내 그는 해병대에서 배운 기술과 통찰을 자기 분야에 응용하고 있었다.

어떻게 하면 젊은 시절 커리어 초창기에 응용성 높은 능력의 튼튼한 토대를 쌓을 수 있을까? 네이트 킥이 보여준 것처럼 군대에 들어가는 것도 한 방법일 수 있다. 와튼스쿨의 경영 및 심리학 교수인 애덤 그랜트는 군대 경험과 기업 리더십 사이의 상관성을 연구한 바 있다. 2014년 발표한 논문에서 그는 페덱스^{Federal Express}의 설립자 겸 CEO인 프레드 스미스^{Fred Smith}와 월마트의 설립자 샘 월튼^{Sam Walton}이 리더십을 배운 곳이 군대라고 밝혔다.[10] 당시 존슨앤존슨 및 GM, P&G, 버라이즌^{Verizon}의 CEO도 마찬가지였다.

경제학자 이프레임 벤멜레크^{Efraim Benmelech}와 캐롤라 프리드먼^{Carola Frydman}도 군 경험이 기업 리더에게 미친 영향을 분석한 중요한 연구를 내놓았다.[11] 두 사람은 1980년에서 2006년 사이 미국의 상장 대기업 전체 CEO의 약 30퍼센트에게 군복무 경험이 있음을 발견했다. 여기에는 제2차 세계대전과 한국전쟁 및 베트남전쟁 때 징집을 실시한 영향도 있었다. 하지만 시간이 지나면서 군 경력을 가진 사람들이 CEO 자리에서 사라지기 시작했다. 한 가지 명백한 이유는 군대가 다시 모병제로 돌아간 탓이었다. 최근에도 전쟁이 두 번이나 있었지만 현재 미국인 중에서 현역 복무 중인 사람은 221명 중 한 명꼴밖에 되지 않는다. 제2차 세계대전 말미의 열 명 중 한 명과 비교하면 매우 대조적인 수치다. 이 점이 군대에서의 리더십 능력이 기업으로 옮겨 가는 데 영향을 끼친 것은 분명하다. 1980년에는 CEO의 59퍼센트가 군 경험이 있었지만 2006년이 되자 이 비율이 8퍼센트까지 추락했다. 그랜트는 "퇴역 군인이 리더가 되는 사례가 줄어드는 것은 기업이나 경제 전체에 어마어마한 손실"이라고 생각한다.

군대 경험이 기업 리더로 이어지는 경우가 줄어든 또 하나의 이유로 더 이상 군 경험을 유용한 리더십 모형으로 보지 않는다는 점을 들

수 있다. 앨프리드 챈들러^{Alfred Chandler}는 이미 40여 년 전에 기업 리더에 관한 그의 유명한 저서《보이는 손》에서 군대가 한때는 미국 기업에 유력한 조직 모델 및 문화적 모형을 제공했다고 설명했다.[12] 많은 기업이 군대의 위계질서 틀을 빌려와서 활용했다. 전략을 책임지는 경영자들은 군대로 치면 장군이나 대령에 해당했고, 중간 관리자들은 중령, 소령, 대위 역할을 했으며, 운영 및 전술을 실행하는 직원들은 병사에 해당했다. 기업에서 일상적으로 사용하는 용어만 봐도, 여전히 많은 기업이 운영 직원을 "부대"로 지칭하는 것은 알게 모르게, 보통은 존중의 의미로, 군대를 참조하고 있는 셈이다.

20세기 초에는 이런 군대식 위계질서가 상명하달식 "지휘통제" 환경을 조성하는 데 잘 맞는 듯 보였다. 당시 비즈니스 환경은 안정적이고 매우 제도화돼 있었기 때문이다. 그런데 컴퓨터와 인터넷 그리고 글로벌화로 대표되는 현대에 들어서자 이 방법은 더 이상 매력적이지도 유용하지도 못한 것처럼 보였다. 정보가 전 세계에 퍼지는 속도가 훨씬 빨라졌고 그에 따라 의사결정도 훨씬 더 빨리 내려야 했기 때문이다. 이제는 경영대학원의 교수나 기업의 경영자들 중에서 위계서열식 지휘통제 리더십 구조를 택하는 사람은 찾아보기가 어려워졌다. 대신에 관리자와 관리를 받는 자, 전략과 전술 사이의 간격을 좁히려는 실리콘밸리의 기업들처럼 '수평적' 기업 구조에 대한 관심이 훨씬 커졌다.

그럼에도 군대는 숙련된 노동력을 형성하는 데 중요한 역할을 한다. 그리고 여건만 조성된다면 더 많은 역할을 할 수도 있다. 20세기 내내 기업들은 여러 자질을 복합적으로 갖춘 젊은이들을 채용해 그들에게 투자했다. 직원들이 오랫동안 회사에 다니면 그만큼 득이 된다는 사실을 잘 알고 있었기 때문이다. 하지만 이제 기업에서 이런 모습을 찾아보기는 매우 어렵다. 심지어 중간 관리자나 중산층이 사라지고 있는 것은 이 때문이라고 주장하는 사람들도 있다. 오늘날 우리 사회에서 의식적으로 이런 투자를 하는 집단은 오직 하나뿐이다. 많은 사람을 고용하고 있으면서 인구 통계적으로 폭넓은 집단의 사람들을 미래의 리더로 개발하기 위해 여전히 힘쓰고 있는 집단은 아마도 군대뿐일 것이다. 플래닛머니[Planet Money]의 설립자 애덤 데이비슨[Adam Davidson]은 이 점을 사회경제적, 정치적 맥락에서 이야기한다. "만약 우리가 중산층을 재건할 21세기형 조직을 찾고 있다면, 애당초 미국 중산층을 만들어내는 데 가장 큰 역할을 했던 제도에서 뭔가를 갖고 와야 할 것이다. 바로 미국 군대 말이다."[13]

2016년 3월 하버드대학교 총장 드루 파우스트는 뉴욕시에서 북쪽으로 80킬로미터 떨어진 미국 육군사관학교에서 놀랄 만한 연설을 했다. 사실 그녀가 그곳에서 연설을 했다는 것 자체가 이미 주목할 만한 일이었다. 왜냐하면 1960년대부터 아주 최근인 2011년에 이르기까지 수십 년간 하버드대학교에서는 사실상 ROTC가 금지돼 있었기 때문이다. 이 금지 조치는 베트남전쟁과 그에 대한 학내 항의 시위가 최고조에 달하던 때 처음 시행됐다. 그러다가 군대 내 동성애 금지법[Don't Ask Don't Tell law]이 폐지되고 2011년 연두교서에서 오바마 대통령이 모든 대학에 ROTC 문호 개방을 공개적으로 요청한 후에야 비로소 금지 조치가 해제됐다.

연설에서 파우스트는 이렇게 지적했다. "지난 50년간 미국 육군사관학교는 일반 인문학 교육 쪽으로 교과 과정을 혁신해왔습니다. 과학 및 인문학 양쪽으로 폭넓은 지식을 갖추고 불확실한 세상에 그 지식을 응용할 수 있는 리더들을 배출해왔습니다."[14] 그녀는 소설가 제이디 스미스가 했던 "다채로운 목소리가 주는 선물, 다중적 감수성"이라는 말을 인용하며 육군사관학교의 리더십 개발 시스템이 균형 잡힌 시각을 길러주고 "자기 자신을 알고 다양한 렌즈를 통해 세상을 볼 수 있는 능력을 확장"시킨다고 높이 평가했다.[15]

파우스트는 균형 잡힌 시각 외에도 리더라면 그때그때 즉석에서 대응할 수 있는 능력이 필요하다고 했다. 특히나 군대 상황이라면 말이다. 그녀는 이렇게 지적했다. "교육은 직업 훈련과는 다릅니다. 직업은 변하죠. 상황은 바뀝니다. 균형 잡힌 시각은 시야를 열어주고 다양한 렌즈는 그때그때 예상치 못한 일에 즉석에서 대응하고 창의적으로 행동할 수 있게 해줍니다." 즉석 대응과 융통성, 만약의 경우와 같은 '가능성의 예술'은 인문학의 중요성을 뒷받침한다. "규범집이 없으면 철학에 의존하게 되고, 역사에 의지하게 되고, 인류학과 시와 문학에 기댑니다. 당신보다 앞서갔던 위대한 리더와 사상가들의 지혜와 영감을 흡수하세요. 그런 다음 당신 자신의 것을 만드세요."

파우스트는 최근 갤럽 여론조사 결과 '군대는 미국인들이 아직도 높은 자긍심을 느끼고 있는 마지막 기관'이라는 말로 연설을 마무리했다. 육군사관학교 미래의 졸업생들을 향해 그녀는 이렇게 결론지었다. "지금 우리에게는 그 어느 때보다 여러분이 필요합니다. 신중하고 규율을 알고 임기응변할 수 있는 사람, 과학과 예술을 폭넓게 공부한 사람, 포용력 있고 인류애 있는 리더가 필요합니다. 저는 여러분 같은 사람이 더 많았으면 좋겠습니다. 인류를 위한 그리고 인간의 가능성을 위한 세계 최고의 군대가 돼주세요."

이런 리더십 개발 모형이 얼마나 강력한지 보여준 국가는 또 있다. 바로 이스라엘이다. 댄 세노르^{Dan Senor}와 사울 싱어^{Saul Singer}는《창업국가》에서 능력을 개발해 민간부문에 전수하고 기술 지향의 기업가적 문화를 양성하는 데 이스라엘의 군대가 중추적 역할을 수행하고 있다고 설명한다.[16] 두 사람이 보기에 이스라엘을 "고립된 벽지에서 60년 사이 50배의 경제 성장을 이룬 하이테크 강국으로" 바꿔놓은 것은 바로 이 문화였다.

리더십 개발에 이런 식으로 접근한 대표적 사례가 바로 엘리트 부대 탈피오트^{Talpiot}다. 처음에는 1년을 예상하고 실험적으로 창설됐던 탈피오트 부대는 벌써 30년 이상을 이어오고 있다. 이 프로그램 졸업자를 '탈피온^{Talpion}'이라고 부르는데, 그들은 이스라엘 방어군의 모든 주요 부문을 폭넓게 경험한다. 당면한 모든 기술적, 군사적 필요와 그것들 사이의 관계를 이해하기 위해서다. 또한 탈피온은 특정 군사 문제와 관련해 복수의 교과에 걸친 솔루션을 찾아내는 과제를 받는데, 이들 중 다수가 그 경험을 민간부문으로 가져간다. 나스닥에서 거래되는 이스라엘의 기술기업 중에는 탈피온이 설립했거나 탈피온 출신자가 핵심 경영진에 포진한 경우가 여럿이다.

탈피온은 이스라엘 군대의 엘리트 계층을 대표한다. 하지만 세노르와 싱어는 분명한 어조로 이렇게 말한다. "탈피오트 프로그램 전개의 기저에 놓인 전략, 즉 폭넓고 깊이 있는 훈련을 제공해 혁신적이고 적응적인 문제 해결법을 도출하는 전략은 이스라엘 군대 전반에 걸쳐 눈에 띄는 부분이다. 또한 이것은 하나에만 뛰어나기보다는 많은 것을 아주 잘할 수 있게 가르치려는 진취적인 이스라엘 정신의 일부로 보인다." 대부분의 다른 사회에 비해 이스라엘인은 훨씬 어릴 때부터 폭넓은 경험과 시야, 성숙함을 갖춘다. 아직 채 스무 살도 안 된 젊은 이들에게 수많은 혁신적 경험을 제공할 수 있는 시스템이 갖춰져 있기 때문이다.

이것은 분명 '존재 자체를 끊임없이 위협받고 있는 작은 나라'라는 이스라엘의 독특한 필요에 부응하기 위해 설계된 군사 시스템이 낳은 관습이다. 하지만 군대의 기술을 이스라엘 민간부문에 이전한 결과는 유난히 성공적이었고, 이 기술 이전 프로그램의 일부 측면은 미국을 비롯한 다른 국가에도 적용 가능하다는 증거가 늘고 있다. 왜냐하면 업계가 이미 20세기 말에 포기한 경직된 위계서열 모형은 미국 군대에서도 더는 볼 수 없기 때문이다. 여기에는 현대전의 성격이 변하고 있는 측면이 반영돼 있다. 가깝게는 이라크전과 아프가니스탄전에서 그런 측면을 볼 수 있었다. 9·11 테러 이후에 벌어진 이런 전쟁에는 반란군 진압 작전이 많았고, 그래서 현장의 하급 지휘관들이 중요한 결정을 내려야 했다. 하급 지휘관들은 건설적으로 교전을 벌이고 지역주민과 상호 생산적인 관계를 구축할 방법을 모색한다.

미국의 군대는 더 이상 과거처럼 하나의 속도로 움직이는 1차원적 군대가 아니다. 나만 해도 최근에 특히 워싱턴에서 군생활로 사회생활을 시작한 사람들을 꽤 많이 채용해봤다. 나는 이제 겨우 20대 중반인 육군 대위나 해병대 중위에게 그렇게 많은 권한이 있다는 데 놀랐다. 특히 이라크전이나 아프가니스탄전이 최고조에 달했을 때 젊은 장교들은 자신의 부대는 말할 것도 없고 해당 지역에 대한 거의 전권을 가졌다. 그들은 현금 거래가 잦은 수백만 달러의 예산을 처리했고 날마다 위험과 맞섰으며 때로는 형언할 수 없는 비극을 경험했다.

게다가 장교들은 "전략상 중요한 작전"을 일상적으로 다룬다. 긴박한 상황이 잦아서 모든 게 다급한 일이 되다 보니 우선순위를 잘 매겨야 한다. 핵심 활동에 인력을 배치하고 복잡한 일도 빠르고 효과적으로 소통하며 조정해나가야 한다. 때로는 훈련과 조달, 물류, 인수인계 계획까지 맡는다. 이런 일들은 모두 회사 운영과 직접적으로 관련이 있는 기술들이다. 요즘 군대에 있는 사람들, 특히 파병 경험이 있는 사람들은 일종의 리더십 훈련소를 거친 것이나 마찬가지다.

2015년 미국 국방부는 '미래의 군대Force of the Future'라는 프로그램을 발표했다. 2차 세계대전 이래 가장 과감한 자기 혁신 계획으로, 능력과 커리어를 개발할 수 있는 새롭고 보다 현대적인 모형을 만드는 것이 목표였다. 20년간 복무하지 않아도 장교들이 퇴직연금을 받을 수 있게 하여 의미 없이 시간을 채울 필요성을 줄였다. 일부에게는 1~2년간 현역을 떠나 구글 등 민간기업에서 일하며 배운 다음에 다시 돌아올 수 있는 기회를 줬다. 또 링크트인LinkedIn 비슷한 것을 만들어서 계급뿐만 아니라 관심사와 능력에 따라 보직에 지원하고 선발할 수 있게 했다.[17]

군대에서의 경험과 기술이 다른 환경, 특히 기업 환경에서도 아주 유용할 수 있다는 증거는 계속 늘어나고 있다.[18] 한 예로 벤멜레크와 프리드먼은 1994년에서 2004년 사이 군 복무 경험이 있는 CEO가 이끈 회사는 사기를 저지른 경우가 훨씬 적었고, 군 경험이 있는 사람은 어려운 상황에서 리더십을 더 잘 발휘한다는 사실을 발견했다. 또한 헤드헌팅 회사 콘페리$^{Korn/Ferry}$에 따르면 군 경험이 있는 CEO는 최고 직책에 평균 7.2년을 근무하여 군 경험이 없는 CEO의 평균 4.6년과 대조를 이뤘다. 군대에서 복무했던 CEO는 줄곧 S&P500 지수보다 나은 실적을 냈다. 1995년과 2005년 사이 군 출신 CEO가 이끈 회사의 평균 수익률은 12.2퍼센트로 S&P500 지수의 평균 수익률 9.4퍼센트와 비교됐다.

어쩌면 가장 설득력 있는 증거는 애덤 그랜트가 와튼스쿨 MBA 수업 중에 실시한 조사 결과일 수도 있다. 그랜트는 지난 몇 년간 학생들에게 800명이 넘는 수업 동기 중 가장 인상적인 사람이 누구인지 한 명을 꼽으라고 했다. 수강생 중에서 군 경험이 있는 사람은 10퍼센트도 안 됐지만 매년 압도적 1위를 차지한 사람은 퇴역 군인들이었다. 해군 특수부대 네이비실$^{Navy\ SEAL}$, 육군 헬리콥터 조종사, 공군 병장, 해군 핵잠수함 엔지니어 출신도 있었다. 그랜트는 이렇게 평가했다. "겨우 20대의 나이밖에 안 됐지만 포화를 맞으며 부대를 이끌고 정신력을 발휘해 대의를 위해 싸운 경험을 갖고 있는 이 학생들은, 감히 평가하건대 세계 최고 기업의 어지간한 고위 경영진보다 더 훌륭한 영입 대상이라고 본다." 《포천》도 다음과 같이 그랜트가 들으면 좋아할 만한 보도를 했다. "많은 기업들이 군 출신 인재 채용의 이점을 '발견 내지는 재발견'하고 있다."[19]

다른 조직에서도 통하는 능력

어떻게 하면 재정 및 투자은행 분야에서 커리어 대부분을 쌓은 사람이 미국 군대의 관사 시스템을 송두리째 바꿔놓을 수 있을까? 어떻게 하면 실리콘밸리 경영자가 전쟁이 휩쓸고 지나간 이라크에 다시 일자리를 만들고 자립 경제의 재건을 이끌 수 있을까? 그 해답은 응용 가능한 능력을 키우고 스스로 기회를 찾아낸 놀라운 사람들에게서 찾을 수 있다.

공공부문 조합의 리더로 유명한 빅터 갓바움Victor Gotbaum의 아들 조시 갓바움Josh Gotbaum은 성장기 대부분을 뉴욕에서 보냈다.[20] 조시 갓바움은 이렇게 회상한다. "아버지는 공공부문 노조의 노동계 편에 섰죠. 그러니 제가 정부나 기업에서 일한다는 건 배신이나 마찬가지였어요." 그래도 그는 그 길을 가기로 했다. "처음부터 여러 부문을 오가며 일하려고 했던 건 아니에요. 저는 공무원 커리어를 생각하고 있었죠. 정부에서 기업으로 옮겼을 때는 더 나은 정책 수립을 위한 역량을 키우는 것이 목적이었습니다."

하지만 실제로 벌어진 일을 보면, 갓바움은 거의 끊임없이 줄곧 워싱턴에서 민주당 행정부의 일을 했다. 처음에는 카터 대통령, 다음은 클린턴 대통령, 그다음은 오바마 대통령이었다. 처음 카터 행정부에 들어갔을 때 갓바움은 경제 정책 및 규제 관련 업무를 주로 맡았다. "규제 경제학은 워낙에 복잡해서 구미가 당겼어요. 저는 당시 가장 큰 이슈 몇몇 가지를 규제 문제로 봤거든요. 대학원에 다닐 때 사전 이수 과목을 하나도 듣지 않으면서 로스쿨에서 경영 공부를 하겠다고 했어요. 학교 측에서는 못마땅해했죠."

물론 그 중간에 공화당 행정부 20년(레이건, 아버지 부시, 아들 부시)이 있었다. 그 기간 갓바움은 자의 반, 타의 반으로 정부에서 일할 수 없었기 때문에 사업을 하거나 비영리부문에서 일할 수밖에 없었다. 정치적으로 그는 언제나 낙관주의자였다. "1980년 레이건 대통령이 당선됐을 때 저는 레이건이 단임으로 끝날 거라고 확신했어요. 그래서 4년간 기업에 관해 최대한 많은 것을 배울 기회를 찾으려고 했죠. 먼데일^{Walter Mondale} '대통령'이 취임하면 다시 정부로 돌아가야 하니까요!" 하지만 1984년 선거 결과는 또 공화당 행정부였다. "민주당이 다시 정권을 잡게 됐을 때 곤란해질 일은 하고 싶지 않았어요."

갓바움은 투자은행이라는 업계를 선택했고, 결과적으로 이 분야는 그의 커리어에서 거의 절반을 차지하게 된다. 그가 라자드에 처음 합류한 것은 공공정책 분야에 깊이 관여하고 있던 전설의 인물 펠릭스 로하틴^{Felix Rohatyn}의 연설문 담당자가 되면서였다. 갓바움은 이렇게 회상한다. "딱 맞는 자리는 아니었어요. 제가 아는 게 없었으니까요. 금융이나 회계는 모른다고 말했더니 로하틴은 이렇게 말했어요. '걱정 말게나. 우리가 하는 일은 정치랑 심리치료라고 보면 돼. 그런 걸 어떻게 가르쳐야 하는지 몰라서 말이지.' 사실 그 일은 기업에 대한 재무 분석이 기초가 돼야 하는 일이었고 저는 일을 해나가면서 하나씩 배우게 됐죠."

로하틴 밑에서 일할 때 맡았던 프로젝트가 결국은 남은 커리어 동안 갓바움의 주된 '응용 가능한 능력'을 이루게 된다. 바로 '기업 구조조정과 회생' 기술이었다. 해당 프로젝트의 거래에는 웨스트버지니아주 와이어턴에 있는 제철소가 포함돼 있었다. 프로젝트를 진행하면서 갓바움은 회계와 신용, 기업 조직에 관해 알게 됐고, 불황 중에도 제철소 하나를 위해 1억 5,000만 달러를 모집하는 데 성공한다. 이 성과(이 계약 성사로 라자드가 받은 수수료는 잘못 계산된 액수였음에도 회사 역사상 여섯 번째로 큰 금액이다)를 바탕으로 라자드에서는 이런 종류의 구조조정 거래만 생기면 갓바움을 찾았다. "'이제 정말 그만해야지' 싶을 때마다 뭔가 흥미로운 일이 나타났어요. 와이어턴 다음에는 이스턴항공Eastern Airlines, 그다음에는 팬아메리칸항공PanAm, 다음에는 레브론Revlon, 다음은 RJR 내비스코RJR Nabisco, 에이비스유럽Avis Europe 하는 식으로 말이지요. 그러자 회사는 이런 거래를 더 추진해보라고 저를 런던으로 보냈어요."

'구조조정' 하면 전통적으로 항공사와 제철소가 시장에서 큰 부분을 차지한다. 그러다 보니 갓바움은 그가 축적한 실질적 전문지식 외에도 업계 전문가가 다 돼 있었다. 이런저런 식으로 그는 벌써 20년간 항공업계에 관련된 일을 했다. 그중에서도 개인적으로 가장 즐겁고 만족스러웠던 것은 2000년대 초반 하와이항공의 파산관재인이 되어 가족들과 함께 호놀룰루에서 보낸 2년이다. 한참 나중에 그가 연금수당보증회사Pension Benefit Guaranty Corporation(파산 가능성이 있는 기업의 연금을 확보해주는 정부 부처)를 운영하게 됐을 때에도 위기에 처한 기업 중에는 항공사가 여럿 있었다.

그사이 갓바움은 클린턴 행정부에서 여러 직책을 맡아 일했다. 투자은행가로서 갓바움이 배운 분석과 재무 구조조정 기술이 필요한 곳이라면 어디든 그가 투입됐다. 그는 특히 국방부에서 보낸 기간이 인상적이었다고 했다. "중국의 붉은 군대만 빼면 세계에서 가장 큰 기업 체잖아요!" 그는 자산 처분과 기지 폐쇄 및 개설, 관사 민영화, 민간부 문과의 협업 등을 추진했다.

그렇게 해서 그는 자신의 구조조정 기술을 군대의 관사 운영에도 직접 적용하게 됐다. 어느 날 클린턴 행정부 국방장관이었던 윌리엄 페리$^{William Perry}$가 갓바움을 자기 사무실로 불렀다. "지금 우리 군대 관 사 상태가 굉장히 안 좋다네. 그런데 나한테는 그걸 해결할 예산이 없 어. 자네가 자본시장에 관해 잘 안다고 들었네. 민간 자본을 써서 관 사를 새로 단장할 방법을 좀 찾아주겠나?" 갓바움이 알아보니 각 기 지의 사령관들은 관사를 개선할 수만 있다면 기꺼이 기지 부동산에 대한 작전 통제권을 내줄 의향이 있었다. 그래서 그는 시험 삼아 기관 을 하나 만들고, 펜타곤이 각 기지에 있는 땅을 임대한 후 다시 주택 이용권을 임차하도록 했다. 출발은 순조롭지 못했고 가끔 스캔들에 연루되며 여러 조직을 거치긴 했지만 결국 이 방법은 꽤나 효과적인 것으로 드러났다.

갓바움은 이렇게 회상한다. "한참 세월이 지난 2009년에 어느 공군 대령한테 연락이 왔습니다. 이 프로그램의 역사를 집필 중이라고 하 더군요. 제가 어떻게 된 거냐고 물었더니 이렇게 말하더라고요. '모르 셨어요? 알래스카와 하와이까지 포함해 미국 모든 관사의 새 단장에 갓바움 씨의 방법을 적용하고 있어요. 그뿐만 아니라 막사나 다른 설 비에도 같은 방법을 사용할 수 있을지 시험 중이고요.'"

조시 갓바움은 항상 정부와 관련된 커리어를 쌓고 싶었지만 민간부문, 주로 투자은행에서 많은 시간을 보냈다. 그러면서 다시 정부에 적용할 수 있는 새로운 능력을 개발했고 그 결과가 군대 관사 운영 혁신으로 이어졌다. 반면에 폴 브링클리Paul Brinkley는 언제나 기업체에서 일하기를 바란 사람이었다.[21] 그러니 마흔 살이 다 된 2006년에 미국 국방부차관보로 이라크에 와 있는 자신을 발견했을 때 그는 대체 자신에게 무슨 일이 있었던 것인지, 자신이 뭘 해낼 수 있을지 의아해하지 않을 수 없었다.

브링클리는 산업 엔지니어로 커리어를 시작했다. 텍사스 A&M대학교를 졸업하고 처음에는 노텔네트워크Nortel Networks에서 일했다(이 당시 특허도 네 개나 등록했다). 그리고 나서 산호세 근처에 있는 광기술 제조업체인 JDS유니페이즈JDS Uniphase Corporation로 옮겼다. 이곳에서는 물류와 고객 서비스, 정보통신 부서 등을 운영했다. 미국 국방부에서 브링클리에게 관심을 갖게 된 것은 물류 쪽에서 축적한 그의 기술과 경험 때문이었다. 물류는 유관 경험이 꼭 필요한 업무였기 때문이다. 2004년 국방부는 브링클리를 영입해 군대 내 공급사슬 관리체계를 현대화하고자 했다. 얼마 지나지 않아 브링클리는 금융거래 한 가지만 해도 2,000개가 넘게 운영되고 있던 시스템을 통합하는 데 성공했다. 실리콘밸리에서 배운 문제 해결 및 변화 관리 기술을 적용한 덕분이었다.

2006년 브링클리가 처음으로 이라크에 가게 된 것도 이 임무, 즉 금융 및 물류 시스템을 통합하고 현대화하는 작업 때문이었다. 격렬한 전투가 한창인 가운데 브링클리의 소규모 팀은 하청 절차를 간소화해 더 많은 이라크 기업이 미국 군대에 재화와 서비스를 공급할 방법을 찾아 나섰다. 그의 회상을 들어보자. "저는 아마 전형적인 미국인 사업가였을 겁니다. 그러니 사막이며 낙타, 야자나무, 석유 같은 것을 보게 될 줄 알았죠. 이라크에 가서 숙련 노동력과 산업 경제를 발견하게 될 줄은 몰랐어요. 정말 놀라운 경험이었습니다." 그러나 한때는 현대적이었던 이라크의 산업 경제는 전쟁과 함께 완전히 문을 닫은 상태였다. 거기에는 미국이 추진한 정책도 한몫했다.

브링클리가 바그다드에 있을 당시 이라크 주재 미군 최고위 사령관이었던 피터 치아렐리Peter Chiarelli 중장이 이스칸다리야에 있는 버스 공장을 조사해보라고 했다. 전직 공장 노동자들이 자꾸 폭발물을 설치하다가 발각된다면서 말이다. "그래서 저희 팀 모두가 호송차를 타고 아주 험한 동네를 지나게 된 거죠." 공장이 문을 닫은 것을 본 그는 왜 모두 실직 상태인지 물었다. 나중에 들은 얘기는 이랬다. "거기는 모두 국유산업이에요. 재가동하려면 반정부주의자들을 고용해야 하죠."

워싱턴으로 돌아온 브링클리는 이라크의 산업 기반을 재가동하면 이라크의 실업률도 낮추고 미군에 대항할 잠재적 반군 유입도 차단할 수 있다고 상관들을 설득할 방법을 모색했다. 브링클리는 이것을 회사 하나를 되살리는 작업처럼 생각했다. 결국 그는 '기업과 안정성 작전Business and Stability Operations'을 위해 태스크포스 팀을 구성해도 좋다는 허가를 받아냈다. "이라크에서 정상적인 경제활동" 복원을 담당할 팀이었다. 사업 개발을 더 넓은 대반군 작전의 일부로 만드는 것이 태스크포스 팀의 목표였다.

2006년 말 브링클리는 기업회생 전문가, 제조업 컨설턴트, 회계사, 기타 조금이라도 관련이 있는 기술을 가진 사람들을 모아 팀을 꾸렸다. 브링클리의 전략 운영 부팀장 바니 김벨$^{Barney\ Gimbel}$은 뉴욕에서 저널리스트로 활동하던 사람이었다. 김벨은 《포천》에 브링클리에 관한 기사를 쓰다가 브링클리와 알게 됐고, 그 덕분에 브링클리가 이런 일도 추진한다는 것을 알았다. 김벨의 기사는 브링클리의 미션이 성공할 확률을 꽤 회의적으로 봤지만, 브링클리는 "글만 쓰지 말고 직접 한번 해내보라"라는 말로 김벨을 자극했다. 원래 모험을 좋아하는 김벨은 제안을 받아들였고 이후 4년간, 처음에는 정부 그다음에는 민간 분야에서 브링클리와 함께 일하게 됐다.

이라크 프로젝트가 절정에 달했을 때 기업과 안정성 작전 태스크포스 팀은 이라크 각지에 350명의 전문가를 배치했다. 그중에는 미국 민간부문과 학계 출신으로 민간인 신분이었던 기업 리더 및 농업 전문가도 다수 포함돼 있었다. 예컨대 미국 대학에서 온 교수진과 직원들이 이라크 전역의 농장에서 일하며 농부들이 생산 수준을 높이고 현대적 농작법을 배울 수 있게 도왔다. 태스크포스 팀이 펼친 운동의 일환으로 200개가 넘는 국제 기업이 이라크를 방문했고, 그 결과 30억 달러가 넘는 해외 직접 투자가 성사됐다. 2010년까지 태스크포스 팀은 60개가 넘는 이라크 공장의 생산을 재개시켰고, 해외 민간투자자와 이라크 정부 소유 기업 간에 10억 달러가 넘는 계약을 성사시켰으며 25만 명의 이라크인에게 일자리를 공급했다.

미국 정부 내에서조차 의심하는 사람들이 많았지만 브링클리는 미국의 기업 운영 기술과 변화 관리 기술을 이라크의 민간부문에 전수하는 것이 매우 합리적인 일이라고 확신했다. 그의 말을 들어보자. "이라크나 아프가니스탄 같은 곳에서는 폭력과 경제적 빈곤 사이에 떼려야 뗄 수 없는 관련이 있습니다. 사회 안정화에 도움이 되도록 경제적 전망을 높일 방법을 전향적으로 찾아봐야 해요. 정부 내에 제도적으로 그런 것이 마련돼 있지는 않습니다. 미국 정부는 그런 것까지 도와주게끔 설계되지 않았으니까요. 그렇기 때문에 민간 분야나 학계를 통해 그런 기술을 전수해줘야 합니다."

브링클리는 당시 국방부의 새 동료들이 나름 대기업 운영과 관련된 기술을 갖고 있었다고 덧붙였다. "국방부 자체가 거대한 기업체나 마찬가지죠. 전 세계에서 가장 큰 회사보다 훨씬 더, 얼추 세 배는 더 큰 세계 최대 규모의 기업이에요. 그러니 국방부에도 사업을 이해하는 사람들이 있는 겁니다. 자체적인 사업 경영 기술과 전문지식을 활용할 수 있죠. 그렇게 해서 이라크에서 일을 추진하게 된 겁니다."

2009년 태스크포스 팀의 임무는 아프가니스탄에 있는 다른 주요 전쟁 지대까지 확대됐다. 특히 아프가니스탄의 핵심 산업인 자원 채굴 개발에 초점이 맞춰졌다. 이라크에서나 아프가니스탄에서나 활동에는 리스크가 따랐으며 위험하기는 마찬가지였다. 2010년에 브링클리와 네 명의 팀원이 바그다드 시내에 있는 한 호텔의 매니저와 미팅을 하고 있을 때 불과 30미터 떨어진 곳에서 강력한 차량 폭탄이 터지기도 했다. 그 폭발로 건물이 상당 부분 파손되면서 브링클리와 팀원들 모두 부상을 당했다. 하지만 그들은 곧장 다시 업무에 복귀했고 나중에 자유수호훈장을 받았다. 민간인에게 수여하는, 군인으로 치면 퍼플하트훈장에 해당하는 메달이었다.

전쟁으로 찢겨 나간 두 국가의 경제를 되살리려고 한창 애쓰고 있을 때 브링클리는 업무 중 가장 힘든 부분이 무엇이냐는 질문을 받았다. 그는 이렇게 답했다. "우리는 자유시장 모형의 성공에 너무나 익숙해져 있기 때문에 폭력이 진행 중이거나 이제 막 거기서 빠져나온 국가에는 그 방법이 자연스럽지 못하다는 사실을 인지하지 못합니다. 그래서 제가 하는 일에서 가장 어려운 부분은 우리 정부에 있는 사람들의 뿌리 깊은 편견에 맞서는 일이었습니다. 이라크나 아프가니스탄에서 저희가 하고 있는 일이 필요하지 않다, 심지어 잘못됐다고 생각하는 사람들 말이죠. 바로 그런 편견 때문에 저희가 무슨 일을 처리하려고 할 때마다 어마어마한 관료주의의 장벽이 나타났습니다. 그게 가장 어려운 장애물이었지만, 이제는 극복한 것 같네요."

2010년 5월, 전쟁으로 폐허가 된 이라크와 아프가니스탄에서 4년간 노력한 끝에 이제 태스크포스 팀의 활동은 정상적인 국방부의 역할을 벗어났고 업무는 국제개발국으로 이관됐다. 브링클리는 정부를 떠나 뜻이 맞는 사람들과 함께 민간투자기구를 설립했다. 정부에 있을 때 그토록 많은 일을 해낸 바로 그 지역에서 인프라 조성 프로젝트를 추진할 수 있도록 자금을 모집하기 위해서였다.

브링클리가 설립한 민간투자기구에서 진행한 첫 번째 프로젝트는 바스라시에 있는 마칼항을 현대화하기 위해 이라크 정부와 1,400만 달러짜리 협정서를 체결하는 일이었다. 마칼항은 이란·이라크 전쟁 이후 거의 사용할 수 없는 지경이 돼 있었다. 1년이 채 지나지 않아 현대화에 성공한 마칼항은 바스라시 중심부에 현대식 컨테이너 하역장을 설치해 이라크 경제에 상품이 들어올 수 있는 관문을 제공했다. 다시 한 번 폴 브링클리는 중요한 기술을 전수하고 있었고, 이번에는 정부에서 배운 기술을 민간부문에 적용하고 있었다.

실리콘밸리는 어떻게 기술력을 정부에 도입했나

아니시 초프라[Aneesh Chopra]와 토드 박[Todd Park]은 특별한 임무를 공유하고 있었다. 실리콘밸리의 기술력 및 사업 기술을 정부에 전수하는 임무 였다. 오바마 대통령은 그 목표를 제시하면서 두 사람을 차례로 미국 의 최고기술책임자[CTO]로 임명했다.

뉴저지에서 인도 이민자 가정의 장남으로 태어난 아니시 초프라는 공중보건 분야에서 커리어를 시작했다.[22] 이후 그는 버지니아 주정부 의 기술 담당관, 그다음에는 미국 연방정부의 기술 담당관이 됐다. 토 드 박 역시 이민자 가정의 아들이었다.[23] 부모님은 대한민국 출신으로 유타주 솔트레이크시티에서 토드 박을 키웠다. 그의 아버지는 화학 엔지니어였는데 "창업자인 다우 박사 본인을 제외하면 다우케미칼 Dow Chemical 역사상 가장 많은 특허를 보유한" 사람이라고 전해진다. 토 드 박은 부즈앨런해밀턴[Booz Allen Hamilton]에서 컨설팅 업무로 커리어를 시 작한 후 아테나헬스[Athenahealth]와 캐스트라이트헬스[Castlight Health]라는 건강 관련 기술기업을 설립했다. 그는 또 인도 시골 지역에 저렴한 가격으 로 깨끗한 물과 의약품, 원격 의료 및 진단 서비스 등을 제공하는 헬스 포인트서비스[Healthpoint Services]의 설립에도 자문을 제공했다. 토드 박은 보 건복지부 최고 기술관으로 정부에 들어왔다가 백악관으로 옮겨 갔다.

두 사람은 실리콘밸리 기술 스타트업의 '정신' 같은 것을 정부에 도 입할 방법을 모색했다. 2012년 초프라가 버지니아주에서 부주지사로 일하기 위해 최고기술책임자 자리에서 퇴임하던 날 그와 대화를 나눌 수 있었다. 그는 자신과 토드 박 모두 기술업계의 원동력이 되는 사업

모델을 정부에도 도입했으면 하는 열망을 갖고 있다고 설명했다. 특히나 기업가들이 현대사회의 면면에 대한 새롭고 창의적인 솔루션을 찾아내게 해준 오픈소스open-source 혁신을 도입하고 싶다고 했다. 그는 이렇게 자신의 의견을 피력했다. "21세기형 리더십 개발 모형을 설계한다면 21세기의 기술과 혁신 모형을 사용해야죠. 지나간 전쟁과 싸울 필요는 없잖아요."

한 예로 두 사람은 식품의약국FDA 같은 정부 핵심기관에 기업가 상주 프로그램을 만들고 오픈이노베이터Open Innovators라는 종합 툴을 개발했다. 그러면서 한편으로는 링크트인과 협력해 해커톤hackathon(팀을 이뤄서 마라톤하듯 긴 시간 동안 시제품 단계의 결과물을 완성하는 대회_옮긴이)을 개최하고 퇴역 군인들을 민간 경제에서 훈련해 고용할 방법을 모색했다. 정부를 개방해 야심차고 재능 있는 사람들에게 장벽을 낮추는 것이 큰 목표였다.

이 콘셉트를 두 사람은 '마찰 없는 정부 참여'라고 부르면서, 젊은 아마추어 개발자도 아이폰이나 아이패드용 앱을 쉽게 만들어낼 수 있는 것처럼 정부 참여 과정이 아주 쉬워야 한다고 했다. 2016년 텍사스주 오스틴에서 열린 SXSW 페스티벌에서 오바마 대통령이 했던 다음과 같은 연설도 이런 열망과 궤를 같이한다고 볼 수 있다. "오늘날 엔터테인먼트나 통신 앱을 만들어내는 기술들은 투표율 개선이나 정치 리더에 대한 접근성 향상, 시민 참여와 같은 문제를 해결하는 데에도 사용돼야 합니다."[24] 오바마 대통령은 이것이 단순히 정부 문제 해결에 현대 기술을 적용하는 차원이 아니라, 연방 기관들이 고객에 대한 책임을 다할 수 있도록 더 많은 기술 경영자를 정부로 끌어오는 인재 전략이기도 하다고 덧붙였다. "정부의 구성에 보탬이 되도록 인재가 끊임없이 유입될 수 있는 도관을 만들어야 합니다."

앞서 2012년에 초프라는 바로 그런 비전의 윤곽을 미리 그려본 적이 있었다. "나는 정부가 영리 기업과 사회적 기업을 끌어들이고 초청하는 곳이 되길 바란다. 이들이 정부를 위해 일하는 방식이 반드시 정식 채용의 형태여야만 할 필요는 없다. 이들은 우리의 가장 큰 문제 해결에 도움을 줄 수 있고 우리는 이들을 격려해야 한다. 우리는 디지털 헬스케어 시스템과 교육 시스템, 에너지 시스템을 만들어야 한다. 그러려면 '앱스토어 경제학' 같은 것이 탄생할 수 있는 기본 규칙을 만들어야 한다고 본다. 우리는 기업가들이 마음 놓고 활동할 수 있도록 혁신 경제에 맞는 데이터 기반을 정립해야 한다."

2013년 오바마케어(미국 건강보험개혁법) 웹사이트가 처음에 겪었던 시행착오는 초프라나 박 같은 사람들이 얼마나 큰 도전에 직면해 있었는지 잘 보여준다(두 사람이 정부 최고기술책임자로 있었기에 이 같은 일도 가능했다). 하지만 이 경우는 두 사람이 선호하는 모형이 어쩌면 정부나 우리 사회의 커다란 문제를 해결할 수도 있겠다는 희망을 보여주기도 했다.

미국의 건강보험 위기를 다룬 책 《미국의 쓴 약America's Bitter Pill》에서 스티븐 브릴Steven Brill은 2013년 10월 초창기 오바마케어 웹사이트 때문에 모두가 어쩔 줄 모르고 있을 때 그가 '승합차에 탄 괴짜들'이라고 부른 구원자들이 나타났던 상황을 자세히 묘사한다.[25] "그제야 힘을 낸 토드 박은 피해 정도를 측정하기 위해 우선 급조한 팀원들과 함께 백악관 승합차를 타고 워싱턴, 메릴랜드, 버지니아를 돌아다녔다."

설계해둔 프로젝트들을 작업할 하이테크 보유자들을 정부에 영입할 계획의 일환으로 최근 대통령 추진 혁신 팀원으로 임명해둔 라이언 판채드사람Ryan Panchadsaram도 승합차에 함께 타고 있었다.

팀원들은 금세 전형적인 '전시 작전실' 체제에 돌입했다. 그리고 피해를 받은 지역과 연락할 핫라인을 개설해 뭔가 문제가 생기면 누구라도 즉시 서로 소통할 수 있게 했다. 즉각적인 해결책은 떠오르지 않았고 시스템이 안정되기까지 운영상 문제도 한두 가지가 아니었다. 그러나 결국 시스템은 안정화됐고 12월 1일 일요일 토드 박은 공개 보도자료를 냈다. 이에 관해 브릴은 "웹사이트 구조작전을 매우 상세하게 설명"했다고 썼다. 12월 내내 수치는 계속 개선됐고 "실리콘밸리에서 영입한 사람들이 낙하산으로 내려와 몇 주 또는 일부는 3월 등록 마감 때까지 머물면서 도움을 줬다." 새로운 '매끄러운 참여' 모형이 슬슬 효과를 내기 시작하는 것 같았.

이런 경험을 통해 오바마 행정부는 정부 업무와 관련해 기술을 업그레이드할 일종의 문제 해결팀으로 미국 디지털서비스국US Digital Service을 만들고 실리콘밸리를 비롯한 기술계 사람들로 채웠다. 백악관 최고디지털책임자chief digital officer 제이슨 골드먼Jason Goldman은 아마도 이것이 오바마 대통령의 가장 중요한 업적일 거라며 그를 "최초의 기술 대통령으로서 그가 백악관을 떠난 한참 후까지도 이어질 유산을 남겼다"[26]라고 평가했다.

대통령 선거에서 통하는 능력

미트 롬니가 2008년과 2012년 두 번 연속으로 대통령 선거에서 패한 이유는 자신이 가진 경험과 능력 중에 엉뚱한 것들을 정치에 응용한 때문 아닐까?[27]

2008년 처음 공화당 대통령 후보 지명선거에 나왔을 당시 롬니는 자신이 기업 리더로서 의심할 바 없는 성공을 거두었기 때문에 나라를 이끌 최고의 적임자라고 주장했다. 2008년 존 매케인^{John McCain}에게 밀려 후보 지명을 받지 못했음에도 2012년 그는 다시 선거에 나와 거의 똑같은 입장을 취했다. 하지만 이번에는 보다 구체적으로 자신이 정치에 응용할 수 있는 능력으로 어떤 것들을 갖고 있는지 설명했다. 그는 단순히 성공한 기업가가 아니라 기업회생 전문가였고, 그래서 절체절명의 회생이 필요한 국가를 잘 이끌 수 있다고 했다. 그리고 그가 지적한 것처럼 그는 기업뿐만 아니라 비영리부문에서도 회생 경험을 갖고 있었다.

커리어상 롬니는 미국 정치사의 그 누구보다 'CEO 대통령'이 되기에 좋은 조건을 갖추고 있었다. 그는 아메리칸모터스^{American Motors}의 CEO로 있다가 미시건주 주지사가 됐던 아버지의 성공에 고무됐고, 1968년 대통령 선거에서 공화당 후보로 지명되지 못한 아버지의 실패에 실망했다. 그래서 그는 대통령 선거에 출마했던 그 누구도 필적하지 못할 만큼 폭넓은 이력서를 여러 부문에 걸쳐 만들었다.

롬니는 아주 재능 있는 경영 컨설턴트로 커리어를 시작했고, 이후 베인캐피털^{Bain Capital}이라는 잘나가는 사모투자 전문회사를 설립했다. 상업적 성공이 절정에 달했을 때 그는 솔트레이크시티에서 열릴 1992년 동계올림픽이 어려움에 처해 있다는 호소를 듣고 도와달라는 요청을 수락했다. 민간인으로서 그런 큰 성과를 거둔다면 보람도 있고 자신의 정치 이력서에도 도움이 되겠다는 생각이었다. 그는 자신이 상황을 완전히 바꿔놓을 수 있음을 잘 알고 있었고 실제로 그 일을 훌륭하게 해냈다. 선거에 출마하기에 안성맞춤인 중간다리였다. 그의 친구는 이렇게 말했다. "미트는 업계에서 정치로 넘어가고 싶어 했고 이번이 바로 그 기회였던 거죠. 아마 모두 그의 큰 인생 계획의 일부였을 겁니다." 고비마다 그는 동료들에게 이렇게 털어놨다. "이 문제에는 제가 좀 조심스러울 수밖에 없어요. 언젠가 선거에 출마할 수도 있거든요."

롬니는 마치 그 계획을 그대로 따라가는 듯이 평소 민주당 우세 지역인 매사추세츠에서 공화당 출신으로 당당히 주지사에 당선됐다. 《보스턴글로브》 출신의 두 저널리스트가 쓴, 2012년 대선 기간에 출판된 한 정치 전기를 보면 롬니의 인생에서 이 기간을 "CEO 주지사"라는 제목의 장으로 다루고 있다. "롬니는 주정부에서 만난 새로운 동료들에게 자신은 베인캐피털을 이끌었고 여러 대형 회사의 경영을 맡았으며 이제 시민들을 위한 비즈니스에서 그들과 함께 일할 날들이 기대된다고 말했다. 한 전직 의원이 기억하기로는 롬니가 이렇게 말했다고 한다. '평소 내가 해온 방식은 사업에 대한 전략적 비전을 먼저 세우고 다음으로 부사장들과 협업해 그 전략을 실행하는 것입니다.'" 분명 롬니는 정부에서도 똑같이 하기를 희망했던 것 같다. 보다 비밀스러운 방식에 젖어 있던 매사추세츠 주정부와 주의회 사람들은 본능적으로 회의적인 반응을 보였지만 말이다.

롬니의 목표는 기업에서 얻은 구체적인 기술을 정부에 응용해보는 것이었다. 그는 비즈니스에서도 선구적인 돌파구를 마련해 사모투자의 지평을 넓혔고, 솔트레이크시티 올림픽의 구원투수가 되면서 비영리부문에서도 눈에 띄는 성공을 거뒀다. 또 매사추세츠 주정부에서도 참신한 보편적 건강보험 프로그램(사실상 오바마케어의 전신)을 실행하면서 어느 정도는 성공을 거뒀다고 할 수 있다. 그때마다 그는 확실한 공식을 따랐다. "공격적으로 데이터를 추구하고, 엄격하게 분석하고 끊임없이 시험하며, 언제나 관찰하라."[28]

비즈니스 경력 외에도 롬니는 교육받은 변호사로서 종종 로스쿨에서 갈고닦은 실력을 발휘했다. 답하기 어려운 질문을 하고, 선의의 반대자 역할을 하고, 대립된 의견을 통해 답을 구하는 방식을 사용했다. 이렇게 비즈니스와 법률 기술을 혼용함으로써 그는 충돌되는 관점이나 데이터를 분석하고 조화시킬 수 있었는데 이 능력은 정부를 운영하는 데 분명히 유용했다.

그럼에도 롬니의 정치 인생은 아버지와 마찬가지로 실패로 끝났다. 적어도 그의 유일한 목표만 놓고 보면 그랬다. 이긴 선거보다 진 선거가 더 많았다. 그는 정치 인생 최고의 영예라고 할 수 있는 대통령직을 두 번이나 눈앞에서 놓쳤다(2016년 선거 초반에 잠시 등장했다가 그만둔 것까지 포함하면 세 번). 그 누구 못지않게 길었던 롬니의 도전은 성공한 비즈니스 리더 경력을 정치에 응용하는 것이 왜 그토록 어려운지를 여실히 보여주는 듯했다.

《보스턴글로브》 출신의 전기 작가들이 지적한 바와 같이, 전략에 대한 롬니의 분석적 접근법에는 한 가지 전제가 있었다. 모든 것을 분해하고 연구하고 개조할 수 있다는 전제다. 전직 보좌관 중 한 명은 롬니의 시각을 이렇게 표현했다. "뭐든지 언제나 개조하고 바꾸고 고치고 해결할 수 있다." 그러나 정치에서 이런 접근법은 너무 기회주의처럼 보였고, 어쩌면 진실성이 결여된 것처럼 보일 수도 있었다. 분석과 금융과 기업 전략의 세상에서 온 롬니는 "신념의 정치" 분야에서 고전했다. 그가 정치 영웅으로 여기는 두 사람, 도널드 레이건과 마거릿 대처는 그토록 편안해하던 정치판인데 말이다. 정치 이슈에서는 핵심 원칙을 바꾸지 않는 것이 매우 중요하다는 사실이 그에게는 낯설었다. 누군가는 옛일을 끄집어내 이렇게도 말할 수 있다는 사실이 말이다. "흠, 3년 전에는 이렇게 말씀하셨는데요. 이제 입장을 바꾸셨네요. 너무 손바닥 뒤집듯 뒤집으시는 것 아닙니까." 그가 '변화된 환경에 적응'(비즈니스에서 성공하기 위한 핵심 요건)하는 일이라고 생각한 것을 정치 평론가들 그리고 궁극적으로 일반 유권자들은 '진실성과 일관성의 부족'이라 여겼다.

또 하나 롬니의 선거 전략에서 실패 요인은 그의 사업 이력이 오히려 그의 발목을 잡았다는 점이다. 알고 보니 롬니의 사업 경력은 자산이 아니라 부채였다. 성공한 기업가, 특히 성공한 창업자를 보통 좋게 바라보는 미국에서조차 롬니는 자신이 탐욕스러운 기업 사냥꾼처럼 묘사되는 것을 막지 못했다. 말하자면 밀레니얼 세대의 고든 게코 Gordon Gekko(올리버 스톤이 감독한 영화 〈월스트리트〉에 나오는 탐욕스러운 기업 사냥꾼_옮긴이)가 됐다.

이런 현상은 그가 정치 커리어를 제대로 시작하기도 전부터 이미 나타났다. 1994년 매사추세츠 상원의원 선거에서 그와 대결한 민주당 에드워드 케네디[Edward Kennedy]의 선거 캠프는 베인캐피털이 암패드[Ampad]라는 회사에 투자해 끼친 '손실'을 큰 문제로 만들어 결국 롬니에게 큰 패배를 안겼다. 그로부터 18년이 지난 2012년 오바마 캠프 역시 거의 같은 전략을 썼다. (롬니는 이미 공화당 예비선거를 통해 어느 정도 타격을 입은 상태였다.) 잠시나마 베인캐피털을 '정치 욕설'로 둔갑시킨 것이다. 전략적 마인드를 가진 롬니였음에도 가장 예측하기 쉬운 공격, 즉 그의 사업 경력에 대한 비판에는 제대로 대비하지 못했다. 그는 자신의 사업 이력이 대통령이 되는 데 가장 큰 경력이 되어줄 줄 알았다.

일부 성공한 기업가들이 정계 진출을 선택하는 이유는 아주 분명하다. 자신의 영향력을 확대하고, 솔직히 말해 더 큰 무대에서 권력을 잡아보고 싶은 것이다. 사회학자 막스 베버[Max Weber]는 정치 지도자에게는 더 큰 권력을 잡는 것은 '내적 기쁨'과 같은 것이라고 했다. "사람들에게 영향력을 행사하고, 그들을 지배하는 권력에 참여하고, 무엇보다 역사적으로 중요한 사건을 좌지우지한다는 게 정치인에게는 일상적 활동을 넘어 날아갈 듯한 기분을 느끼게 해준다."[29] 어쩌면 정치는 일상적 사업보다도 기분 좋은 일일지 모른다.

하지만 적어도 대통령 선거만 놓고 보면, 전체적으로 유권자들은 어느 후보가 기업을 잘 이끌었다고 해서 그 능력이 정치에서도 빛을 발하리라고 생각하는 것 같지는 않다. 실제로 대통령 선거에서 사업 경험을 주된 기반으로 삼아 당선된 사람은 1929년 허버트 후버[Hervert Hoover] 대통령이 마지막이다. 그는 대통령으로서 대공황기의 정부 대응을 이끌었다. 이후 열세 명의 대통령이 있었지만(루스벨트, 트루먼,

아이젠하워, 케네디, 존슨, 닉슨, 포드, 카터, 레이건, 아버지 부시, 클린턴, 아들 부시, 오바마) 그중에 사업 경험이 있는 경우는 거의 없다.

경험적으로 왜 이런 결과가 나왔는지에 관해서는 수많은 학설이 있다. 가장 흔한 것은 2011년 노스웨스턴대학교 강연에서 행크 폴슨이 밝힌 것과 같은 생각이다. "민간부문의 리더 출신들이 공공부문으로 잘 옮겨 가지 못하는 이유 중 하나는 그들이 조직 내에서 '왕으로 군림'한 탓도 있다. 이런 태도는 의회에서 복잡한 입법을 설계하고 추진하는 데는 오히려 짐이 될 수 있다."[30]

그렇다고 이런 의견을 과장해서는 안 된다. 5장 앞부분에서 얘기한 것과 같이 요즘에 CEO를 '왕'으로 보는 그런 위계서열적 "지휘통제" 원리로 운영되는 기업은 거의 없다. 특히나 롬니가 큰 성공을 거뒀던 컨설팅과 투자 부문 경영진이라면 더욱더 그렇다. 유명 기업가들을 비롯해 대부분의 CEO는 자신이 바라는 바를 이루기 위해 내적, 외적 이해관계자들과 협상을 하는 데 많은 시간을 쓴다. 그리고 등식의 반대편에 있는 사람들은, 심지어 정치가 무엇인지 평생을 공부한 노련한 정치 지도자라고 해도 양극화된 입법 과정에서 원하는 결과를 얻기 위해 고군분투하고 있다.

하지만 비즈니스에서 익힌 리더십 기술을 응용할 때 생기는 어려움은 정치와 비영리부문 사이에 차이가 있다. 여러 기업의 이사회에서 활동했고 웨슬리대학교와 듀크대학교에서 잇따라 총장이 됐던 정치학자 나널 O. 코헤인[Nannerl O. Keohane]은 루 거스트너[Lou Gerstner] 재임 초기에 있었던 IBM 이사회 회의를 떠올리며 거스트너를 "공격적이고 매우 성공한 CEO"라고 평가했다. 거스트너가 IBM 컴퓨터의 부품을 제조

233
2부 모자이크 원리, 6개의 조각

하던 미국 공장 중 하나를 폐쇄하기로 결정한 당시의 이야기였다. 코헤인은 이렇게 설명한다. "그는 신뢰하는 참모들과 의견을 나눴지만 결정은 온전히 혼자서 내렸다. 대담한 결정이었다. (…) 그러나 거스트너는 폐쇄 결정을 이사회에 통보하고 어떤 식으로 발표할지 일정표를 공유했다. 나는 똑같은 행동이 대학 캠퍼스에서 이뤄진다면 얼마나 다른 평가를 받게 될지 생각했다."[31]

나널 코헤인은 또 이렇게 덧붙였다. "나는 똥물을 뒤집어쓰고 쫓겨날 생각은 전혀 없었기 때문에 (…) 결코 IBM의 사례를 듀크대학교에 적용할 수 있다고는 생각지 않았다. 하지만 기업이라는 환경이 리더가 원하는 일을 실행에 옮기기가 훨씬 쉽겠다는 생각은 했다." 로더릭 크레이머Roderick Kramer는 에세이 〈위대한 폭군들The Great Intimidators〉에서 이런 식의 현대적 비즈니스 리더 모형을 "소동을 일으키기를 주저하지 않고 가끔은 대놓고 채찍질과 처형식을 벌여 정신이 번쩍 들게 만드는 사람들"[32]이라고 묘사했다.

마크 필프Mark Philp는 한층 더 설득력 있는 사례를 들었다. 그는 《정치행위Political Conduct》에서 이렇게 말했다. "속사정을 들여다보면 정치는 대부분의 정치 이론이 생각하는 것보다 훨씬 더 복잡하고 인간적이고 더러운 활동 영역이다. 인간의 열정, 야망, 의리, 배신이 정치적 힘을 발휘하는 사람과 그것이 발휘되는 방식에 큰 영향을 끼친다."[33] (이 책이 집필될 당시 도널드 트럼프는 이 모든 차원들, 그러니까 인간의 열정, 야망, 의리, 배신을 겪어가면서 논란의 유명 기업가가 실제로 최고의 정치적 성공을 거둘 수도 있다는 사실을 증명해가던 참이었다.)

그 외에 비즈니스 능력을 정치에 응용하는 데 조금이라도 성공했던 사람들은 아주 의식적인 접근법을 취했다. 최근 캐나다 상원의원으로 선출된 더그 블랙Doug Black이 그런 경우다.[34] 그는 기업 변호사로도 걸출한 커리어를 쌓았고, 캘거리대학교 이사회 의장 및 창의성과 예술 진흥에 힘쓰는 밴프센터Banff Centre 센터장 등 비영리부문 리더로도 유명했다. 그는 자신의 경험을 이렇게 얘기한다. "저는 재무 성과로 평가받는 세상 출신입니다. 완전히 다른 길이 될 거라는 걸 알고 있었죠. 하지만 솔직히 말해서 내가 발을 들이려는 곳이 어떤 곳인지 온전히 다 알지는 못했던 것 같아요. 이만하면 잘 적응했다고 생각합니다. 왜냐고요? 귀를 기울이고 배웠기 때문이죠." 그는 또 이렇게도 말했다. "누군가에게 표를 달라고 할 거라면, 그 표의 대가로 저들은 당신에게 무엇을 요구할지 기꺼이 귀 기울여 듣고 생각할 만반의 준비가 되어 있어야 합니다. 표를 주는 사람들과 교감하는 법을 배워야 하고 그들이 어떤 사람인지 잘 알아야 합니다."

아이러니한 점은 롬니의 경우 그가 기꺼이 이야기할 준비만 되어 있었다면 다른 경험이나 능력도 활용할 수 있었다는 점이다.[35] 바로 모르몬 교회 내에서 그가 발휘했던 리더십 말이다. 그가 평생 자원봉사에 헌신하게 된 것은 대학 졸업 전에 프랑스로 2년간 선교를 다녀온 일이 계기였다(당시 그는 자동차 사고로 거의 죽을 뻔했다). 살면서 그는 여러 번 주교로 봉사했고, 매사추세츠에 있는 말일성도 예수 그리스도 교회에서 교구장을 지냈다.

교구장으로 있을 때 그는 4,000명에 가까운 신도들이 모이는 집회를 열 번도 넘게 개최했다. 교회에서 그런 위치는 리더십을 크게 시험할 기회였고, 그는 그때까지 한 번도 본 적 없었던 개인적, 제도적 위기와 인간적 비극, 이주민 문화, 여러 사회적 세력, 조직상의 어려움 등을 접했다. 롬니가 다니던 교회 지도자 중 한 명이 그의 전기에서 얘기했듯이 "리더에게는 어마어마한 양의 신뢰가 주어진다".

벨몬트 교구의 주교로 있을 때 롬니는 신도들의 가정생활이며 부부 문제, 투병, 실직 등 여러 어려운 처지에 관해 상담하면서 살갑게 다가갔다. 그러나 롬니가 겪은 가장 큰 시련은 벨몬트에 있는 모르몬 교회가 화재로 파괴됐을 때였다. 그는 먼저 사람들이 모일 수 있는 장소를 인근에 다시 구해야 했고 다음에는 교회 재건을 위한 기금을 조성해야 했다. 투자전문회사라는 사람들이 잘 모르는 영역에서 활동한 그로서는 일찌감치 이런 리더십을 경험한 것이 여러모로 선거 출마에 있어서 가장 의미 있는 이력이었다. 그럼에도 선거 기간에 그는 이런 사실은 거의 언급하지 않았다. 아마도 그는 유권자들이 모르몬 교회를 너무 '괴상하다'고 생각할까 봐 걱정했던 것 같다.

2012년 선거 기간에 또 다른 모르몬교도인 로저 샌트와 이 문제에 관해 얘기를 나눈 적이 있다. 그는 이런 의견을 내놨다. "기업에서 익힌 리더십 기술이 선거 정치인에게도 유용할 수 있다는 생각에는 옳은 부분도 있다는 걸 알아요. 하지만 그 점을 강조하지는 않는 편이 좋을 겁니다. 가장 잘 피력할 방법은 '나는 현실 경제를 겪어봤으니 도움이 될 것'이라고 말하는 거겠지요. 또는 리더 역할을 해본 적이 있으니 유용할 거라고 하든가요."[36] 그는 모르몬 교회에서 롬니가 활동한 부분에 관해서는 이렇게 말했다. "성직자로서 접하게 되는 문제들은 아마도 가장 온정적인 경험일 겁니다. 그보다 더 훌륭한 리더십 경력이 있을까요?"

일찍부터 자원봉사를 경험하라

해외에서 전쟁을 경험하고, 기업의 리더가 되고, 정부에서 일하는 이런 경험들은 다양한 응용 가능한 능력 개발을 도와주는 훌륭한 방법이지만 꼭 이런 방법만 있는 것은 아니다. 미트 롬니가 보여준 것처럼 비영리부문에서 책임 있는 역할을 맡는 것도 한 가지 방법이 될 수 있다. 그리고 이런 일은 전통적인 기업이나 정부에서 일하기 훨씬 이전에 경험하게 될 가능성이 크다.

어판 로지Irfhan Rawji의 경우를 한번 보자.[37] 그는 캐나다에서 일한 지 거의 10년 만에 기업 리더로서 아주 인상적인 이력서를 만들었다. 그는 매킨지, 액센처Accenture, 오넥스Onex라는 이름의 투자전문회사에서 일했고, 가장 최근에는 파크랜드퓨얼Parkland Fuel Corporation에서 전략 및 운영 부문 부사장을 지냈다. 하지만 로지의 가장 눈에 띄는 이력은 비영리 재단인 하트앤드스트로크Heart & Stroke Foundation에서 일한 것이다.

처음에 그가 이 재단과 인연을 맺은 것은 평범한 자원봉사자일 때였다. 로지의 가족이 심장병과 뇌졸중을 겪은 것이 계기가 됐다. "제 가족들은 공동체를 위해 봉사해야 한다고 가르쳤어요. 저도 기꺼이 그럴 마음이었고요." 처음에는 단순한 봉사활동이었다. 로지는 집집마다 방문해 기부를 부탁하는 일을 했다. 일찌감치 겪은 이 경험이 무척 흥미로웠던 그는 더 많은 일을 하겠다고 말했고 재단에서는 기꺼이 그러라고 했다. 그런 식으로 그는 더 많은 구역, 더 많은 프로그램에 참여했고, 결국에는 이사회 일원까지 됐다. 로지가 처음부터 재단의 리더가 되려고 했던 것은 아니다. 오히려 이건 흥미의 문제였다.

그 일이 그만큼 로지에게 중요해졌던 것이다.

하트앤드스트로크재단에서 로지의 활약은 점점 더 커졌고 고작 30대 초반에 그는 이사장이 돼달라는 요청을 받았다. 그는 이렇게 생각했다. "기꺼이 자원봉사를 하고 시간을 내다 보면 정작 직장에서의 직책보다도 더 '높은' 직책을 맡아달라는 부탁을 받을 수도 있죠. 어쩌다 보니 저는 비영리부문에서 제가 기업에서는 결코 얻지 못할 높은 자리까지 올라갔더라고요. 저만큼 열정적이고 기꺼이 시간을 투자할 사람이 없었던 거죠."

로지가 하트앤드스트로크의 이사장이 된 이후 재단은 매년 1억 2,000만 달러의 현금 흐름을 만들어냈다. 상장 기업이 그 정도 매출을 올렸다면 시가총액이 10억 달러는 족히 넘었을 것이다. 로지는 이렇게 말한다. "그 정도 되는 회사가 저처럼 젊은 사람한테 이사회 의장이 돼달라고 했을까요? 절대 아니죠."

파트타임이라고 할 수 있는 이 직책을 통해 로지는 비영리조직이 어떻게 전략을 설정하고 비슷한 단체들 속에서 기금을 모으는지 배웠다. 또 미션을 완수하기 위해 프로그램을 개발하고 다른 기업들과 협력하는 법을 배웠다. 그리고 이런 환경 속에서 동기를 부여하며 사람들을 이끄는 일이 얼마나 어려운 과제인지도 알게 됐다. 그는 조직의 미션이 어떻게 개인의 실질적 행동을 이끌어내는지 이해하기 시작했다.

여기서 한 가지 잊지 말아야 할 것이 있다. 로지도 그랬던 것처럼 파트타임으로 참여하는 이런 종류의 활동과 정식 직장을 조화시키는 일은 어려울 수도 있다는 것이다. 로지는 하트앤드스트로크의 이사장이 된 후 경영 컨설팅 일을 그만뒀다. 자신이 재단 일을 더 잘할 수 있다고 믿었기 때문이다.

로지는 그때 느낀 아이러니를 이렇게 말한다. "재미있는 건 가장 인기 많고 까다로운 회사들이 일부러 다양한 경험과 관심사를 가진 지원자들을 찾는다는 거예요. 면접에서 그들이 찾는 것 중 하나가 업무 밖에서, 또는 다른 부문에서의 리더십 경험이에요. 그런데 막상 입사를 하고 나면 고객의 요구 외에는 아무 일도 못 하게 하죠. 하트앤드 스트로크의 이사장이 돼서 회사를 그만두기 전까지 저는 이사회 회의 절반은 참석하지 못했어요. 회사와의 약속을 어길 수가 없었거든요. 그러다 결국 코앞의 요구, 그 이외의 것을 추구하는 롤모델을 도저히 찾을 수 없다는 걸 알게 됐어요. 위기에 처한 내 삶의 균형을 찾기 위해 회사를 그만둔 거죠."

앞서 본 이야기들은 '응용 가능한 능력'이 모자이크 원리에서 왜 중요한 조각인지를 잘 보여준다. 이것은 폭넓은 삶과 커리어를 꾸리려고 할 때 아주 중요한 과제다. 응용 가능한 능력은 중요한 문제를 해결하고 경험의 폭과 다양성을 넓히도록 도와준다. 그리고 꼭 기업계가 아니더라도 어떤 분야에든 응용 가능한 능력이 있음을 보여준다. 정부나 정치뿐만 아니라 군대, 학계, 비영리부문, 자원봉사의 영역에도 우리가 가져갈 수 있고, 또 가져올 수 있는 다양한 능력들이 있다.

실제로 다른 종류의 삶을 오가면서 가진 능력을 응용하는 과정은 결코 단순하지 않다. 장애물이 있는 경우도 많고 때로는 그 장벽이 기업과 정치 사이의 장벽만큼 높을 수도 있다. 환영받지도, 심지어 받아들여지지도 않는 능력을 응용해보려고 하다가 나자빠지고 싶은 사람은 없다. 그렇기 때문에 능력을 응용할 때는 전략이 필요하다. 이렇게 물어보라. "내 능력과 경험이 유용한 분야는 어디일까?"

조시 갓바움이 항공사 구조조정 기술을 정부에 적용할 때도 그런 과정을 거쳤다. 분야를 옮기고 싶다면 이미 가지고 있는 기술 위에 부족한 기술을 습득하며 쌓아나가라. 분야를 옮겨 갈 때에는 내 능력과 경험의 빈틈을 메우겠다는 목표도 있어야 한다. 스티브 래트너와 조시 갓바움이 투자은행에 뛰어들었을 때처럼 말이다.

폭넓은 인생과 커리어는 분명 응용할 수 있는 능력의 범위를 넓혀 준다. 그 능력을 통해 당신은 문제를 해결하고 사람들과 팀을 이끌고 변화를 주도하게 될 것이다. 하지만 새롭고 다른 환경에서 성공하려면, 또는 넓어진 경험이 주는 혜택을 누리려면 그것만으로는 부족하다. 달라진 상황이 뭐가 같고 뭐는 다른지 알 수 있어야 한다. 모자이크 원리의 그다음 조각이 상황지능인 이유다.

6 _____ 상황지능

_____

_____ 잘 듣고 배우고 적응하라

새롭거나 흔하지 않은 것은 모두 상상 속에서 기쁨을 불러일으킨다. 영혼을 기분 좋은 놀람으로 채워주고, 호기심을 만족시키며, 미처 몰랐던 생각을 하게 해주기 때문이다.
조지프 애디슨Joseph Addison, 《스펙테이터Spectator》, 1854년

1994년 4월, 옥스퍼드시 옥스퍼드 유니언 소사이어티

강연자는 이제 거의 한 시간 반 이상 말을 이어가고 있었지만 청중 중에 지루해 보이거나 자리를 뜨는 사람은 아무도 없었다. 보통은 안절부절못하고 지겨워했을 청중이 마치 주문에 걸린 듯 시선을 꼼짝도 않고 있었다. 그의 강연에는 실제로 뭔가 최면을 거는 듯한 면이 있었다. 느리고, 안정적이고, 리드미컬한 운율을 타다가, 이따금 늘어졌다. 마치 연극을 보는 듯 가끔 말을 멈출 때면 정말로 그다음에 무슨 말을

해야 할지 모르는 사람처럼 보였다. 그는 마치 태어나 처음으로 이런 얘기를 하는 사람 같았다. 이번 주만 해도 벌써 세 번째 같은 얘기를 하고 있을 텐데 말이다. 다음 주제로 넘어가고 싶을 때면 1번에서 8번까지 요점이 적혀 있는 파워포인트 슬라이드를 가리키기도 했지만, 주로 그는 그냥 얘기를 들려주고 우리는 듣는 식이었다.

그는 다이애나 왕세자비에 관한 살짝 외설스러운 농담을 던진 후 찰스 왕세자와의 꼬이고 꼬인 이혼에 관해 얘기하고 있었다. 그리고 잠깐 머뭇거리는 순간 청중은 다 안다는 듯 웃음을 터뜨렸다. 점심시간이 훌쩍 지나 있었기에 강사는 잠시 강연을 중단하고 이렇게 말했다. "제가 아직 할 얘기를 다 마치지 못했어요. 혹시 점심 식사 후에 강연을 계속 이어가도 괜찮을까요?" 청중, 그러니까 매킨지 런던지부의 전 직원은 동의한다는 뜻으로 박수를 보내며 환호했다. 신중하게 짜놓은 오후 일정 따위는 다 잊어버린 채였다. '적응적 리더십adaptive leadership'에 관한 강연이 이렇게 재미있을 줄 누가 알았을까?

우리의 관심을 그토록 사로잡은 강사는 자신을 내과의사 겸 정신과 의사이자 음악가, 대학강사로 소개했다.[1] 누가 뭐래도 그는 위대한 그레고르 피아티고르스키Gregor Piatigorsky에게 사사한 저명한 첼리스트였다. 또 그는 하버드대학교 의과대학에서 정신과 임상지도의를 하기도 했다. 그러나 그의 주된 직업은, 그리고 오늘 이렇게 옥스퍼드까지 와서 개최하고 있는 회의의 초청 강사가 된 이유는 그가 하버드대학교, 특히 케네디 행정대학원의 공공 리더십 강사이기 때문이다.

어느 모로 봐도 로널드 하이페츠는 놀라울 만큼 폭넓은 커리어를 쌓았다. 그리고 그는 우리가 "많은 공적·사적 영역에서 리더십의 위기"에 대처하려면 그 정도 폭넓은 시야가 필요하다고 분명히 믿고 있다. 우리가 가진 문제의 성격상 폭넓은 시야가 필요하다는 것이다. "정부를 탓하면 우리가 이렇게 곤란해진 것도 간단히 설명할 수 있죠. '저 악당들을 다 내다버려! 저놈들 때문에 우리가 이렇게 엉망인 거야.' 하지만 지금 우리가 이런 위기를 겪는 것은 현대 경제와 정치 생활의 규모 및 상호의존성, 그리고 그것을 통제할 수 없다는 느낌과 오히려 더 관련돼 있을지 모릅니다." 이런 환경에서는 일반적 통치 실패의 원인을 다른 사람들에게 돌리는 것 같은, 하이페츠가 "일 회피 메커니즘"이라고 부르는 것조차 갖기 어렵다는 것이다.

하이페츠는 스스로 '편견'이라고 부르는 것들을 몇 가지 갖고 있다. 의사로서 교육을 받고 실제 경험을 하면서 처음 생긴 것들이다. 그는 사회의 많은 문제가 복잡하게 상호작용하는 시스템 안에 이미 내재돼 있다고 믿는다. 마치 인간의 신체가 질병에 반응하는 것처럼 말이다. 그는 또 우리의 행동이 많은 부분, 기후의 변화나 경쟁, 자원 공급과 같은 환경 변화에 대한 일종의 생물학적, 사회적 적응을 반영하고 있다고 믿는다. 우리의 가치관과 목적에 맞게 문제에 대처하기 위해서다. 그리고 무엇보다 그는 리더의 역할(또는 그가 "권한 관계"라고 부르는 것)을 가장 잘 나타내는 말은 '봉사'라고 믿는다. "의사라는 제 직업은 제가 전문성을 가진 분야로 사람들이 문제를 해결할 수 있도록 돕는 일이죠. 그래서 사람들은 저에게 권한을 줍니다. 말하자면 권한은 '신뢰'인 거죠. 일부 문제의 경우 만약 제 행동 범위, 그러니까 제 권한이 확대돼야 한다면 신뢰의 기반도 바뀌어야 할지 모릅니다."

이런 '권한'의 변화, 즉 리더에게 주어진 신뢰의 변화야말로 그가

"적응적 리더십"이라고 부르는 것의 핵심이다. 이게 중요한 이유는 이제 우리가 가진 문제들 중에서 순전히 기술적인 성격만 가진 것은 거의 없어지고 있기 때문이다. 다시 말해 기술 전문가나 깊이 있는 특수 전문가의 '지식'만으로 해결되는 문제는 나날이 줄어들고 있다. 협소한 기술적 전문지식은 오직 문제의 성격과 해결책, 실행 방법이 특정할 수 있을 만큼 분명하고 잘 알려져 있을 때에만 빛을 발한다. 그러나 우리가 가진 문제들은 점점 더 '적응적' 성격을 띠어가고 있다. 복잡하고 모호해서 해결하려면 새로운 학습과 실험이 필요하고 여러 분야가 함께 참여해야 한다.

그런 문제는 많다. 경쟁력 없는 산업, 약물 남용, 민족 갈등, 재정 적자, 경제 혼란, 국가안보가 바로 그런 문제들이다. 이런 문제에는 서로 다른 분야에 속하면서 다른 시각을 가진 사람들을 동원할 수 있는 리더십이 필요하다. 특수 전문지식이 있는 똑똑한 인물 한 명이 권한을 갖고 있다고 해서 해결할 수 있는 문제가 아니다. "내가 전문가니까 내 말대로 하세요"라는 말은 통하지 않는다. 하이페츠가 지적하는 것처럼 "적응의 개념은 생물학적 진화 연구에서 출발했다. 세상을 살면서, 정치에서, 기업에서 우리는 늘 적응적 문제에 직면한다. 서로 다른 가치관이 충돌할 때 그리고 공유하는 가치와 내가 사는 방식 사이의 차이에 직면할 때마다 우리는 새로운 방식을 배워야 한다."

하이페츠는 그가 받은 의학 교육 외에도 음악가로서의 경험을 활용해 적응적 리더십의 핵심 특징을 규정한다. 음악에서는 불협화음이 조화로운 화성을 이루는 데 필수불가결한 일부이다. 충돌과 긴장이 없다면 음악은 활기와 역동성을 잃을 것이다. 그는 플라톤의 다음과 같은 말을 인용한다. "모순되는 느낌이 하나도 없다면 반성을 일깨워 주는 것도 없다는 뜻이다." 음악은 마음으로 배우고 생각한다는 것이 무슨 뜻인지 알려준다. 어찌 보면 이는 감성에 접근할 수 있다는 뜻이고 감성을 짐이 아니라 자원으로 본다는 뜻이다. 또한 암묵적 상태로 남은 의미를 찾아볼 인내심을 갖고 있다는 뜻도 된다.

적응적 리더십에는 학습 전략이 필요하다. 리더라면 도전에 응하고, 내가 가진 가치관을 조정하고, 시각을 바꾸고, 새로운 행동 습관을 키울 수 있어야 한다. 사회가 필요로 하는 것은 계속 바뀌기 때문에 리더는 요구나 폭로가 있기 전에 책임을 져야 한다. 하이페츠는 이렇게 말한다. "리더가 손에 쥔 것이라고는 달랑 문제 하나뿐일지도 모른다."

이런 종류의 적응적 리더십을 좌우하는 것은 경험과 시야의 폭이다. 의학, 심리학, 음악, 행동과학이 혼합된 하이페츠의 예가 보여주는 것처럼 말이다. 적응적 리더십을 위해 하이페츠가 내놓은 처방전 중에서 가장 중요한 것은 "발코니에 올라가라"라는 것이다. 그래야 한 눈에 모든 영역을 볼 수 있고 전체적 시각을 가질 수 있다. 그는 리더십이 적극적이면서도 반응적인 것이라고 말한다. 리더는 참여와 관찰을 번갈아가며 해야 한다. 월트 휘트먼Walt Whitman는 이것을 "게임 안팎의 참여"라고 표현했다. 예컨대 농구 스타 매직 존슨Magic Johnson이 그의 팀을 그토록 훌륭하게 이끌 수 있었던 것은 그가 코트 안에서 열심히 뛴 덕분이기도 하지만 마치 관중석에서 보는 것처럼 게임의 전체 상황을 파악할 수 있었던 이유도 있다.

발코니에 올라서면 내가 활동하고 있는 전체 상황을 이해할 수 있다. 새롭고 낯선 상황에 대처하고 있다면 이 점은 특히 중요하다. 전체 시스템을 보면서 큰 그림을 보고 상황에 대한 다차원적 시각을 얻어야 한다. 비유해서 말하자면, 발코니에 올라서면 복잡한 퍼즐의 개별 조각을 모두 볼 수 있을 뿐만 아니라 그것들이 서로 어떻게 연결돼 있는지도 보인다. 린든 존슨^{Lyndon Johnson} 대통령이 허리케인 셀마 위기와 투표권법 논쟁에 성공적으로 대처할 수 있었던 것도 발코니에 올라가 전체 상황을 볼 수 있었기 때문이다. 그는 궁극적으로 해당 위기에서 가장 중요한 것이 무엇인지 이해했고, 그래서 생산적으로 대응할 수 있었다. 하지만 베트남전쟁이 벌어질 때는 날마다 펼쳐지는 낯선 상황과 전시 대외정책의 혼란스러운 전개에 발목이 잡혀서 한 번도 발코니에 올라가지 못했다. "그는 이 나라의 분쟁에 참여만 했지, 한 번도 이끌지는 못했다"라고 하이페츠는 지적한다.

코끼리에 대한 비유는 누구나 익숙할 것이다. 코끼리는 너무 커서 가까이 다가가면 몸통이나 맘모스 같은 다리, 또는 꼬리 같은 일부밖에 보이지 않는다. 너무 가까이에 가 있으면 전체 맥락을 볼 수 없다. 또 다른 비유로는 유타주에 100에이커 이상 펼쳐진 판도^{Pando} 포플러나무 숲을 들 수 있다. 이 나무들은 높이가 30미터까지 자라는데 각각 가지와 나무껍질과 이파리를 갖고 있다.

모르는 사람이 보면 이 나무들은 각자 독립적으로 혼자 서 있는 것처럼 보인다. 하지만 실제로 이 지역에 있는 모든 나무는 단일한 유기체에서 출발해 위로 자란 것으로, 지하에 하나의 거대한 뿌리 시스템을 공유하고 있다. 추정에 따르면 판도 숲 시스템의 전체 무게는 6,615톤에 달해 살아 있는 유기체 중 전 세계에서 가장 무겁다.[2]

포플러나무의 뿌리 시스템을 연구하는 식물학자가 판도 시스템에

[그림 6.1] 판도의 나무들은 분리된 것처럼 보이지만 실제로는 하나의 유기체로 연결돼 있다

있는 포플러나무들의 연관성을 알아보듯이, 적응적 리더는 겉보기에
는 각각 떨어져 있는 것처럼 보이는 문제나 사건, 행위자 사이의 관계
를 똑같은 이슈의 서로 다른 요소로서 파악한다. 그렇기 때문에 남들
은 할 수 없는 방식으로 여러 부문과 학문, 문화, 기능조직, 산업을 서
로 묶을 수 있다. 적응적 리더들은 '상황지능'을 갖고 있다.

맥락이 중요하다

상황지능은 폭넓고 다양한 경험을 통해서 생긴다. 그래야 여러 상황
을 이해하고 거기에 적응할 수 있고 효과적으로 활동할 수 있기 때문
이다. 상황지능은 상황이 시시때때로 달라지고 그래서 중요하다는 간

단한 경험적 관찰에 뿌리를 두고 있다. 상황지능이 모자이크 원리의 네 번째 조각인 것은 그 때문이다.

1884년 사회이론가 허버트 스펜서Herbert Spencer는 시대가 사람을 낳는 것이지 그 반대는 아니라고 했다. 이런 시각에서 본다면 미국의 위대한 1세대 지도자들, 즉 워싱턴, 제퍼슨, 애덤스, 매디슨, 해밀턴, 먼로, 프랭클린이 동시대에 공존했던 것은 단순히 국가 탄생에 도움을 준 인구 통계적 요행이 아니라 그들 모두가 살았던 특이한 시대의 작용으로 볼 수 있다. 실제로 역사가들은 이들 중 여러 인물이 일부 역할에서는 아주 뛰어났으나 다른 일에서는 상대적으로 눈에 띄지 않았다고 말한다.

역사가 잭 라코브Jack Rakove는 이렇게 선언한다. "미국 독립혁명에서 지휘부 역할을 맡았던 사람들은 도저히 혁명가 집단이라고는 볼 수 없는 사람들이었다."[3] 한 예로 존 애덤스는 미국 혁명에 대한 영국의 보복을 두려워한 나머지 법관의 자리를 내려놓지 않고 있다가 제1대륙회의 대표로 선출된 후에야 법관직을 포기했다. 또 조지 워싱턴은 애덤스가 그를 육군 최고사령관으로 임명하기 전까지는 농업과 말 사육 사업에만 전념하고 있었다. 그가 남긴 글을 보면 "임명을 피해보려고 내가 할 수 있는 일은 다 했다"라고 쓰여 있다. 이와 같은 적응적 리더십에 고무된 허버트 스펜서는 이렇게 주장했다. "한 개인이 리더가 되어 실제로 무슨 일을 할지는 대체로 그가 처한 상황의 특징에 달려 있다."[4]

21세기 초에 하버드 경영대학원의 두 교수 앤서니 메이오Anthony Mayo 와 니틴 노리아Nitin Nohria(나중에 학장이 됐다)는 그동안 경영사고 분야의 공백으로 남아 있던 '역사상 가장 위대한 기업 리더' 목록을 만들어보기로 했다. 문학 전공 학생들이 셰익스피어와 밀턴, 조이스의 고전을 읽듯이, 두 교수는 경영 전공생이라면 슬론^{Sloan}과 프록터^{Procter}, 디즈니^{Disney}를 비롯해 미국인의 삶에 깊은 영향을 준 20세기 기업 리더들의 이력과 중요 일대기를 알아야 한다고 생각했다. 그래서 메이오와 노리아는 20세기의 훌륭한 CEO와 기업 설립자 1,000명을 찾아낸 뒤 현재 기업 경영자들 7,000명을 대상으로 그들을 평가하고 순위를 매기는 설문조사를 실시했다. 이 조사 결과를 토대로 20세기 최고의 기업 리더 100명의 순위가 만들어졌다.

그렇게 해서 나오게 된 책이 2005년 출판된《그들의 시대: 20세기의 위대한 비즈니스 리더들^{In Their Time: The Greatest Business Leaders of the 20th Century}》이다. 두 사람은 책에서 이 훌륭한 이들의 경험을 통해 가장 중요한 교훈을 추려보려고 했다.[5] 초점은 개별 리더에게 맞춰졌지만 두 사람은 '위인 이론'에 그쳐서는 안 된다고 여겼다. 장기적인 성공은 전능한 한 개인의 인격과 특징에서 비롯되는 것이 아니다. 실제로 장기적인 성공은 상황을 정교하게 이해할 수 있는 능력에 훨씬 더 많이 좌우된다. 이 능력이 없다면 개인은 경쟁자에게 추월당하거나 오만의 희생자로 전락할 수 있다. 두 사람은 성공의 공식을 다음과 같이 제안했다. "훌륭한 리더십은 상황과 개인의 특성 그리고 적응 능력이 합쳐진 결과다." 결론적으로 두 사람은 로널드 하이페츠와 똑같이 적응의 중요성을 믿는 셈이다.

이 공식의 첫 번째가 '상황'이다. 메이오와 노리아는 기업 리더가 키워야 할 가장 중요한 특성이 상황지능이라고 결론지었다. 그러면서 상황지능을 "진화하는 환경을 이해하고 트렌드를 활용하는 능력"이라고 정의했다. 두 사람은 위대한 CEO와 설립자에게 성공을 가져다준 이 감지 능력을 개인도 개발해서 자신의 인생과 커리어를 꾸려나가야 한다고 조언했다. 두 사람은 "최고의 관찰자"가 되라고 했다.

최근 《하버드 비즈니스 리뷰》의 한 기사에서 하버드대학교 교수인 타룬 칸나[Tarun Khanna]는 상황지능에 관해 내용이 살짝 다르면서 좀 더 완전한 정의를 제시했다.[6] 그는 상황지능이 "지식의 한계를 이해하고 그 지식을 달라진 환경에 적응시킬 수 있는 능력"이라고 했다. 칸나는 특히 다른 국가, 다른 지역일 때 지리적 상황에 존재하는 어마어마한 차이에 주목했다.

칸나는 주로 신흥시장, 특히 남아시아를 중심적으로 연구했다. 그는 남아시아 내에서 지역 간에 그리고 남아시아와 전 세계 다른 지역 간에 존재하는 핵심적 상황 차이에 주목했다. 그는 장소에 따라 상황의 차이가 어마어마하다고 했다. 단순히 경제 개발 상황만이 아니라 제도적 특징, 물리적 지리 조건, 표준 교육, 언어, 문화적 상황이 다르다는 것이다. 여기에 더해서 지적재산권, 미적 선호도, 권력에 대한 태도, 자유시장에 대한 믿음 등 다양한 이슈에 대한 법률적·정치적 기준과 기대가 다르고, 종교적 전통과 문화까지 다르다. 칸나는 이렇게 결론지었다. "지역에 관계없이 경영방식을 획일적으로 적용하려는 것은 바보 같은 짓이다. 경영 전략가들의 언어를 빌리면, 업계 참여자들 사이에 가치가 창출되고 나뉘는 이치는 바뀌지 않지만, 그 이치를 적용하는 것은 상황적 변수의 제약을 받는다."

이들 경영학 교수들은 대기업 리더들을 관찰해 상황의 중요성에 대한 결론에 이르렀다. 상황지능이 사업에 성공하기 위한 핵심 열쇠라면, 분야와 업계, 업무, 학과, 문화를 넘나들며 폭넓은 인생과 커리어를 꾸리려고 하는 사람에게는 당연히 무척 중요할 것이다. 이렇게 넓은 영역을 탐색하고 다닌다면 당연시할 수 있는 공통된 가정은 훨씬 적고, 구체적 상황을 온전히 이해하면서 수집해야 할 것은 훨씬 많다.

어떤 사람들은 한 가지 상황에서는 성공하지만 다른 상황에서는 실패하도록 정해져 있는 것처럼 보이기도 한다. 왜 그런지 물으면 흔히 "사람마다 잘하는 게 따로 있잖아"라고 답한다. 이런 사람들에게는 고정된 기술의 레퍼토리가 있고 그 레퍼토리가 새로운 상황에 대한 그들의 반응을 조건 짓고 제한한다는 뜻일 것이다. 상황이 변하면 리더는 자신의 가치관을 조정하고, 시각을 바꾸고 새로운 행동 습관을 키워야 한다. 짐작하겠지만 이것은 아주 어려운 일이고, 하이페츠는 "많은 리더가 적응적 난관에 대처하지 못하는 이유는 결과가 보장되지 않는 방법을 추구하기 위해 정신적인 '신념의 도약'을 단행하지 못하기 때문"[7]이라고 말한다. 그들은 새로운 상황에 맞춰 자신의 접근법을 바꿀 뜻이 없거나 그럴 능력이 없다. 또는 그냥 처음부터 시간을 내서 어떤 변화가 필요한지 귀 기울여 듣고 배우지 않는 것일 수도 있다.

반면에 자신이 가진 능력을 상황에 따라 응용할 수 있는 사람도 분명히 있다. 이런 사람은 더 폭넓은 레퍼토리를 갖고 있고 상황에 따라 어떤 화살을 골라야 할지 더 잘 아는 것처럼 보인다. 디지털 시대의 은유법을 써보면, 이런 사람들은 더 많은 주파수 대역폭을 가지고 있고 상황에 따라 신중하게 주파수를 맞춘다. 이들은 직관적인 진단 기술을 갖고 있어서 자신의 리더십 스타일과 접근법을 각색하여 목표에 맞출 수 있다. 이들은 상황지능을 갖고 있다.

　수백 년간 작가와 철학자들은 새로운 상황에 적응하는 방법이 장기적으로는 성공을 결정짓는다는 생각을 반복적으로 피력해왔다. 15세기에 마키아벨리는 이렇게 말했다. "내가 쓰는 방법이 시대와 상황에 맞으면 성공하고, 그러지 못하면 실패한다. 두 사람이 성공했는데 그 둘의 특징이 다를 수도 있다. 한 사람은 신중하게 행동하고 다른 사람은 충동적으로 행동했을 수도 있다. 행동방식이 주어진 여건에 맞는지 여부가 결과를 좌우한다."[8] 19세기 일본의 학자 오카쿠라 가쿠조는 이렇게 말했다. "삶의 기술은 주변에 따라 끊임없이 다시 적응하는 것이다."[9]

　그러면 상황지능을 개발해야 한다는 이토록 어렵고 중요한 과제를 우리는 어떻게 해결할 것인가? 그 답은 새로운 상황이 생길 때마다 귀 기울여 듣고, 배우고, 적응하며 내가 하는 모든 일에 프로다운 마음가짐을 가져야 한다는 것이다.

새로운 상황을 배워라

저명한 심리학자이자 감성지능의 역사를 쓰고 있는 대니얼 골먼[Daniel Goleman]은 〈무엇이 리더를 만드는가〉라는 제목의 글에서 이렇게 말했다. "업계에 종사하는 사람이라면 누구나 아주 똑똑하고 고도의 기술을 가진 경영자가 리더의 자리에 올랐다가 처참히 실패한 사례를 하나쯤 알고 있을 것이다. 또한 남다른 수준은 아니지만 괜찮은 지적 능력과 기술 능력을 가진 사람이 비슷한 자리에 올랐다가 대박을 터뜨린 사례도 하나쯤 알고 있다."[10] 이런 이야기들이 유명한 이유는 새로운 도전에 접근하는 '올바른 방법'과 '틀린 방법'을 잘 보여주기 때문이다. 폭넓은 인생을 꾸리고 싶다면 그 올바른 방법을 반드시 알아야 한다.

조너선 맥브라이드Jonathan McBride는 오바마 행정부 시작부터 6년간 백악관 인사팀의 직원으로, 나중에는 리더로 활약하며 3,000명에 달하는 대통령 인사 지명 과정을 책임졌다.[11] 맥브라이드는 백악관에 들어가기 전에 이미 폭넓은 커리어를 쌓은 사람이었다. 그는 연방의회 직원, 골드먼삭스의 직원으로 일했고, 그다음에는 정글미디어그룹Jungle Media Group이라는 벤처기업을 이끌었다. 특히 정글미디어그룹은 MBA 졸업자나 법률가, 대학생, 젊은 흑인 및 히스패닉 전문가들을 위한 "커리어 생활방식" 문제와 커리어 선택을 도와주는 회사였다. 그는 글로벌 채용기업 유니버섬Universum의 최고전략책임자로 있다가 백악관에 입성했다. 2014년 백악관을 떠난 후로는 대규모 투자경영회사 블랙록BlackRock에서 인재 담당 수석부사장으로 일하고 있다.

이렇게 다채로운 경력 덕분에 맥브라이드는 상황 변화를 수도 없이 경험했다. 그리고 절차에 따라 자신이 고른 많은 사람들이 정부 내 부서의 리더가 되는 것을 목격했다. 그는 정부를 포함하여 새로운 조직에 합류하는 사람에게 아주 중요한 조언을 하나 한다. 전임자가 바보라거나 지금 일하는 방식이 바보 같다고 생각하지 마라! 그렇게 된 데에는 다 이유가 있다고 생각하라.

카터 행정부에 합류하기 전 30년간 비슷한 행보를 보였던 로저 샌트도 그 말에 동의한다. "정부와 기업은 문화와 사고 과정이 근본적으로 다르다는 것부터 알고 시작해야 합니다. 양 부문 교류가 도움이 된다고 생각한다면, 각 부문이 그렇게 행동하는 데에는 이유가 있다는 점도 존중할 수 있어야 합니다. 그리고 그 새로운 상황에서 일하는 법을 배워야죠."[12] 지금 현재 일이 어떤 식으로 진행되고 그 이유는 무엇인지부터 이해한 후에 그것을 흔들어 엎든, 무시하든 해야 한다. 다시 말해 상황을 바꾸려는 시도를 하기 전에 먼저 역사나 사람, 열망, 기대와 같은 기존 상황부터 알아보라는 얘기다.

그렇다면 새로운 상황은 어떻게 알아내야 할까? 맥브라이드나 샌트처럼 이렇게 부문 간의 이동을 경험해본 사람들은 다음과 같은 체크리스트를 제안한다.

1. **조직의 목적과 미션을 이해하라** 조직의 목적과 미션은 노골적으로 선언돼 있거나 간파하기 쉬울 수도 있고, 또는 암묵적이거나 암암리에 퍼져 문화나 가치관 속에 내재돼 있을 수도 있다. 어느 쪽이 됐든 그 목적과 미션이 바로 당신과 새 동료들의 존재 이유일 가능성이 크다. 제프 시브라이트는 정부를 떠나 민간부문(처음에는 텍사코, 다음은 코카콜라)으로 옮겼을 때 정부에 있으면서 제2의 천성이 돼버린 접근법을 수정해야 한다는 것, 그리고 "기업 DNA"를 이해해야 한다는 것을 알았다. 그는 이렇게 자문해봤다. "이 기업의 지배적 특징을 정의하는, 기업의 고동치는 심장부는 무엇인가?"[13]

그의 기억은 이렇다. "텍사코에서는 이 회사가 엔지니어 문화를 기반으로 만들어진 곳이라는 것을 금세 알았어요. 그 엔지니어적인 절차를 내가 제안하던 환경 및 지속가능성 이슈에 맞춰야 했죠. 그러지 않았다면 실패했을 거예요. 반면에 코카콜라는 무엇보다 마케팅 기업이에요. 브랜드가 1순위였기 때문에 실제로 마케팅과 브랜드 경영이 기업 DNA를 구성하고 있죠."

그래서 시브라이트는 코카콜라의 전 세계 고위 지도부 미팅에서 인도 남부 위기에 관해 이야기할 당시, 회사가 이번 위기에 즉시 대처하지 않는다면 브랜드 및 마케팅 전략에 어떤 위기가 닥칠 수 있는지에 초점을 맞춰서 단어와 영상을 선택했다. "발표 준비를 하던 게 기억나네요. 거기는 마케팅 회사니까 생각을 강력하게 전달해야 하거든요. 그래서 이렇게 말했죠. '우리가 전 세계 모든 자본과 권력과 원료를 갖고 있다고 해도 물이 없으면 사업을 할 수 없습니다.'"

2. **리더십 구조와 접근법을 그려보라** 군대처럼 지휘통제식 위계서열을 가진 곳에서는 어렵지 않은 일이겠지만, 합의에 근거한 전문직 동업관계나 정부 같은 조직이라면 어려운 일이다. 리더가 된 첫 90일의 가이드를 담은 베스트셀러에서 마이클 왓킨스[Michael Watkins]는 사람들이 흔히 기술 능력에만 너무 초점을 맞추고 사내 정치에는 충분히 주목하지 않는다고 지적했다.[14] 누가 무엇을 책임지고 그들은 어떻게 일하는지에 더 많은 관심을 가져야 한다.

3. **언어와 약어를 배워라** 대부분의 조직은 거의 '비밀 암호' 수준의 독특한 언어를 갖고 있다. 또 모호한 약어도 넘쳐난다. 조직의 언어는 조직문화를 강화하고 '내부자'라는 느낌을 부여한다. 최대

한 빨리 이 언어를 유창하게 말한다면 자신은 물론 남들도 더 편안하게 느낄 것이다.

4. 핵심 성과 기준과 인센티브 구조를 이해하라 새로운 조직에 들어가면 누가, 또는 무엇이 어떤 식으로 어떤 활동을 해서 조직에 가치를 더해주는지 빨리 알고 싶을 것이다. 무엇이 성공이고, 성공은 어떻게 측정하고, 어떤 보상이 주어지는지 알아보라. 그게 서로에게 좋다. 다이애나 패럴은 국가경제위원회 부국장으로 있을 당시, 특히 위기가 닥쳤을 때 이 점의 중요성을 깨달았다고 한다. "가치 창출의 구조적 요소와 일시적 요소를 알아야 해요. 거기엔 어마어마한 차이가 있고 위기 땐 더 심해지죠. 그 차이를 알게 되면 기술이나 능력을 남들보다 더 인정받을 수 있어요."[15]

5. 경쟁자, 파트너, 이해관계자를 평가하라 처음에는 모든 신경을 내부에 집중하고 싶을 것이다. '여기는 대체 어떤 곳인지' 알고 싶을 테니 말이다. 하지만 외부 환경을 이해하는 것도 똑같이 중요하다. 그리고 어쩌면 외부 환경을 가장 분명하게 볼 수 있는 시기는 새로운 조직에 들어간 초기일 수도 있다.

6. 재무 모형 및 자금 모형을 이해하라 "돈을 따라가라"라는 오래된 격언은 정부나 비영리기관에도 해당된다. 어쩌면 이런 곳이 더 심할 수도 있다. 돈이 어디서 나오고, 어떻게 모이고, 어떻게 할당되는지 이해하라. 특히 재무 자원이 전략적 목표와 어긋나게 쓰이는 경우에 주목하라.

7. 투명성과 책임감에 대한 기대치를 알아보라 기관들 사이에 존재하는 가장 큰 차이 중 하나는 흔히 투명성과 책임감에 대한 기대치

이다. 정부는 공적 영역에 있어야 하고 선출직 대표들을 통해 시민들에게 공식적으로 책임을 져야 하기 때문에 이런 기대치가 가장 높을 수 있다. 내가 얼마나 열려 있고 분명하고 책임감 있어야 하는지 잘 알고 있어야 한다.

조녀선 맥브라이드는 오바마 대통령 밑에서 대통령 인사 지명 과정을 담당할 때의 경험을 이렇게 기억했다. "그 전체 과정을 단 하나의 특징으로 축약한다면 '후보자의 기질'이라고 할 수 있어요. 자신의 감정과 충동을 조절할 수 있는 사람, 일관성과 신뢰성을 보여주는 사람이 보통 새로운 상황에 더 잘 적응하죠. 그런 사람은 동료들이 응원하고 격려해줘요. 그리고 변화와 불확실성 앞에서도 차분하고 통제된 모습을 유지하죠. 어마어마한 압박감을 받을 때조차 말이에요."

귀 기울여 배워라

폭넓은 경험이 있으면 상상력과 탐구 정신이 계발된다. 무엇보다 질문을 하고 답을 귀담아 듣는 법을 배우게 된다. 내가 아는 사람 중에 질문과 듣기를 아주 잘하는 사람은 버니 페라리Bernie Ferrari다.[16] 매킨지에 합류한 그를 내가 지근에서 관찰할 수 있게 됐을 때 그는 이미 다른 분야에서도 뛰어난 업적을 쌓은 후였다.

사실 매킨지는 페라리가 지금까지 경험한 다섯 개의 직업 중 네 번째였다. 그는 외과의사였고 변호사, 기업가, 컨설턴트였으며 지금은 존스홉킨스대학교의 대학교수이자 카스경영대학원 학장이다. 내 동료가 됐을 때 페라리는 이미 LA 사우스센트럴 지역에서 총상 환자들을 수술하고, 심장병 및 폐 질환을 가진 수많은 사람들에게 흉부외과 수술을 하고, 뉴올리언스에서 꽤 큰 병원을 운영한 뒤였다.

그런 경험들을 통해 페라리는 귀 기울여 듣는 습관이야말로 인생에서 성공하는 가장 중요한 능력이라고 결론 내렸다. 그는 이렇게 회상했다. "커리어마다 고유한 영역의 지식이 있지만 공통점이 하나 있죠. 각 분야의 리더들은, 가장 존경받고 많은 것을 이루었고 남들에게 영감을 주는 사람들은 듣는 능력을 발휘하는 측면에서 남들보다 훨씬 뛰어나다는 거예요."

버니 페라리는 어느 모로 보나 그저 질문을 하고 고개를 끄덕이는 수동적인 사람은 아니다. 그는 목적을 갖고 적극적으로 귀 기울여 듣고, 그의 남다른 경험 범위를 직접적으로 활용한다. 그의 질문은 구체적이고 직설적이다. 그는 자신이 "성가신" 질문을 한다고 말한다.

그가 이렇게 직설적으로 묻는 이유는 귀 기울여 듣는 것이 말하는 것에 비해 조금이라도 더 수동적이라거나 선천적인 능력이라고 생각하지 않기 때문이다. 그는 '듣는 것'이 배울 수 있는 능력이라고 생각한다. 우리가 사람들에게 더 분명하거나 더 설득력 있게 말하고 글을 쓰도록 가르칠 수 있다면, 즉 정보를 나눠 주는 과정을 학습 가능한 단계로 분리할 수 있다면, 정보를 받는 과정도 그렇게 할 수 있을 것이다.

아툴 가완디나 로널드 하이페츠처럼 버니 페라리도 앞서 의사로 활동할 때의 경험에서 많은 것을 배웠다. 예컨대 아파서 병원에 갔다고 한번 생각해보자. 먼저 의사는 나에게 '손도 대기 전에' 보통 수많은 질문부터 던진다. "어떠세요?" 같은 일반적 질문부터 "여기도 아프세요?" 또는 "숨이 가쁜 지 얼마나 됐나요?"처럼 아주 구체적인 질문도 있다. "과거에 어떤 병을 앓으셨나요?"나 "어머니나 아버지 중에 비슷한 문제가 있었던 분이 있나요?"처럼 이른바 '병력'과 관련된 질문도 있다. 또 "요즘 스트레스 많이 받으세요?" 같은 질문이나 감염 가능성이 있는 질환인 경우 "이런 질병이 흔한 지역을 혹시 방문하셨나요?" 하는 질문을 통해 대놓고 상황을 묻기도 한다.

바로 이런 환경에서 버니 페라리는 질문을 하고 상황을 이해하는 법을 처음 배웠다. "외과의사로 커리어를 시작했죠. 어쩌면 그래서 (…) 다른 사람들보다는 귀담아 듣는 법에 익숙한지도 몰라요. 의사로 지내면서 배운 것 중에 널리 적용할 수 있는 것이 있다면 상대가 무슨 말을 하고 있고 왜 그 말을 하는지 제대로 이해하려면 직설적인 질문을 많이 해야 한다는 거예요. 환자들은 한 명 한 명 모두 다르고 환자에 따라 질병이나 부상이 나타나는 방식도 다 다르기 때문에 질문을 제대로 하고 답을 유심히 듣는 과정이 꼭 필요하죠. 그래야 진단을 잘할 수 있을 뿐만 아니라 치료 과정도 조절할 수 있어요."

페라리는 또 조지 엔겔George Engel의 가르침을 잘 활용한다. 조지 엔겔은 그가 의과대학에 다닐 때의 교수 중 한 분으로 '생물심리사회 모델biopsychosocial model'이라는 독특한 의료 모델을 개발했다. 이 방법은 능동적인 '듣기'에 전적으로 의존한다고 해도 과언이 아니다. 페라리는 부드러운 질문을 통해서 깊이 있고 폭넓은 정보를 끄집어낼 때 의사가 가장 정확한 진단을 내릴 수 있다고 생각한다. 환자의 생활, 습관, 가족, 직업 등 관련이 있을지 없을지 모를 수많은 정보 말이다. 그는 이렇게 말한다. "환자는 의사의 선생님이죠. 의료의 3요소는 관찰, 자기반성 그리고 진단입니다. 일종의 협상 과정과 같죠."

페라리는 또 의사로서 배운 가장 심오한 교훈은 의사들이 대학을 졸업할 때 맹세하는 히포크라테스 선서에 들어 있었다고 말한다. "'해를 끼치지 말라.' 의사를 하면서 저는 제 의도가 아무리 좋았다 한들, 제가 그 선서를 분명히 어기게 되는 경우가 바로 오진을 내리고 치료할 때라는 걸 알게 됐어요." 의사였던 그의 멘토는 페라리에게 이렇게 말했다고 한다. "뭐가 잘못됐는지 모르면 고칠 수가 없지." 어쩌면 그는 이런 말을 덧붙이고 싶었을지도 모른다. '뭐가 잘못됐는지 환자의 도움을 받아서 알아내지 못한다면 말이야.'

지금 페라리는 자신이 본능적으로 묻는 직설적이고 성가신 질문들이 고객이나 동료를 돕는 데 꼭 필요한 부분이라고 믿고 있다. 그들의 가정에 의문을 제기하고 마음을 열어 문제의 새로운 측면을 보게 해줘야 한다. 특히나 모든 사람이 흔히 갖고 있는 기존의 편견을 의심하고 시험해볼 때는 이런 질문들이 아주 중요하다. "비즈니스는 빠르게 움직이고 잔혹하고 온통 돈뿐이다"라든가 "정부는 느리고 관료주의적이고 게으르다" 또는 "비영리부문은 이상주의적이고 열악하고 비현실적이다" 같은 편견을 다들 알 것이다.

최근 '카멜레온 효과'라는 연구에서 타냐 차트랜드[Tanya Chartrand] 교수와 존 바지[John Bargh] 교수는 학생들 중 일부를 골라 사회적 관계를 조사했다.[17] 이전 조사에서 사회성이 좋고 타인에 대한 연민이 있는 것으로 평가된 학생들은 "행동 모방"도 하는 것으로 나타났다. 쉽게 말해 상대방을 따라 하는 것이다. 이들은 "남들의 행동과 활동을 예상해 더 매끄럽고 보람된 대인관계를 쉽게 맺는" 사회적 카멜레온이었다.

버니 페라리는 또 달라진 상황에서 효과적으로 활동하려면 공감과 적응력이 아주 중요하다고 생각한다. "모든 사람이 나에게 맞춰주지는 않을 테니, 잘 듣는 사람은 남들에게 어떻게 맞출지 알아갑니다. 이렇게 보면 잘 듣는 사람이 곧 카멜레온인 거죠. 그 사람들은 대화 상대의 속도나 리듬을 일찌감치 눈치채고 그에 맞춰서 듣습니다."

어떤 이들에게는 이런 적응력이 아주 자연스럽다. 사람들과 잘 어울리기 위해 본능적으로 하는 행동이다. 아이들이 새 학교에 적응하거나 내 아이들이 미국으로 이주했을 때 금세 미국 억양을 갖게 된 것처럼 말이다. 또 어떤 사람들은 이 능력을 배워서 습득하기도 한다. 사회적으로, 문화적으로, 정서적으로 새로운 환경에 적응하려면 어떻게 해야 하는지 시행착오를 통해 알아낸다. 그러나 대부분의 사람에게는 본능적인 적응과 배워서 아는 적응이 섞여 있다.

새로운 상황에 적응하라

어떻게 하면 평생 연극 연출을 하던 사람이 대형 국립극단의 재무 상태와 평판을 확 바꿔놓을 수 있을까? 어떻게 하면 고도로 분석적인 경영 컨설턴트가 대형 식품회사의 카리스마 넘치고 영감을 주는 리더로 거듭날 수 있을까? 두 경우 모두 답은 새로운 상황에 적응하는 능력에서 찾을 수 있다. 중요한 마음가짐과 접근법을 조정한 결과다.

2007년 5월, 영국 스트랫퍼드어폰에이번, 로열셰익스피어극장

보시다시피 우리 극단은 아주 훌륭한 상태입니다. 작년에 있었던 셰익스피어 전작 페스티벌은 대성공을 거뒀습니다. 다양한 극장들과 함께 1년 사이 셰익스피어의 희곡을 모두 공연했고, 관객 수가 150만 명을 넘었습니다. 다음 계획은 '셰익스피어의 역사' 프로그램입니다. 여덟 편의 연극이 펼쳐지는 동안 서른네 명의 배우가 260개가 넘는 역할을 연기할 것입니다. 로알드 달Roald Dahl의 〈마틸다Mathilda〉 제작 역시, 모든 게 순조롭게 진행된다면 상업적으로 대성공을 거둘 것으로 기대하고 있습니다. 오랫동안 기다렸던 이곳 스트랫퍼드 로열셰익스피어극장의 새 단장도 준비가 됐습니다. 새롭다고 하기는 좀 그렇고 보완된 멋진 극장에서 우리 연극들이 공연될 것입니다. 아, 그리고 우리 재무 상태도 훌륭합니다. 심지어 올해는 약간의 흑자도 날 것으로 예상되고 있습니다.[18]

로열셰익스피어극단의 예술감독 마이클 보이드Maichael Boyd가 말했다.[19] 그는 극장 대표 비키 헤이우드Vikki Heywood 옆에 나란히 앉아 있었고, 이사회 의장인 크리스토퍼 블랜드Christopher Bland 경이 두 사람을 지그시 응시하고 있었다. 곁에 모인 사람들은 극장의 이사회 이사들로 나도 6년째 그 일원이었다. 내가 미국으로 이주하기 전 마지막 이사회 회의였고, 내 커리어에서 상당히 놀랍고 감동받은 경험 중 하나였다.

마이클 보이드가 예술감독에 취임한 5년 전에는 상황이 얼마나 달랐는지 모른다.[20] 《가디언》 신문도 그렇게 기억하고 있다. "2002년 6월 로열셰익스피어극단은 허우적대고 있었다. 보이드의 전임자 애드리언 노블^{Adrian Noble}은 바비칸에 있던 런던 본부를 버리고, 비용이 많이 드는 내부 개혁을 밀어붙이고 로열셰익스피어극장 건물을 부수기로 하는 결정을 한꺼번에 내려 맹비난을 받았다. 《가디언》의 마이클 빌링턴^{Michael Billington}은 이를 두고, '하루 만에 직장을 그만두고 아내를 버리고 집까지 나가기로 한 남자'에 비유했다."

나는 그 어두운 시기에 이사회 일원이었고, 《가디언》이 묘사한 대로 끔찍한 시절이었다. 이튼칼리지에서 종일 열렸던 이사회 회의가 기억난다. 이 엘리트 사립학교의 교장이 로열셰익스피어극단의 후원자 중 한 명이었는데, 우리는 그의 의심 어린 눈초리를 피해 숨어 있었다. 우리는 극단의 미래를 설계하려고 그곳에 간 것으로 돼 있었지만, 실제로는 미래가 정말로 있기나 한지 보러 온 참이었다. 그 여부는 회복 계획을 지원해주기로 한 예술위원회의 '안정화 기금'에 달려 있었다. 만약 정부가 극단을 버리기로 했다면 극장 문을 닫거나 또 다른 영국 최고의 극장 기관인 왕립국립극장과 합병할 수밖에 없었을 것이다. 어느 쪽이 됐든 근사한 문화기관 하나가 눈앞에서 좌초할 참이었다. '좋은 선택'이라는 건 도저히 없어 보였다.

그날 오후 늦게 정부가 보조금 지급에 동의했다는 소식이 들려왔다. 내가 처음으로 직접 겪은 정부 '구제금융'이었다. 하지만 우리도 뭔가 변화를 꾀해야 한다는 것은 자명했다. 그 가장 중요한 변화가 극단의 예술감독으로 마이클 보이드를 영입하는 것이었다. 그리고 이 결정은 내가 참여한 인사 지명 중 가장 혁신적인 것이었다. 심지어 신문 헤드라인들도 고색창연한 셰익스피어의 구절을 인용하며 보이드가 와서 물려받게 될 유산을 "독이 든 성배"로 표현했다.

사실 보이드의 이력만 놓고 봐서는 그가 극단 리더로서 성공하리라고 크게 확신하기는 어려웠다. 그때까지 그가 이뤄놓은 주요 업적이라고 해봐야 디렉터로서 제작에 성공한 긴 작품 목록뿐이었다. 하지만 우리는 쉽지 않았던 경험을 통해 극단의 지도부가 이른바 '피터의 원리'에 아주 취약하다는 사실을 알고 있었다. 피터의 원리란 어느 직책의 후보를 고를 때 그 후보가 지난 업무에서 보인 성과를 기초로 하는 경우가 아주 많은데, 사실 그 지난 업무에서의 성과는 지금 맡기려는 직책이 필요로 하는 능력과는 거의 또는 아무 관련이 없을 수도 있다는 재미있는 경영 이론이다. 의사가 병원을 운영하거나 변호사가 로펌을, 운동선수가 팀을 경영할 때가 바로 그런 경우가 될 것이다. 물론 배우나 감독이 극장을 경영할 때도 마찬가지다.

피터의 원리는 어디서나 찾아볼 수 있는 관찰 결과에서 시작됐다. 우리는 지금 효과가 있는 것을 더 어려운 과제에도 계속 사용해본다. '실패'할 때까지 말이다. 이 원리를 창안한 로렌스 J. 피터[Lawrence J. Peter]와 레이먼드 헐[Raymond Hull]에 따르면 이 원리는 "왜 항상 일이 꼬이는지"를 설명해준다. 두 사람은 "시간이 지나면 모든 직책이 그 일을 해내기에 무능한 직원으로 가득 차게 된다"[21]라고 말한다. 왜냐하면 "위계서열상 모든 직원은 못 해낼 때까지 계속 승진하는 경향이 있기 때문이다".

하지만 이 경우 피터의 원리라는 악몽은 분명 적용되지 않았다. 오히려 정반대였다. 마이클 보이드가 참신한 선택이었다는 사실이 모든 이사회 구성원에게 분명해졌다. 그리고 그 이유도 차츰 분명해지고 있었다. 보이드는 어디서도 찾아보기 힘든 수준의 상황지능을 보여줬다. 그는 새로운 자리와 새로운 환경을 충분히 잘 이해하고 그에 적응했다. 그렇다고 보이드가 연극 연출을 그만뒀다는 얘기는 아니다. 사실 그는 임기 내내 멋진 연극들을 계속해서 연출했다. 그가 이렇게 달라진 상황에서 성공할 수 있었던 것은 오히려 그가 그 외의 재능과 통찰을 상당히 넓게 발달시켰기 때문이다.

마이클 보이드의 아버지는 스코틀랜드의 보건 담당의였다. 그는 아들이 대학에서 문학을 전공하지 못하게 하려고 심하게 싸웠다. 아들에게 좀 더 가치 있는 일을 하라고 했다. 그래도 보이드는 문학을 전공했다. 에든버러대학교에서 이론을 공부하고 에든버러 페스티벌을 통해 실전을 익혔다. "스위스의 팬터마임 전문가, 프랑스의 꼭두각시 회사, 아방가르드 혼합 미디어 예술가들을 모두 한 걸음이면 볼 수 있었죠. 정말 놀라운 경험이었어요."[22] 보이드는 영국문화원의 지원을 받아 모스크바에 있는 말라야브로나야극장에서 1년을 보냈다. 전설적인 감독 아나톨리 에프로스Anatoly Efros가 극장을 운영하고 있던 1978년이었다. "달에 간 기분이었죠. 건물 전면에 거대한 마르크스와 엥겔스, 레닌의 초상화가 그려져 있었어요." 이 경험을 통해 얻은 두 가지 신념을 보이드는 로열셰익스피어극단까지 가지고 가게 된다. '첫째, 극장은 중요하고 사회를 바꿀 수도 있다. 둘째, 일을 가장 잘하는 방법은 앙상블을 이루어 협업하는 것이다.' 한데 똘똘 뭉친 배우와 기술자들은 연극에서 마법을 만들어낼 수 있다. 평생을 앙상블로 연기하는 전통, 흔들림 없는 헌신 등을 통해 이 러시아 극장은 보이드로 하여금 극장을 어떻게 봐야 할지 생각의 토대를 마련해줬고 그는 그 점을 늘

감사하게 생각한다.

보이드는 영국 극장에서 기나긴 연수 기간을 거쳤다. 심지어 이 로열셰익스피어극단에서 조연출로 일한 적도 있다. 글래스고 동쪽 끝에 트론극장을 세울 때에는 사업가 역할을 수행하며 작은 극단을 운영하는 경험도 해봤다. 하지만 막상 로열셰익스피어극단에 왔을 때 그는 미지수나 마찬가지였다. 이렇게 큰 규모의 중요한 극단은 처음이었다. 그렇다면 그는 어떻게 그토록 뚜렷한 성공을 거둘 수 있었을까?

그가 목표지향적이고 에너지가 넘치며 극단의 리더로서 아주 헌신적인 사람이라는 점도 일부 그 이유가 될 것이다. 그는 자신 앞에 놓인 어려움이 무엇인지 잘 알았다. 보이드와 함께 일해본 사람들은 그의 포용력을 특히 강조한다. 그는 건물 내 모든 사람이 극단의 일부가 된 것처럼 느낄 수 있게 한다. 그리고 리허설룸에서는, 아니 밖에서조차 그는 매우 민주적이다. 로열셰익스피어극단은 상업적으로 성공을 거뒀고 〈마틸다〉도 성공하겠지만, 재미만을 위한 엔터테인먼트는 마이클 보이드가 정말로 추구하는 것이 아니다. 그는 "특징 없고, 감상적이고, 그저 그렇고, 겉만 번지르르한 작품"은 절대 하지 않겠다고 했다. 그는 이렇게 말한다. "그런 작품은 공허해요. 혼자서 우쭐해하죠. 그 부분에서는 로열셰익스피어극단도 비난을 면할 수 없어요. 하지만 제가 있는 동안에는 자주 있는 일은 아니게 만들려고요."

적어도 이사회 입장에서 이와 똑같이 중요한 부분은, 보이드가 극단의 재무 상태와 운영 면에서도 노련한 관리자의 모습을 보여줬다는 점이다. 큰 재무 손실을 보던 시절은 이제 지난 듯했고, 앞으로는 이전에 볼 수 없었던 수준의 짜임새 있는 예산 운영을 볼 수 있을 듯했다. 그리고 오래된 극장 건물의 재건 사업도 아주 잘한 일로 드러나면서 새롭고 밝은 미래를 약속하고 있었다. '우리 극장 새 단장' 프로젝트의 결과 오래된 건물 속에 엘리자베스 1세풍의 공간이 탄생할 것이다. 그때까지는 인근 주차장에 설치된 거대한 화물 컨테이너처럼 생긴 독특한 조립식 임시 극장을 사용해야 한다. 그는 첫 기자회견에서 밝혔던 약속을 다시 한 번 전했다. "위대한 예술을 탄생시키기에 한 치의 모자람이 없는 공간을 만들겠습니다."

예술감독 부임 초기에 보이드는 전체 배우와 감독, 일손들을 모아놓고 연설을 했다. 극단 경영에 대한 자신의 철학을 한참 동안 유창하게 설명한 그는 조금 충격적인 말을 내뱉었다. 내가 그랬으니 아마 다른 사람들도 놀랐을 것이다. "우리가 예산만 맞출 수 있으면 그 개자식들이 우릴 가만히 내버려둘 겁니다." 물론 나도 이사회 일원이었으니 그 '개자식'에 속했다. 하지만 나는 그 표현이 아무렇지 않았다. 그의 말이 옳았고, 나는 그가 그런 사실을 잘 안다는 점이 오히려 기뻤다. 그는 본인이 처한 상황을 잘 파악하고 있었으며, 나는 그가 성공할 수 있는 상황지능을 가진 사람이라는 것을 알 수 있었다.

비록 매킨지에는 전통적 의미의 '상사'가 없었지만 사실상 아치 노먼^{Archie Norman}이 나의 첫 상사라고 할 수 있다.[23] 파트너급 임원이었던 그는 이제 겨우 사회생활을 시작한 나를 자신의 날개 밑에 거둬 유능한 전문가가 될 수 있는 첫걸음을 떼게 해줬다. 그는 '자식을 강하게 키우는' 타입의 상사였다. 그러나 〈마스터셰프〉에 나오는 사람들처럼 모욕적이고 시끄러운 타입은 전혀 아니었다. 노먼은 차분하고 조용하고 생각이 깊고 확신에 차고 자신감이 있었지만, 꾸밈이 없었다. 그리고 절대로, 절대로 만족하는 법이 없었다.

세월이 한참 지난 후에 나는 아치 노먼을 생각나게 하는 이야기를 들었다. 이야기의 주인공은 헨리 키신저Henry Kissinger였다. 닉슨 백악관 시절 키신저가 국가안보 보좌관으로 있을 때의 이야기다.[24] 직원 한 명이 실행 계획을 제안한 보고서를 키신저에게 보냈다. 다음 날 보고서는 키신저가 휘갈겨 쓴 메모와 함께 되돌아왔다. "이 정도로는 안 돼요. 다시 하세요." 분하게 여긴 직원은 정확히 키신저가 시키는 대로 했다. 같은 보고서를 다시 써서 키신저에게 제출했다. 다음 날 그는 비슷한 대답을 받았다. "더 개선해야 해요. 다시 해봐요." 조금도 상세 내용을 추가하지 않고 직원은 세 번째 시도를 했다. 이번에는 내부 우편을 통하지 않고 직접 보고서를 들고 키신저에게 갔다. 세 번째 버전의 보고서를 건네자 키신저는 이렇게 물었다. "그래서, 이게 정말 최선인 거요?" 직원은 "네, 분명합니다"라고 답했다. 키신저는 잠깐 가만히 있더니 이렇게 말했다. "좋아요. 그러면 이번엔 읽어볼게요."

노먼 밑에서 일하는 게 바로 그랬다. 물론 노먼은 내 초안들을 모두 읽었겠지만, 그중 하나라도 진심으로 괜찮다고 생각해준 적은 한 번도 없었다. 그래도 나는 버텼다. 배우는 게 많기도 했고 그가 나를 가르치는 시간이 아깝지 않다고 여기는 것처럼 보였기 때문이다. 만족시키기가 아주 어려운 상사라는 것 외에 노먼은 극도로 분석적이고, 무미건조하고, 거의 감정이 없는 사람처럼 보였다. 그는 스프레드시트와 숫자, 계량 분석을 좋아했다. 하버드 경영대학원에서 배운 그대로였다. 당시 유행하던 미국 드라마에 나오는 말을 빌리면 노먼의 모토는 "팩트만 말해, 잭"이라고 할 수 있었다. 그는 곁에 있으면 흥미로운 사람이기는 했지만 카리스마가 있는 사람은 아니었다.

나중에 아치 노먼은 매킨지를 떠났다. 그 뒤 1991년에는 영국에서 세 번째로 큰 식품소매업체지만 당시에는 쓰러지기 일보 직전이던 ASDA의 CEO로 임명됐다. 이후 그는 영국 기업 역사상 가장 놀라운 실적 반전을 이끌었고, 그 성과가 얼마나 대단했던지 8년 후에는 월마트가 영국에 고수익 사업을 정착시킬 요량으로 ASDA를 인수했을 정도였다. 이 과정에서 노먼의 팀은 매장 구성과 구조를 완전히 새로 바꿨고, 전략의 초점을 "매일매일 최저가"로 바꾸면서 그동안 의기소침해 있던 직원들도 다시 활기를 띠게 됐다.

하지만 실적 반전보다 더 놀라웠던 것은 노먼이 그것을 주도한 방식이었다. 내가 알던 무미건조하고 분석적이고 조금 뚱하던 아치 노먼은 어디로 갔는지, 따뜻하고 에너지 넘치고 카리스마 있는 "인기인" 아치 노먼이 그 자리를 대신하고 있었다. 노먼은 그의 '동료들'(노먼은 ASDA의 전 직원을 그렇게 부르게 했다)과 친구 같은, 심지어 애정 어린 관계를 구축해놓았다. 또 그는 리즈에 있는 ASDA 본사 건물도 새로이 단장해서 자기 자리도 아무런 우대 없이 벽이나 칸막이가 없는 공간으로 만들었다.

또한 그는 동료들이 얼굴 없는 어느 CEO가 아니라 '아치'를 위해서 일한다고 느낄 수 있도록 '텔 아치 프로그램Tell Archie program'이라는 것을 만들어 가히 '개인 숭배'라고 할 만한 분위기를 조성해놓았다. 다른 모든 직원들처럼 노먼의 책상에도 ASDA 야구모자가 놓여 있었는데, 이 모자를 쓰고 있으면 앞으로 두 시간 동안은 아무에게도 방해받지 않고 생각을 좀 하고 싶다는 뜻이었다. 하지만 정작 노먼은 이 모자를 쓴 적이 없었다. 직장에 있는 동료들이 언제든지 다가올 수 있게 하고 싶어서였다. 'ASDA가 일하는 법'이라고 이름 붙인 이 새로운 방식은 옛 문화를 혁신하기 위한 시도였다. ASDA의 옛 문화가 독재적이고 느린 문화였다면, 새로운 문화는 ASDA의 모든 구성원이 사업 개선에 참여하고 있다고 느낄 수 있는 문화였다. 하나의 기업이기는 하지만 마치 시장의 좌판처럼 각자가 자기만의 '쇼'를 운영하고 적극적으로 고객과 관계를 맺는 문화였다.

노먼은 대체 어떻게 이런 일을 해낸 걸까? 어떻게 ASDA를 탈바꿈시키고 심지어 자기 자신까지 바꾼 것처럼 보이는 걸까? 20년이 넘게 지난 지금 뒤돌아보면 그게 바로 노먼이 이 새롭고 어려운 상황에서 성공하는 길이라고 생각한 방법임이 분명하다. 그는 당시 상황이 어떤지 알아봤고 그다음에는 적응했다. 그는 자기 자신을, 아니면 최소한 자기를 드러내는 방식을 바꿨다. 회사를 어떻게 바꿔야 할지 알아낸 것과 똑같이 말이다.

이때 경험을 그는 이렇게 회상한다. "망해가는 회사에는 새로운 방향과 방향타를 잡을 확고한 인물이 필요합니다. 하지만 새로 취임한 리더가 첫날부터 뭘 어떻게 해야 할지 알 수는 없을 겁니다. 그러니 대략의 방향과 넓은 의미의 목표를 설정해야 해요. 패잔병들이 어디로 행군해야 할지 알아야 하니까요. 동시에 귀 기울여 들을 시간을 내고 일선의 얘기를 들어야 합니다. 소매업체라면 매장을 돌아다니고 매장 운영자들과 얘기를 나누고, 계산대 점원과 대화를 해보세요. 회사의 DNA를 이해해야 합니다. 그리고 문화적으로 어떤 부분이 실패로 이끌었는지 알아내야 해요. 모든 재무상의 실패 뒤에는 조직의 실패가 있습니다."

아치 노먼이 ASDA의 실적과 문화를 완전히 탈바꿈시킨 사례는 나중에 《하버드 비즈니스 리뷰》에 집중적으로 실렸다. 해당 기사를 쓴 사람은 니틴 노리아였다. 그렇다. 20세기 위대한 리더에 관한 책을 썼던 바로 그 니틴 노리아 말이다. 해당 기사는 노먼이 기업 경영에 대한 "강성-연성 접근법"[25]의 전형을 보여줬다고 칭찬했다. "노먼은 직원들을 내보내고, 회사의 거품을 빼고, 적자가 나는 사업을 팔아치웠다. 보통 이런 조치를 취하면 직원들 사이에 불신이 형성되고 경영진과 직원 간의 거리가 멀어지게 마련이다. 하지만 노먼이 CEO로 근무했던 8년 동안 ASDA는 개방적이고 신뢰하는 기업 분위기로 유명해졌다. 원래 기업문화로 유명한 월마트의 경영진도 ASDA를 '월마트보다 더 월마트 같다'고 표현했을 정도다."

《하버드 비즈니스 리뷰》의 기사는 노먼이 "완벽한 인격 변신"을 하지는 않았다고 설명했다. 노먼은 '치어리더'로서 자신에게 한계가 있다는 사실을 잘 알고 있었기 때문에 마스Mars의 경영을 맡은 후 비즈니스 리더로 유명해진 앨런 레이턴Allan Leighton을 영입했다. "어느 직원이 말한 것처럼 '사람들은 아치를 존경하지만 앨런은 사랑했다'." 노먼은 새로운 ASDA에 대한 정서적 소속감을 강화해준 레이턴의 공을 치하하는 것을 언제나 잊지 않았다. 한 개인이 완전히 다른 리더십 스타일을 장착하는 것도 가능할지 모르지만, 자신과 반대되는 성격을 가진 동등한 파트너를 받아들이면 보다 오래 지속될 변화를 만들 수 있다.

아치 노먼은 ASDA에서 달라진 기업 상황에 적응하는 데 성공했다. 하지만 미트 롬니처럼 나중에 정치에 적응하는 데는 고전했다. 아직 ASDA의 회장으로 있을 때 노먼은 1997년 선거에서 큰 표를 얻으며 턴브리지웰스의 보수당 의원으로 선출됐다. 지금까지도 노먼은 영국 시가총액 100대 기업의 회장으로 있으면서 국회의원을 동시에 지낸 유일한 인물이다.

이때는 보수당이 바닥을 치고 있던 시절이었다. 토니 블레어의 노동당에 대패한 직후였던 것이다. 윌리엄 헤이그$^{William Hague}$가 당대표가 됐고 그는 아치 노먼을 보수당의 사상 최초 '최고경영자'로 임명했다. 노먼의 이력을 생각할 때 그에게 딱 맞는 것처럼 보이는 직책이었다. 노먼이 맡은 일은 "현대화의 북을 울리는" 역할이었다. 더 많은 여성 후보와 소수민족 후보를 영입하고, '수구파'들에게 유럽과 이민 문제에 대한 시대착오적 집착을 버려야 한다고 이야기해야 했다. 물론 당의 재무 상태도 정비해야 했다. 사실상 그는 보수당을 회생시켜달라는 요구를 받은 셈이었다.

하지만 뜻대로 잘되지 않았다. 적어도 변화에 저항하는 의원들과 미디어의 눈에는 그래 보였다. 의원들은 마치 기업처럼 전략 계획과 워크숍 같은 것을 만들어서 당을 운영하려고 하는 노먼을 가차 없이 조롱했다. 누가 봐도 효과가 없는 것이 분명했고 2001년 보수당은 선거에서 두 번 연속으로 대패했다. 윌리엄 헤이그 대표는 마이클 하워드$^{Michael Howard}$로 대체됐고, 아치 노먼은 조용히 당 지도부에서 떨어져 나와 다시는 돌아가지 않았다. 엘리트 기업인을 고위 정치인으로 앉히는 '실험'은 실패한 듯했다. 2005년 노먼이 안전한 턴브리지웰스 선거구를 포기하고 국회의원에서 물러났을 때 아무도 놀라지 않았다. 보수당이 2010년 다시 정권을 잡았을 때 노먼은 전업 경영인이었고 영국의 가장 유명한 민영 방송사인 ITV의 회장이 돼 있었다.

노먼은 결국 정치에서 물러나게 된 상황을 이렇게 기억한다. "완전히 딴 세상 같았어요. 그중에서도 가장 충격적이었던 건 국회의 고립성이었죠. 건물이며 분위기, 밤늦게 하는 투표, 괴상한 생활패턴 등 의회가 진행되는 모든 방식이 사람들을 흡수, 동화시켜서 그 세상의 일부로 만들어요. 그러니 국가 정치 무대에서 하잘것없는 그런 사건들이 그들에게는 극도로 중요한 거지요. 무슨 휴회 토론이니 야간 투표니 하는 것들이요."[26] 그는 이렇게 결론지었다. "아마 당이나 당이 가야 할 방향 등에 대한 저의 관점이 사람들을 아주 화나게 했을 거예요. 나쁜 일은 아니죠. 전령도 있어야 하는 법이니까요. 하지만 인생에서 개척자라는 게 꼭 큰 보답을 얻는 직업은 아니에요."

프로다운 사고방식

리처드 카바노프Richard Cavanaugh는 내가 워싱턴으로 가기 한참 전에 매킨지 워싱턴지부의 파트너급 임원이었다. 그의 말로는 당시 "민간기업과 관련된 공공 이슈"에 관한 일을 했다고 한다.[27] 그전에는 연방정부에서 일한 적도 있는데, 관리예산국에서 '현금관리책임자'라는 흥미로운 이름을 단 직책이었다. 컨설턴트로서 그는 많은 일을 했다. 1970년대 대부분의 철도회사가 파산한 후 미국 철도 재건 작업을 했고, 역시 1970년대 뉴욕시가 거의 도산하기 직전에 재정 개편 작업도 했다. 레이건 대통령이 불법 파업을 벌인 관제사들을 모조리 해고한 후에는 미국 연방 항공관제시스템을 재건하는 일도 했다. 이후 카바노프는 하버드 행정대학원 학장과 콘퍼런스보드Conference Board CEO, ETSEducational Testing Service 회장 등을 지냈다.

레이건 행정부 초기였던 1981년 카바노프는 《월스트리트 저널》에 "왜 정부의 사업은 사업 같지 않은가"라는 제목의 글을 썼다.[28] 이 글은 기업 리더로서는 검증된 사람이 왜 정부로 가면 그토록 적응하기가 어려운지 그 이유를 네 가지 제시했다. 첫째, 계통 관리는 특수 이해관계자들에게 포착되는 경우가 많다. 그래서 직속 부하에게만 의존해야 한다. 둘째, 실질보다는 프로세스에 더 초점이 맞춰지기 때문에 정부의 통제는 과도한 반면 관리는 부실하다. 셋째, 기자회견과 국회청문회, 온갖 정부 행사 등으로 인해 관리자가 관리를 실천할 시간이 부족하다. 넷째, 의회는 기본적으로 535명이 관련돼 있어 정치적으로 중립적인 의사결정이 없다.

이런 회의적인 시각과는 별개로, 카바노프가 개인적으로 '영웅'이라고 생각하는 사람들의 목록에는 의외로 정부에서 기업으로 옮겨 와서 성공적으로 적응한 사람이 여럿 포함돼 있다. 상업 및 외교계의 거두 조지 슐츠도 있고, 월스트리트와 정부, 학계의 선구자인 빌 도널드슨Bill Donaldson도 있다. 존 화이트헤드와 로버트 루빈Robert Rubin, 존 코자인Jon Corzine, 행크 폴슨은 모두 골드먼삭스에 있다가 정부로, 그다음에는 자선사업으로 옮겨간 경우고, 피트 피터슨Pete Peterson과 데이비드 루벤스타인David Rubenstein은 둘 다 투자전문회사 및 자선사업의 개척자들이다. 또 마이클 블룸버그는 금융정보기업을 세워 대단한 성공을 거둔 뒤 뉴욕시 시장을 세 차례나 지내고, 지금은 자기 이름을 딴 회사를 운영하면서 기업자선가 및 사회운동가로도 활약하고 있다.

이들은 모두 놀라운 인생과 커리어를 만들어가는 과정에서 길이 남을 유산까지 남긴 사람들이다. 이들을 하나로 묶을 수 있는 공통점은 뭘까? 이들은 어떻게 그토록 폭넓은 인생을 만들어내면서 여러 분야에서 동시에 성공할 수 있었을까? 카바노프는 이들이 말 그대로 탁월하게 '영민하고 최고였다'는 점을 첫 번째로 꼽는다. 이 사람들은 카바노프가 '인지적 축복'이라고 부르는 것을 갖고 있었다. 이들은 모든 기업 경영자 중에서도 상위 5퍼센트 안에 들었고, 평균적인 CEO보다 훨씬 더 똑똑했다. 둘째, 사회성과 관련한 기술이 어마어마하게 뛰어났다. 존 화이트헤드나 빌 도널드슨, 조지 슐츠, 밥 루빈 같은 사람들을 보면 반드시 큰 단체에서만 빛을 발한 것이 아니다(만약 그랬다면 정치가가 됐을 것이다). 이들은 어떤 조건에서든 쉽고 빠르게 인간관계를 구축할 수 있었다.

그리고 셋째가 가장 중요한데 "이들은 프로였다. 프로다운 마음가짐을 갖고 있었다. 이들 대부분은 월스트리트나 기타 전문직들이 모인 회사에서 커리어를 시작했다. 첫 직장은 마치 학원 같은 기업이어서 확실한 훈련 프로그램을 가지고 단순한 업무 이상의 것을 가르쳤다. 이들은 문화와 가치관을 이해하는 법을 배웠다". 카바노프는 또 이렇게 덧붙인다. "전문직들이 모인 회사라는 모호한 상황을 상대하고 고객들의 문화와 가치관에 적응하는 법을 배운 것은 기업이나 정부, 비영리부문에서 적응하기 좋은 아주 훌륭한 훈련이 됐다."

프로다운 마음가짐이란 뭘까? 전문가들이 모여 있는 환경에서 시간을 보내는 것이 왜 상황지능을 높여줄까? 왜 그게 폭넓은 인생을 꾸리는 능력을 강화해줄까?

첫째, 전문가들이 모인 회사에서는 새로운 상황을 많이 공부할 수밖에 없다. 내가 매킨지에 입사한 지 얼마 안 됐을 때 동료 중 한 명이 어느 음료회사의 전략팀장으로 갔다. 얼마 후 그와 우연히 마주친 나는 어떻게 지내는지 물었다. 그는 이렇게 답했다. "좋아. 순조로운 것 같아." 그리고 이렇게 덧붙였다. "컨설턴트가 배우는 게 하나 있다면 '회사에 섞여드는 법' 아니겠어?" 지금 잠깐만 생각해봐도 전문적 조언가로 35년을 보내는 동안 나는 100개가 넘는 중요 기관 고객을 상대했다. 그중에는 고작 몇 달 또는 몇 주 자문을 제공한 곳도 있고, 수년간 자문을 제공한 곳도 있다. 어느 쪽이 됐든 고객이 하나 생길 때마다 가장 먼저 해야 할 일은 새로운 상황을 파악하는 일이었다. 나와 내 동료들의 조언을 구하러 온 그 기업을 이해하는 일이었다. 새로운 상황을 이해하는 일을 만약 '근육'에 비유할 수 있다면, 나는 정기적으로 운동을 했고 그 결과 힘이 세진 것이다.

버슨마스텔러[Burson-Marsteller]의 전 세계 CEO가 된 돈 베어[Don Baer]도 젊은 시절 비슷한 이력을 쌓았다. 그는 변호사로 시작해 저널리스트 생활을 했다.[29] 이 경험은 1994년 그가 대통령 연설담당관으로 처음 백악관에 입성했을 때 큰 도움이 됐다. "첫 대통령 연설문을 쓰기까지 저는 연설문이라고는 단 한 번도 써본 적이 없었어요. 역시 효과는 OJT(신입사원 업무훈련)가 최고더군요!" 그는 이 새로운 상황의 성격을 즉시 배워야 했고, 나중에 전략기획 및 홍보 국장이 됐을 때에는 전체 연방정부라는 상황의 성격을 파악해야 했다. "정부 안팎의 온갖 사람을 조율해야 했어요. 다들 상사가 따로 있어서 내게는 보고할 일이 없었죠. 완전히 낯선 요구와 기대를 파악하고 거기에 적응해야 했어요."

둘째, 전문가로서 서로 다른 상황에 적응하는 법을 배운다. 그 이유는 언제나 고객이 최우선이기 때문이다. 돈 베어는 이렇게 말한다. "전문직에서는 매출이 왕이 아닙니다. 고객이 왕이고, 고객의 관심사나 우리가 가진 일련의 규칙과 가치가 동기가 되는 거죠. 전문직에서는 재무 성과라는 기준이 그렇게 분명하지가 않아요. 그 대신 의미 있는 성공의 기준에 초점을 맞추죠. 바로 '고객만족'이에요. 이것은 가치이자 규칙이라서 직장을 옮기고 부문을 옮겨 다녀도 여전히 적용할 수 있습니다."

셋째, 어떤 상황이 돼도 항상 따라다니는 '고객지향'이 생긴다. 데이비드 맥코믹은 미국 재무부에 들어갈 때 이전의 전문직 경험에서 배운 고객지향이라는 태도를 그대로 가져갔다. 의회나 비영리 압력단체에서 전화가 와도, 심지어 그들이 정부에 반대하는 입장일 때에도 맥코믹은 언제나 빠르게 대응하고 존중하려고 노력했다. 예를 들어보자. "기후변화 문제를 다루고 있을 때의 일입니다. 부시 행정부에 있을 때니 기후변화 정책과 관련해서 얼마나 많은 비난을 받았을지 상상이 될 겁니다. 하지만 시에라클럽Sierra Club(대표적인 환경단체_옮긴이)이든 다른 단체든, 저는 상급자에게 전화를 걸어 솔직하게 얘기하려고 노력했습니다. 우리가 어떤 처지이고, 왜 그렇게 됐고, 내가 답할 수 있는 질문이 어디까지인지 말이죠."[30]

그는 또 바로 곁에서 행크 폴슨이 골드먼삭스에서 보낸 30년 경험을 활용하는 모습을 볼 수 있었다. "행크는 TARP를 설득할 당시 백악관 및 의회 지도부를 만나곤 했어요. 그는 그 사람들을 자신이 설득하고 신뢰를 형성해야 할 '고객'으로 보더라고요." 맥코믹은 이렇게 덧붙였다. "이런 전문직에서 일했던 경험은 문제를 다양한 차원에서 보게 해줘요. 사실에 기반을 두고 논리적으로 생각하려고 애쓰게 되죠. 그래야 어떤 선택지가 있는지 찾아내 모든 핵심 이해관계자를 상대할 수 있으니까요."

학원 같은 기업, 전문직 환경에서는 귀를 기울이고 배우고 적응하는 것이 요구됨과 동시에 엄격하고 규율이 철저하며 자기비판을 실천하는 문화가 생긴다. 돈 베어는 이렇게 말한다. "전문직이라면 끊임없이 스스로에게 이렇게 물어봐야 하죠. 내게 주어진 일을 생각할 때 내가 그 일을 제대로 해냈는가? 그렇지 않다면 어디로 되돌아가야 하는가? 나는 어디서 어긋났고 어디로 되돌아가야 이 일을 해낼 수 있는가?" 그는 수습 변호사 시절에 분석 원칙과 깊은 사고를 배웠다고 말한다. 그는 일을 제대로 하는 게 어떤 건지 배웠고, 심지어 보고서는 어떻게 쓰는지 어떻게 해야 제출할 서류를 실수 없이 접수하는지 배웠다.

젊은 시절 저널리스트였을 때도 그는 비슷한 책임감을 느꼈다. 무언가를 전달할 때에는 자체적으로 논리 정연해야 하고, 비판적 검열을 당해도 살아남을 수 있는 방식으로 보도하고 조사하고 전달해야 한다. 스티브 래트너처럼 맥코믹도 젊은 시절 저널리즘을 경험한 것이 이후의 커리어 철학에 큰 영향을 미쳤다고 말한다. "저널리스트들은 자신이 일종의 공익을 위한 일을 한다고 생각하는 듯해요. 그래서 월급이 적어도 기꺼이 그 일을 하는 거죠. 저널리스트와 그가 다루는 수많은 사람들 사이에 긴장감이 흐르는 이유는 저널리스트는 자기가 하는 일에 어느 정도 '내가 옳다'는 생각을 가지는 경향이 있기 때문이에요. 저는 제가 공무원이라고 생각한 적은 한 번도 없지만 그런 점에서는 공공업무와 정치에 관여하고 있다고 스스로 생각하죠."

프로의 마음가짐을 가지려면 새로운 상황을 귀 기울여 듣고 배워야 한다. 일하는 방식을 진화시키고 적응해야 한다. 그런 과정은 놀라운 인생과 커리어를 만들고 풍부한 경험과 통찰을 얻는 데도 도움이 된다. 또한 더 좁은 삶을 살았다면 불가능했을 인간관계와 인맥을 널리 확장할 수도 있다.

7 _____ 인적 네트워크

_____ 계획된 우연을 만들어라

그 답은 변화를 우리의 친구로 만드는 것입니다. 정보와 정보기술에 폭넓은 접근성을 갖는 것입니다. 모든 국가에서 교육과 의료, 가족 지원을 위한 보편적 시스템을 갖는 것입니다. 그리고 글로벌 경제를 구현하려고 노력하는 것입니다.

빌 클린턴 대통령, 1999년

2015년 12월 12일 토요일 메릴랜드주 포토맥

초저녁부터 차들이 속속 도착했다. 헤드라이트 불빛이 12월 중순의 어둠을 뚫고 지나갔다. 떼 지어 기다리던 주차요원들도 슬슬 행동에 돌입해 자동차들을 인근 운동장과 마당에 마련된 전용 구역으로 안내했다. 도로 끝에 경찰차 두 대가 서서 이 상황을 지켜보고 있었다. 보안 문제로 와 있는 것인지, 아니면 난장판이 벌어지지 않게 막으러 와 있는 것인지, 그도 아니면 그냥 일이거나 궁금해서 온 것인지는 알 수 없었다. 그 많은 노력에도 7시 30분쯤 되자 워싱턴 인근 메릴랜드에 자리한 이 조용하고 부유한 마을의 도로가 심하게 막히기 시작했다. 토요일 저녁임을 고려하면 더욱 놀랄 일이었다.

그렇지 않아도 웅장하고 아름답게 장식돼 있는 저택에 거대한 천막까지 연결해 뒷마당을 거의 뒤덮고 있었다. 추운 밤이었지만 빌려온 천막은 내부 난방이 지나치게 잘되는 것 같았다. 손님들은 두꺼운 겨울 외투를 벗고 아는 사람을 찾아 이리저리 돌아다녔다. 손님 명단이 결국 750명을 넘어선 것을 보면 예삿일은 아니었다.

그리고 여기 모인 사람들이 평범한 노인 750명도 아니었다. 오른쪽으로 몸을 돌려보니 존 로버츠John Roberts 연방최고법원 대법관과 동료 판사 두 명이 서 있었다. 모서리를 돌다가 나는 CNN의 무시무시한 앵커 울프 블리처Wolf Blitzer와 부딪칠 뻔했다. 고개를 들어보니 다른 저널리스트들도 눈에 들어왔다. 한쪽 구석에서는 의원들 몇 명이 모여서 대화가 한창이었는데, 일부는 얼굴을 금세 알아볼 수 있었지만 그렇지 않은 사람들도 있었다. 부엌에는 10대들이 떼로 모여 있었다. 모임 주인의 자녀들과 그 친구들이었다.

이날의 행사는 정치적인 워싱턴의 고립성과 친밀성을 풍자한 마크 라이보비치Mark Leibovitch의 《이 동네This Town》의 한 장면으로 패러디할 수도 있을 것 같았다. 그는 워싱턴을 "금박을 입힌 미국의 수도"[1]라고 불렀다. 하지만 "존이랑 에이프릴을 어떻게 아세요?"라는 질문을 하는 순간 패러디는 깨진다. 존과 에이프릴은 오늘 저녁 모임의 주인이다. 그러고 나면 대체 두 사람의 네트워크가 얼마나 넓게 걸쳐 있는 건가 하는 생각이 들 것이다. 존 로버츠가 여기 있는 이유는 그의 자녀가 존과 에이프릴의 자녀와 같은 학교를 다니기 때문이다. 에이프릴과 함께 비영리부문 운동을 펼쳤던 사람들도 있다. 그 외 몇 명은 비즈니스 파트너와 관련 회사 사람들이다. 그리고 거의 모든 사람이 존과 에이프릴 부부의 오랜 친구거나 이웃이거나 동료였다.

존 델레니^{John Delaney}와 에이프릴 델레니^{April Delaney} 부부는 매년 벌이는 명절 파티가 이 정도 규모로까지 커진 것이 당황스러울 지경이었다.[2] 에이프릴은 이렇게 말한다. "처음에는 그냥 가까운 친구 몇 명으로 시작했어요. 15년 전에 말이죠. 그런데 지금은 좀 보세요. 매년 손님 목록이 100명씩은 느는 것 같네요." 최근 몇 년 사이 두 사람의 직업적 상황이 바뀌면서 인적 네트워크의 범위와 크기가 좀 버거운 수준에까지 이르렀다는 것은 두 사람도 인정한다. 부부 못지않게 손님들도 여기 참석하는 것을 좋아한다. 아마 매년 오던 초대장이 오지 않는다면 걱정을 할 것이다.

존 델레니는 학교에서 변호사가 되는 교육을 받았다. 하지만 커리어 대부분을 사업가로 보낸 그는 마흔 살도 되기 전에 뉴욕증권거래소에 상장된 회사 두 개를 설립했다. 그는 금융 서비스 시장에서 서비스가 좀 부족한 분야를 기가 막히게 잘 찾아냈다. 1993년 그는 동업자와 함께 헬스케어파이낸셜파트너스^{Health Care Financial Partners}를 설립했다. 대형 은행들이 무시하는 소규모 헬스케어 서비스 회사들에 대출을 해주는 회사였다. 2000년에는 중소기업을 대상으로 한 대출전문회사 캐피털소스^{CapitalSource}를 공동으로 설립했다. 이들 회사 외에도 그는 메릴랜드주에서 일자리 창출을 목표로 하는 비영리그룹 블루프린트메릴랜드^{Blueprint Maryland}를 설립하기도 했다.

델레니는 언제나 정치에 참여하고 있었다.[3] 가장 최근에는 민주당 기금조성인 겸 후원자로 활동했다. 2012년에는 거기서 한 발 더 나아가 의원 선거에 나가기로 했다. 구체적으로 말하면 메릴랜드 제6선거구였다. 그곳의 남쪽 경계가 포토맥에 있는 이 도로와 거의 일치했다. 공화당 텃밭이었던 이곳은 최근 의회에서 민주당의 승리 확률을 높여주는 쪽으로 다시 선거구획을 그었다. 하지만 현직 주 상원의원인 로버트 J. 가라지올라[Robert J. Garagiola]가 여전히 압도적 지지를 받고 있었다. 그래서 델레니는 거대해진 자신의 인적 네트워크를 활용해 선거 자금 모집과 지지 선언, 현장 자원봉사단 모집을 추진했다.

델레니의 선거 출마 연설은 비록 반대당이긴 했지만 미트 롬니의 대통령 출마 연설과 많이 닮아 있었다. "저는 일자리를 어떻게 창출해야 하는지 알고 있습니다. 소상공인의 필요성도 알고 있습니다. 소상공인이야말로 일자리 창출의 원동력입니다." 그해 또 다른 연설에서는 상대 후보가 델레니를 "파렴치한 기업에 대출을 해주고 터무니없이 높은 이자율로 업체들을 착취했다"라고 비난했다.

2012년 4월 델레니는 민주당 예비선거에서 54퍼센트 대 29퍼센트로 가라지올라에게 깜짝 놀랄 대승을 거뒀다. 그리고 11월에는 공화당의 10선 현직 의원인 로스코 바틀릿[Roscoe Bartlett]을 59퍼센트 대 38퍼센트로 이겼다. 2013년 1월 국회 선서를 하면서 델레니는 전직 상장기업 CEO로는 유일하게 113대 미국 국회의원이 됐다.

그러나 델레니는 정치적 목적으로 인적 네트워크를 모은 것은 아니었다고 강력히 주장한다. "2011년까지는 선거에 출마할 생각을 한 번도 해본 적이 없어요. 결단을 내린 후에는 그렇게 넓은 지인들을 활용할 수 있다는 게 큰 도움이 됐죠. 그중에는 제가 경험과 통찰을 구할 수 있는 사람도 많았고요. 하지만 여러모로 그건 그냥 우연이었어요. 그냥 25년간 이 주변에서 일하고 살면서 알게 된 사람들이니까요."

우연히도 존 델레니는 내가 2007년 워싱턴으로 옮겼을 때 알고 있던 몇 안 되는 사람 중 한 명이었다. 델레니의 인맥이 런던까지 미쳐서가 아니다(물론 그는 런던에도 인맥이 있었겠지만). 아내와 나는 오래전에 로키산맥 북부로 휴가를 갔다가 델레니 부부를 만났다. 양쪽 다 자녀를 데려왔는데 아이들이 비슷한 또래였다. 이후 우리는 간간이 연락을 했다. 그러다가 우리가 워싱턴 인근으로 옮기고 집을 샀는데 집에서 바로 모퉁이만 돌면 델레니 부부의 집이 있었다. 양쪽 집의 둘째 아이들은 강 건너 버지니아에 있는 같은 고등학교를 다녔고, 큰아이들은 둘 다 노스웨스턴대학교에 들어갔다. 에이프릴도 노스웨스턴대학교를 졸업했다. 이와 같이 인맥이라는 게 마치 "서로 스토킹하는 것처럼" 엮일 때가 있다.

워싱턴으로 이사했을 때 나는 40대 후반이었다. 혹자는 본격적으로 인적 네트워크의 덕을 볼 수 있는 '커리어의 절정기'라고도 생각하는 나이다. 매킨지를 보면 분명히 그랬다. 파트너급 임원들은 앞선 20~30년간 구축해놓은 네트워크를 바탕으로 지속적인 고객관계를 만들려고 노력했다. 고객 서비스를 업으로 하는 회사에서 고참이 할 일은 그런 것이다. 하지만 내 네트워크는 거의 런던에 있었다. 그러니 새로운 나라, 새로운 도시로 옮기기로 결정한 이상 새로운 네트워크를 구축할 수밖에 없었다. 거의 무에서 유를 창조하는 수준이었다.

새로운 도시에 왔다는 것에는 일종의 해방감 같은 것이 있었다. 나는 아무 행사나 나타나도 됐다. 기금 조성 행사, 자선행사, 싱크탱크 세미나, 정치 모임…… 어디든지 나를 아는 사람이 없다는 사실을 의식하지 않고 참석할 수 있었다. 누구든 내 억양을 들으면 내가 이쪽 사람이 아니라는 것을 알 수 있었기 때문이다. 나는 타고난 성격은 전혀 외향적이지 않지만 보통은 낯선 얼굴이 가득한 곳에 가더라도 일종의 연결점을 만들 수 있다고 스스로를 설득하는 편이었다.

내 아내 앨리사^{Alyssa}는 나보다 힘들어했다. 내가 매킨지에 갖고 있는 것 같은 기본적 지원 시스템이 없었기 때문이다. 하지만 아내는 타고난 사업가였고 네트워크를 잘 구축했다. 얼마 지나지 않아 아내는 이 지역 기업과 비영리부문 사회에서 기반을 굳혔다. 그런 다음 곧 조지타운대학교 맥도너 경영대학원에서 프로그램 책임자로 일하며 사업가로서 자신의 직업 경험을 활용했다. 워싱턴에서 새로이 다양한 네트워크를 만드는 데 집중하는 동안에도 우리는 런던 및 전 세계 매킨지 네트워크와 끈을 놓지 않으려고 최선을 다했다.

폭넓은 네트워크를 만들어라

사람들에게 성공의 비결이 뭐냐고 물어보면 놀랍게도 그들은 다른 사람을 이야기한다. 멘토가 길을 열어줬다거나 중요한 갈림길에서 방향을 잡아줬다고 말이다. 동업이나 협업을 하고 있던 사람이 복잡한 문제를 해결하게 도와줬거나 어려운 난관을 풀어줬다고 한다. 심지어 경쟁자 덕분에 긴장의 끈을 놓지 않을 수 있었다고도 말한다. 그리고 무엇보다 친구와 가족이 어려운 시기를 이겨내도록 도와주고, 크고 작은 승리를 축하해줬다고 한다. 네트워크는 누구나 갖고 있다. 그저 누군가는 다른 사람보다 좀 더 넓고 다채로운 네트워크를 가진 것뿐이다.

그렇기 때문에 인적 네트워크를 확장시키는 것이 모자이크 원리의 다섯 번째 조각이 된다. 이것은 더 폭넓은 인생을 만드는 길이기도 하고, 동시에 그렇게 했을 때 얻을 수 있는 가장 중요한 결과이자 혜택이기도 하다.

폭넓은 인생을 산 사람들을 만나보면 다양한 분야의 많은 사람을 알고 지낸다는 것을 금세 알 수 있다. 단순히 이런저런 이름을 주워섬긴다는 뜻이 아니다. 물론 어떤 사람들은 때때로 이름을 들먹이는 것도 나쁘지 않다고 생각한다. 하지만 네트워크는 자기 강화 특성이 있다. 더 많은 인맥은 더 많은 인맥을 낳고, 더 좋은 인맥은 더 좋은 인맥을 낳으며, 더 넓은 인맥은 더 넓은 인맥을 낳는다. 네트워크를 확장하는 것은 단순히 커리어를 쌓는 도구가 아니라 즐거움과 자부심의 원천이다. 내용과 딱 맞는 제목인 《소셜 애니멀》에서 데이비드 브룩스는 대부분의 사람이 네트워크를 만드는 동기를 이렇게 설명한다. "바깥 마음outer mind이 개인의 힘을 보여준다면, 안쪽 마음inner mind은 관계의 힘과 사람들 사이의 보이지 않는 결속력을 보여준다."[4]

직업적 네트워크를 구축하는 첫 단계는 동료나 고객, 동창, 지인들과 점심을 함께하는 것처럼 간단한 것이 될 수도 있다. 그런 다음 개인적 또는 직업적으로 중요한 일이 있을 때 축하의 글을 보내거나 서로 관심 있어 하는 주제에 관한 기사를 보내주는 식으로 연락을 이어간다. 대부분의 사람들이 이와 비슷한 행동을 하는데, 이 방법이 가장 자연스럽고 편안하게 네트워크에 다가가는 방법인 셈이다. 하지만 네트워크를 확장하기 위해 훨씬 더 의식적이고 계획적인 방법을 취하는 사람도 있다.[5] 할리우드 프로듀서 브라이언 그레이저Brian Grazer가 그런 경우다. 그레이저는 수십 년째 다른 프로듀서들, 특히 론 하워드Ron Howard와 협업해 영화나 TV 프로그램을 만들어왔다. 그중에는 〈아폴로 13〉이나 〈페어런트후드〉처럼 시대의 고전이 된 작품도 있다.

이런 협업 과정에서 그레이저는 '호기심 대화'라는 것을 조직하는 습관을 이어왔다. 처음에는 엔터테인먼트 업계 내부에서만 이런 대화를 했다. 그의 얘기를 들어보자. "오랫동안 저한테는 규칙이 하나 있었는데 '엔터테인먼트 업계에서 날마다 새로운 사람 한 명을 만나자'는 거였습니다." 하지만 그는 금세 호기심이 이는 누구에게나 연락하고 아무 분야에 있는 사람과 대화를 나눠도 된다는 사실을 깨달았다. "자신이나 자신의 일에 관해 얘기하고 싶어 하는 사람이 쇼 비즈니스 업계에만 있는 건 아니더라고요. 누구나 그렇죠." 그는 호기심이 많은 덕분에 누릴 수 있는 가장 큰 혜택 중 하나가 '다른 사람의 눈으로 세상을 볼 수 있다는 점'임을 깨달았다. 어쩌면 자신이 놓쳤을 수도 있는 방식으로 세상을 볼 수 있는 것이다.

그래서 그레이저는 이 호기심 대화를 나누는 사람의 범위를 넓히기 시작했다. 그런 대화라면 뭐든 영화 및 텔레비전 프로듀서로서의 일에 도움이 될 거라고 믿었다. 설령 그렇지 않다고 해도 개인적으로나마 뭔가 얻는 것이 있을 것이었다. 그레이저는 "과학, 음악, 대중문화에서 무슨 일이 일어나고 있는지" 들어보고 싶었다. 단순한 사건이 아니라 "사건을 둘러싼 태도와 분위기"를 알고 싶었다. 그는 "다른 공동체"에 속한 사람들을 찾아 나섰다. 물리학, 의학, 모델, 비즈니스, 문학, 법률계까지 말이다. 그런 세계에서 활동하려면 어떤 기술이나 성격이 필요한지 알아봤다. 이런 대화 덕분에 그레이저는 스스로 "경험과 관점의 저장고"라고 부르는 것을 만들 수 있었다.

그레이저는 혁신과 실험의 과정에는 이런 종류의 호기심이 아주 중요하다고 생각한다. 그 예로 그는 의학을 든다. 손을 씻고 개인위생을 챙기는 것부터 복강경과 로봇수술에 이르기까지 이 분야가 꾸준히, 때로는 급격히 발전하는 주된 이유는 호기심 덕분이다. 그러니 "기꺼이 자신에게 익숙한 관점에서 벗어나 그런 발전의 혜택을 직접 누리려는 의사가 있어야만 한다." 그레이저는 혁신과 창의성에 대한 P&G의 방법론을 인용하면서, 폭넓은 네트워크가 "계획된 우연을 만들어준다"라고 주장한다. 훌륭한 아이디어를 발견할 방법을 찾아준다는 얘기다. 그는 이렇게 말한다. "호기심은 창의성에 불을 붙이는 도구입니다. 혁신에 접근하는 기술이고요."

페이스북의 최고운영책임자인 셰릴 샌드버그Sheryl Sandberg도 애덤 그랜트의 책 서문에서 독창성과 창의성에 관해 같은 말을 했다. "위대한 것을 만들어내는 사람이 반드시 깊은 전문지식을 갖고 있어야 하는 것은 아니다. 오히려 아주 폭넓은 시각을 찾아다녀야 한다."[6] 바로 그렇기 때문에 창의성은 참신하고 유용한 콘셉트를 만들어낼 수 있느냐에 좌우된다. 그 가능성을 가장 높이는 길은 호기심을 자극하고 네트워크를 넓히는 것이다.

그레이저에게 호기심은 네트워크를 구축하고 그에 필요한 능력과 용기를 키워주는 도구다. 그는 사람이나 사물에 대한 호기심을 이렇게 정의한다. "나는 호기심을 관리 도구로 사용한다. 나는 호기심을 이용해 사교성을 높인다. 호기심을 이용해 자신감을 키운다. 틀에 박히는 것을 피하고 걱정을 관리한다." 그는 호기심 대화가 정보와 인맥, 인간관계의 네트워크 만들기를 도와준다고 믿는다. 시간이 지나면 정보관들에게 정보의 네트워크가 쌓이는 것과 비슷하다. 또 호기심이 자신을 보다 창의적이고 혁신적으로 만들어준다고 생각한다. 하지만 그레이저는 그렇게 말하면 조금 추상적인 콘셉트처럼 보일 수 있다는 점을 깨달았다. 사람들은 보통 더 구체적인 것을 필요로 한다. 창의성이나 혁신과 달리 호기심은 원래 더 접근하기 쉽고, 대중적이고, 알아보기 쉽고, 실행하기 쉽다.

브라이언 그레이저 자신은 모르고 있을 수도 있지만, 그는 과학자들이 '인간 중심성anthropocentricity'이라고 부르는 것의 발전된 형태를 보여준다. 에드워드 O. 윌슨은 이것을 "우리 자신과 동료 인간들에게 매료되는 것"[7]이라고 정의한다. 인간 중심성은 대부분의 사람들에게 자연스러운 것이다. 왜냐하면 "우리는 도무지 만족을 모르는 호기심에 찬 종種이기 때문이다. 주제가 개인적인 우리 자신이거나 내가 아는 사람, 또는 알고 싶은 사람이라면 말이다". 바로 이 아주 인간적인 현상이 중요한 역할을 하여 우리는 "사회지능을 날카롭게 다듬는다. 이 능력 면에서는 인간이 지구상 모든 종 중에서 단연 천재다". 우리는 호기심을 나 자신과 동료들에게로 자연스럽게 돌려 이야기의 모자이크를 짜 맞춘다. "왜냐하면 우리의 머리가 그렇게 돌아가기 때문이다. 지나간 시나리오와 앞으로 펼쳐질 여러 대안적 시나리오 사이를 끝없이 배회하게 돼 있다."

하지만 네트워크 구축에 관해 브라이언 그레이저보다 훨씬 더 편안하게, 심지어 무심하게 생각하는 사람도 있다. 아무리 그래도 내가 최근에 만났던 젊은 변호사 친구보다는 좀 더 경각심을 갖는 게 좋을 것이다. 그 자리는 법조계 자선단체에서 마련한 자선 만찬이었다. 그 친구는 연방대법원 판사 루스 베이더 긴스버그^{Ruth Bader Ginsburg} 옆에 앉아 있으면서도 판사를 알아보지 못했다. 그는 자신이 최근에 맡았던 사건들 이야기를 한참 늘어놓고 나서 마침내 고령이지만 영민한 이 판사를 돌아보며 물었다. "그건 그렇고, 선생님은 어떤 일을 하세요?" 판사는 1초의 주저함도 없이 이렇게 답했다. "아, 저도 변호사예요!"

실리콘밸리의 기업가로 세계 최대의 직장인 온라인 네트워크 링크트인을 설립해서 운영하고 있는 리드 호프먼^{Reid Hoffman}이라면 직업적, 개인적 네트워크의 힘을 결코 우습게 보지 않을 것이다.[8] 그는 그토록 상징적인 기업을 세울 수 있게 해준 네트워크 구축이라는 작업이 미국인의 경험 속에 뿌리내리고 있다고 했다. 벤저민 프랭클린이 정착시킨 커피하우스의 전통 속에도, 알렉시스 드 토크빌이 1835년에 했던 발언 속에도 들어 있다고 말이다. 토크빌은 이해관계와 대의, 가치관에 따라 곧잘 협회를 만드는 기질만큼 눈에 띄는 미국인의 특이점도 없다고 했다.

호프먼은 이 전통이 아직 건재하다고 생각한다. 그리고 "작고, 비공식적인 네트워크"가 아이디어나 연줄을 퍼뜨리는 데 아주 효율적이라고 믿는다. 그는 이렇게 조언한다. "기회가 더 많이 흘러들게 하고 싶다면 이런 모임과 협회에 최대한 많이 가입하고 참여하라." 많은 사람들에게 해당할 만한 모임으로는 옛 동창들을 접할 수 있는 동창회와 현재 및 과거 직장 동료 모임이 있을 것이다. 이런 네트워크는 공통의 관심사와 다양한 경험이 건강하게 섞인 모임이다. 한 예로 호프먼은 자신이 창단 멤버로 속해 있고 '페이팔 마피아'PayPal mafia'라고 부르는 모임의 독특한 성격을 소개한다. "훌륭한 자질을 가진 사람들, 공통의 연결선, 나눔과 협력의 정신, 한 지역이나 업계에 집중돼 있을 것. 이런 요소들이 기회를 풍부하게 만들어줍니다. 이런 요소가 있는 곳이라면 어떤 네트워크나 모임이든 공들일 가치가 있을 거예요."

복잡한 문제를 해결하기 위한 소셜 트레이딩

폭넓은 네트워크를 구축하고 나면 다양한 지식 분야와 문화, 활동, 업계에 걸쳐 타인들과 진정으로 상호 도움이 되는 관계를 맺게 된다. 이런 관계 덕분에 자신의 직장이나 생활에 영향을 줄 수 있는 트렌드를 일찌감치 알아볼 수도 있다. 그리고 리드 호프먼이 '네트워크 문해력network literacy'9이라고 부르는 것을 갖게 될 것이다. 즉 직업적 또는 사회적 네트워크로 돌아다니는 정보에 어떻게 접근하고, 그것을 어떻게 파악해 그 정보로부터 혜택을 볼 것인지 알게 된다는 얘기다.

무엇보다 자신의 계책을 통해서건, 또는 타인들과의 협력을 통해서건 복잡한 문제를 해결하는 능력이 강해진다. 자연스럽게 더 폭넓고 협업적인 방식으로 문제에 접근할 테고 다양한 출처에서 나온 통찰과 시각을 활용하게 된다. 그리고 혼자서 해결해야 하는 상황이 벌어지지 않을 것이다. 단순히 나처럼 보이고 말하는 사람들을 찾으려고 하는 것이 아니라 더 폭넓고 다양한 문제 해결 팀을 구성할 수 있다.

이렇게 폭넓게 결합된 네트워크의 효과를 톡톡히 본 곳이 이스라엘이다. 댄 세노르와 사울 싱어가 《창업국가》에서 설명한 것처럼 이스라엘 기업가들은 위계서열적이지 않은 국민문화 덕을 많이 보고 있다.[10] 이스라엘 문화에서는 모든 기업인이 작은 커뮤니티나 군복무 경험, 지역적 인접성 또는 비공식 경로 등을 통해 네트워크로 얽혀 있다. 이스라엘인들의 독특한 네트워크 개발 방식은 군대에서 시작된다. 군대는 젊은 남녀가 서로 다른 문화나 사회경제적, 종교적 배경을 가진 사람들과 가까이서 집중적으로 일하게 되는 이스라엘 사회의 독특한 환경이다. 이스라엘식 네트워크 개발 모형은 이런 특이성 때문에 오랫동안 군복무 참여를 통해 이어지고 있다.

이스라엘 군대에서는 러시아 출신의 젊은 이스라엘인과 에티오피아 출신, 텔아비브에서 나고 자란 종교가 없는 젊은이, 예루살렘에서 온 대학생, 농장 출신의 키부츠인이 모두 한 부대에 있을 수도 있다. 이들은 2~3년간 종일 함께 복무하고 그 이후에도 20년이 넘도록 매년 예비군 활동을 함께한다. 이스라엘 방어군은 늘 예비군에 크게 의존해왔기에 이스라엘 사람들은 해마다 몇 주는 직장이나 가정을 떠나 부대원들과 함께 훈련을 받는다. 장시간 작전을 펼치고 경계 근무를 서고 훈련을 받는 동안 수많은 미래의 비즈니스 네트워크가 만들어진다.

미국 MIT 인간역학연구소Human Dynamics Laboratory의 샌디 펜틀랜드Sandy Pentland 팀은 '소셜 탐험가social explorer'[11]라는 용어를 만들어냈다. 확장된 네트워크 속에 숨겨진 지식을 적극적으로 탐색하는 사람들을 가리키는 말이다. 연구팀은 한 프로젝트에서 2011년 한 해 동안 온라인 플랫폼 이토로^{eToro}에서 활동한 데이트레이더 160만 명을 대상으로 상대적 성공률을 관찰했다. 이토로 플랫폼을 통하면 개인 트레이더들은 서로의 움직임이나 포트폴리오, 과거 실적을 열람할 수 있다. 이 사이트는 정보가 워낙 투명하게 공개돼 있어서 힘들이지 않고도 여러 거래가 의사결정이나 결과에 어떻게 영향을 미치는지 정확하게 측정할 수 있다.

이토로를 이용하는 투자자는 크게 두 가지 거래 유형으로 나뉜다. 하나는 '싱글 트레이딩^{single trading}'으로 이용자가 혼자서 활동하는 보통의 주식 거래다. 다른 하나는 '소셜 트레이딩^{social trading}'인데, 이때 이용자는 다른 이용자의 싱글 트레이딩을 정확히 그대로 따라 한다. 이용자들은 또한 모든 다른 이용자의 거래를 자동으로 '팔로우'할 수도 있고, 실시간 거래를 보면서 어떤 거래를 따라 할지 고를 수도 있다.

MIT 연구진이 목격한 바에 따르면 한 그룹의 투자자들은 거의 완벽하게 고립돼 활동했다. 다른 트레이더를 팔로우하는 일도 거의 없었고 완전히 혼자서 자신의 투자 전략과 전술을 만들어냈다. 이와는 정반대인 '고도로 연결된 트레이더' 그룹은 다른 트레이더들을 많이 팔로우하거나 팔로우당했고, '사회적 학습'을 활용해 투자 전략의 지침으로 삼았다. 물론 그 중간쯤 되는 그룹도 있었다. 중간 그룹은 싱글 트레이딩과 소셜 트레이딩을 섞어서 사용하는 모습을 보였다.

연구진이 이렇게 서로 다른 투자방식의 수익률을 분석해봤더니, 비록 개인의 판단을 대체할 수는 없었지만 사회적 학습은 상당히 큰 효과를 내고 있었다. 싱글 트레이딩과 소셜 트레이딩을 잘 판단해가며 섞어서 사용한 사람들은 싱글 트레이더나 단순히 무리를 추종하는 거래자들보다 지속적으로 30퍼센트나 더 높은 투자수익률을 달성했다.

샌디 펜틀랜드는 네트워크 기반의 소셜 트레이딩에 관한 이 조사에서 많은 교훈을 도출했다. 그는 소셜 탐험가들이 새로운 사람과 새로운 아이디어를 탐색하는 데 어마어마하게 많은 시간을 쓰는 사람이라고 생각한다. 이들은 많은 종류의 사람들과 관계를 맺으며 폭넓게 다양한 사고에 노출되려고 노력한다. 그런 다음 탐험가들은 자신이 수집한 아이디어를 다른 사람들에게 한번 던져보고 공감대를 형성하는 아이디어만 골라낸다. 물론 아무런 보장이야 없지만, 그렇게 해서 최선의 아이디어가 도출되기를 기대해보는 것이다.

보통 이런 과정을 거쳐 등장하는 아이디어는 신중한 미시전략들이다. 시절이 좋을 때 선택할 수 있는 행동 예시인 것이다. 그런 다음 소셜 탐험가는 훌륭한 미시전략들을 조합해서 좋은 전체 의사결정이 나오기를 바란다. 펜틀랜드는 폭넓은 네트워크를 활용하는 가장 효과적인 방법으로 다양한 관점을 찾아낸 다음 내가 이미 알고 있는 것, 즉 그 폭넓은 시각이 없었다면 내가 했을 행동과 견주어보는 것을 꼽는다. 소셜 트레이딩이라는 개념은 자신의 직관적 문제 해결법을 대체하려는 것이 아니고, 압력 시험을 통해 그 해결책을 강화하려는 것이다.

소셜 트레이딩은 폭넓은 삶의 아주 귀중한 한 가지 특징이 될 수 있다. 소셜 트레이딩의 효과를 가장 크게 보려면 완전히 다른 지식 분야의 사람들과 직접적, 개인적 관계를 맺어야 한다. 정책 입안자, 기업인, 비영리 사회적 기업가와 어울려야 한다. 아시아, 아프리카, 남아메리카, 유럽 출신의 사람들과 친구가 돼야 한다. 브라이언 그레이저가 말했던 '마음의 호기심'을 적용한다면 많은 것을 배울 것이고, 자기 삶은 물론 타인의 삶에도 더 현명하게 '투자'할 수 있을 것이다.

소셜 트레이딩은 또한 전혀 관련 없어 보이는 공동체들 사이에 꼭 필요한 다리 역할을 할 수 있도록 도와준다. 대표작《나 홀로 볼링》에서 로버트 퍼트넘 Robert Putnam 은 우리가 물려받은 시민적 제도와 관행이 점점 영향력을 발휘하지 못하고 있다고 말한다.[12] 그는 개인으로서 우리가 서로 다시 잘 연결되려는 결심을 굳혀야 한다고 했다. 그래야만 익숙한 집단행동의 패러독스를 극복할 수 있다는 것이다. 그는 이렇게 말한다. "개인적으로 좀 더 활기찬 공동체를 선호하더라도 나 혼자서는 그 목표를 이룰 수 없다. 개인들의 행동이 공동체 복원에 충분하지는 않겠지만 꼭 필요한 일인 것은 분명하다."

오늘날 사회에서 단절된 두 공동체 사이에 다리를 제공할 수 있는 특히 중요한 기회가 두 가지 있다. 첫째는 하버드대학교 행정대학원 교수 잭 도너휴와 리처드 젝하우저가 '협치 collaborative governance '라고 부르는 것이다. 두 교수는 서로 다른 통치집단 governance groups, 특히 정부, 기업, 비영리부문 출신 사람들이 공통의 문제를 해결하기 위해 좀 더 체계적으로 협업하면 '전력 승수 효과 force multiplier effect '[13]가 생긴다고 말한다.

지금 협치의 수준이 기대 이하인 이유는 사회적 네트워크가 협소하고 약하다 보니 우리가 아직 서로 다른 공동체 사이에 신뢰와 존경의 토대를 구축하지 못했기 때문이다. 특히 공공정책 영역에서는 정부 리더들이 단순히 정책을 정의하고 기관들을 관리하는 수준이 아니라 협업을 지휘할 책임까지 지고 있다. 과학철학자 에드워드 O. 윌슨은 이렇게 말한다. "가장 복잡한 형태의 사회 조직은 고차원적 협업으로부터 만들어진다. 군집의 구성원 중 누군가는 이타적 행동을 실천해야 진전이 있다."[14]

윌슨은 소셜 트레이딩의 발전을 위해 또 하나의 중요한 기회 영역으로 우리를 인도한다. 바로 여러 지식 분야 사이의 '통섭'이다. 통섭이란 독립적이고 무관한 출처들에서 나온 증거가 '융합'되어 강력한 결론이 나올 수 있다는 원칙이다. 개별 출처의 증거가 충분히 탄탄하지 않더라도 여러 출처에서 나온 증거가 서로 일치하면 결론은 설득력을 가질 수 있다. 협치는 점점 힘들어지는 듯해도 통섭은 오히려 더 쉽고 자연스러워지는 듯하다. 학과 간 협동과정으로 만들어지는 대학 내 수많은 연구소들, 또 최고의 싱크탱크들이 꾸리는 태스크포스 팀만 봐도 그렇다.

윌슨은 실제로 자연과학에서 학문의 경계가 빠르게 사라지고 있다고 말한다. 그가 발랄하게 "통섭이 당연시되는 움직이는 잡종 영역"이라고 부르는 것으로 대체되고 있다는 것이다. 그리고 이는 단순히 과학 안에만 국한되는 이야기가 아니다. 통섭은 더 넓은 학문 분야에 걸쳐 증가해야만 하고 또 그럴 기회도 있다. "과학자와 철학자가 협업하기에 지금보다 더 좋은 때는 없었습니다. 특히나 생물학과 사회과학, 인문학의 경계 지대에서 만난다면 말이죠."

그러니 소셜 트레이딩의 양을 증가시켜 네트워크를 확장한다면 당신도 만성적이든 갑작스럽든, 크고 복잡한 이슈들을 해결하는 데 한몫할 수 있다. 우리 사회에서 흔히 단절돼 있는 요소들 사이에 협치를 일으키고 발전시킬 수 있다. 사람들이 힘을 모아 강화시켜야 할 공동체의 결속력을 튼튼하게 만들 수 있다. 사람들은 충분히 서로에게 끌리기 때문이다.

주요 대학교를 이끄는 사람은 협치와 통섭이라는 두 기회 모두의 중심에 놓인다. 대학교 학장을 두 번이나 지낸 정치학 교수이자 여러 기업의 이사회 구성원이기도 한 나널 O. 코헤인은 이렇게 말한다. "대학처럼 복잡한 기관의 리더가 되면 인간 삶의 수많은 측면을 새로운 시각에서 보게 돼요. 온갖 이력을 가진 사람들, 그러니까 자선사업가와 주부, 작업 인부와 박사후연구원post doctor, 도서관 사서와 주의회 의원까지 알게 되고 함께 일하게 되니까요."[15] 그녀는 이렇게 덧붙였다. "리더가 됐을 때 좋은 점 중 하나는 나의 지평을 넓힐 수 있다는 거예요. 지도부와 추종자들 사이에서 '울타리 너머 저쪽'은 어떻게 생겼을까 하는 호기심을 충족할 수 있죠."

그녀는 좋은 리더십이 어디서 나오는지에 관해 이렇게 말한다. "한 상황의 다양한 측면을 폭넓게 이해해야 해요. 마음을 확장해서 상상해보거나 좋은 자문자의 말에 귀를 기울일 때 가능한 일이죠." 복수의 시각을 수집하고 이해관계 집단을 한자리에 불러 모으는 것도 좋은 방법이다. 폭넓고 다양한 네트워크를 통해 가능한 이 과정은 이른바 '주변시'를 길러준다. 주변시란 주위를 둘러보고 환경의 미세한 변화를 측정해 다음 기회나 위협이 어디서 올지 알아채는 습관이다.

더 폭넓은 팀을 구성하라

1950년대 말 보스턴 웨스트엔드 지역에는 최근 이민 온 사람들이 탄탄한 공동체를 이루고 있었다. 주로 이탈리아 출신이 많았지만 다 그런 것은 아니었고 생활환경은 열악했다. 다들 보스턴 중하층민이 겪는 어려움을 겪어본 탓에 이곳 사람들은 탄탄하게 결속한 것처럼 보였다. 아주 견고한 사회적 '네트워크'처럼 보였다. 이웃이 누구인지 알고, 서로 편을 들어주고, 다 함께 공동체를 지켜내는 듯했다.

이 결속력은 시 정부가 웨스트엔드 재개발 계획을 시작하면서 시험을 받게 됐다. 재개발이 진행되면 현대식 고층건물이 들어서서 기존 공동체를 몰아낼 거라는 소문이 돌았다. 당시 사람들도 알고 있었듯이 웨스트엔드는 그야말로 위기였다. 웨스트엔드 공동체가 그들이 소중히 여기는 삶의 방식을 지키기 위해 투쟁에 나설 거라고 모두가 예상했다.

당시 사회학자 허버트 갠스^{Herbert Gans}가 웨스트엔드 공동체에 잠입했다.[16] 독일 이민자 출신인 갠스는 나중에 미국사회학협회의 회장이 되는 인물이다. 갠스가 관찰한 내용은 이랬다. 웨스트엔드 주민들은 힘을 합해 자신들의 소중한 공동체를 구하려고 하는 대신 금세 산산이 흩어져 '전투력'을 잃어버리고 말았다. 외지인이나 낯선 이들을 수상쩍게 여기면서도(특히 정부 사람들을 '사기꾼들'로 취급하며 그냥 무시했다) 그 권력에 참여할 생각은 없어 보였다. 시청에 행사할 영향력도 돈도 없었던 그들은 원했다고 한들 불평의 목소리도 제대로 내지 못했을 것이다. 그들은 신임하는 리더 아래에서 조직화하지 못했고, 협소한 네트워크의 제약을 받다 보니 자기네 공동체 밖에 있는 보스턴 사람들에게 영향력을 행사할 수 없었다.

갠스는 도시 재개발 계획의 옳고 그름을 떠나 네트워크가 깊긴 하지만 협소하게 고립돼 있던 점이 웨스트엔드 주민들에게는 저주였다고 결론지었다. 그는 이렇게 말했다. "웨스트엔드를 불도저로부터 구할 수 있는 사람은 외지인들뿐이었다. 그 고통을 가장 심하게 느낀 것은 원래 주민들이었는데 말이다." 만약 이 공동체가 다른 공동체와 연결될 수 있었다면, 이웃에게 임박한 운명에 대한 우려를 다른 시각을 가진 사람들과도 잘 소통할 수 있었을 것이다. 그리고 자신들의 이해관계를 비슷한 믿음이나 목표를 가진 사람들의 이해관계와 연결할 수 있었다면 좀 더 효과적으로 조직화하여, 적어도 그 동네가 가장 소중하게 생각하는 일부 측면이라도 보존할 수 있었을지 모른다.

네트워크에 깊이는 있으나 범위가 좁다면 어느 분야에서든 효과적인 팀 구성에 심각한 제약을 받을 수 있다. 이런 네트워크는 사람들을 협소하게 규정된 '메아리' 속에 가둬둔다. 나널 O. 코헤인은 리더들이 흔히 이 점을 잘 상상하지 못한다고 했다. "백악관부터 지역단체에 이르기까지 많은 리더가 자신이 이미 알고 있고 신뢰하는 사람을 영입한다. 이렇게 되면 객관적으로 생각하기가 어렵다. 우정이 문제가 안 되는 곳이라고 해도 권력을 손에 쥐면, 이른바 '관계의 진정성'은 파괴될지도 모른다."[17]

팀원으로 일할 때 능력을 잘 발휘하는 사람은 긍정적인 영향을 끼칠 가능성이 훨씬 더 크다. 특히나 이제 막 구성되는 팀을 돕는 입장이라면 말이다. 게다가 폭넓고 다양한 사람들을 모아 팀을 구성한다면 긍정적 영향력을 배가할 수 있다.

스탠리 S. 리토Stanley S. Litow는 커리어를 이어오는 내내 폭넓고 다양성을 갖춘 팀을 구성했다. 2010년 리토는 IBM의 기업 시민의식 프로그램을 운영했는데 당시 그는 기술업계의 '기술 불일치'skills mismatch[18] 때문에 어려움을 겪기 시작했다고 한다. 아니 어떻게 IBM 같은 회사가 공석을 채우는 데 어려움을 겪을 수가 있단 말인가?

그래서 리토는 P-테크P-TECH라는 것을 만들었다. 중학교 3학년에서 대학교 2학년 사이의 학생들을 대상으로 영어나 예술, 과학, 수학 같은 핵심 과목은 여전히 들으면서 고성장 중인 기술직에 필요한 특정 기술을 갖출 수 있게 해주는, 분야와 학과를 넘나드는 프로그램이었다. 이런 프로그램은 이전에도 있었지만 이번 프로그램은 폭넓고 종합적인 리토의 네트워크를 활용할 수 있었기에 성공 가능성이 높아졌다.

그는 이렇게 기억했다. "뉴욕시립대학교 총장님과 오랫동안 좋은 관계를 유지하고 있었기 때문에 그분을 영입할 수 있었죠. 우리 CEO 지니 로메티Ginny Rometty는 뉴욕 시장이었던 마이클 블룸버그와 긴밀하게 작업했었고요. 우리가 이 어려운 도전과제를 달성하려면 두 분이 꼭 필요했어요. 그리고 저도 뉴욕에 있는 학교에서 부총장을 지냈기 때문에 지금의 총장님이나 그 팀원들에게 신뢰를 줄 수 있었어요."

P-테크 프로그램은 아주 순조롭게 출발했다. 리토가 동원할 수 있는 인적 네트워크 덕택도 있었다. 3년 차에는 300명이 넘는 학생이 참여했고, 참여자 절반 이상이 3년 내에 뉴욕주 고등학교 졸업 요건을 넘겼다. 지금은 연방정부와 주정부의 지원도 받고 있다. P-테크 시설을 방문한 오바마 대통령은 연방정부가 1억 달러의 장학금을 지원하겠다고 발표했다. 또 뉴욕 주지사 앤드루 쿠오모는 P-테크 프로그램의 일환으로 마련된 대회에서 우승한 열여섯 명에게 주 장학금을 수여하겠다고 발표했다.

페이스북의 CEO 마크 저커버그와 최고운영책임자 셰릴 샌드버그는 사내에 폭넓고 종합적인 인적 네트워크를 구축하고 싶었다. 하지만 자신들이 채용한 컴퓨터 엔지니어의 수가 150명이라는 기준선을 넘어섰다는 사실을 깨달았다. 150은 이른바 '던바의 수Dunbar's number'라고 해서 영국의 진화 심리학자이자 인류학자인 로빈 던바Robin Dunbar가 개발한 이론을 기초로 한 숫자이다.[19] 처음에는 영장류를, 그다음에는 인간을 대상으로 했던 던바의 연구는 인간들 사이 사회적 집단의 최적 크기는 150명이라고 했다. 인간의 두뇌가 이른바 '사회적 그루밍social grooming'을 통해 가까운 유대관계를 유지할 수 있는 규모가 그 정도라는 것이다. 던바는 영국인이 평균적으로 크리스마스카드를 153장 보낸다는 예시를 들면서 이렇게 결론 내렸다. "이 한도는 대뇌 신피질에서 직접적 영향을 받은 것으로 집단의 크기를 제한한다. 신피질의 처리 용량이 개인적으로 안정적인 관계를 유지할 수 있는 개인의 숫자를 이렇게 제한한 것이다."

페이스북처럼 급성장하는 기업에서 그때는 사업부 간, 부서 간에 폐쇄적 조직문화가 급속도로 생기기 시작할 즈음이었다. 《사일로 이펙트》에서 질리언 테트Gillian Tett가 말한 것처럼 소니나 마이크로소프트 같은 다른 기업들이 바로 이런 현상 때문에 결과적으로 큰 손해를 봤다. 페이스북은 이것을 아주 심각한 경고 신호로 받아들였다. 그래서 새로 채용되는 직원들은 경력이나 나이에 상관없이 전원 입사와 동시에 6주간의 입문교육을 실시하겠다고 선언했다. 교육을 받는 사람들이 같은 팀에 들어갈 것도 아니고 곧 회사 곳곳으로 흩어지겠지만, 이렇게 함께 보낸 경험이 그들 사이에 지속적인 연결선을 만들어주리라 생각한 것이다.

이 입문교육 프로그램은 '부트캠프(신병훈련소)'라고 불렸고(지금도 그렇게 불린다), 이 프로그램을 만든 앤드루 보스워스Andrew Bosworth를 '캠프 교련관'이라고 불렀다. 보스워스는 자신이 만든 사회성 혁신 프로그램을 이렇게 설명한다. "비슷한 시기에 부트캠프에 입소한 동기들끼리는 유대감이 생기는 경우가 많습니다. 그런 유대관계는 서로 다른 팀으로 흩어진 후에도 오랫동안 지속되죠. 부트캠프는 팀 간의 소통을 늘려줄 뿐만 아니라 성장하는 기술회사에서 아주 흔히 생기는 폐쇄적 조직문화를 막아줍니다."

테트는 페이스북이 계속 팽창하면서 자연스럽게 회사가 특정 업무 수행을 전담하는 여러 프로젝트 팀으로 개편됐다고 말한다. 하지만 부트캠프라는 콘셉트는 그런 프로젝트 팀 위에 부서라는 공식적 경계로는 규정될 수 없는 또 다른 비공식적이고 사회적인 유대관계를 덧씌웠다. 그 결과 프로젝트 팀들은 딱딱하게 경직되어 내부만 들여다보는 집단이 되지 않을 수 있었고, 직원들은 자신의 작디작은 그룹만이 아니라 회사 전체에 소속감을 느낄 수 있었다.

페이스북은 거기서 멈추지 않고 사회적 경험을 한 단계 더 발전시켰다. 최고기술책임자인 마이크 슈뢰퍼Mike Schroepfer의 말을 들어보자. "온갖 연구 결과를 보면, 사람들을 움직이고 서로 부딪치게 할수록 대화와 교류가 훨씬 늘어난다고 하죠." 페이스북 경영진은 개방적인 하나의 덩어리로서 모든 사람들이 서로 무작위로 충돌할 수 있는 회사를 구상해봤다. 그렇게 해서 나온 것이 페이스북이 선마이크로시스템스Sun Microsystems로부터 인수한 실리콘밸리 사옥의 건축 디자인이다. 그 결과 회사 전 부서에 걸쳐 '해커톤의 밤hackathon nights'이라는 것이 생겼다. 해커톤의 밤이 되면 사람들은 자신의 일상적인 프로젝트에서 벗어나 다른 팀 사람들과 일하면서 평소 업무와는 다른 일을 해야 한다.

이런 이야기들은 핵심 비즈니스와 정부 프로그램을 전달하는 데 폭넓은 네트워크가 얼마나 중요한 역할을 할 수 있는지 잘 보여준다. 서로 다른 기관 사이에서도 그렇고, 페이스북처럼 같은 조직 내에서도 말이다. 마이크 슈뢰퍼는 이렇게 말한다. "전에는 한 번도 이런 사회적 측면을 생각해본 적이 없어요. 그렇게 중요해 보이지 않았죠. 그러다가 페이스북에 왔는데 이게 얼마나 중요한지 알겠더라고요. 진짜 큰 변화였어요! 그리고 이제는 계속 이 생각만 하게 되네요."

커리어 선택권을 넓혀라

존 베리John Berry는 국회 직원으로 있다가 메릴랜드 주정부에 합류하고, 워싱턴에 있는 국립동물원 경영진이 됐다가 미국 연방정부 인사책임자로 가고, 결국에는 오스트레일리아 주재 미국대사가 된 자신의 커리어를 돌아보며 말했다. "있잖아요, 제가 직접 지원한 직업은 첫 번째 직업뿐이에요. 그다음에는 제 커리어에 일종의 '계획된 우연'이 생기더라고요. 사람들이 일을 좀 해달라고 했어요. 곤란한 일이 있는 사람, 나를 아는 사람, 나를 신뢰하는 사람, 같은 문제로 전에 나와 함께 일해봤던 사람들이 말이죠."[20]

사람들에게 어떻게 지금의 일을, 또는 그전의 일을 하게 됐느냐고 물어보면 존 베리처럼 대답하는 경우가 많다. 아는 사람, 동료, 멘토,

친구가 그 일을 제안했거나 만들어줬다고 말이다. 분야를 넘나들며 일하거나 완전히 다른 전문직에 종사하는 사람이라면 특히 더 그렇다. 놀랄 일은 아니다. 미국 노동통계청의 추산에 따르면 전문 직종의 70퍼센트는 네트워크를 통해 사람을 채용한다고 한다. 그리고 이 수치는 애초에 공개적으로 공고를 낸 경우만을 계산한 것이다.

셰릴 샌드버그는 이미 정부와 기업에서 폭넓은 전문적 커리어를 쌓은 사람이다. 그런 그녀가 《린 인》에서 이렇게 말한다. "커리어를 가장 흔하게 비유하는 말은 '사다리'다. 하지만 대부분의 직장인에게 이런 콘셉트는 더 이상 적용되지 않는다."[21] 2010년을 기준으로 평균적인 미국인은 18세에서 46세 사이만 놓고 봤을 때 열한 개의 직업을 거친다. 물론 그중에는 온갖 형태의 인턴십과 파트타임 일도 포함돼 있다. 샌드버그는 이렇게 말한다. "하나의 조직이나 기업에 입사해서 그곳에 머물며 사다리를 오르던 시대는 지나갔다." 그러면서 오늘날 커리어 경영을 비유할 더 적절한 말은 아마도 '정글짐'일 것이라고 말한다. 물론 그렇게 직장을 한 번 바꿀 때마다 폭을 더 넓힐 기회가 주어지고 자신이 지닌 체조 능력을 시험받게 될 것이다.

커리어 개발에서 네트워크의 중요성에 관한 연구를 처음으로 시작한 사람은 미국의 사회학자이자 스탠퍼드대학교 교수인 마크 그라노베터(Mark Granovetter)였다. 그는 1974년 출판한 《일자리 구하기》라는 책에서 인적 네트워크의 다양성과 질이 직업적 기회에 영향을 준다는 사실을 탐구했다.[22] 그의 연구는 보스턴 교외 지역에 초점을 맞췄는데 282명의 남자가 어떻게 구직 기회를 찾아냈고 이후 채용이 됐는지를 분석했다.

그의 연구 결과는 "뭘 아느냐가 중요한 것이 아니라 누구를 아느냐가 중요하다"라는 오래된 격언을 학문적으로 뒷받침한 셈이 됐다. 하지만 그의 연구는 격언의 진짜 의미를 밝혀내는 데 도움을 줬다. '가족이나 친구와의 튼튼한 개인적 유대관계를 활용하는 것보다는 오히려 서로 다른 영역에서 일과 관련된 네트워크를 다량 보유하고 있어야 매력적인 직장을 찾아낼 가능성이 높아진다'는 뜻 말이다. 그라노베터는 또 자신이 일하는 분야 말고 다른 분야에 네트워크가 있는 사람은 커리어의 방향에 큰 변화를 만들 가능성이 훨씬 높다는 사실도 보여줬다. 다시 말해 직장을 구하고 커리어의 주안점을 바꾸는 문제라면 내가 가진 네트워크의 폭이 모든 것을 결정한다는 것이다.

한편 직업적 네트워크는 때로 (어쩌면 자주) 한두 명의 간격을 두고 작동한다. 버락 오바마가 새 정부의 인사 업무를 관장해달라고 전화를 걸어왔을 때 존 베리는 이 신임 대통령을 잘 모르는 상태였다. 존 베리를 추천한 사람들은 그가 주정부에 있을 때와 국립동물원을 운영할 때 한 일을 높이 평가한 사람들이었다. 나중에 보니 대부분의 대통령 지명 인사(3,000명이 넘는다)는 대통령을 전혀 몰랐다. 채워야 할 공석이 있다는 사실을 아는 사람이 자기가 아는 누군가를 추천한 경우가 보통이었다.

폭넓은 인생과 커리어를 꾸릴 작정이라면 네트워크를 구축하는 데에도 더 폭넓은 접근법을 사용해야 한다. 그 주된 이유는 채용 담당자가 정해진 익숙한 인재 풀 밖으로는 눈길을 잘 돌리지 않기 때문이다. 그러니 그가 눈을 돌릴 수 있게 도와줘야 한다. 작은 단체는 보통 추천과 구전으로 운영되고 대기업은 직원을 조달할 때 일종의 '약한 네

트워크' 접근법을 사용한다.[23]

우리 사회의 고질적 특징이 돼버린 공동체 분리 현상은 직업 세계에도 그대로 적용된다. 부문 간 협업을 증진하는 데 방해가 되는 구조적 장애물 중 하나(깊이를 선호함으로써 생겨난 결과 중 하나이기도 하다)는 우리가 좁게 정의된 직업 커뮤니티 내에 뭉쳐 있으면서 '외부인'의 진입을 차단하는 장벽을 세운다는 점이다. 이런 직업 집중 현상은 링크트인 같은 직업 네트워크 서비스를 통해 무심결에 악화될 수도 있다. 링크트인은 꼬리표 붙이기 시스템을 통해 운영되는 측면이 있기 때문이다. 따라서 이런 질문을 해볼 필요가 있다. 내 링크트인 네트워크에 포함된 사람들이 똑같은 부문이나 산업에 속해 있지는 않은가? 이 목록은 얼마나 더 다양성을 가질 수 있을까? 아마 단일한 분야에 고도로 집중돼 있는 사람이 많을 것이다.

개인이 자신과 비슷한 사람들과 주로 교제하려고 하는 경향성은 '같은 것을 사랑'하는 측면으로 충분히 이해될 수 있다.[24] 우리는 나와 공통점을 가진 사람과 관계를 만드는 것이 당연히 더 쉽다. 성장한 도시, 다녔던 학교, 일하는 업계가 같은 사람들 말이다. 그 결과 대부분의 사람들은 '같은 것을 사랑'하는 것을 필터이자 적합성을 담보하는 도구로 삼아 '폐쇄적인 네트워크' 안에서만 활동하게 된다. 유사성은 연결을 만들어낸다. 다른 인종과의 결혼이 왜 상대적으로 적은지, 10대들은 왜 자기만큼 술을 마시고 담배를 피우는 아이들과 친구를 맺는지, 공동체들은 왜 스스로를 고립시키는지 설명해주는 이유다. 이는 또한 왜 대부분의 국가에서 한 선거구의 유권자들이 몇 안 되는 똑같이 이기적이고 자기강화적인 정치적 커뮤니티로 양극화되는지, 어떤 경우에는 미국처럼 겨우 두 개의 지배적 정당 가입으로 이어지는지 설명하는 데도 도움을 준다.

마찬가지 이유로 제프리 밀러^Geoffrey Miller는 《메이팅 마인드》에서 사람은 비슷한 지능을 가진 배우자를 고르는 성향이 있다면서 다른 사람의 지능을 측정하는 가장 쉬운 방법은 그들이 쓰는 언어라고 했다.[25] 이런 패턴을 이어갈 때 생기는 구체적 부작용 중 하나는 사람들이 자신도 모르게 적어도 살면서 언젠가는 나와 가까운 지역에 산 적이 있는 사람을 배우자로 고르게 된다는 점이다. 남자와 여자는 자신과 같은 인종적, 사회적, 종교적, 교육적, 경제적 배경을 가진 사람, 비슷한 외적 매력, 지능, 태도, 기대, 가치관, 관심을 가진 사람 그리고 비슷한 사회성과 소통 능력을 가진 사람과 사랑에 빠진다는 것을 수많은 연구가 보여준다.

이런 경향성은 채용 과정에서도 뚜렷하다. 많은 회사가 알게 모르게 '공항 테스트'를 쓰고 있다. 주로 이렇게 질문해보는 방법이다. '만약 내가 이 사람과 출장을 가는데 항공편이 몇 시간 연착해 꼼짝없이 공항에 있어야 한다면 나는 과연 이 사람과 함께 있고 싶을까?' 나 역시도 많이 사용했을 만큼 합리적인 질문이다! 그러나 그 결과 사람들끼리 사이는 좋으나 보통은 단일한 특성을 보이는 문화적 환경이 조성된다.

〈계보: 엘리트 학생은 어떻게 엘리트 직장을 구하는가^Pedigree: How Elite Students Get Elite Jobs〉라는 연구에서 노스웨스턴대학교의 로렌 리베라^Lauren Rivera 교수는 엘리트 회사의 현대적 채용 프로그램이 가진 '폐쇄 집단 편향^closed circle bias'을 보여줬다.[26] 그리고 내재된 편향을 제거하려면 정확한 목표를 갖고 개입할 수밖에 없다고 밝혔다. 그녀의 연구는 1980년 대부터 시작해서 시대 순으로 많은 대기업들이 꼼꼼하게 계획된 채용 프로그램을 통해 전문적 학교나 학문기관, 기타 검증된 인재 풀처럼 미리 자격을 갖춘 지원자를 우선시하는 쪽으로 옮겨 간 과정을 보여줬다. 그녀는 이렇게 말한다. "그래서 결국 기업들이 리스트를 만들어내는 일이 생겨났다. 바로 학교 리스트다. 그것을 보면 핵심 학교가 있고 타깃 학교가 있다. 핵심 학교는 보통 가장 유명한 학교고 타깃 학교 역시 꽤 유명한 학교다. 핵심 학교가 가장 큰 사랑을 받는다. 하지만 기본적으로 이들 핵심 학교나 타깃 학교 출신이 아니라면 이런 회사에 들어가기는 극단적으로 어렵다."

더 높은 자리에서도 비교적 협소한 방법이 사용되는 경우가 많다. 이런 자리는 헤드헌팅 회사가 미리 검증되고 '딱 맞는' 사람들로 채워준다. 이미 해당 조직에 몸담고 있거나 업계나 부문의 비슷한 자리에 있는 사람과 전체적으로 유사한 자격을 갖췄다면 '문화가 맞는' 것으로 간주된다. 심지어 나는 가장 대표적인 엘리트 학교라고 할 수 있는 하버드대학교와 펜실베이니아대학교의 MBA 및 공공정책 합동과정 학생들과 대화를 나누면서도 이런 경향을 목격했다. 학생들은 기업이나 정부에 있는 잠재적 고용주의 흥미를 끌기가 쉽지 않다고 말했다. 고용주들이 왜 "다른 부문의 과목"까지 공부했느냐며 불신을 보인다는 것이다.

이것이 바로 우리가 폭넓은 인생을 살려고 할 때 종종 반대에 부딪히는 이유다. 알게 모르게 갖고 있는 편향 때문에 인재를 찾아내는 과정이 더 편협해지고 이런 식으로 후보를 하나씩 지워나가기 때문이다. 하지만 자기가 가진 선택권을 확장하고 탐색하는 일 그리고 확장되고 상호 지원적인 인맥을 구축하는 일을 긍정적으로 생각해봐야 할 이유는 많다.

첫째, 커리어를 만들어줄 네트워크를 구축하는 일은 더 이상 공공부문이냐 민간부문이냐, 또는 정부냐 기업이냐의 문제가 아니다. 비영리부문의 전문직이 늘어나면서 요즘은 꽤 크고 그럴듯한 '세 번째 옵션'이 생겨났다. 많은 사람들, 특히 이제 갓 졸업하는 사람들은 이세 번째 부문에 많은 기대를 걸고 의지하고 있다. 비영리부문 기관들의 규모와 중요성이 분명히 커지고 있기 때문이다.

어떻게 보면 비영리부문은 종종 '유사 정부 부문'처럼 보이기도 한다. 하지만 비영리부문은 정부와 기업을 잇는 진짜 다리 역할을 할 수 있다. 전 세계 여러 경영전문대학원에서 "사회적 기업가"나 "비영리부문 경영" 같은 수업들이 큰 인기를 끌고 있다. 빌 노벨리가 조지타운대학교 경영대학원에서 개설하고 있는 것 같은 과정 말이다. 이런 종류의 과정으로 지원금도 많이 몰리고 있다. 한 예로 와튼스쿨에서는 현재 '사회적영향력운동본부'Social Impact Initiative'가 특히 유명하다.[27] 조지타운대학교도 1,000만 달러의 초기 지원금을 받아 비크사회적기업혁신센터Beeck Center for Social Entrepreneurship and Innovation를 세웠는데, 이 센터를 이끌고 있는 소널 샤Sonal Shah는 백악관 사회혁신책임자를 지낸 인물이다.

칼라일그룹Carlyle Group의 설립자 중 한 사람으로 하버드대학교 케네디 행정대학원의 주요 후원자인 데이비드 루벤스타인은 이런 운동의 강력한 지지자이자 후원자다. 그의 말을 들어보자. "1970년대에 제가 정부에 들어갔을 때는 나라를 위해 일하는 전형적인 방법이 정부에 들어가는 거였습니다. 군대나 평화봉사단, 연방정부에서 일하는 거죠. 지금은 나라를 위해 다양한 서비스를 제공하는 NGO가 많아요. 그러니 그런 NGO에 들어가서 열심히 일하는 방법도 있고, 아니면 스스로 사회적 기업가가 되어 NGO를 만들 수도 있습니다. 지금은 공공 서비스 분야에서 일하고 싶은 사람들이 꼭 정부에 들어가야 한다고 생각하지는 않는 것 같아요."[28]

이런 현상을 가장 잘 보여주는 가장 앞선 사례는 게이츠재단[Bill and Melinda Gates Foundation]이다. 이 재단은 전통적 분류에 따르면 사회적 영역 비영리단체로 구분되겠지만 어쩐지 그보다는 훨씬 큰일을 하는 곳으로 보인다. 자금줄이 든든한 야심찬 프로그램들을 통해서 전 세계 보건 및 교육, 기술개발 교육을 강화하고 있기 때문이다. 이 재단은 많은 정부보다 '소프트 파워[soft power]'를 발휘하고, 많은 기업들보다 재무적으로나 조직적으로 더 세련된 편이다. 2009년 안 덩컨[Arne Duncan]은 야심찬 개혁 어젠다를 가지고 미국 교육부장관이 됐을 때 게이츠재단에 수뇌부의 인재 몇 명을 요청했다. 그리고 이 사람들이 바로 덩컨의 대표작 '레이스 투 더 톱[Race to the Top]' 대회를 만들었다.

세계자연기금과 스미소니언연구소에 있을 때 로저 샌트는 환경 분야 비영리단체들이 규모도 커지고 내용도 정교해지는 것을 목격했다. "옛날에는 그저 대의뿐이었죠. 지금은 데이터와 전문 토론기구로 그 대의를 뒷받침하고 있어요. 이전과는 차원이 다른 영향력을 행사하고 있죠."[29] 물론 이런 비영리단체의 이사회에는 기업이나 정부를 경험한 사람이 많아서 끼리끼리 모여 자기강화적인 네트워크를 구축하기도 한다. 예컨대 클라이미트웍스[ClimateWorks]는 "위험한 기후변화를 예방하고 전 세계 번영을 촉진하는 공공정책을 지지하는" 비영리단체다. 이들은 "강력한 경영진과 세계 최고의 과학기관, 규제기관, 기업, 환경기관, 학계 출신들이 포함된 이사회를 통해" 이 위기에 맞서고 있다. 클라이미트웍스 같은 단체에는 흔히 정부의 리더나 기업 리더 출신들이 대표로 있는데, 로저 샌트가 "어떤 사업에든 필요한 추진력, 즉 다시 자금 지원자들을 찾아가 원하는 것에 투자하게 만들 능력"이라고 부르는 것을 통해 활발히 활동한다.

긍정적으로 생각해볼 두 번째 이유는 학술기관의 크기와 범위가 증가하고 있기 때문이다. 본인 세대에서 부문을 넘나들며 성공한 리더 중에는 학계에서 커리어를 시작한 사람이 많다고 했던 리처드 카바노프의 말을 기억할 것이다.[30] 그 말도 맞지만 그런 식의 접근법을 취할 수 있는 선택의 여지는 더 커졌다. 이제 대학이나 대학원 졸업자들은 변호사나 회계사, 경영 컨설턴트 같은 서비스 전문직뿐만 아니라 마이크로소프트, 구글, 페이스북, 애플, IBM, 시스코(매년 엄청난 수의 대학원생을 채용하고 있다), 게이츠재단과 포드재단으로도 갈 수 있다.

이런 학술기관들은 뛰어난 사람을 끌어들이고 계속 보유하려는 비슷한 목표를 갖고 있다. 이들은 공공부문, 민간부문, 비영리부문을 넘나드는 전문직 네트워크를 만들고 그들이 중요한 이슈에 참여하도록 격려하려는 노력을 키우고 있다. 다른 일도 더 많이 할 수 있겠지만 이들이 문제의 일부가 되기보다는 해결책의 일부가 되려고 열심인 것만큼은 분명해 보인다.

우리 사회에서 기관 구조와 인간관계의 균형을 다시 찾아가고 있는 것은 조금 위안이 되는 일이다. 협업이나 직업적 개발이라는 측면에서는 선택권이 늘어나고, 튼튼한 인적 네트워크를 통해 더 많은 혜택을 누릴 수 있을 것이기 때문이다. 인적 네트워크가 커리어 개발에 도움이 된다는 연구 결과도 위안이 된다. 연구 결과는 '약한 고리'의 중요성을 보여준다. 반드시 유리한 위치에 있거나 전형적인 경로를 통할 필요는 없지만, '레이더 스크린'에는 떠 있어야 한다. 그리고 그 여부는 내가 구축해놓은 인적 네트워크의 폭과 다양성에 크게 의존한다.

약한 고리와 휴면 고리를 활용하라

2012년에 30년 넘게 일한 매킨지를 떠나기로 결심했을 때 나는 좀 다른 일을 해보고 싶었지만 그게 뭔지는 몰랐다. 단기적으로는 미니 포트폴리오를 짜듯이 다양한 활동을 통해 지평을 넓혀보고 싶었다. 매들린 올브라이트Madeleine Albright와 샌디 버거Sandy Berger가 이끄는 올브라이트스톤브리지그룹Albright Stonebridge Group에서 일하면서 지정학에 관해 아주 빠르게 많은 것을 배울 수 있었고, 케네디 행정대학원에서 학생들을 가르치고 연구를 진행했다. 이 책도 그 덕분에 나오게 되었다. 또 워싱턴에 있는 셰익스피어극단에 자문을 제공하면서 다시 극장 예술과 연결되기도 했다. 그러고 나면 선택권과 통찰이 늘어날 거라고 생각했고 실제로도 그랬다. 이때 나는 폭넓은 인적 네트워크를 활용하는 법에 관해 그동안 내가 배운 것들을 일부 적용해봤다.

첫째, 나는 일종의 비공식적인 '개인적 멘토위원회'를 만들었다. 이들은 대부분 나를 오랫동안 알았고 내 관심사와 열망을 잘 알고 있었다. 이런 종류의 위원회 조직과 관련해 내가 배운 가장 중요한 교훈은 다양한 분야의 사람들을 끌어와서 다양한 시각이 포함되게 해야 한다는 점이었다. 《직장에서 원하는 것과 필요한 것을 얻는 방법Ask … How to Get What You Want and Need at Work》에서 프리실라 콜먼Priscilla Coleman은 이렇게 조언한다. "위원회에 포함되는 사람들은 당신보다 뭔가를 더 많이 알고 더 잘하든가, 아니면 다른 관점을 제공할 수 있어야 한다. 친구들만 위원회에 앉히면 당신의 성장과 발전에 도움이 되지 않는다."[31]

위원회에는 내가 오랫동안 알고 지낸 동료도 있고 내가 직업적 멘토로 생각하는 사람도 있다. 예를 들면 이언 데이비스Ian Davis는 매킨지 전체의 대표이사를 지냈고, 래리 카나렉Larry Kanarek은 워싱턴에 있는 친한 친구이자 매킨지 동료이다. 하지만 나는 좀 다른 종류의 사람들에게서도 조언을 구했다. 예컨대 레이철 카이트Rachel Kyte는 세계은행에 근무하는 내가 좋아하는 고객이고, 잭 도너휴와 존 헤이그John Haigh는 케네디 행정대학원에서 만났으며, 나이리 우즈Ngaire Woods는 옥스퍼드 대학교에 새로 생긴 블라바트닉 행정대학원 학장이다. 내가 만든 리스트는 꽤 길었고 나는 그들과 나눈 대화를 기억하는 한 많이 정리했다. 이들과 나눈 대화들은 결국 이 책을 쓸 때 아주 유용했다. 말하자면 브라이언 그레이저가 인정하고 칭찬했던 '호기심 대화'의 일종이 된 셈이다.

우연찮게도 무척 귀중한 조언 중 하나는 내가 오랫동안 알았고 많은 것을 공유한 사람에게서 얻었다. 런던의 전직 매킨지 임원으로 내가 '동료 멘토'로 생각하는 팻 버틀러Pat Butler는 내가 매킨지에서 배운 것을 활용해볼 수 있는 작은 전문직 서비스 회사를 찾아보라고 격려

해줬다. 그때 그가 한 말은 이후 내 마음에서 한 번도 떠나지 않았다. "우리 같은 사람이 아는 게 하나 있다면, 정말 훌륭한 직업적 파트너 십을 만드는 법 아니겠어?"[32]

둘째, 나는 내 인적 네트워크에 있는 사람 중에서 비교적 '약한 고리'를 가진 사람들에게 연락해봤다. 우리가 흔히 강한 고리라고 생각하는 사람들은 친한 친구와 동료들이다. 내가 함께 자랐고 정말 신뢰하는 사람들 말이다. 나에게는 이언 데이비스나 팻 버틀러 같은 사람이 강한 고리다. 반면에 약한 고리는 더 넓은 지인들이다. 비교적 단기간 알았거나 덜 중요한 방식으로 알았던 사람 말이다.

이번 장 앞에서 언급했던 스탠퍼드대학교의 사회학자 마크 그라노베터는 사람이 사는 동안 강한 고리로부터 대부분의 도움을 받는다는 직관적인 가정을 시험해볼 작정이었다. 그라노베터는 전문직, 기술직, 관리직에 있는 사람 중에서 최근 직장을 바꾼 사람을 대상으로 설문조사를 실시했다. 거의 17퍼센트의 사람들이 새 직장에 관한 소식을 강한 고리를 통해 알았다고 했다. 친한 친구나 믿는 동료가 열심히 일자리를 찾아준 모양이었다.[33]

하지만 놀랍게도 28퍼센트에 가까운 사람이 새로운 직장에 관해 약한 고리를 통해 들었다고 했다. 실제로 사람들은 약한 고리로부터 도움을 받을 가능성이 훨씬 큰 것 같았다. 그라노베터는 "강한 고리는 유대감을 주지만, 약한 고리는 다리가 돼준다"라고 설명했다. 약한 고리의 사람들이 새로운 정보를 더 효율적으로 접하게 해준다는 얘기다. 강한 고리는 똑같은 사회 집단 내에서만 돌아다니고 우리가 듣는 것과 똑같은 기회를 듣는 경향이 있다. 내가 이미 알고 있는 것에 보태주는 것이 많지 않은 것이다. 반면에 약한 고리는 다른 네트워크와 다른 기회의 흐름에 접근하게 해줄 가능성이 크다.

이 상황에서 나에게 가장 직접적인 도움이 됐던 약한 고리는 해리 클라크^{Harry Clark}였다. 그가 지금의 내 직장을 찾도록 도와줬을 당시 나는 클라크를 안 지 1년 남짓밖에 되지 않았고, 우리가 의미 있는 대화를 나눈 것은 대여섯 번밖에 되지 않았다. 홍보 및 정부 업무의 베테랑인 그는 동업자와 함께 클라크와인스톡^{Clark Weinstock}이라는 회사를 설립해 대형 마케팅회사에 팔았고, 당시에는 브런즈윅그룹^{Brunswick Group}을 비롯한 여러 회사 및 개인의 선임 자문으로 있었다. 그는 이렇게 말했다. "흠, 브런즈윅이 미국 경영 책임자를 찾고 있어. 자네가 할 수도 있을 것 같은데."[34]

클라크는 와튼스쿨의 애덤 그랜트 교수가 "이타적 기버^{otherish giver}"[35]라고 부르는 데 해당하는 사람이다. 그랜트의 연구는 다양한 부문과 업계 그리고 직책에 걸쳐 성공한 사람 중 다수는 다른 사람에게 이바지하는 데 초점을 맞추는 사람들임을 보여줬다. 그들이 성공하는 핵심 이유는 우리가 도움을 필요로 할 때 '언제나 찾는 사람'이 되기 때문이다. 우리는 나 또는 내가 챙기는 사람이 어려움에 처했을 때 '가장 먼저 누구에게 전화할지'를 안다. 그 사람은 직접 도와줄 수는 없을지 몰라도, 도와줄 수 있는 사람을 알고 있다. 그런 사람은 자연히 본능적으로 통합적인 네트워크를 구축한다. 실제로 이런 사람들은 '네트워크의 다리' 또는 '스위치'가 된다.

하지만 애덤 그랜트의 분석을 보면 '이타적 기버'는 온전히 이타적인 '희생적 기버^{selfless giver}'보다 더 크게 성공하는 경우가 많다. 그 이유를 그는 이렇게 설명한다. "끊임없이 불태우는 사람들은 타인의 이해관계를 나보다 우선시한다. 자신의 시간과 에너지를 희생하며 장기적으로 나눠 줄 수 있는 자신의 능력을 약화시킨다. 성공을 유지하는 사람들은 타인을 위한 관심과 자신의 이해관계 사이에서 조심스럽게 균형을 잡는다." 이런 '이타적 기버'는 자신과 타인의 이해관계를 거의 동시에 염두에 둔다. 이들은 전통적 의미의 '기브 앤드 테이크give and take'에 해당하는 일대일 대응을 구하지 않는다. 하지만 자신이 네트워크를 구축하면서 투자한 것에 대한 수익은 얻기를 바란다.

해리 클라크의 도움을 받아 나는 내가 설정한 과정의 3단계로 옮겨 갈 수 있었다. "'휴면 고리' 중 일부를 되살려라.' 휴면 고리는 약한 고리의 또 다른 형태로 생각할 수도 있다. 예전에는 자주 보고 잘 알던 사이였으나 이제는 관계가 소원해진 사람들이 전형적인 예다. 나이가 들어서 좋은 점은 많지 않지만, 한 가지 좋은 점은 나이 들수록 휴면 고리도 늘어난다는 점이다. 그리고 연구에 따르면 그런 고리들은 과거보다 더 소중해진다.

경영학 교수 대니얼 레빈Daniel Levin과 조지 월터Jorge Walter, 키스 머니건Keith Murnighan은 휴면 고리를 주요 조사 대상으로 연구를 이어오고 있다. 세 사람은 이렇게 말한다. "성인은 일생 동안 수천 개의 인간관계를 축적하지만, 인터넷이 생기기 전만 해도 활발히 유지되는 관계는 주어진 시기마다 100명에서 200명을 넘지 않았다."[36] 세 교수는 휴면 고리를 다시 깨우는 어려운 일을 해냈을 때 과연 어떤 일이 일어나는지 연구 중이다.

예컨대 한 연구에서 교수들은 200명이 넘는 경영자들에게 최소

3년 이상 잠자고 있던 휴면 고리를 되살려보라고 요청했다. 각 경영자는 옛날 동료 두 사람에게 연락해서 진행 중인 프로젝트에 관한 조언을 구했다. 그리고 동시에 현재 동료 두 사람에게도 동일한 프로젝트에 대한 조언을 구했다. 나중에 이들이 받은 조언을 평가한 교수들은 휴면 고리에서 얻은 조언이 현재의 고리에서 얻은 조언보다 더 많은 가치가 있었다고 결론 내렸다.

그 이유는 휴면 고리가 현재의 더 강한 고리보다 독창적인 의견을 제공했기 때문인 것으로 보인다. 연락이 끊어진 동안 그 사람들은 나와는 다른 새로운 경험을 하며 참신한 아이디어와 시각을 수집했다. 또 만나는 사람들이 더 늘어나기도 했다. 휴면 고리를 깨울 때 좋은 점이 또 하나 있다. 약한 고리를 활성화시키거나 새로운 고리 하나를 만드는 것만큼 힘들지는 않다는 점이다. 레빈과 동료들은 이렇게 말했다. "잠자고 있던 관계를 다시 잇는 것은 완전히 처음부터 다시 관계를 만드는 것과는 다르다. 사람들은 관계가 다시 이어졌을 때 여전히 신뢰감을 갖고 있다."

휴면 고리의 또 다른 이점은 우리가 그런 고리를 꽤 많이 갖고 있다는 점이다. 도움이나 조언 또는 새로운 정보가 필요할 때 약한 고리는 금방 다 없어져버릴 수도 있다. 하지만 도움이 되는 것으로 검증된 휴면 고리는 잔뜩 갖고 있을 가능성이 크다. 세 교수는 40~50대인 사람은 30대에 비해 휴면 고리를 깨웠을 때 더 많은 가치를 얻을 수 있음을 발견했다. 또 30대는 20대보다는 더 많은 도움을 받았다. 애덤 그랜트가 다음과 같이 말한 것처럼 말이다. "휴면 고리는 네트워크에서 소홀히 취급된 가치다."

내가 매킨지 다음의 선택지를 고민하고 있을 때 나는 50대였다. 그래서 잠자고 있는 관계가 아주 많았고 특히나 유럽과 미국 양쪽에 걸쳐 있었다. 나는 그중 꽤 많은 관계를 되살렸고 당신이 이 책에서 봤던 사람들이 바로 그들 중 일부다. BBC의 토니 홀, 귀 기울여 듣는 기술에 관해 알려준 버니 페라리 같은 사람들 말이다.

하지만 휴면 관계 중에서 가장 큰 행운은 브런즈윅그룹 설립자들과의 관계였다. 나는 앨런 파커Alan Parker(이제는 앨런 '경'이 됐다)를 15년간 알고 지내며 간간이 연락을 이어왔다. 우리는 2000년 로열셰익스피어극단 이사회에서 함께 활동했다. 또 2005년 매킨지가 영국 미디어로부터 맹공격을 받고 있을 때도 앨런과 그의 동료 닉 클레이던Nick Claydon이 미디어에 관해 조언을 많이 해줬다. 앨런 파커와 함께 브런즈윅을 설립한 루이스 찰턴Louise Charlton과 앤드루 펜윅Andrew Fenwick은 이후 그들이 워싱턴지부를 설립하려고 처음 알아볼 때 내게 연락해 조언을 구했었다.

앨런과 경영진은 내가 정말로 미국 경영 파트너 자리에 적임자라고 결론 내렸고, 이후 나는 이 일을 하고 있다. 나는 기쁘고 감사한 마음으로 내가 만들어놓은 폭넓은 네트워크, 그러니까 나의 멘토위원회, 약한 고리들, 휴면 고리들을 되돌아볼 수 있었고, 그중 일부는 더 이상 '휴면' 관계가 아니다.

한편 나는 이 책을 출판하겠다는 목표를 이루면서도 비슷한 길을 걸었다. 매킨지의 출판 책임자이자 《포천》의 전 편집자이기도 한 릭 커클랜드Rik Kirkland도 사실상 내 멘토위원회의 위원이나 마찬가지였다. 특히 《하버드 비즈니스 리뷰》에 실린 세 부문의 리더십에 관한 내 원고도 그가 편집과 제출을 도와줬다. 잭 도너휴, 존 헤이그, 리처드 젝하우저 역시 휴면 고리였다. 앞의 두 사람은 나와 학교 동기이고 지금은 세 사람 다 케네디 행정대학원의 교수이다. 세 사람은 내가 첫 연구를 시작하는 데 도움을 줬다. 그리고 와튼스쿨의 두 교수 애덤 그랜트와 위톨드 헤니스^{Witold Henisz}는 내가 《하버드 비즈니스 리뷰》에 글을 싣기 전에는 모르는 사이였다. 거의 우연으로 만나게 된 두 사람은 내가 이 책의 초안을 잡는 데 도움을 줬다. 실제로 지금 내 출판 담당자인 리처드 파인^{Richard Pine}을 만나게 된 것도 애덤 그랜트를 통해서였다. 애덤 그랜트의 담당자(우연이 아니다)인 리처드 파인이 책 출판 전 과정을 추진해줬다. 이런 게 바로 약한 고리가 발동한 경우다.

그러니 폭넓은 삶을 꾸리는 데 인적 네트워크가 얼마나 중요한 역할을 하는지 나는 몸소 경험으로 배운 셈이다. 하지만 나는 좀 더 일찍 이런 교훈을 얻을 수도 있었다. 더 '준비된 마음'을 갖고 있기만 했다면 말이다.

8 _____ 준비된 마음

_____
_____ 현재에 충실하라

병에 걸려도, 감당 못 할 슬픔이 와도, 변화를 두려워하지 않는다면, 지적 호기심을 놓지 않는다면, 큰
일에 관심을 가진다면, 작은 것에 행복해한다면, 보통은 무너지고 말 시간을 넘어 끝까지 살아 있을
수 있다.

이디스 워튼Edith Wharton, 《뒤돌아보며A Backward Glance》

2012년 10월 워싱턴 미국 국무부

국무부 6층 마호가니 가구가 일렬로 늘어선 사무실에는 다들 '밥Bob'
이라는 애칭으로 부르는 로버트 호매츠Robert Hormats가 앉아 있었다.[1] 그
는 공손하고 내게 집중해줬지만 마음이 좀 급해 보인 것은 사실이었
다. 우리 대화가 끝나자마자 그는 멕시코에서 열리는 G20 외무 및 재
무 장관 모임을 위해 출발해야 했고, 아직도 가시지 않은 글로벌 금융
위기의 여파에 대한 대응책을 모색해야 할 것이다. 그는 벌써 꽤 오랫

동안 이런 일을 해오고 있었다. 그는 아무렇지 않은 듯 이렇게 말했다. "경제 세 부문을 넘나들며 국제경제 및 재무 시스템 관련 일을 해온 지가 벌써 40년이 넘네요."

그가 얼마나 폭넓고 오랜 경험을 가졌는지는 의심할 여지가 없다. 곧 70세 생일이 다가오고 있는 그는 2009년부터 오바마 대통령과 힐러리 클린턴 국무장관 밑에서 일했다. 지금 그의 직책명은 경제성장, 에너지, 환경 담당 국무차관이다. 간단히 말해 그는 금융위기와 관련된 것이라면 무슨 일이든 국무부 내에서 거점이 되는 고참 키맨이다.

이렇게 어려운 일을 맡은 것이 호매츠에게 처음은 아니었다. 벌써 40년도 더 전에 그는 워싱턴의 공직을 맡았다. 터프츠대학교에서 국제경제학 전공으로 박사학위를 딴 직후인 1969년 국가안전보장회의 보좌 직원이 됐던 것이다. 이후 13년간 워싱턴에 머물며 그는 세 명의 대통령(닉슨, 카터, 레이건) 밑에서 해외정책과 관련된 다양한 직책을 맡았다. 초창기에는 닉슨 행정부의 헨리 키신저 밑에서 일했다. 당시 닉슨 행정부는 파격적으로 중국의 공산정권과 외교관계를 텄다. 다음으로 그는 외교직을 여러 번 수행했는데, 그중에는 1979년에서 1981년까지 미국 무역대표부 부대표를 지낸 것도 포함된다.

1982년 그는 정부 일을 그만두고 뉴욕 골드먼삭스에 들어갔다. 25년 투자은행 커리어의 시작이었다. 그의 주된 관심사이자 '지식의 중심축'이라고 부를 수 있는 것은 국제경제다. 그는 골드먼삭스의 국제 부회장이 됐다. 그 과정에서 그는 경제사에 관한 책을 여러 권 썼고, 파트타임으로 프린스턴이나 터프츠, 하버드 등의 대학교에서 직책을 맡기도 했다. 그리고 갖가지 비영리부문에 대한 관심도 활발하게 이어갔다. 그렇게 이제는 별일 없으면 커리어가 내리막을 향할 듯 보였던 바로 그 시점에 그는 정부로 돌아와 이 힘든 직책을 맡았다.

그래서 나는 그에게 이렇게 물었다. "이 중에 계획된 것이 얼마나 되나요? 전에 정부에 계셨을 때 민간부문으로 가서 그렇게 대단한 커리어를 쌓을 거라고 예상하셨나요? 투자은행가로 일할 때 다시 정부로 갈 거라 생각하셨나요?" 그는 미소를 지으며 이렇게 말했다. "그중에 계획된 건 아무것도 없어요. 내다볼 수 있었던 것도 없고요. 그냥 일이 그렇게 된 거죠."

그는 잠시 말을 멈추더니 중요한 맺음말을 보탰다. "나는 루이 파스퇴르의 유명한 말을 믿어요. '관찰이라는 분야에서 기회는 준비된 자만을 돕는다.'[2] 무슨 일이 생길지는 모르지만 언제든 기회가 나타나면 붙잡을 준비가 돼 있어야죠. 때를 놓치지 않을 수 있게 말이에요. 저는 항상 그게 세상을 바라보는 유용한 방식이라고 생각했어요."

기회의 가격은 얼마인가

루이 파스퇴르가 이 말을 한 것은 1854년 12월 7일 릴대학교 강연에서였다. "Dans les champs de l'observation le hazard ne favorise que les esprits préparés." 흔히 "기회는 준비된 자를 돕는다" 또는 "행운은 준비된 자를 돕는다"로 번역한다. 파스퇴르는 질병의 세균 이론이 만들어지는 바탕이 된 여러 발견을 한 프랑스의 상징적 화학자이자 미생물학자이다. 그에게 헌정된 'Pasteurbrewing.

com'이라는 사이트를 보면 이 말이 어떤 맥락에서 나왔는지 알 수 있다. 파스퇴르는 덴마크의 물리학자 한스 크리스티안 외르스테드^{Hans} ^{Christian Oersted}와 그가 어떻게 '우연히' 전자기를 발견했는지에 관해 얘기하던 중이었다.

릴대학교 강연에서 파스퇴르는 과학 실험이란 많은 경우 '반쯤 알려진' 영역에서 일어난다고 말했다. 과학자는 가설을 검증하기 위해 물리적인 실험을 한다. 아무리 실험을 해도 가설이 참이라는 확실한 증거가 나오지 않을 때 바로 우연적 발견이 이루어질 확률이 증폭된다. 그러나 실제로 발견이 일어나는 것은 이 우연한 순간이 아니다. 발견은 그 과학자가 준비된 마음을 갖고 있어서 그 우연한 발견을 해석할 수 있고, 자신의 기존 업적 가운데에서 그 새로운 현상의 위치를 정할 수 있을 때 일어난다. 획기적 돌파구는 바로 이런 때에 나타난다. 실험실에서 그리고 다른 관찰의 영역에서도 사건은 무작위하게 일어난다. 그러나 관련 지식과 경험을 갖고 있는 사람만이 정말로 독창적인 통찰을 해낼 수 있다.

파스퇴르는 다른 과학자를 설명하려고 이 말을 했다. 어쩌면 그는 다른 많은 과학적 발견을 설명하려 했을지도 모른다. 예를 들면 아르키메데스나 뉴턴, 메스트랄 같은 사람들 말이다. 하지만 파스퇴르의 문구는 그의 많은 선구적 업적을 잘 표현하는 말이 됐다. 처음에 파스퇴르는 비트루트^{beetroot} 알코올 제조업자와 협업해 발효과정을 관찰하는 연구를 했다. 그러다가 그는 그가 '저온살균법'(영어로는 그의 이름을 따서 'pasteurization'이라고 한다_옮긴이)이라고 이름 붙인 과정을 찾아냈고, 미생물학이라는 완전히 새로운 과학을 만들어냈다.

그러니 기회는 준비된 자를 돕는 것이 맞다. 그렇다면 폭넓은 삶을 꾸리고 싶은 사람에게 이것은 어떤 의미일까? 첫째, '기회의 중요성'을 알고 늘 귀를 쫑긋 세우고 있어야 한다는 뜻이다. 인생에서 예상하지 않았거나 예상할 수 없었던 일들은 결국 일어날 테고 그 부분은 어떻게 해볼 도리가 없다. 그렇기 때문에 삶에는 예기치 못한 요소가 있을 거라고 예상하는 게 합당하다. 정확히 그게 뭔지 미리 알 수는 없더라도 말이다.

벌써 500년 전에 리더십의 어려움에 관한 책을 쓰면서 마키아벨리는 '포르투나Fortuna'라는 당최 정체를 파악할 수 없는 여신의 중요성을 집중 조명했다. 이 여신의 변덕이 리더의 성공 여부를 많은 부분 결정짓는다면서 그는 이렇게 말했다. "포르투나는 우리가 하는 일의 절반을 결정짓는다. 하지만 나머지 대략 반 정도는 우리 뜻대로 하게 해준다."[3] 마키아벨리는 운을 '범람하면 모든 것을 쓸어가는' 위험한 강에 비유했다. 키케로도 이렇게 감탄했다. "운명의 위대한 힘은 우리를 성공의 방향으로도, 역경의 방향으로도 몰아간다. 그녀가 순풍을 불어주면 우리는 그토록 바라던 항구에 닿겠지만, 맞바람을 불면 난파되고 만다."

보통 우리는 이런 얘기보다는 내 운명을 좀 더 직접적으로 통제하고 있다고 느끼는 경향이 있다. 하지만 그 통제한다는 느낌은 자기기만의 결과일 수도 있다. 댄 애리얼리Dan Ariely는《상식 밖의 경제학》에서 이렇게 말했다. "내 연구 결과를 교훈 하나로 압축한다면 (…) 우리는 대체로 이해할 수 없는 힘이 작용하는 게임판 위의 졸이라는 것이다. 우리는 우리가 운전석에 앉아 있다고 생각하고 싶어 한다. 스스로 의사결정을 하고 삶의 방향을 최종적으로 자신이 결정한다고 생각하고 싶어 한다. 하지만 안타깝도다. 그런 생각은 스스로를 어떻게 보고 싶은지에 관한 우리의 욕망일 뿐, 현실은 아니다."[4] 또 데이비드 브룩스는 이렇게 말했다. "인간의 마음은 자만을 만들어내는 기계다. 그 의식 수준이란, 자기가 하지도 않은 일을 잘했다고 칭찬하고, 실제로 결정하지 못하는 일을 그럴 수 있다고 착각하려고 이야기를 지어낸다."[5]

"기회는 준비된 자를 돕는다"라는 말의 두 번째 의미는 우리가 주력해야 할 일이란 '스스로를 기회의 길에, 행운의 길에 들여놓는 것'이라는 점이다. 인생이 진행되는 과정에서 그만큼이 우리가 뜻대로 할 수 있는 부분이고, 마키아벨리는 후하게도 그것을 '나머지 반'으로 계산했다. 우리는 준비된 마음을 가질 수 있고 가져야만 한다. 삶에서 어느 정도는 우리 뜻대로 할 수 있는 부분들, 또는 최소한 영향이라도 미칠 수 있는 부분들을 헤쳐 나가며 해석하고 예측할 수 있어야 한다. 어떤 기회가 나타날지 미리 확실히 알 수 있는 방법이 있는 게 아니라면 선택지라도 몇 가지 만들어두는 편이 최선이다. 그렇지 않다면 한 번의 주사위 놀음에 너무 많이 의존하게 될 테니.

마음을 어떻게 준비시킬까

준비된 마음이 모자이크 원리의 여섯 번째 조각이다. 기회가 얼마나 중요한지 인식하고 있기에 우리는 기회를 구체화하고 벌어지는 사건에 대처하기 위해 뭔가를 할 수 있다. 그렇다고 인생 계획을 미리 다

짜놓을 필요는 없고 또 그래서도 안 된다. '20대에는 이걸 하고, 30대에는 이걸 하고, 40대에는 저걸 해야지' 하는 식은 안 된다. 그러나 내 삶의 구조를 만들고 삶의 구체적 모습을 정할 수는 있다. 이게 바로 '목적과 방향'이라는 개념이다. 목적과 방향이 있으면 필요한 것을 충분히 아는 상태에서 결정을 내릴 수 있다. 그렇다면 그렇게 하기 위한 최선의 방법은 뭘까?

전 세계 1억 명이 넘는 회원들과 함께 링크트인을 설립한 경험을 통해 리드 호프먼은 대성공을 거둔 스타트업이 채택한 '비즈니스 전략'과 크게 성공한 개인이 채택한 '커리어 전략'이 놀랍도록 유사하다고 믿게 됐다.[6] 간단히 말해 그는 우리가 전문성 개발에 실리콘밸리 모형(기업가적 사고방식)을 도입해야 한다고 생각한다.

호프먼은 누구나 '커리어 계획'을 가질 수 있고 또 그래야 한다고 믿는다. 자물쇠 달린 서랍에 넣어두고 잘 꺼내보지 않는다고 하더라도, 예기치 못한 일이 하나 벌어질 때마다 다시 고쳐 써야 한다고 하더라도 말이다. 그는 훌륭한 커리어 계획은 세 가지 핵심 요소의 상호작용을 고려한다고 말한다. 나의 자산, 나의 열망 그리고 시장의 현실이다. 이 세 가지가 맞아떨어져야 한다. 그렇지 않으면 아무리 계획을 잘 세워도 무위로 돌아간다. "뭔가를 잘한다고 해서(자산), 거기에 아주 열정적이라고 해서(열망), 누군가 돈 주고 그것을 사 간다는(시장의 현실) 보장은 없다." 하지만 시장의 현실(물론 시간이 지나면 변한다)을 잘 파악하고 있으면 나의 열망에 부합하고 나의 자산을 생산적으로 온전히 활용할 수 있는 기회를 발견할 가능성이 크다.

호프먼의 조언을 따르는 것이 내키지 않는다고 해도 의사결정의 규칙이나 길잡이가 되는 원칙 같은 것을 갖고 있으면 도움이 된다. 조시 갓바움을 떠올려보자. 그는 투자은행가로서의 기술을 국방부에 응용해 군대 관사 전체 시스템을 바꿔놓았다. 갓바움은 민주당 행정부가 워싱턴에서 권력을 잡기만 하면 언제든 정부에서 일하겠다는 의사결정의 규칙을 갖고 있었다.[7] 언제 민주당이 정권을 잡을지 그가 알 방도는 없었다. 하지만 지나고 보니 이 간단한 의사결정 규칙이 꽤 좋은 결과를 낳았다. 직장생활의 대략 절반은 정부에서 일하고, 나머지 절반은 기업이나 비영리부문에서 일할 수 있었으니 말이다. 이 규칙 내지는 길잡이 원칙을 따른 덕분에 그는 처음부터 결과를 알았다면 택했을 삶과 아주 가까운 삶을 현재 살고 있는 것이다.

패티 스톤시퍼Patty Stonesifer는 좀 다른 종류의 준비된 마음으로 아주 폭넓은 커리어를 쌓았다.[8] 내가 스톤시퍼를 처음 만난 것은 2010년이었다. 그녀는 3년 임기의 스미소니언 이사회 의장으로 이제 막 지명된 상태였다. 쉰네 살에 불과했던 스톤시퍼는 위원들 중에 가장 젊은 축에 속했고, 그녀가 감독해야 하는 스미소니언 관장the secretary of the Smithsonian 웨인 클로Wayne Clough보다 훨씬 어렸다. 그런데도 이미 그녀는 자연스럽게 권위가 묻어날 만큼의 이력과 품격을 갖추고 있었다.

아홉 남매 중 여섯째로 태어나 인디애나대학교를 졸업한 스톤시퍼는 1980년대에 일찌감치 기술업계로 들어섰다. 그녀는 자신에게 큰 계기가 된 사건을 이렇게 설명했다. "아직 마이크로소프트가 정말 작은 회사일 때죠. 간부들은 매년 워크숍을 갔어요. 부사장마다 한 명씩 새로운 리더를 함께 데리고 갔는데 제가 선택을 받았어요. 여자는 둘밖에 없었죠. 어떤 이슈에 관해서 토론을 하고 있을 때 제가 앞으로 나아갈 방향에 관한 질문을 하기 시작했어요. 그 후에 경영진, 특히 빌 게이츠가 제 그런 기술들을 활용할 수 있게 저를 여기저기 보내야 겠다고 결정했죠. 그로부터 몇 주 후 말 그대로 저는 짐을 싸서 캐나다지부를 운영하러 갔어요."

그것을 시작으로 1990년대 마이크로소프트가 업계 1인자로 성장하는 동안 스톤시퍼는 점점 더 높은 직책을 줄줄이 맡았다. 그러다가 1997년 빌 게이츠는 그녀에게 게이츠재단의 설립을 맡겼다. 10년 후 그녀가 재단을 떠날 때 게이츠재단은 "전 세계 보건 및 교육 발전에 대한 접근성을 개선한다"라는 미션에 맞춰 매년 10억 달러 이상을 기부하는, 전 세계에 비교대상이 없을 만큼 크고 영향력 있는 자선단체가 돼 있었다.

이제 스톤시퍼의 커리어는 온전히 비영리 운동에 초점이 맞춰져 있다. 스미소니언에서 임기를 마친 후 그녀는 훨씬 더 작은 비영리단체인 워싱턴 소재 마사즈테이블^{Martha's Table}의 CEO 겸 회장이 됐다. 마사즈테이블은 지역 빈곤에 대한 지속가능한 해결책을 추진하는 단체다. 그녀는 다른 여러 비영리 운동도 지속적으로 펼치고 있는데, 그녀가 조직한 기빙플레지^{Giving Pledge}는 전 세계 가장 부유한 사람들이 평생 좋은 일에 재산을 기부하겠다고 약속할 수 있게끔 돕고 있다.

스톤시퍼는 폭넓은 인생을 구축하려는 자신의 마음가짐을 아주 특별한 방식으로 설명했다. "저는 커리어 하나를 정해서 사다리를 타고 오르겠다는 생각보다는 '지그재그'가 더 좋은 접근법이라고 생각합니다. 제가 맡았던 직책 중에는 다른 직책들보다 훨씬 덜 중요해 보이는 일도 있지만, 그 일들은 모두 새로운 지식과 기술을 익히게 해주었습니다. 그 덕분에 저는 지그재그로 가면서도 대체로 오르막 궤도를 그릴 수 있었어요. 한 칸 더 위에 있는 자리라는 이유만으로 직책을 맡지는 마세요. 한 칸 옆으로 가면 완전히 새로운 영역을 알게 될 수도 있습니다."

그녀는 이런 말도 덧붙였다. "젊은 사람들은 이렇게 많이 물을 겁니다. '넓게 보고 가야 할까요, 깊게 파야 할까요?' 저는 종종 넓게 가본 후에 깊게 파는 것도 아주 좋다고 생각합니다. 학교에 진학할 때처럼 말이죠. 세상에 대한 폭넓은 관점을 얻은 후에 뭔가 내 것을 갖는 겁니다. 내가 일을 얼마나 잘하는지 알아야 하고 그것에 대한 피드백을 받아보고 이해해야 해요."

지그재그라는 말은 어쩌면 스티브 잡스가 택했던 접근법을 잘 묘사하는 말일 수 있다. 물론 스티브 잡스는 "점들을 잇는다"라는 다른 표현을 사용했다.[9] 2005년 스탠퍼드대학교 졸업식 격려 연설에서 잡스는 자신이 6개월 만에 리드칼리지Reed College를 중퇴하긴 했지만, 그 후로도 1년 반이나 주변을 얼쩡거린 후에야 "정말로 그만두었다"라고 말했다. 그는 이렇게 덧붙였다. "학교를 중퇴하는 순간 저는 더 이상 흥미 없는 필수과목은 그만 들어도 됐습니다. 그래서 흥미로워 보이는 수업에 들어가기 시작했죠. (…) 호기심과 직관을 좇아 우연히 겪게 됐던 많은 일들이 결국 나중에는 더할 나위 없이 소중한 경험인 걸로 드러났습니다."

그렇게 들었던 수업 중에 하나가 캘리그래피였다. 그는 리드칼리지가 미국 내에서 가장 훌륭한 캘리그래피 수업을 개설하고 있다는 것을 알았다. 캠퍼스 곳곳, 온갖 포스터와 서랍의 이름표마다 손으로 그린 아름다운 캘리그래피가 장식돼 있었다. 잡스는 어떻게 이렇게 할 수 있는 것인지 알기 위해 캘리그래피 수업을 들어보기로 했다. 그는 산세리프체를 알게 됐고, 글자 조합에 따라 글자 사이 간격이 달라진다는 것도 알았다. "과학으로는 도저히 이해할 수 없는 방식의 아름답고, 역사적이고, 정교한 예술이었어요. 매혹적이었죠."

그는 이런 것들이 실용적인 쓸모가 있을 줄은 전혀 몰랐다. 10년 후 그와 스티브 워즈니악Steve Wozniak이 첫 매킨토시 컴퓨터를 디자인하기 전까지는 말이다. "우리는 그걸 전부 다 매킨토시 컴퓨터에 넣었습니다. 맥은 아름다운 글씨체를 가진 최초의 컴퓨터였습니다." 그는 이렇게 회상했다. "제가 그 캘리그래피 수업에 들어가지 않았더라면, 매킨토시 컴퓨터에 여러 글씨체도 없었을 테고 폰트에 따라 글자 사이 간격도 달라지지 않았을 겁니다. 윈도우 컴퓨터는 매킨토시를 그대로 베꼈으니, 이후 그 어떤 PC에도 그런 건 없었을 가능성이 큽니다."

잡스는 이 연설은 물론 다른 어느 연설에서도 '준비된 마음'이라는 표현을 쓰지 않았다. 하지만 이어서 그가 한 말에는 이런 뜻이 담겨 있다. "앞날을 내다보고 점들을 이을 수는 없습니다. 지나고 나서야 점들을 이을 수가 있습니다. 그러니 당신의 미래 언젠가는 그 점들이 서로 이어질 거라고 믿어야만 합니다. 무언가는 믿어야 합니다. 직감이든, 운명이든, 삶이든, 업보든, 무엇이든 말입니다."

그리고 남들이 가지 않은 길도 기꺼이 가봐야 한다. 직업적으로, 개인적으로 위험 부담을 전혀 떠안지 않고서 폭넓은 삶을 산다는 것은 힘들거나 어쩌면 불가능하다. 따라서 자신이 위험 부담을 어디까지 참아낼 수 있는지 알아봐야 한다. 무엇보다 덫에 걸리거나 막다른 골목에서 되돌아가는 기분은 느끼고 싶지 않을 것이다. 소설가 파울로 코엘료가 말한 것처럼 "모험이 위험하다고 생각되면, 평소 하던 대로 해라. 죽을 수도 있다".[10]

폭넓은 삶을 살고 싶다면 직업적으로나 개인적으로 선택을 내릴 마음의 준비가 필요하다. 정서적으로, 지식적으로, 금전적으로 준비가 돼 있어야 한다. 어떤 종류의 기여를 할지도 생각해봐야 하고, 어떤 영향력을 가질지, 어떤 능력과 특성을 개발할지 생각해봐야 한다. 그리고 좀 현실적으로 생각해보면 기본적인 개인 재무 계획도 필요하다. 그래야 일정한 금전적 희생이 따르는 기회가 나타났을 때도 그 기회를 잡을 수 있다. 기업에 있다가 정부나 비영리부문으로 옮긴 사람을 아무나 붙잡고 물어보라. 갑자기 기회가 나타날 때를 대비해 재정 상태를 잘 정비해놓으면 분명히 도움이 된다고 할 것이다.

15년 전에 내게도 갑작스러운 기회가 찾아온 적이 있었지만, 나는 그 기회를 잡지 않았다. 나는 느닷없이 영국산업연맹^{Confederation of British Industry}의 대표 자리를 제안받았다. 흔히 CBI라고 부르는 이곳은 기업인 단체를 대표하는 곳이었다. 내가 어릴 때 이 단체의 대표 이름을 모르는 사람이 없었는데, 1970년대와 1980년대를 특징지었던 기업과 노조 사이의 끝없는 치열한 줄다리기에서 회사 측을 대표하는 사람이었기 때문이다. 대처 수상이 사라진 시대에 노조의 힘은 훨씬 약했고 CBI도 별로 주목받지 않았다. 하지만 여전히 중요한 단체였고, 당대의 주요 공공정책 이슈에 활발히 참여하고 있었다. 그 리더는 여전히 눈에 띄고 명성 있는 자리였다.

나는 마치 순전히 우연인 것처럼 이 기회가 '느닷없이' 찾아왔다고
말했다. 당시에는 그렇게 보였기 때문이다. 하지만 솔직히 나는 준비
돼 있었어야 했다. CBI의 이전 대표 세 명이 나와 아주 비슷한 이력을
가진 사람들이었기 때문이다. 당시 대표로서 임기 만료를 앞두고 있
던 어데어 터너^{Adair Turner}는 매킨지에서 곧장 CBI로 간 사람이었다. 매
킨지에 있을 때 그는 내게 멘토링을 해주며 좋은 사이를 유지했다. 면
접 절차가 진행되면서 어데어가 나를 추천했고 이사회는 그냥 그의
제안을 따르고 있다는 것을 분명히 알 수 있었다.

제안을 받았을 때 나는 내가 그 자리를 수락할 줄 알았다. 그래서
'겨우' 18년 만에 매킨지 경력을 마감하는 줄 알았다. 하지만 좀 더 생
각을 해보니 내가 아직 준비돼 있지 않다는 것을 알았다. 무엇보다 경
제적으로, 현실적으로 그리고 어느 정도는 '정서적으로도' 준비가 돼
있지 않았다. 이제 막 넷째가 태어난 상태였고 우리 아이들은 모두 만
여섯 살이 안 됐다. 맞벌이였던 우리 부부는 여기에 맞춰 생활 계획을
짰지만 경제적인 비용이 상당했고 빚도 꽤 많았다. 큰 문제는 없었지
만 내가 매킨지에서 받는 보수에 의존하는 생활이었다. 직급이 올라
가면 매킨지에서 내가 받는 연봉은 더 올라갈 것이다. 반면에 CBI에
서 제안한 직책은 거의 '공무원 봉급' 수준이나 다름없었기 때문에 비
단 나뿐만 아니라 우리 가족에게도 상당한 희생이 필요했다. 나는 어
데어가 CBI의 직책을 수락할 당시 재무 상태가 튼튼했다고 말한 것
이 기억났고, '흠, 나는 아냐'라는 생각이 들었다. 그리고 CBI 회원들
을 만나고 연설을 하려면 출장도 잦을 텐데, 그러려면 아직 어린 아이
들 및 가족과 많은 시간을 떨어져 보내야 했다.

주말 내내 끙끙거리며 고민한 끝에 나는 전체적인 우리 생활이 잘 돌아가고 있고 지금은 그걸 망가뜨릴 때가 아니라고 결론 내렸다. 월요일 아침 나는 CBI로 전화를 걸어 제안을 거절했다. 몇 주 후 CBI는 다른 사람을 그 자리에 임명했다. 나와는 경력도 스타일도 완전히 다른 사람이었다. 약간 후회가 들었고 그 기분은 그 후로도 사라지지 않았다. 이후로도 내 삶은 꽤 잘 풀렸는데 말이다. 내가 이런 종류의 기회에 더 잘 준비돼 있지 않았다는 점이 언제나 후회스러웠다. 나는 '준비된 마음'을 갖고 있지 못했던 것이다.

이야기를 이어보면 2015년 CBI는 캐롤린 페어번Carolyn Fairbairn을 대표로 임명했다. CBI 최초의 여성 대표였다. 캐롤린과 나는 동료이자 친구였다. 심지어 한 사무실을 썼던 적도 있었는데, 1980년대 매킨지에 있을 때였다. 이후로도 우리는 연락을 이어갔고, 그녀는 BBC와 ITV, 총리실 등을 거치며 폭넓고 충만한 삶을 살았다. 시간이 지나고 보니 그녀는 나보다 훨씬 더 준비돼 있었다는 것을 분명히 알 수 있었다.

나의 경험과 다른 사람들의 경험을 곰곰이 뒤돌아본 결과, 폭넓은 삶을 꾸리고 싶다면 준비된 마음을 일찍부터 끝까지 갖고 있어야 한다는 것이 분명히 드러났다. 일찌감치 삶의 토대를 놓을 때에도 준비된 마음이 필요하고, 한창때에 예측 가능하거나 또는 불가능한 기회를 알아보기 위해서도 준비된 마음이 필요하며, 삶의 후반기에 나타나는 수많은 기회를 알아보고 붙잡기 위해서도 준비된 마음이 필요하다. 폭넓은 기회에 준비된 마음을 갖는 것은 평생 해야 할 일이다.

일찍 찾아오는 기회에 대비하라

지금 60대 초반인 세스 시걸^{Seth Siegel}은 광고 카피라이터와 검사보, 브로드웨이 제작자, 브랜드 전략가, 기업가, 사회운동가로 일했다.[11] 지금 그는 작가와 공개 강연가로 생계를 꾸리고 있다. 본인이 직접 세어본 바에 따르면 그의 커리어는 서로 아무 관련 없는 일곱 개 업종과 직업에 걸쳐 있다. 겉으로 보면 무작위적이거나 무계획적인 사람 같다. 마치 뭘 직업으로 삼고 싶은지 모르는 사람의 커리어 궤도처럼 보인다. 하지만 시걸은 정반대로 자신이 원한 것이 바로 이런 삶이었다고 주장한다. 자신이 10대 후반일 때 짜놓았던 계획 그대로라고 말이다.

많은 사람들이 그렇듯이 시걸도 대학생 때 자신이 선택할 수 있는 여러 직업에 관심을 가졌다. 그중에서도 특히 정치와 학계, 군대, 저널리즘을 염두에 뒀는데 어느 하나도 딱 이거라고 정할 수가 없었다. 어느 하나로 거의 결정을 내렸다 싶을 때쯤이면 어김없이 숨이 막히는 느낌이 들기 시작했다. 그래서 시걸은 아주 특이한 삶을 살기로 결심하고 자기 자신과 두 가지 약속을 했다. 첫째, 쉽게 그만둘 수 있는 분야에만 진출하겠다. 둘째, 즐거울 때까지만 해당 분야에 머물겠다.

대학생 때 시걸이 한 약속은 좀 반체제적으로 들리지만 정작 시걸은 자신이 반문화적인 타입이라고 생각하지 않았고, 그 생각에는 지금도 변함이 없다. 그는 코넬대학교의 전형적인 학부생이었고, 그다음에는 전형적인 로스쿨 학생이었다. 하지만 느긋한 히피까지는 아니었다고 해도 시걸은 그 연령대에 맞는 카르페 디엠 정신을 내면화하고 있었다. 당시에도 그리고 지금도 그는 자신이 하는 일이 자기 정체성을 크게 결정한다고 믿고 있다. 정통적 접근법이 아닌 방법으로 살아가고 있는 것에 관해 그는 이렇게 말한다. "저는 언제나 삶이 우리에게 새로운 큰 도전 과제와 새로운 아이디어에 접할 기회를 줘야 한다고 생각했어요. 삶이 줄 수 있는 그 이상의 것도 없다고요."

그렇게 준비된 마음 덕분에 시걸은 시시하거나 따분한 것과는 거리가 먼 직업을 가질 수 있었다. 광고와 마케팅, 법률과 관련한 여러 일을 15년간 해본 후 1990년에는 동업자와 함께 상표 등록 및 브랜드 확장 전문 에이전시 빈스톡그룹^{Beanstalk Group}을 설립했다. 빈스톡그룹은 코카콜라, 할리데이비슨, 호멜^{Hormel} 등의 회사에 자문을 제공했다. 또 개인적으로 시걸은 한나바버라프로덕션^{Hanna-Barbera Productions}의 수많은 캐릭터에 대한 자문 및 특허 담당자로 활동했다. 그 캐릭터들 중에는 〈고인돌 가족 플린스톤^{the Flintstones}〉, 〈우주가족 젯슨^{the Jetsons}〉, 〈요기 베어^{Yogi Bear}〉, 〈스쿠비 두^{Scooby-Doo}〉 등도 포함돼 있다. 빈스톡그룹은 동종 업계 최대 규모로 성장했고 2001년 포드자동차에 팔렸다. 하지만 시걸은 2005년 회사가 다시 옴니콤^{Omnicom}에 팔릴 때까지 계속 공동대표를 지냈다.

이후 시걸의 커리어는 더욱더 다채로워졌다. 브로드웨이 히트 쇼를 제작하고, 고급 금융 서비스 회사를 공동으로 설립하고, 할리데이비슨의 레스토랑 체인을 공동으로 설립하고, 뉴욕 공립학교의 읽고 쓰기 프로그램을 만들고 자금을 지원했다. 그는 이스라엘과 관련된 일에도 오랫동안 참여했고(그는 예루살렘에 있는 히브루대학교에서 1년간 학생으로 지냈다) 그 결과 최근《물이 있으라: 물이 부족한 세상을 위한 이스라엘의 해결책^{Let There Be Water: Israel's Solution for a Water-Starved World}》이라는 책을 출판하기도 했다.

그에 대한 대가도 치렀다는 것을 시걸은 의심하지 않는다. 금전적으로도 그랬고 심리적으로도 그랬다. 그는 이것을 자신의 "스타카토 커리어 전망"이라고 말한다. 예컨대 새로운 일을 시작하면 보통 연봉이 깎인다. 그래서 그는 다른 자리로 옮기기 전에 최대한 많이 저축을 해둔다. 또 그는 회의에서 다른 사람들보다 스무 살이 많은 것이 심리적으로 편한 일은 아니라고 말한다.

하지만 그는 이렇게 말한다. "커리어라는 외줄타기에 자꾸 올라가 안전그물 없이 걷는 일은 무섭죠. 하지만 그만큼 기회도 주어지기 때문에 그 두려움을 상쇄해온 거예요. 새로운 직업의 언어를 배우고, 새로운 기술을 습득하고, 새로운 인간관계가 생기니까요. 우리 같은 사람은 나를 복제해서라도 삶의 다른 면들을 경험하고 그것으로부터 성장하고 싶은데, 제가 밟아온 커리어 패턴은 바로 그런 일을 가능하게 해줬어요. 비록 동시에 겪을 순 없고 순차적으로 해왔지만요."

그의 지난 커리어를 되돌아보면 당시 생각했던 것만큼 그렇게 '산발적'이지는 않다. 직업을 바꿀 때마다 새로운 직업은 이전의 직업을 바탕으로 한 것이었고, 그래서 새 분야를 익히는 데 드는 시간이 계속 짧아졌다는 것을 이제는 알 수 있다. 시걸이 알게 된 것처럼 모든 사업에는 어느 정도 공통된 DNA가 있기 때문에 직업을 옮길 때마다 완전히 처음부터 새로 시작하는 것은 아니었다. 그리고 직업을 바꾸면서 그는 해당 분야에서 더 오래 일했던 사람은 갖고 있지 못할 수도 있는 다른 경험이나 시야, 통찰을 활용할 수 있었다. 언제나 그는 이전 직업에서 알게 된 직업적 관계들도 잘 유지하려고 애쓴다.

그는 한 가지 직업의 덫에 빠진 기분을 한 번도 느껴본 적이 없다. 그래서 늘 자신이 하는 일에 열정적일 수 있다. 그러면서 늘 다른 일에도 가능성을 열어둔다. "게다가 다음에는 어떤 직업을 가질까 항상 관심을 갖고 내다보고 있으면 비즈니스나 사회, 기술의 변화를 놓치지 않을 수 있습니다. 다음에 무슨 일을 하게 될지 누가 알겠어요?"

사회 평론가 마이클 바론Michael Barone은 미국의 20대도 예사롭지 않지만 30대는 정말 놀랍다고 말한다.[12] 그는 비교적 감시하는 사람도 없고 활짝 열려 있는 20대 때 사람들에게 닥치는 심한 압박감과 선택이 새롭고 훨씬 더 나은 개인을 만든다고 말한다. 흔히 '방랑기'라고 부르는 시기에 그런 선택을 내리는 경우가 점점 많아지고 있다. 예전에는 인생을 아동기, 청소년기, 성인기, 노년기라는 네 시기로 나눴다. 그런데 지금은 적어도 여섯 가지 시기가 있다. 아동기, 청소년기, 방랑기, 성인기, 활동적 은퇴기, 노년기가 그것이다.[13]

때때로 방랑기는 청소년기와 성인기 사이에 10여 년 정도 방황하는 시기로 묘사된다. 이렇게 방황하는 10년간이 많은 사람들에게는 삶의 토대를 다지는 시기가 돼가고 있다. 그리고 어떤 사람들은 그 기간이 10년을 훌쩍 넘기도 한다. 흔히 우리는 다음과 같은 세 가지를 이루면 성인기가 시작된다고 본다. 부모로부터 독립하고, 결혼해서 새로운 가정을 만들고, 금전적으로 홀로 섰을 때다. 1960년대에는 30대에 그렇게 한 미국인이 70퍼센트였지만, 2000년에는 40퍼센트도 되지 않는다. 서유럽에서는 이 수치가 더욱 낮다. 이런 숫자들이 증명해주는 사실은 분명하다. 점점 더 많은 사람들이 전통적 의미의 성인기를 미루고, 방랑기를 최대한 활용해 자신이 어떤 삶을 꾸리고 싶은지 탐구하고 있다는 것이다.

이제는 많은 사람들이 다양한 가능성과 우연한 사건에 대비하는 기간으로 방랑기를 활용하고 있다. 또 어떤 사람들은 그 과정에서 전혀 예상치 못했던 일을 해내기도 한다. 한 예로 스타벅스 매장 어디든 가면 볼 수 있는 에토스워터Ethos Water 브랜드를 20대에 만들어낸 청년을 보자.[14] 그는 백악관에 들어가서 미국 전역의 사회적 기업가를 위한 정책을 입안한 후 지금은 유대인 비방반대연맹ADL, Anti-Defamation League을 이끌고 있다.[15] 누가 상상이나 했을까. 이게 모두 조너선 그린블랫Jonathan Greenblatt이 성인기로 가는 도중에 해낸 일이다.

그린블랫은 대학을 졸업하자마자 정치에 입문해 아칸소주 리틀록에서 1992년 빌 클린턴의 대통령 선거운동이 성공하도록 도왔다. 계속해서 그는 클린턴 행정부에 합류해 백악관 보좌관으로 일했고, 상무부로 가서는 신흥시장 및 분쟁 이후 경제와 관련한 국제경제 정책을 집중적으로 다뤘다. 하지만 이후 그의 커리어 방향을 결정지은 것은 아직 20대였던 때 백악관을 떠난 후였다.

그린블랫은 노스웨스턴대학교 경영대학원 시절 룸메이트였던 피터 섬Peter Thum과 함께 스스로 "프리미엄 생수 사회적 기업"이라고 설명하는 에토스워터를 설립했다. 에토스워터가 제안하는 중심적 가치는 이윤의 일정 비율을 개발도상국 식수 프로그램에 지원하여 전 세계 아이들이 공짜로 물을 마실 수 있게 돕겠다는 것이다. 코카콜라가 (실제로는 펩시도) 신흥시장에서 물 안보 문제로 겪은 일을 기억할 것이다. 이게 바로 에토스워터가 처음부터 주목한 부분이었다. 소비를 대의명분과 연결할 방법을 찾은 것이다.

지금 대부분의 스타벅스 매장에서 생수를 볼 수 있는 것은 2005년 그린블랫과 섬이 스타벅스에 회사를 팔았기 때문이다. 그리고 한동안 그린블랫은 스타벅스의 글로벌 소비자 제품 담당 부사장을 지냈다. 그 덕분에 그는 미국 전역으로 에토스의 유통을 확대할 수 있었다. 그 린블랫은 스타벅스재단Starbucks Foundation과 함께 에토스인터내셔널Ethos International을 설립하고 수백만 달러 규모의 글로벌 투자펀드를 만들어 물이 필요한 전 세계의 마을에 깨끗한 물을 공급하려고 하고 있다. 그 는 또 오픈소스 플랫폼 올포굿All for Good을 설립하기도 했는데, 웹상에 서 가장 많은 자원봉사 기회를 볼 수 있는 곳으로 유수의 기업과 비영 리단체, 정부기관들이 후원하고 있다.

이렇게 사회적 기업에 초점을 맞추다 보니 그는 다시 오바마 행정 부의 백악관에 들어가게 됐다. 대통령 사회 혁신 및 시민 참여 국장 자리였다. 이 일을 하며 그는 임팩트 투자(투자수익을 창출하면서도 사회나 환경에 긍정적인 영향을 끼치는 것을 목적으로 하는 투자방식_옮긴이), 사회적 기 업가 정신, 봉사활동, 시민 참여 등을 독려했다. 그는 아메리코Americorps 의 자원봉사활동 확장을 주도했고, 사회성과연계채권SIB 활성화를 위 해 3억 달러 규모의 페이포석세스펀드Pay for Success Fund를 설계했다. 또 한 사회혁신기금Social Innovation Fund을 확대하고, 임팩트 투자에 15억 달러 규모의 민간부문 투자 약속을 받아냈다. 그리고 마이 브라더스 키퍼My Brother's Keeper 운동과 조이닝 포시스Joining Forces 서약운동을 비롯한 여러 공공-민간 파트너십 프로그램을 출범시켰다.

이제 40대 초반인 그린블랫은 품행과 태도만 보면 나이 지긋한 랍

비 같다. 실제로 그는 최근에 반명예훼손연맹 제5대 전국대표로 임명되기도 했다. 이 연맹은 존경받는 시민운동단체 중 하나로 "유대인과 그들의 업적에 대한 비방에 맞서고 모든 사람을 위한 정의와 공정한 처우를 보장하기 위해 싸우고 있다". 방랑기에 준비된 마음을 만들어 둔 덕분에 그는 사회적 지향의 기업을 설립해서 이끌고, 대기업 환경에서 일하고, 영향력 큰 비영리 벤처를 설립하고, 정부 고위 관직에서 일하고, 사회적 혁신에 관한 책을 쓰고 강의를 할 수 있었다.

그린블랫과 마찬가지로 줄리어스 제나카우스키Julius Genachowski 도 클린턴 행정부에서 일한 경험이 있었다.[16] 그리고 2009년 다시 정부에 들어갔을 때 그는 그사이 공백 기간에 민간부문을 경험하며 배운 교훈들을 활용하겠다는 결심을 하고 있었다. 제나카우스키가 돌아와 일하게 된 미국연방통신위원회Federal Communications Commission는 그가 10년 전 떠났던 바로 그 정부기관이었다. 하지만 준비된 마음이 있었기에 통신업계의 가장 중요한 시기에 경험을 넓힐 수 있었고, 그 덕분에 이제는 정부 규제기관에 대한 생각이 완전히 바뀌었다.

제나카우스키는 홀로코스트를 이기고 살아남은 동유럽 출신 유대인 가정의 아들이었다. 그는 원래 의과대학원에 진학할 생각으로 컬럼비아대학교에 입학했으나 졸업할 때는 역사학 학위를 받았다. 이후 국회와 하버드 로스쿨에서 시간을 보낸 제나카우스키가 로스쿨에서 《하버드 로 리뷰Harvard Law Review》의 주석을 편집하고 있을 당시 편집장이 버락 오바마였다. 1990년대 중반 제나카우스키는 연방통신위원회 당시 위원장 리드 헌트Reed Hundt의 자문이 됐다. 그의 철학과 접근법이 바뀌게 된 것은 첫 정부 경험이 끝난 후 한 일 때문이었다.

그는 혁신적이고 위험 부담이 있는 회사에서 일하고 싶었다. 일선에 있다는 것이 어떤 것인지 겪어보고 싶었던 것이다. 그래서 배리 딜러Barry Diller가 새로 만든 회사인 IACInterActiv Corporation에 합류했다. IAC는 아직 아주 초기 단계이기는 했지만 인터넷과 케이블 텔레비전 인터페이스의 활용법을 열심히 탐구 중이었다.

또 하나 그는 대정부 업무를 맡지 않고 기업의 핵심 사업과 관련된 일을 하겠다는 결정을 의식적으로 내렸다. 실제로 IAC에서 그의 첫 직책은 최고사업운영 책임자였다. 회장실 소속으로 그는 스포츠 권리 계약 등 여러 사업 거래와 관련된 일을 했고, 회사가 성장하면서 더 중요한 책임을 맡았다. 회사는 놀랄 만큼 성장을 거듭해서 작은 사업 두 개를 하고 있던 곳이 어느새 익스피디아Expedia, 티켓마스터Ticketmaster, USA네트워크USA Network, 매치닷컴Match.com 등을 포함한 거대한 미디어 기술 자산 그룹이 돼 있었다. 그는 또 동업자와 함께 IT기업 자문회사인 론치박스디지털LaunchBox Digital을 설립했다.

이렇게 일부러 통신 분야 내에서도 위험 부담이 가장 큰 쪽을 택했던 결정이 2009년 그가 정부에 다시 들어갔을 때 큰 영향을 줬다. 그의 회상을 들어보자. "다시 연방통신위원회로 돌아왔을 때는, 제가 직접 겪어봤기 때문에 새로운 기술이 삶의 수많은 영역을 바꿔놓을 수 있다는 사실을 아주 잘 알고 있었습니다. 예컨대 제가 일했던 익스피디아는 여행 미디어 시장을 완전히 바꿔놓았죠. 저는 연방통신위원회가 확실히 도움이 되도록 만들고 싶었습니다. 특히 그런 혁신이나 생산성을 결코 방해하는 일은 없도록 하고 싶었어요."

2009년《와이어드》는 줄리어스 제나카우스키 위원장 체제의 "새로운 연방통신위원회"를 "올해 최고의 파괴적 혁신 사례 일곱 가지" 중 하나로 선정했다.[17] 상원에서 연방통신위원회 의장직 임명이 승인 되자마자 제나카우스키가 미국 최초의 전국 광대역 사업 확대 계획 을 발표하고, 무선인터넷 사용 요구에 부응하게끔 지상파 방송사의 주파수 대역을 재할당하고, 인터넷상의 자유와 공개성을 보호하기 위 한 규칙을 마련한 점 등이 반영된 결과였다. 한 예로 연방통신위원회 가 2010년 3월에 발표한 국가광대역통신망계획[National Broadband Plan]은 '커 넥팅 아메리카[Connecting America]'라는 이름을 달고 광대역 이동통신을 위 한 주파수를 재할당하고, 전화 서비스를 지원하던 연방통신위원회 소 유 90억 달러 규모의 서비스 확대 기금을 광대역을 효과적으로 지원 하는 식으로 현대화하는 것 등의 제안을 포함하고 있었다.[18]

　연방통신위원회를 정부 내의 기업 지향 혁신기관으로 탈바꿈시키 는 것이 제나카우스키의 중심 어젠다였다. 과거 정부는 철 지난 기술 을 대상으로 사업을 추진하는 경향이 있었던 것이다. 제나카우스키 는 광대역 이동통신이 주는 기회를 폭발시키는 데 초점을 맞췄다. 그 는 이미 주요 잠재적 투자자 및 광대역 사업자에게 연방통신위원회 와 오바마 행정부가 민간투자를 장려할 거라는 신호를 보낸 상태였 다. 그에게는 네 가지 핵심 원칙이 있었다. 민간투자 독려, 혁신 독려, 경쟁 장려, 소비자 보호가 그것이었다. 제나카우스키는 이렇게 설명 한다. "제가 디지털 혁명의 제일선에서 보낸 시간은 산업 규제에 대한 제 접근법에 깊은 영향을 줬습니다. 그런 식으로 제 사고방식이 준비 돼 있었다는 게 참 다행이에요."

중년의 조정에 대비하라

어떻게 하면 의사이자 의대 교수인 사람이 전 세계 경제개발을 선도하는 세계은행이라는 기관의 총재가 될 수 있을까?[19] 그것은 삶의 폭을 넓혀보겠다는 김용Jim Yong Kim의 결심이 만들어낸 결과였다. 그렇게 결심했던 2003년에 그는 마흔세 살이었고 이미 탄탄한 직업적 기반과 명성도 갖고 있었다.

김용은 아직 의대 재학생이던 1980년대 말에 폴 파머 및 오펠리아 달Ophelia Dahl과 함께 파트너스인헬스를 설립했다. 직업적으로 보면 그는 여러모로 파머와 쌍둥이처럼 닮아 있다. 파머가 1년의 반을 아이티에서 일하기 위해 브리검여성병원에서 일하는 시간을 반씩 나눠 가졌던 바로 그 짝꿍 의사가 김용이었다. 김용은 아이티 현장에서 보내는 시간을 좀 줄이는 대신 파트너스인헬스의 보스턴 사무실을 세우고 그가 "비천한 잡일"이라고 부르는 것들을 하는 데 좀 더 주력했다.

하지만 김용의 활동은 본부의 운영 책임자를 훨씬 뛰어넘었다. 그는 자주 파트너스인헬스의 주요 강연자로 나섰고 지원자 모집을 책임졌다. 트레이시 키더는 《작은 변화를 위한 아름다운 선택》에서 김용을 이렇게 묘사했다. "김용은 무엇보다 열정을 가진 사람이다. 그는 마치 가능성이 사실과 동급인 양 두 가지를 견주어본다. 그의 이야기를 듣고 많은 학생이 파트너스인헬스에 합류했다. 세상을 바꾸는 것? 당연히 할 수 있다. 그는 정말로 그렇게 믿었고, '확고한 결의를 가진 개인들의 작은 단체'가 그 일을 해낼 수 있다고 믿었다. 그는 파트너스인헬스에 관해 이렇게 말하길 좋아했다. '사람들은 우리가 비현실적이라고 생각하죠. 몰라서 그렇지 우리는 미친 거예요.'"[20]

파트너스인헬스의 주안점을 아이티를 넘어서는 다른 영역과 공중보건 문제에까지 확대한 사람도 김용이었다. 특히 그는 파트너스인헬스가 추진하는 다제내성 결핵 치료사업을 페루부터 시작해 러시아, 아프리카 일부까지 확대하는 데 앞장섰다. 김용도 파머만큼이나 몽상가였지만 그는 자신을 더 지루한 사람으로, 거의 실용적인 '해결사' 수준으로 설명한다. "상황이 더 좋아지겠느냐고요? 누가 알겠어요? '미래의 파머'를 꿈꾸는 이 청년들도 중도 포기하겠죠. 그래도 우리 당원들은 여전히 여기서 인당 2달러 27센트라는 보건비용을 어떻게 하면 가장 잘 쓸 수 있을까 고민하고 있을 겁니다."

김용이 페루에서 결핵 치료 사업을 추진하다가 발견한 사실이 또 한 가지 있었다. 바로 자신이 보건정책 추진에 관심이 있다는 사실이었다. 보건에 관련된 커다란 이슈는 김용을 흥분시켰다. 실제로 그는 몇 시간씩 회의실에 앉아 국제적 결핵 퇴치를 위한 자잘한 논점들을 토론하기를 즐겼다. 그래서 결국은 40대 중반에 보건정책 및 경제 개발 쪽으로 옮겨 가겠다는 과감한 결단을 내렸다. 그는 파트너스인헬스를 떠나 제네바에 있는 국제보건기구[WHO] 선임고문직을 맡았다.

국제보건기구에서는 확실히 큰 보건정책 문제들을 다룰 기회가 많았고, 그중에서도 특히 사하라 이남 지역 아프리카를 휩쓸고 있던 에이즈 문제가 심각했다. 그는 2005년까지 개발도상국 에이즈 환자 300만 명을 치료 과정에 올리겠다는 '3×5 운동'을 전개하고 알리도록 도왔다. 이 목표는 실제로 2007년에 달성됐고 지금까지 치료 과정에 들어간 환자 수가 700만 명에 이르러 모두가 성공이라고 인정하는 몇 안 되는 보건정책 프로그램으로 꼽힌다.

세계보건기구에서의 활약과 다트머스대학교 총장으로 보낸 3년이 합쳐져 김용은 사람들 사이에서 꽤 알려지게 됐다. 그래서 오바마 행정부가 차기 세계은행 총재감으로 밀 사람을 내부적으로 물색할 때 김용을 발견하게 됐다. 김용은 경제학자도 아니고 전임 총재 로버트 졸릭^{Robert Zoellick}처럼 이름 있는 국제 개발 전문가도 아니었다. 또 이전에 세계은행 총재를 지낸 제임스 울펀슨^{James Wolfensohn}이나 로버트 맥나마라^{Robert McNamara}처럼 대형 기구를 운영해본 경험이 많은 것도 아니었다. 그러나 김용은 파트너스인헬스에서 사회사업을 추진하며 괄목할 만한 성공을 만들어낸 경험이 있었고, 빈곤에 허덕이는 국가에서 주요 보건정책 프로그램을 추진한 경험도 있었다. 바로 이런 것들이 동기가 되어 김용은 세계은행 총재직을 맡겠다고 했다. "'3×5 운동'을 통해서 대형 공공기관이 과감한 정책 운동을 추진하면 뭘 이뤄낼 수 있는지 봤거든요. 저는 세계은행도 그러기를 바랐어요. 세계은행이 2030년까지 빈곤을 근절하는 데 매진하기를 바라고 있습니다."

2012년 취임한 김용은 거의 20년 만에 처음으로 대대적인 조직 개편을 단행했다. 3년간 관리비 4억 달러를 절감하기로 하고 조직을 전세계 14개 지구로 재편했으며, 에너지 및 농업 같은 글로벌 정책 분야에 사업 초점을 맞췄다. 그는 자신이 무슨 일을 하고 있는지는 알았으나 그 정도 반발은 아마도 예상하지 못했을 것이다.

많은 사람이 제게 이렇게 말하더군요. "그러면 안 돼요. 이런 유형의 관료주의 조직은 초대형 유조선이라서 절대 못 바꿔요. 유일하게 당신이 할 수 있는 일이라고는 부서마다 제 밥그릇 챙기기를 누가 책임질지 고르는 것뿐이에요." 저는 그런 생각을 근본적으로 거부합니다. 저는 우리가 심각하게 변화하지 않는 한, 조직문화는 결코 바뀌지 않는다는 것을 알고 있어요.

쉬운 일은 아닙니다. 특히나 세계은행 총재 선출과 같은 정치적 과정을 통해 이곳에 들어온 사람에게는 더하죠. 하지만 저는 여러 방식으로 이 일을 평생 동안 준비해왔어요. 아이티, 페루, 구소련 지역과 시베리아, 아프리카 같은 현장에서 일하며 저는 계속해서 이런 의문을 품고 있었습니다. '많은 사람이 가난한 사람들에게 희망을 주게 하려면 대체 어떻게 해야 할까?' 우리는 전 세계에서 극빈층을 없애려고 노력 중이에요. 우리가 정말로 이 도전을 감행할 거라면 우리는 변해야 하고, 그게 바로 지금 우리가 겪고 있는 일입니다.

40대 중반쯤 되면 인생의 윤곽은 정해졌다는 게 일반적인 생각이다. 커리어의 정점을 찍고 있거나 그 근처에 와 있고, 자기 분야에서는 나름 명성을 쌓고 인맥을 구축해놓았을 것이다. 새 플랫폼을 구축하는 것은 물론, 플랫폼 자체를 바꾸기보다는 주로 이미 개발해놓은 플랫폼을 바탕으로 뭔가를 하려고 마음먹는다. '배우고, 벌고, 돌아가라'는 커리어 개발 모형에 따르면 40대 중반은 '버는' 기간이다. 이미 투자해놓은 직업적, 사회적, 정서적 관계에서 현찰을 수거할 때다.

하지만 이런 전통적 생각에 동조하는 사람은 어쩌면 인생의 폭을 넓힐 큰 기회를 포기하고 있는 것인지도 모른다. 매킨지의 워싱턴지부를 이끌어달라는 요청을 받았을 때 내가 경험한 것이 바로 그런 기회였다. 나는 마흔일곱 살이었고, 런던에서 잘나가는 커리어를 갖고 아내 및 네 자녀와 함께 꽤 안정된 삶을 살고 있었다. 그럼에도 우리는 가겠다고 했다. 그런 기회는 이미 다 지나갔다고 생각했을 때 찾아온, 삶의 폭을 넓힐 수 있는 예기치 못한 기회에 우리는 흥분했다.

알고 보니 이때는 나도 준비가 돼 있었다. 어째서였을까? 그 제안을 받기 직전에 동료 두 명이 해외 파견을 수락했고, 그들의 행운을 몹시도 부러워한 기억이 생생했다. 그리고 2006년 10월 어느 주말에 아내와 나는 아내의 사촌 결혼식에 참석했는데, 그 사촌과 결혼하는 사람이 국무부 관리였다. 두 사람은 텔아비브로 발령이 났지만 결혼식은 키프로스에서 했다. 아름다운 장소에서 열린 아름다운 결혼식이었다. 하지만 내게 가장 기억에 남았던 것은 젊은 외교관들과의 대화가 너무나 즐거웠다는 사실이다. 그들은 전 세계 각지에 발령을 받아 근무하고 있는 사람들이었다. 나는 이렇게 다채롭고 흥미로운 국제적 인사들이 있을까 하는 생각을 했다. 나도 저렇게 폭넓은 삶을 살고 싶었다. 이틀 후 나는 해외 파견을 요청 받았고 이번에는 '정서적으로도' 가겠다고 말할 준비가 돼 있었다.

한편 브런즈윅에서 일하는 지금 이 자리를 수락할 당시 내 나이는 쉰다섯이었다. 나는 새로운 사업에 진출해 새로운 사람을 만나고 새 이슈들을 접했다. 지나고 보니 적어도 나에게는 중년이라는 나이가 새로운 나라에서 새 직업으로 새 삶을 시작하는 시작점에 불과했다.

커리어 한가운데에서 이런 결정을 내릴 수 있는 이유는 뭘까? 그쯤 되면 하던 대로 계속했을 때 어떤 미래가 펼쳐질지 꽤 잘 알게 되는데, 그것만으로는 충분하지 않다고 결론 내린 것이 전형적인 이유일 것이다. 그래서 실현이 되든 안 되든 다른 선택지들에 마음의 준비가 돼 있는 것이다. 또한 그런 이직을 잘해낼 수 있다는 자신감이 커졌을 수도 있다. 왜냐하면 세스 시걸이 지적했듯이 뭐가 됐든 새로운 분야를 택해도 활용할 수 있는 경험을 이미 많이 축적했고, 어떤 업종이 됐든 사업의 핵심 DNA는 크게 다르지 않기 때문이다.

데이비드 브래들리David Bradley 역시 40대 중반에 폭넓은 삶을 살 수 있는 과감한 결정을 내렸다.[21] 그는 이미 회사를 두 개나 만들어서 성공시켰고 직업적으로 확고한 평판도 갖고 있었다. 뒷짐 지고 앉아서 자신이 노력한 대가를 느긋하게 즐기지 않을 이유가 전혀 없었다. 그런데도 그는 완전히 새롭고 위험 부담이 큰 선택을 했다. 뚜렷한 성공만큼이나 힘들었던 개인적 역경이 그 동기가 됐다.

브래들리는 아직 로스쿨 학생일 때 이미 사업가가 됐다. 그의 첫 벤처는 워싱턴조사위원회Research Council of Washington라고 불리다가 곧 어드바이저리보드Advisory Board Company로 바뀌었다. 정액제로 워싱턴 기반의 조사 서비스를 지속 제공하는 회사였다. 말하자면 '조사 클럽'에 가입하는 것과 비슷했다. 1990년대 중반이 되자 매년 조사비로 2만 달러에서 20만 달러를 지급하는 고객사가 수천 곳까지 늘어났다.

동업자인 제프리 자이언츠Jeffrey Zients는 아주 유능한 전직 컨설턴트로 그날그날 형편에 따라 회사 운영에 참여하고 있었다. 두 사람은 회사를 두 개로 분할하기로 결정했다. 어드바이저리보드가 헬스케어쪽 고객을 모두 가져가고, 코퍼릿이그제큐티브보드Corporate Executive Board가 은행 등 기업 고객의 조사 업무를 처리하기로 했다. 1999년 두 사람이 코퍼릿이그제큐티브보드를 상장하자 월스트리트는 뜨거운 반응을 보냈다. 2000년 어드바이저리보드를 상장했을 때도 마찬가지였다. (한편 제프리 자이언츠는 기업과 정부 양쪽으로 누구 못지않게 성공적인 커리어를 이어갔고, 오바마 대통령의 국가경제위원회 국장으로 그 정점을 찍었다.)

브래들리는 특별히 어떤 순간이나 계시 같은 게 있었던 것은 아니지만 1995년 어느 순간부터 시사 전문지 회사를 사서 미디어회사 주인이 돼야겠다는 생각을 하기 시작했다. 그전에 그는 국회의원 후보 평에 올라 정치 커리어를 쌓으려다가 실패한 적이 있다. 그때 그는 정치에 참여하지 못할 거라면 적어도 정치 과정에 참여해서 "파생적 즐거움"이라도 누려야겠다고 생각했다. 그는 여러 정치 및 정책 미디어 회사로 구성된 내셔널저널그룹^{National Journal Group}을 사들였다. 선별적 구독자 그룹을 대상으로 높은 가격에 고품질 보고서를 생산한다는 점에서는 어드바이저리보드와 비슷한 점이 있는 회사였다.

2년 뒤 브래들리는 매거진 《애틀랜틱》을 자신의 미디어 그룹에 추가했다. 그런데 협상이 한창이던 때에 개인적으로 큰 역경이 찾아왔다. 어느 날 아침 일어나 보니 말을 할 수가 없었던 것이다. 그는 지난 10년간 목소리에 문제가 있었는데 이제는 아예 목소리가 나오지 않았고, 말을 하려고 하면 성대가 아팠다. 이후 몇 달간 그는 세 차례의 성대 수술을 받았으나 단 한 번도 성공하지 못했다. 그는 이렇게 회상한다. "내 평생 그렇게 고립됐던 적은 없어요."

그는 위대한 인물들의 전기를 읽으며 많은 시간을 보냈다. 그중에는 처칠, 프랭클린 루스벨트도 있었고 루스^{Luce}와 허스트^{Hearst}, 디즈니 같은 미디어업계의 거물도 있었다. 새로 진단을 받아 새로운 약물을 쓴 끝에 통증이 잦아들고 목소리가 돌아왔다. 그는 "24시간 만에 인생 전체가 돌아왔다"라고 말했다. 그제야 그는 자신이 만들려던 회사를 완성할 수 있었고, 그 회사가 바로 지금의 애틀랜틱미디어^{Atlantic Media Company}다. 인생의 초점을 완전히 바꿔놓은 이 사업은 그가 50줄에 들어서 시작한 일이었다.

줌파 라히리^{Jhumpa Lahiri} 역시 커리어 중간에 방향을 크게 튼 경우다. 마흔다섯의 나이에 그녀는 가족과 함께 미국에서 이탈리아로 이주했다. 2013년이었다. 그 자체가 그렇게 눈에 띌 만한 일은 아니다. 비록 지리적으로 반대 방향이기는 하지만 나도 같은 일을 저질렀으니 말이다. 그러나 우리 사이에 다른 점은 로마로 이주한 라히리가 오로지 이탈리아어만 말하고 읽고 쓰기로 결심했다는 점이다. 이 점은 그녀에게 아주 중요한 변화였다. 왜냐하면 그녀는 오로지 영어만을 사용해서 글을 쓰던 작가로 높은 평가를 받고 있었기 때문이다. 그녀의 단편집《축복받은 집》은 퓰리처상을 수상했다.

그녀는 이 이야기를《이 작은 책은 언제나 나보다 크다》에 담았다. 책은 이탈리아어로 썼고, 그녀가 아닌 유명 번역가가 영어로 번역했다.[22] 내용은 "집착의 경계에 있는 열정: 다른 언어에 대한 어느 작가의 열정 이야기"로 그 다른 언어가 이탈리아어다. 라히리가 이탈리아어에 빠지게 된 것은 대학을 마치고 피렌체로 여행 갔을 때였다. 이후 오랫동안 그녀는 이탈리아어를 배우다 말다를 반복했으나 완전히 마스터하겠다는 목표는 언제나 손을 빠져나갔다. 그녀는 이탈리아어에 "심취"했고, 이 언어에 대한 "이상한 몰두"가 점점 자라 더 이상 장난

이 아닌 하나의 소명이 됐다. 그래서 작가로서의 커리어가 한창일 때 로마로 이주했고, 새로운 언어와 세계에 의해 "불구덩이 시험 내지는 일종의 세례"를 받았다.

라히리는 낯선 땅에 발을 들인 마음가짐을 이렇게 표현했다. "나는 나 자신을 시험하기 위해 내 전문 분야를 버렸다. 나는 확실성을 불확실성과 맞바꿨다." 작가 도메니코 스타르노네Domenico Starnone는 라히리에게 쓴 편지에서 작가에게 "새 언어란 거의 새로 태어나는 것과 같아서, 구법과 구문을 처음부터 다시 만나야 하고, 새로운 논리와 또 다른 감수성 속으로 빨려 들어간다"라고 했다. 비교적 낯선 새 언어로 글을 쓰면서 라히리는 새로운 목소리를 찾기 위해 여정을 떠나는 한 작가를 묘사한다. 그것은 "작은 호수를 건너는 일이다. 정말 작지만 반대편 기슭은 내 능력을 넘어설 만큼 너무나 멀어 보인다".

그녀는 페르난도 페소아Fernando Pessoa에게서 영감을 받았다. 페소아는 네 가지 버전의 자기 자신, 즉 '네 개의 구분되는 별도의 작가들'을 만들어낸 사람이다. 그 덕분에 그는 "자신을 가둬놓은 한계를 벗어날 수 있었다". 그녀는 또한 오비디우스의 고전 《변신 이야기》에서도 영감을 끌어냈는데 "탈바꿈한, 거의 새로 태어난" 기분을 느꼈다고 한다. "변신의 메커니즘이야말로 삶에서 유일하게 절대 변하지 않는 요소라고 할 수 있다."

충만한 삶을 완성하도록 준비하라

토요일 저녁 9시 2차선 아스팔트 위로 꼬리를 문 차들이 1킬로미터 가까이 늘어서 있었다.[23] 교회 사람들은 자포자기 상태였다. 운전자들을 교회 주차장으로 안내하고 있는 사람은 이 국립사적지의 이사인 질 스터키[Jill Stuckey]였다. 그녀는 졸리지도 않은지 운전자들에게 좌석 번호를 나눠 주며 연신 "와주셔서 감사합니다"라고 말했다. "참아주셔서 감사합니다. 더 좋은 방법이 있으면 좋을 텐데요. 다음 주에는 방법이 있을지도 모르겠어요."

이런 사태가 벌어진 것은 일요일 아침 10시에 아흔 살의 전직 대통령 지미 카터가 동네 주일학교에서 설교를 하기로 돼 있기 때문이었다. 그 자체에 놀라울 건 없었다. 조지아주 조용한 벽지에 위치한 고향 플레인스에서 이 전직 대통령이 주일학교 수업을 진행한 것은 벌써 수십 년째였다. 보통은 자신이 직접 세운 나무 십자가 앞에서 100여 명의 신도를 대상으로 설교를 하곤 했다. 집회에 참석한 관광객들은 거기서 다시 손바닥만 한 시내로 나가 카터의 보잘것없는 창고와 옛날 선거 사무실을 볼 수 있었다. 아니면 아직도 카터와 그의 부인 로잘린이 먹을 신선한 농산물을 생산하고 있는 작은 농장을 방문할 수도 있었다.

이번 주말이 특별한 것은 바로 며칠 전에 카터가 이미 밝혔던 흑색종 피부암이 간과 뇌까지 전이됐다고 발표했기 때문이다. 솔직하고 위트가 넘치는 것으로 기억되는 기자회견에서 그는 죽음을 앞두고 있다고 공개적으로 얘기했다. 이제 사람들은 직접 와서 그를 봐야겠다고, 지금이 아니면 안 되겠다고 느꼈다. 사우스캐롤라이나주 리먼에 있는 식품포장회사에서 일한다는 33세의 저스틴 밴은 신도석에 앉기 위해 다섯 시간을 운전해 왔다면서 이렇게 말했다. "만나 뵙고 싶으면 지금 가야 한다고 아내에게 말했죠."

우연히도 내가 처음 미국을 방문한 때는 대통령 선거가 한창이던 1980년이었다. 민주당의 후보는 현직 대통령이던 지미 카터였고, 공화당의 도전자는 로널드 레이건이었다. 선거는 경기가 악화된 상태에서 펼쳐지고 있었다. 글로벌 시장에서 미국이 주춤거리고 있다고 느끼는 사람이 많았고, 카터 자신도 "불길한 느낌"이 든다고 했을 정도였다. 또한 미국이 중동의 석유 이해관계에 붙잡혀 꼼짝도 못 하고 있다는 생각이 팽배했다. 하지만 이번 선거에서 가장 중요한 이슈는 1년을 넘게 끌고 있는 이란 인질 사태였다. 미국은 하루하루 고문을 받고 있는 기분이었다.

1980년 11월 지미 카터가 결정적 패배를 당했을 때 그는 패배자로 비쳤다. 단임 대통령. 그는 현직 대통령으로서는 가장 큰 격차로 대패를 당했다. 나는 1981년 1월의 그날이 지금도 생생하게 기억난다. 로널드 레이건은 대통령 선서를 하고 있었고, 그와 거의 동시에 52명의 이란 포로들이 풀려나 집으로 돌아왔다. 이 모든 게 텔레비전으로 생중계됐다. 어찌 보면 이것은 카터에게 더할 수 없는 굴욕이었다. 비록 카터는 그답게 "내 인생에서 가장 기뻤던 날"이라고 말했지만 말이다.

카터를 성공하지 못한 대통령으로 보는 관점은 상당히 오랫동안 일반적 통념으로 남아 있었다. 심지어 1992년 대통령 선거 때 빌 클린턴은 "지미 카터와 나는 빛과 어둠만큼이나 다른 사람"이라고 했을 정도다. 카터가 물러나고 35년 뒤인 2016년 대선 예비선거 초반에 공화당 예비 후보 둘은 카터를 거의 놀리다시피 했다. 당연히 물색없다는 이유로 비난 세례를 받긴 했지만 말이다.

　카터는 지금도 대체로 실패한 대통령으로 인식된다. 그러나 그를 실패한 사람으로 보지는 않는다. 실은 전혀 거리가 멀다. 이 자명한 말과는 별개로 전 세계에서 가장 큰 권력을 가졌던 누군가를 실패자로 생각하기란 쉽지 않다. 카터가 평생 동안 이룬 일은 훨씬 더 폭넓게 볼 수 있다. 특히나 쉰다섯에 정치에서 물러난 이후의 35년은 말이다. 비록 방식은 아주 다르지만 빌 클린턴이나 앨 고어와 마찬가지로 카터는 백악관을 떠난 후에 한 일만으로도 백악관에 있을 때나 들어가기 전에 했던 일만큼이나 크게 인정받고 기억되고 있다. 그 기간 카터는 카터센터^{Carter Center}와 함께 추진한 인도적 활동으로 2002년 노벨 평화상을 수상하기도 했다.

　카터는 '90세의 회고'라는 부제만으로도 어지간한 사람은 쓸 엄두도 못 낼 책에서 이 점을 직접적으로 언급했다. 그 책의 정식 제목은 《충만한 삶^{A Full Life}》(한국어판 제목 《지미 카터: 구순 기념 회고록》_옮긴이)이다. 카터는 이 책에서 자기 인생의 마지막 단계가 왜 그 이전의 삶 못지않게 중요한지 이야기한다. "최근 카터센터에 관한 교육을 하고 글을 쓰며 도움을 줬던 것이 내 인생의 정점인 것 같다."[24] 그는 자신의 "충만한 삶"을 이루는 각 부분을 좀 더 다양하게 설명하려 했다. "나는 90년 중 4년을 백악관에서 보냈다. 물론 그 시간은 내 정치 인생의 정점이다. 하지만 그 세월이 내 기억의 고리에서 압도적인 위치를 점하는 것은 아니다. 그리고 그 이전의 삶에서 내가 그곳에 닿기 위해 계획을 짜거나 일사불란하게 걸어간 적은 한 번도 없었다. 커리어를 한 발 내디딜 때마다 나는 다음번 커리어를 위해 단호한 결정을 내렸다."

그의 이런 삶의 단계에는 해군에서 핵잠수함 엔지니어로 근무한 11년과 그의 표현에 따르면 "지역 공동체 일에 참여하는 농부"로 보낸 17년도 포함된다. 모두 그가 정치에 본격적으로 나서기 전의 일이다. 정치적 기반이 대단하지 않아 보였음에도 그는 마흔일곱에 조지아주 주지사가 됐고 쉰두 살에는 미국 대통령에 당선됐다. 1980년 선거에서 패했을 때 그는 역대 최연소 '퇴임 대통령'이었다.

글에서 그는 마치 주지사와 대통령 기간이 그저 그다음에 올 삶에 대한 준비 기간이었던 것처럼 말하고 있다. 특히 그 기간이 자신의 시야를 넓혀줬다고 말한다. "주지사로, 대통령으로 지내는 것은 인생이 바뀌는 경험이었다. 아내와 나는 많은 사람의 삶에 더 많이 관여해야 했다. 이때 생긴 지식과 인간관계는 이후 35년간 카터센터의 수많은 프로젝트를 기쁘고 즐겁게 추진하는 밑거름이 됐다."

대통령 회고록을 편찬하면서 그는 자신이 글쓰기를 좋아하고 자신이 쓴 책이 잘 팔린다는 사실을 알게 됐다. 다행스러운 일이었다. 책이 이후 그의 주된 수입원이 됐기 때문이다. 그는 말년에 다작 작가가 되어 좋은 점을 이렇게 설명했다. "책을 쓰고 홍보 활동을 다닌 것은 내게 좋은 기회였다. 나는 폭넓은 주제를 아주 자세히 공부하고, 내가 알게 된 것들을 분석하고, 미국과 수많은 해외 일반 대중에게 내 관점을 제시할 수 있었다."

일흔다섯 살에 그는 《나이 드는 것의 미덕》이라는 책까지 썼다. "정치에서 '은퇴'한 후의 경험이 얼마나 기쁘고 즐거웠는지" 돌아보는 책이다. 그의 친구들은 이렇게 짧은 책도 있느냐고 놀렸지만, 카터는 이렇게 말했다. "더 이상 규칙적인 업무 일정을 따를 필요가 없어진 후에 새 프로젝트를 맡으면 그동안 겪어보지 못한 자유가 얼마나 많이 생기는지 보여주는 책이라서 꽤 인기가 있다." 나중에 나온《아름다운 노년》에서 그는 또 이렇게 말했다. "꽤 늦은 나이에 [로잘린과 나는] 처음으로 함께 해보는 일을 많이 했다. 여러 나라에서 활강 스키, 등산, 새 구경, 플라이 낚시를 했다."

그는《충만한 삶》을 다음과 같이 마무리했다. "적어도 지금에 와서 뒤돌아보면 내 삶은 모든 단계가 도전의 연속이었지만 성공적이고 즐거웠다. [요즘] 우리는 크고 화목한 가정을 이루고, 교회와 플레인스 주민들과 풍족한 삶을 살며, 카터센터에서 짜릿하고 모험적인 다양한 프로젝트를 추진하고 있다. 지금 우리가 살고 있는 삶이 최고다."

그리고 그 삶은 계속되고 있다. 2016년 3월 지미 카터는 치료 프로그램이 성공하여 이제 암이 다 나았다고 발표했다.

앞서 우리의 삶이 더 이상 전통적인 네 단계가 아니라 여섯 단계로 이루어진다고 설명했다. 그 여섯 단계란 아동기, 청소년기, 방랑기, 성인기, '활동적 은퇴기', 노년기다. 혹자는 '가짜 은퇴기'라고 부르기도 하는 이 다섯 번째 단계가 폭넓은 삶을 구현하는 데 점점 더 중요한 측면으로 부상하고 있다. 줄줄이 나오는 연구 결과들은 은퇴가 '항복'이나 '평온'이라는 생각을 없애주고 있다.[25] 이들 연구는 오히려 발전이 지속되며 새롭고 폭넓은 선택권이 열릴 수 있는 시기로 은퇴를 묘사하고 있다. 미리 은퇴를 잘 살피고 있는 사람이라면 특히 그렇다.

그러니 은퇴기 역시 준비된 마음이 필요한 삶의 단계다.

　나이가 들수록 사람이 더 행복해진다는 증거는 많다. "긍정적 사고의 힘을 무의식적으로 배웠기 때문이다." 신경학자 올리버 색스Oliver Sacks는 아버지에 관한 글에서 자신의 아버지가 아흔네 살까지 사셨는데 80대가 아버지 인생에서 가장 즐거웠던 시기로 꼽힌다고 말했다. "지금 내가 그렇게 느끼기 시작하는 것처럼 아버지는 자신의 정신적 삶이나 관점이 쪼그라드는 게 아니라 커지고 있다고 느꼈다. 삶을 오래 겪었다는 것은 자신의 삶뿐만 아니라 남들의 삶도 겪은 것이다. 승리와 비극, 호황과 불황, 혁명과 전쟁, 위대한 성취와 애매모호함을 모두 본 것이다."[26] 우리는 "젊은 날의 성마른 조급함에서 자유로워지고, 바라는 건 무엇이든 탐험해도 되고, 인생의 감정과 생각을 한데 묶어도 될 때"를 대비해 마음의 준비를 할 수 있다.

　데이비드 브룩스가 말한 것처럼 세월이 지날수록 "사람은 삶의 기술에 더 능숙해진다".[27] 그는 60대가 되면 많은 사람이 "자기 영역을 찾는다"라고 덧붙인다. 나이가 든다고 더 현명해지는 것은 아니지만, 현명함이 줄어들지 않는 것만은 분명하다. 현명함의 정도를 시험으로 측정해보면(사회적, 정서적, 정보적 지식을 복합적으로 측정) 결과는 일종의 고원 형태가 나온다. 하지만 가장 중요한 것은 그 고원의 지속성이다. 사람들이 뭔가를 일정 수준으로 잘하게 되면 적어도 일흔다섯 살까지는 그 수준이 꾸준히 유지된다. 그래서 새롭고 폭넓은 기회에 대한 마음을 준비하고 '활동적 은퇴기'로 접어드는 사람은 계속 늘고 있고, 사람들은 그 기회를 꽤 오랫동안 유지할 수 있을 것이다.

　론 대니얼Ron Daniel을 예로 들어보자. 그는 이제 거의 60년째 매킨지와 협력하고 있다.[28] 그는 1976년부터 1988년까지 전 세계 경영 파트너로서 매킨지를 이끌었다. 대니얼의 활동적 은퇴기는 이제 25년이 넘어가는데 아직도 끝날 조짐을 보이지 않는다. 1988년 일반 경영 파트너로 내려온 그는 고객 포트폴리오를 새로 만들고 회사에서 참여하는 활동에도 변화를 주기 시작했다. 하지만 그가 활동적 은퇴기에 접어든 것은 정말 느닷없는 기회 덕분이었다. 그가 하버드대학교 재무 담당 및 하버드 코퍼레이션Harvard Corporation(학교의 주요 업무를 관장하는 기관)의 펠로우가 됐던 것이다. 이후 15년간 그는 자기 시간의 절반 이상을 하버드대학교의 행정과 관리 업무를 하며 보냈다.

마찬가지로 로널드 코언Ronald Cohen 역시 활동적 은퇴기를 맞았을 때 완전히 새로운 커리어를 쌓아갈 준비가 돼 있었다.[29] 그의 주된 커리어는 영국의 벤처캐피털 산업을 개척한 것이다. 1972년 그는 동업자와 함께 에이팩스파트너스Apax Partners를 설립했다. 1990년대가 되자 에이팩스는 영국 최대의 벤처캐피털 회사이자 정말로 글로벌하다고 말할 수 있는 3대 벤처캐피털 중 하나가 됐고, 500개가 넘는 기업에 스타트업 자금을 제공하고 있었다. 코언은 "업계의 아버지"라는 호칭을 얻었다.

코언은 쉰다섯 살이 됐을 때 에이팩스와 관련된 활동은 서서히 줄이고 다른 활동에 좀 더 직접적으로 참여하기 시작했다. 그 다른 활동이란 당시 이제 막 싹 트고 있다는 느낌을 강하게 주던 사회적 투자 및 사회적 기업정신 분야였다. 그는 공공정책 및 비영리 활동에 더 적극적으로 참여하기 시작했다. 특히 정부의 사회적 투자 태스크포스 대표직을 맡아서 "기업 활동을 활용해 사회적 투자로부터 높은 사회적,

재무적 성과를 얻을 수 있는 방법을 찾는"일을 했다. 2002년에는 동업자와 함께 브리지스벤처스^{Bridges Ventures}를 설립함으로써 사회적 투자에 직접 참여하기 시작했다. 브리지스벤처스는 "재무적 수익을 내는 것은 물론 사회적, 환경적으로 도움이 되는 혁신적이고 지속가능한 성장 투자자"였다.

그의 활동 성과 중 하나는 영국의 휴면 계좌에 들어 있는, 찾아가지 않는 막대한 양의 돈을 이용해 자선사업 및 자원봉사 프로젝트에 초기 자본 및 대출 보증을 제공하는 식으로 자금을 지원할 수 있게 권고한 것이다. 이로써 '성과 기반 계약' 형식의 금융 수단인 '사회성과연계채권'이 개발되기 시작했다. 사회성과연계채권은 정해진 지역주민에 대한 사회적 결과에 큰 개선이 있을 경우 공공기관장이 비용을 지급하기로 약속하는 채권이다. 초창기의 한 예로 단기 형량을 마친 남자 수감자의 재범률을 줄이는 데 사회성과연계채권이 사용됐다.

2010년 영국의 총리로 선출된 데이비드 캐머런^{David Cameron}은 이 아이디어에 강력한 정치적 지원을 보냈고, 코언이 회장을 맡은 빅소사이어티캐피털^{Big Society Capital} 설립에 앞장섰다. 영국 최초의 사회적 투자 은행이라고 소개되는 빅소사이어티캐피털은 15년 넘게 휴면 계좌에 남겨져 있던 6억 파운드가 넘는 돈을 이용해 사회 지향적 단체가 저렴한 금리의 자금을 더 쉽게 구하도록 돕는 일을 한다.

코언은 사회적 투자 분야의 전도사가 됐다. 그가 예순이 넘어서 활약한 덕분에 만들어진 산업 분야였다. 지금 그는 이렇게 말한다. "제가 만약 2010년에 대학을 졸업했다면 아마 이 분야에 진출했을 겁니다." 그는 전문 사모투자회사가 생겨 기관투자자들이 벤처펀드에 투자할 수 있게 만든 덕분에 사모펀드가 부상했다고 지적한다. 코언을 비롯한 사람들은 사회적 기업을 위해 똑같은 일을 하고 싶어 한다. 이들은 자본시장을 사회적 부문에 연결시키고자 한다. 코언은 이렇게 덧붙였다. "우리는 품위 있는 사회를 보존하고 싶습니다. 이제 곧 사회적 부문에서 기업의 물결을 보게 될 겁니다. 빠르게 성장하는 조직을 관리하는 법을 고도로 교육받은 사람들이 자신의 기술을 사용해서 사회적 이슈를 해결하는 모습을 보게 될 거예요."

전혀 예상치 못한 일을 준비하라

전혀 예기치 못한 일로 인생이 완전히 바뀐다면 어떻게 될까? 그 일이 인생을 이루 말할 수 없이 폭넓게 만들어주겠지만, 한 번도 예상해보지 못한 도전을 제기한다면 그에 대한 마음의 준비를 할 수 있을까? 그리고 그런 일이 이미 한 번 일어났다면, 다음번에는 더 잘 준비할 수 있을까?

이는 캐나다의 학자이자 저술가, 방송가인 마이클 이그나티에프에게 일어났던 이야기다.[30] 그의 정치 모험에 관해서는 앞서 짤막하게 언급한 바 있다. 이그나티에프는 탁월한 그의 정치 비망록《타고 남은 재》를 다음과 같은 말로 시작한다. "2004년 10월의 어느 날 한 번도 만난 적 없는 세 남자(나중에 우리는 이들을 '멘 인 블랙men in black'이라고 불렀다)가 매사추세츠주 케임브리지에 도착해 나와 아내를 저녁 식사 자리에 데려갔다. (…) 술을 한두 잔 마신 후 [그들은] 여기에

온 목적을 얘기했다. '캐나다로 돌아가 자유당으로 선거에 출마할 생각 없으십니까?' 그들은 외부 인사 영입을 제안하고 있었다. 그들의 포부는 (그 사람들은 솔직하게 말했다) 언젠가 나를 총리로 만드는 것이라고 했다." 그 사람들이 찾아왔을 때 이그나티에프는 쉰일곱 살이었다.

그의 말처럼 그것은 '깜짝 놀랄 제안'이었다. 그는 30년 이상 캐나다에 살고 있지 않았고, 그중 많은 기간을(1978년에서 2000년까지) 영국에 살았다. 나는 영국에 살 때 이그나티에프를 텔레비전과 라디오 방송인으로 접했고 그가 쓴 특집 기사 칼럼을 읽었다. 그는 미디어 분야에서 가장 지적인 축에 속하는 사람이었다. 케임브리지에 있는 킹스칼리지에서 정치학 연구원으로 있었고, 이 시장의 최고급 독자들을 타깃으로 한 책들을 썼다. 그러다가 2000년 그는 하버드대학교 케네디 행정대학원에서 한 직책을 맡게 됐다. 그가 '멘 인 블랙'을 처음 만난 곳도 하버드대학교였다.

이그나티에프는 그들이 제안한 길을 따라서 가보기로 했다. 그 길은 성공으로 시작해 처참한 실패로 끝났다. 2006년 그는 캐나다 국회의원에 당선됐다. 그와 거의 동시에 그는 자유당 지도부 선거에 나가도록 추천을 받았다. 비록 이때는 스테판 디온Stephane Dion에게 패했지만 부대표가 됐고, 2008년 디온이 사임하자 그 자리를 물려받았다. 이후 2년간 그는 자유당을 이끌었고, 2011년에는 연방 선거에 출마해 현직에 있던 보수당의 스티븐 하퍼Stephen Harper와 맞붙었다.

2011년 선거는 자유당에게도, 이그나티에프 개인에게도 말 그대로 재앙이었다. 자유당은 서른네 개의 의석밖에 확보하지 못해 보수당 및 신민주당과는 큰 의석 차이로 원내 제3당이 됐고, 공식적으로 최대 야당 지위를 상실했다. 이그나티에프는 자신의 의석조차 잃고 곧 대표직을 내놓았다. 그는 처음 정치 제안을 받은 지 7년도 안 되어 정계를 은퇴하고 학자의 삶으로 되돌아갔다.

여기서 정말로 궁금한 점은 그런 기회를 수락하도록 만든 요소가 무엇일까 하는 점이다. 그리고 이그나티에프는 자신의 성공과 실패에서 무엇을 배웠을까? 그의 마음은 준비가 돼 있었을까? 다음번에는 더 잘 준비돼 있을까? 이그나티에프 자신도 다음과 같이 질문하며 답을 구했다. "다른 일에는 분별이 있는 사람이 어떻게 꿈을 좇아서 자신의 인생을 뒤집어엎을 수 있을까? 아니 좀 더 냉정하게 말해서, 나 같은 사람이 왜 그토록 무력하게 자만에 무릎 꿇었을까?"

이 책과 관련해서는 전자의 질문이 더 중요하다. 사람들은 그런 기회를 왜 받아들일까? 특히나 마음을 준비할 시간도 부족할 때에 말이다. 그 이유의 일부는 정치철학자들에 대한 그의 전문 연구에서도 찾아볼 수 있다. 특히 마키아벨리는 "포르투나 여신이 정치를 지배한다"라고 말했다. 포르투나라는 변덕스러운 여자의 환심을 사고, 구애하고 쟁취해야만 한다면서 이렇게 덧붙였다. "그녀는 종종 계산된 움직임에 따라 나아가는 사람보다는 대담하게 행동하는 자들에게 복종한다." (성차별주의자 같은 용어에 관해서는 용서를 바란다. 마키아벨리는 16세기 사람이다.)

이그나티에프는 (아마도 얼결에) 포르투나에 호응해 대담하게 행동하기로 결정했다. 결국에는 멍들고 굴욕스러운 경험을 했지만 그는 후회하지는 않는 듯하다. "나는 많은 짐을 짊어지고 정계에 들어갔고 그 비용을 톡톡히 치렀다. 하지만 수세적인 삶을 사느니 비용을 다 치러버리는 게 낫다. 수세적인 삶은 온전히 산 삶이 아니다. 신중함을 모토로 삼는다면 기개를 보여줘야 할 때 용기가 나를 저버릴 것이다. 확실히 정치는 신중함보다 많은 것을 요구한다." 그리고 그는 이런 생각을 정치적 확률에 대한 자신의 이유 있는 믿음과 연결시켰다. "정치적 커리어는 대부분 포르투나가 결정하기 때문에 그녀가 등을 돌릴 때 운명에 악다구니를 쓸 필요는 전혀 없다. 내가 나의 운명을 좌우한다고 생각하는 실수를 범하지 마라. 그런 걸 '자만'이라고 한다."

포르투나에 관한 그의 믿음을 고려하면 그는 아마추어였음에도 정치에 도전하는 데 한 치의 주저함도 없었던 것 같다. 요즘 정치인 대부분은 20대에 이미 보좌관으로 커리어를 시작해 30대 후반에 선거에 출마한다는 사실을 그는 알고 있었다. 그런 정치인들은 평생을 정치계라는 거품 속에서 보낸다. 그러나 이런 추세와 자신의 경험에도 이그나티에프는 이렇게 주장한다. "정치는 직업이 아니다. (…) 직업은 가르칠 수 있는 기술과 표준이 있다는 뜻을 내포하기 때문이다. 정치에는 기술이 없다. 정치는 과학이 아니라 카리스마의 예술이다. 정치가 의존하는 설득과 말재주, 살벌한 인내력이라는 기술은 모두 살면서 배울 수 있는 것들이다."

그는 정치의 본질에 관해 자신이 관찰한 것을 한마디 덧붙인다. "꾸준한 커리어가 될 수 없다는 면에서도 정치는 직업이 아니다. 정치 인생은 한순간에 뒤집힐 수도 있다. 그러니 그전에 충분히 살 만큼 살았는지 확인해야 하고 정치가 끝난 후 새로 시작할 삶도 준비해둬야 한다. 패할 수도 있음을 아는 것이 스스로 정직할 수 있는 최선의 길이다." 다시 말해, 정치를 하고 있다면 언제나 직업을 잃을 수 있다는 사실에 대한 마음의 준비가 항상 돼 있어야 한다는 것이다. 스포츠 팀 감독들도 똑같은 요구를 받고 있고, 같은 요구를 받는 기업 CEO들도 점점 늘어나고 있다.

그러고 보면 이그나티에프는 정치적 성공이 쉽게 오지 않는다는 사실을, 즉 정치적 기술은 쉽게 배울 수 없다는 사실을 최초로 인정한 사람이다. 앞서 말했듯이 정치는 상황지능에 대한 그야말로 혹독한 시험이다. 거기에는 정치 지식이 전통적 지식과는 다르다는 이유도 한몫한다. 정치는 "이슈를 머리로만 아는 것이 아니라 본능적으로 아는 것이고, 어떤 대의명분이 나의 슬로건이 돼야 하는지 아는 것이다". 그는 그동안 배운 영악함과 화려한 언변, 능글맞음을 다시 잊어야 했다. 그리고 내 말을 들어주는 사람들과 관계를 맺는 것이 얼마나 중요한 일인지 다시 감사해야 했다.

어떤 분야든, 특히 정치에서는 새로 들어오는 사람에게 요구되는 사항들을 완전히 정복하지 못하면 자리를 잡을 수 없다. 내 주장을 펼칠 수 있는 권한도, 남들이 들어주는 발언 기회도 생기지 않는다. 이그나티에프는 진심으로 자리를 확보했다고 느낀 적이 한 번도 없었다. 뜨내기라서, 확고한 연줄이 없는 엘리트주의자라서, 캐나다인들이 아니라 자기 자신을 위해 출마했기 때문에 응징을 당한 측면도 무시할 수는 없다.

정계에 있었던 7년간 두 번의 지도부 선거와 한 번의 일반 선거를 치르면서 그에게는 수많은 일이 있었다. 그 과정에서 그는 또 하나를 알게 됐다. 남들이 가지 않은 대담한 길을 자신이 선택한 것도 그래서 이해가 갔다. "나는 정계에 있었던 모든 순간이 좋았다. 정치인이어서 가장 좋은 점은 내 나라 보통 사람들의 삶을 산다는 것이다. 랍스터 축제와 시골 장터, 자동차 파괴 경기, 먹거리 잔치, 로데오 경기, 뒷마당 바비큐를 찾아간다. 유대교 회당과 성당, 모스크, 교회에서 명절을 보낸다." 이어서 그는 이렇게 유려한 결론을 내린다. "정치에서 배우는 것이 있다면 보통 사람의 삶이 정치보다 더 깊이 흐른다는 것이다. 그들의 삶은 신랄한 당파 싸움으로 갈라진 틈보다 더 아래에서 흐른다. 정치는 인간으로서 함께 있고 싶고, 공통의 목표를 추진하고 싶고, 혼자서 할 수 있는 것보다 함께 더 많은 일을 성취하고 싶은 우리의 깊숙한 욕구를 파고든다."

마음의 준비는 한 번으로 끝나지 않는다. 그것은 개인적으로도 직업적으로도 하나의 긴 여정이다. 평생 완전히 똑같은 관심사, 똑같은 목표만 갖고 사는 사람은 거의 없다. 마음은 진화한다. 문제는 마음이 우리의 선택권을 넓히고, 폭넓은 관심과 기회를 장려하는 방향으로 진화하느냐 하는 점이다. 마음의 진화 방향은 어느 정도 우리가 결정한다. 그렇다면 내가 내리는 선택이 더 폭넓고 놀라운 인생과 커리어를 만들 수 있는 방향인지는 어떻게 알 수 있을까?

PART 3

모두가 부러워할
인생과 커리어를
만드는 방법

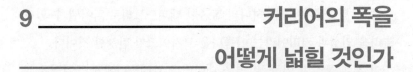

9 _____ 커리어의 폭을
_____ 어떻게 넓힐 것인가

내가 모순되나요? 그러면 모순되죠, 뭐. 나는 크니까 많은 걸 담을 수 있어요.
월트 휘트먼, 《나 자신의 노래》, 1855년

우리는 외적 제약과 내적 의심을 극복해 더 폭넓고 흥미롭고 영향력 있고 즐겁고, 근본적으로 더 나은 삶과 커리어를 만들 수 있다. 지금까지 설명한 모자이크 원리 여섯 개의 조각이 바로 그런 삶과 커리어를 추구하도록 도와줄 것이다. 이번 장에서는 어떻게 하면 이 요소들을 지속적으로 활용해 직장에서 놀라운 커리어를 만들 수 있을지 설명한다. 또 다음 장에서는 이 요소들을 활용해 놀라운 인생을 만드는 법을 알아본다. 이 두 가지를 결합한다면 당신의 다양한 관심사와 열망을 '충만한 삶'이라는 하나의 촘촘한 태피스트리로 엮어낼 수 있다. 놀라운 인생과 커리어라는 아름다운 모자이크가 탄생할 것이다.

이 책에 등장할 인물 몇 명을 데이비드 브래들리에게 들려줬을 때 보여준 반응이 생생히 기억난다. "아, 그분들은 놀라운 커리어를 갖고 있죠. 그 얘기를 하시는 거였군요. 놀라운 커리어."[1] 그렇다. 나는 놀라운 커리어와 그런 커리어를 쌓는 데 필요한 것들에 관해 이야기하려고 한다. 내가 당신에게 중점적으로 묻고 싶은 질문은 이것이다. 당신은 놀라운 커리어를 어떻게 쌓을 작정인가? 당신은 어떤 직장 생활을 써나갈 생각인가? 폭을 지향할 텐가, 깊이를 지향할 텐가?

앞서 성공적인 직장 생활을 써나가며 놀라운 커리어를 만들기 위해서는 다음과 같은 모자이크 원리를 구성하는 여섯 개의 조각을 내 것으로 만들고 실천해야 한다고 했다.

1. **도덕이라는 나침반을 사용하라** 그러면 일관된 목적과 확고한 도덕성을 유지하며 커리어를 쌓을 수 있다. 또 필요할 때에는 다른 동기를 위해 한 가지 동기를 포기할 수도 있다.
2. **지식의 중심축을 세워라** 그래야 대책 없고 무모한 방식이 아니라, 탄탄한 토대와 T자형 접근법을 바탕으로 폭넓은 커리어를 추구할 수 있다.
3. **응용할 수 있는 능력을 키워라** 그래야 내가 활동했던 모든 상황에서의 기술을 최적으로 조합해 문제를 해결하고 팀원들을 리드하고 변화를 주도할 수 있다.
4. **상황지능에 투자하라** 그래야 그 상황, 그 환경만이 가진 특성을

잘 감지하고, 거기에 대응하고 적응할 수 있다. 달라진 상황의 목표, 동기, 문화, 언어상의 중요한 차이점을 알아차리고 그에 맞게 대처할 수 있다.

5. **인적 네트워크를 확장하라** 그래야 다양한 분야에 걸친 진정성 있고 내실 있는 인간관계를 활용해 문제를 해결하고 팀을 꾸리고 원하는 커리어를 뒷받침할 수 있다.

6. **준비된 마음가짐을 가져라** 그래야 기회가 나타났을 때 기꺼이 수락하고, 진취적 사고방식으로 여러 분야를 오가며 때로는 남들이 가지 않은 길도 갈 수 있다.

이 여섯 가지가 있으면 직업과 관련된 여러 복잡한 상황에 잘 대처할 수 있다. 또 폭넓고 만족스러운 커리어 경로를 알려줄 로드맵도 얻을 수 있다.

각 요소는 그렇게 어려운 과제가 아니다. 개중에는 타고난 자기 개성과 잘 맞아 들어가는 것도 있을 것이다. 예컨대 의미 있는 삶과 윤리적 확실성을 찾는다거나(도덕적 나침반), 새로운 환경이나 새로운 집단의 사람들과 진정한 관계를 맺는다거나(상황지능), 새로운 경험을 궁금해하고 신나는 일로 여기는 것(준비된 마음)처럼 말이다. 또 어떤 것들은 개인적 능력의 일면을 반영하는 것이어서 더 개발하려고 마음만 먹으면 가르치거나 배울 수 있다. 정말로 관심 있는 이슈에 관해 더 많이 알아보거나(지식의 중심축), 한 분야에서 배운 기술과 통찰을 다른 분야에 적용하거나(응용 가능한 능력), 필요할 때 동원할 수 있는 다양한 인간관계를 쌓는 것(네트워크 확장) 등이 바로 그런 예다.

모자이크 원리를 구성하는 여섯 개의 조각을 활용하는 또 다른 방법이 있다. 바로 이슈나 질문으로 구성된 체크리스트를 만들어서 나 자신을 체계적으로 '발견'해보는 것이다. 각 요소와 관련해 물어볼 수 있는 핵심 질문들의 예를 들어보면 다음과 같다.

1. **도덕적 나침반** 커리어의 목적과 의미는 무엇인가? 직업적으로, 개인적으로 이루고 싶은 가장 중요한 것은 무엇인가? 이런 열망들 간의 잠재적인 또는 실제적인 갈등 요소는 무엇인가? 이 갈등 요소들을 어떻게 조화시킬 수 있는가? 만약 조화시킬 수 없다면 그 열망들의 중요도나 우선순위를 어떻게 매겨야 하는가? 오랫동안 소홀히 한 동기는 무엇인가? 그 동기에 관해 지금 뭘 할 수 있는가? 직간접적으로 하고 있는 일 중에 실질적으로 또는 스스로 느끼기에, 자신의 도덕적 잣대에서 어긋나는 것은 없는가?

2. **지식의 중심축** 천성적으로 가장 관심이 가는 이슈는 무엇인가? 본능적으로 무엇에 끌리는가? 더 잘 알고 싶고 가장 큰 영향력을 행사하고 싶은 이슈나 문제는 무엇인가? 어떤 능력 또는 전문지식으로 알려지고 싶은가? 어떤 분야에서 '믿고 찾는 사람'이 되고 싶은가? T자형 접근법에서 자신의 가로축과 세로축은 무엇인가? 자신의 지식 중심축을 강화하고 활용할 수 있는 환경은 어떤 곳인가?

3. **응용 가능한 능력** 잘하는 것으로 이미 입증된 것은 무엇인가? 그 것을 어떤 상황에서 잘하는가? 이 능력이 쓸모 있고 적용 가능한

다른 분야는 무엇인가? 내 기술이나 능력이 가장 큰 도움을 줄 수 있는 것은 어떤 종류의 조직인가? 어떻게 하면 가진 기술을 확장해 더 폭넓게 적용하고 더 큰 도구로 만들 수 있는가?

4. **상황지능** 새로운 상황이 생겼을 때 무엇을 이해하고 무엇을 이해하지 못하는가? 그 상황의 미묘한 차이를 더 잘 이해하고 더 효과적으로 적응할 수 있는 방법은 무엇인가? 어떻게 하면 상황지능을 잘 발전시키고 훈련시켜서 자기 뜻을 잘 전달하고 남들이 잘 받아들이게 할 수 있는가?

5. **인적 네트워크** 인맥을 가장 많이 가진 분야와 적게 가진 분야는 각각 무엇인가? 어떤 행사에 참석하고 누구와의 관계를 강화해야 인적 네트워크의 폭을 넓히고 네트워크를 다양화할 수 있을까? 어떻게 하면 자기 네트워크에 속한 사람들에게 진정으로 도움이 되면서도 가치 있는 일을 할까?

6. **준비된 마음** 직업적으로, 개인적으로, 경제적으로 어떤 종류의 기회에 대비하고 싶은가? 잘 준비됐다고 느끼려면 어떤 단계들을 밟아야 할까? 자신과 같은 경험이나 지식을 가진 사람에게 이상적인 길은 무엇일까? 그저 전통적인 경로를 답습하고 있지 않은가? 남들과 구별되는 새로운 길을 갈 수는 없을까? 완전히 다른 영역에 있는 기회 중에서 자신을 남들과 구분해주고 가장 폭넓고 성공적인 커리어를 만들게 도와줄 기회는 어떤 것일까?

나의 최적점과 한계점은 어디에 있는가

당신도 스펙트럼상에서 극단적 넓이 지향과 극단적 깊이 지향 사이 어디쯤에 이미 자신의 커리어에 대한 접근법을 정해놓았을 것이다. 누구나 그렇다. 극단적 넓이 지향에 가까운 사람은 '팔방미인이지만 제대로 하는 건 하나도 없는' 사람이 될 위험이 있다. 극단적 깊이 지향에 가까운 사람은 '하나밖에 모르는 바보'가 될 위험이 있다.

당신은 커리어 과정 중 언제든지 스펙트럼상의 위치를 옮길 수 있다. 어느 분야에서는 깊이에 치중하고 다른 분야에서는 넓이에 치중하는 식으로 조합을 조정할 수 있다. 상상의 그 스펙트럼상에서 한 점을 선택할 때에는 자신만의 '넓이의 최적점'을 집중적으로 찾아보는 게 좋다. 타고난 능력과 성격을 가장 잘 반영할 수 있는 자기만의 이상적 넓이를 찾아내라. 복잡하고 다차원적인 문제에 접근할 때 가장 좋은 결과를 낼 수 있는 지점, 직업적 활동이나 관심사와 관련해 가장 편안하게 느낄 수 있는 지점이 바로 최적점이다.

경험적으로 보면 우리는 '팔방미인이지만 몇 가지는 제대로 하는' 사람이 될 때 가장 편안함을 느낀다. 그러려면 우선 한 가지 분야에 정통해야 한다. 심지어 '1만 시간의 법칙'을 만족시킬 정도로 말이다. 그런 다음 다른 분야로 넘어가야 한다. 말하자면 일종의 '연쇄적 깊이'라고도 생각할 수 있는데, 이게 시간이 지나 모이면 '축적된 넓이'가 된다.

연쇄적 깊이는 '부가적'이다. 다시 말해 경험 위에 또 경험이 쌓이면서 패턴 인식 능력이 향상된다. 내가 아는 것, 할 수 있는 것의 총체가 '부분의 합'보다 커진다. 내가 정통한 각 분야는 계속해서 나에게 남는다. 똑같은 정도는 아니겠지만, 예전에 능숙하게 쓰던 언어와 같다. 날마다 그 언어를 말하던 때처럼 유창하고 달변은 아닐지 몰라도, 잠깐만 적응할 시간을 두면 자신 있게 말할 수 있다.

웨이 퐁 보^{Wai Fong Boh}와 앤드루 아더커크^{Andrew Ouderkirk}는 바로 이 점을 잘 보여준 연구를 실시했다. 두 사람은 기업의 연구원 중에서 표본을 뽑아 전문지식의 넓이와 깊이를 평가했다.[2] 회사에 따라 상황이 달라지는 점을 배제하기 위해 모든 조사 대상은 3M 출신으로 했다. 3M은 새롭고 독특하면서도 상업성 있는 제품을 지속적으로 개발하는 것으로 유명한 회사다. 연구진은 조사 대상을 '제너럴리스트', '스페셜리스트', '만물박사형'으로 분류했다. 만물박사형이란 10년 정도 한 가지 분야에 특화한 후 이미 확고한 전문 분야의 기술과 지식을 유지한 채 다른 분야를 탐구하기 시작한 사람을 의미했다.

조사 결과 만물박사형으로 평가된 사람들(연쇄적 깊이를 쌓은 연구원들)은 자신의 특수 전문지식을 여러 하위 전문 분야에 걸쳐 다양한 문제에 적용할 수 있었다. 순수한 스페셜리스트들은 할 수 없는 일이었다. "만물박사형 발명가들은 새로운 기술 영역을 배울 때 자신의 핵심 기술 영역에 대한 이해도 함께 깊어지는 것을 알게 됐다. 한 가지 기술을 새로운 기술에 적용하고 통합하는 연습을 체계적이고 반복적으로 하다 보니 이것도 하나의 경험이 된 것이다. 비록 그 과정은 간단하지 않을 수 있지만, 그 경험은 만물박사형 발명가들이 더 쉽게 새로운 응용을 할 수 있도록 해줬다."

연구진은 또 순수한 스페셜리스트들이 문제를 훨씬 더 자세히 분석할 수 있다는 것을 보여줬다. 그들은 자신의 핵심 지식 영역에서 끈질기게 돌파구를 만들어냈고, 성능이 비슷할 경우 발명품의 제조가 쉬운 방향으로 타협할 수 있었다. 반면에 제너럴리스트들은 사물을 보는 새로운 방법을 찾아낼 수 있었다. 하나의 기술을 다른 분야에 어떻게 응용하면 되는지 잘 알았고 이전의 지식에 크게 구애받지 않았다. 하지만 만물박사형 연구원들은 스페셜리스트나 제너럴리스트에 비해 "전문지식의 넓이와 깊이를 모두 활용해 아이디어를 평가할 수 있었고, 작업했을 때 성과가 가장 좋을 아이디어를 잘 찾아냈다. 넓이와 깊이라는 두 요소는 상업성이 있는 참신한 아이디어를 찾아내는 데 모두 도움이 됐다".

관련된 다른 연구에서 베아트리체 반 데르 헤이든[Beatrice Van der Heijden]도 비슷한 사실을 확인했다.[3] 그녀에 따르면 폭넓은 지식과 핵심 분야의 전문성을 가진 사람은 현 상태를 넘어 기회의 한계를 넓힐 수 있었다. 그녀는 이런 유형의 전문가를 '유연전문가[flexpert]'라고 불렀다. 헤이든은 이렇게 설명했다. "이들은 유연하면서도 전문성을 가진 사람들이다. 예를 들면 이들은 기술이 변화할 때 유연하게 잘 적응하고, 인접 분야에 기회가 생겼을 때 기민하게 반응할 줄 안다."

깊이라는 개념 내에도 스펙트럼이 있다. 시간과 함께 지식과 전문성의 깊이가 쌓이는 과정을 한번 생각해보라. 풋내기로 시작해 능력이 쌓이고 권위를 인정받고 마침내 전문가가 된다. 이런 과정이 진행되는 동안 어느 시점에서든 멈춰 서서 이렇게 말해도 된다. "나는 이만하면 됐어. 내가 알고 싶은 만큼, 필요한 만큼은 다 알았어. 더 이상은 깊이 들어갈 필요도 없고 그러고 싶지도 않아."

이렇게 하는 이유는 깊이에서 수확 체감에 다다랐다고 결론 내렸기 때문일 수 있다. 사업가나 공무원, 과학자, 마케팅 전문가, 자금 모집자로서 이미 해당 분야에서 유능한 사람이 됐거나 권위자로서 인정받았을 수도 있다. 이 지점이 되면 더 깊은 전문성 쪽으로 옮겨 가기가 꺼려질 수도 있다. 자신에게 주어지는 선택권이 좁아지고 능력이나 개성이 손상되지 않을까 걱정되기 때문이다.

애덤 그랜트는 "한 영역에서 지식이 쌓이면 자기 고정관념의 포로가 된다"고 했다.[4] 더 고정된 방식으로 주변 세상을 보려고 한다는 것이다. 규칙이나 조건이 바뀔 때 적응하는 능력도 줄어든다. 그랜트는 라이스대학교 에릭 데인Erik Dane 교수의 연구 결과를 인용한다. 데인 교수가 밝혀낸 바에 따르면 브리지(카드 게임의 일종_옮긴이) 전문 플레이어는 규칙이 바뀌면 적응을 더 힘들어한다. 고도의 전문성을 띤 회계사는 새로운 세법을 적용할 때면 경력이 적은 직원보다 못하다. 이와 대조하여 그랜트는 이렇게 말한다. "파격적으로 창의적인 아이디어에는 특정 영역에서 적당한 수준의 전문성을 가진 사람이 가장 열린 태도를 보인다."

커리어 내내 그리고 특히 지금, 나는 운 좋게도 의사, 변호사, 학자, 저널리스트처럼 다른 전문직 교육을 받고 그 일을 해온 사람들과 함께 일하고 있다. 그들은 오랜 시간을 들여 상당히 구체적이고 어려운 전문가로서의 자격을 취득했다. 의대 교육을 마친 사람도 있고, 힘든 시험을 통과한 사람, 아주 힘든 전공으로 박사학위를 딴 사람, 군복무를 한 사람, 기자나 편집자로 교육받은 사람도 있다. 하지만 이들은 어느 시점엔가 그것만으로는 충분치 않다는 결론을 내렸고, 남은 평생 동안 계속하고 싶은 일은 아니라고 결론지었다. 심지어 이들의 눈에는 자신의 전문 분야가 탈출하고 싶은 '황금 새장'처럼 보이기 시작했다. 그래서 이들은 더 폭넓은 곳으로 나왔고 그 결과 더 많은 것을 이룰 수 있었다.

하지만 스펙트럼에서 넓이 쪽으로 너무 멀리 간 시점이 올 수도 있다. 많은 것에 관해 조금씩 알지만, 지나치게 넓고 아는 것을 실질적으로 활용할 수 없다고 느끼는 시점이다. 이 지점을 '넓이의 한계점'으로 생각하면 된다. 이때부터는 하나에 초점을 맞추고 지식과 통찰의 깊이를 얻도록 조정해야 한다. 내 동료 중 한 명도 "눈에 띄던 고점이 높다란 고원으로 변했다"라고 말한 적이 있다. 자신이 더 이상 그어느 이슈에서도 '믿고 찾는 사람'이 아니라는 뜻이었다. 아이디어의 시장에서 이렇게 되면 더 이상 자신을 찾는 전화가 걸려오지 않을 수도 있다. 당신도 그런 일은 바라지 않을 것이다.

이선 번스타인[Ethan Bernstein]은 넓이 스펙트럼 위의 자기 커리어를 간단한 수학 공식으로 표현했다.[5] 그가 "4+4+4 접근법"이라고 부르는 것이다. 대략 4년 정도 한 분야에서 상당한 깊이까지 가본 다음, 다른 분야로 옮겨서 충분한 넓이를 확보하는 것을 목표로 삼는다는 뜻이다. 계속 남을지, 옮길지, 또는 어디로 옮길지를 결정하는 기준은 '여전히 배우고 있는가'이다. 그는 이 '연쇄적 깊이' 접근법을 통해 기업에 있다가 법학학위를 땄고(실은 동시에 진행했다), 기업 법무팀에 있다가 경영 컨설팅으로, 다시 정부로 갔다가 지금은 하버드 경영대학원에서 교수로 있다. 다음에 어디로 갈지는 아직 소식이 없다.

번스타인은 "법학박사가 돼서 좋은 점은 아내를 만난 것뿐"이라고 농담을 하곤 했다. 그는 올버니에서 뉴욕주 변호사가 되려고 준비하다가 아내를 만났다. 그의 그런 생각은 어느 날 아침 "워싱턴에서 걸려온 전화" 때문에 바뀌었다. 전화를 건 사람은 엘리자베스 워런 Elizabeth Warren 이었다. 지금이야 워런이 매사추세츠주 상원의원으로 민주당의 유명인사가 됐지만, 당시에는 하버드대학교 로스쿨 교수로 오바마 대통령의 위임을 받아 미국 소비자금융보호국 CFPB 을 세우는 중이었다. 번스타인이 로스쿨을 다닐 때 실제로 교수님 중 한 명이었던 워런은 전화에 대고 이렇게 말했다. "나한테 지금 전천후 플레이어가 필요해. 뭐든 다 잘할 수 있는 사람. 자네 생각이 나더라고."

번스타인은 하겠다고 했다. 워런을 존경하는 것도 이유였지만 또 다른 이유도 있었다. "현대 금융사에서 가장 중요한 입법 작업이었어요. 더할 나위 없는 책임도 있지만 가장 많이 배울 수 있는 기회였죠." 소비자금융보호국에 그는 모든 걸 바쳤다. "소비자금융보호국의 미션을 위해 내가 아는 건 전부 다 동원했어요. 시장 분석, 정책 입안, 규제 설계, 전략 개발, 뭐든 다 발 벗고 나섰죠. 그렇게 2년 만에 직원 70명이던 기관을 1,200명이 일하는 곳으로 키워냈어요. 한 번도 정부에서 일하거나 정치학을 공부해본 적 없는 제가 그런 일을 해낸 거예요. 절대로 계획한 일은 아니었어요. 그냥 어느 날 갑자기 제 특이한 이력이 아주 쓰임새가 있더라고요."

번스타인은 현재 투명성과 사생활의 관계, 즉 이것들이 직장문화에 미치는 영향과 그 결과에 관해 연구하고 저술하고 가르치고 있다. 그는 이 주제에 관해 '믿고 찾는 학자'가 되려고 노력 중이다. 그는 뭔가로 알려진 사람은 대부분 그 분야를 깊이 팠기 때문이지 폭이 넓어서는 아니라고 말한다. 하지만 실제로 우리는 둘 다일 수도 있다. 많은 사람이 다음에 뭘 하고 싶은지 모르기 때문에 지금 상태를 고수하며 하던 일을 계속한다. 번스타인은 정반대로 가야 한다고 말한다. "뭘 원하는지 모를 때에는 폭넓게 움직여보세요. 폭넓게 움직일수록 내가 무엇으로 알려지고 싶은지 찾아낼 가능성이 커집니다. 너무 많이 생각하지 마세요. 그냥 내 모습 그대로 사세요. 진정한 나의 한계는 넓으니까요."

경영진들에게 변화에 관해 조언하는 컨설턴트인 M. J. 라이언^M. J. Ryan과 도나 마르코바^Dawna Markova는 이렇게 말한다. 새로운 기회는 "조금 낯설고 어색하게 느껴지는 한계 지대에 놓여 있다. 진정한 변화가 일어나는 곳은 바로 그 한계 지대다".[6] 그러면서도 "지금의 경험 범위를 지나치게 넘어서서 도전이 버겁게 느껴진다면 그곳은 스트레스 지대"라며 스트레스 지대에서 너무 많은 시간을 보내지 말라고 말한다.

시간이 지나서 익숙해지면 내가 하는 활동이 속하는 지대도 바뀐다. '스트레스 지대'에서 '한계 지대'로 그리고 다시 '안전지대'로 옮겨 갈 것이다. 이 지대들의 경계는 비탈지고 휘어 있다는 점을 기억하라. '학습 곡선'이라는 개념도 그렇게 나왔다. 어느 정도의 어려움을 받아들이고 얼마나 열심히 그렇게 할지는 어느 정도 우리 재량권에 달려 있다. 그리고 가끔씩은 안전지대에 좀 머물러 있어도 괜찮다. 하지만 너무 오래 있지는 마라. 아마도 그곳이 당신이 찾는 '넓이의 최적점'은 아닐 테니 말이다.

10 _____ 삶의 폭을
_____ 어떻게 넓힐 것인가

큰 사람이 되는 것은 평생의 과제다. 당신이 성장하는 것은 성장하지 않으면 만족할 수 없기 때문이다. 당신은 비버 같은 처지다. 비버가 뭔가를 끊임없이 씹는 이유는 그러지 않으면 이빨이 너무 길어지고 약해지기 때문이다. 당신이 성장하는 것은 당신이 성장을 시키는 사람이기 때문이다. 당신이 큰 사람인 것은 작은 사람인 것을 참을 수가 없기 때문이다.

월리스 스테그너Wallace Stegner, 《안전한 곳을 향해Crossing to Safety》

런던에 있는 친구이자 한때는 이웃에 살았던 데이비드 키친David Kitchin은 2005년 고등법원 판사가 됐다. 당시 아내와 나는 그 일을 통과의 례처럼 생각했다. 데이비드에게뿐만 아니라 우리 부부한테도 말이다. 우리는 이렇게 생각했다. '어머나, 세상에. 이제 친구가 고위 판사가 되는 나이가 됐어. 우리가 정말 늙긴 늙었나 봐.' 물론 데이비드에게 이런 말을 하는 것은 공평하지 못하다. 그는 '고위 법관' 하면 떠오르는 딱딱한 이미지와는 거리가 아주 먼 젊고 활기찬 사람이었고 지금도 여전히 그렇기 때문이다. 2011년 그가 항소법원 판사로 승진한 후에도 마찬가지였다.

데이비드와 나는 오랫동안 책에 관해 대화를 나누어왔다. 그래서 얼마 전에 그를 만났을 때 요즘 뭘 읽고 있느냐고 물었다. 그는 잠시 가만히 있더니 이렇게 말했다. "부고란." 그는 설명을 덧붙였다.[1] "날마다 《타임스》의 부고란을 읽어. 짬이 나면 부고집을 읽고. 내가 늙어서, 죽음에 대한 생각이 많아져서 그런 건 아니야. 물론 남은 시간이 무한정이 아니라는 점은 정말 감사하지만, 그냥 사람들의 한평생 인생사를 읽는 게 좋아서 그래. 매번 배우는 것도 있고." 뭘 배우느냐고 묻자 그는 이렇게 답했다. "충만하게 사는 법."

잘 살았던 삶에 데이비드가 매력을 느끼는 것에는 나도 동감한다. 특히나 다방면에 걸쳐 폭넓게 잘 살았던 사람들이라면 말이다. 그런 이들의 품성과 업적이 죽을 때가 돼서야, 또는 죽음이 가까워졌음이 알려진 후에야 가장 분명해진다는 사실은 존재의 아이러니 중 하나다. 특히 이런 기분은 사후에 성찰적 자서전이나 역사서가 출판될 때보다 그들이 실제로 삶과 이별하는 바로 그 시점에 더 생생하게 느껴진다. 왜냐하면 그 순간이 그들의 삶이 주는 (또는 우리의 상실감이 주는) 정서적 영향력이 가장 깊이 느껴지는 때이기 때문이다.

가끔 나는 부고란을 읽다가 지적으로 또는 정서적으로, 또는 둘 다의 측면에서 깊은 감명을 받을 때가 있다. 한 예로 이 책을 쓰려고 조사 작업을 하고 있을 때 특히 감명을 준 부고가 네 번 있었다. 기간은 달랐지만 아주 어려운 환경 속에서도 각각 폭넓고 놀라운 삶을 살다 간 사람들이었다. 그중 적어도 둘은 너무 일찍 세상을 떠났다.

첫 번째 인물은 2015년 8월 30일 세상을 떠난 신경학자이자 작가 올리버 색스 박사다.[2] 그의 인생과 영향력이 얼마나 괄목할 만했는지는, 그의 긴 부고문 첫 문단이 《뉴욕타임스》 1면에 실린 것만 봐도 알 수 있다. 그중 일부를 인용하면 다음과 같다. "일요일 82세의 일기로 사망한 색스 박사는 박학다식한 인물이자 열렬한 인도주의자였다. 환자의 이야기이건, 화학에 대한 애정이나 음악의 힘에 관한 글을 쓰건, 그는 여러 학문을 넘나들며 삶의 놀라운 상호연결성을 조명했다. 그는 과학과 예술, 생리학과 심리학, 자연계의 아름다움 및 경제성과 인간의 상상력이 지닌 마법 같은 힘 사이의 관계를 이야기했다."

"박학다식", "열렬한 인도주의자", "삶의 놀라운 상호연결성" 이런 게 바로 폭넓은 인생, 충만한 인생의 정수를 보여주는 말들이다. 그는 이상적인 의사의 화신과도 같은 삶을 살았다. 그는 "예리한 관찰력과 철두철미한 꼼꼼함, 깊은 연민, 인간 두뇌의 불가해한 미스터리 및 몸과 마음의 복잡한 관계에 대한 직관적 이해"를 가진 사람이었다.

부고에 분명히 드러나듯이 그의 삶은 다채롭고 모험적이었다. 지적인 흥미에 따라 그는 영국 의과대학원에서 브리티시컬럼비아의 삼림 소방관으로, 또 샌프란시스코와 LA에서는 레지던트 및 의사로 이곳저곳을 옮겨 다녔다. 그는 캘리포니아주에서 역도 신기록을 세웠고, 주말이면 종종 오토바이를 타고 캘리포니아에서 라스베이거스나 그랜드캐니언까지 수백 마일을 달리기도 했다. 그는 자기 자신을 "좋아하는 모든 것에 극단적으로 무절제"한 사람이라고 표현했다. 그리고 "무지막지한 열정"을 갖고 있다고도 했다. 그 열정에는 자연계의 모든 기적과 수영, 화학, 사진뿐만 아니라 '집필'까지 포함돼 있었다.

집필을 통해 그는 삶이라는 독창적이고도 동물적인 축복과 과학 사이의 로맨스를 전할 수 있었다. 박학다식한 인물로서 그의 폭넓고 다채로운 삶 자체가 이 책이 말하려는 바를 빛나게 잘 보여주기도 하지만, 다루는 대상들의 삶을 탐구하는 그의 저술도 그 어려움과 복잡성을 잘 기록하고 있다.《깨어남》이나《화성의 인류학자》같은 책에서 그는 축복을 더 적게 타고난 사람들, 때로는 극복해야 할 심각한 장애가 있는 사람들이 어떻게 삶을 써나갈 수 있었는지 보여준다.《뉴욕타임스》의 부고는 이렇게 설명했다. "그의 사례 연구들은 마치 프로이트나 루리아Salvador Luria의 작품처럼 풍부한 디테일을 품고 있으며 드라마틱하고 설득력 있는 문학적 서사가 됐다. 이 이야기들은 그의 환자들이 경험한 주변성이 아니라, 환자들이 노력에 동참하는 모습과 삶의 유동성 그리고 의외성을 강조한다."

그가 세상을 떠난 지 얼마 안 돼 나온 짧은 책《고맙습니다》를 보면 색스 박사는 (최소한 스스로에게) 마치 사과하듯이 이렇게 말한다. "그토록 많은 시간을 허비했고 지금도 허비하고 있는 것이 유감이다. 여든 살에도 스무 살 때와 마찬가지로 지독히 부끄러움을 타는 것이 유감이다. 모국어 외에는 아무런 외국어도 말하지 못하는 것이 유감이다. 마땅히 가봤어야 할 다른 문화를 널리 여행하거나 경험하지 못한 것이 유감이다."[3] 하지만 삶을 "완료"할 준비를 하면서 (스스로 자신의 병이 말기임을 알고 있었다) 그는 이렇게 말한다. "가장 크게 느끼는 감정은 감사의 감정이다. 나는 사랑하고 사랑받았다. 많은 것을 받았고 일부는 돌려주었다. 책을 읽고, 여행을 하고, 사색을 하고, 글을 썼다. 세상과 교류했고 특히나 작가 및 독자들과 교류했다."

두 번째 부고의 주인공은 훨씬 더 젊었던 데이브 골드버그[Dave Goldberg]이다. 그는 2015년 5월 1일 멕시코에서 휴가 중 운동을 하다가 47세의 일기로 세상을 뜨면서 그가 속한 실리콘밸리는 물론 그 너머에까지 엄청난 충격을 줬다.[4] 여기에는 연쇄 창업가 및 벤처 캐피털리스트로서의 직업적 영향력도 일부 이유가 됐다(최근 그는 자신의 회사 서베이몽키[Survey Monkey]를 고객 서비스부터 정치에 이르기까지 상상할 수 있는 모든 주제의 설문조사를 온라인으로 제공하는 회사로 키워냈다). 하지만 충격의 가장 큰 이유는 그가 한 사람의 남편이자 아버지, 친구 그리고 많은 이들의 멘토로서 모범을 보여줬기 때문이다.

그의 부고는 이렇게 설명했다. "골드버그는 언제나 재치가 넘쳤다. 실리콘밸리의 유명한 파워 커플이면서도 자신이 덜 유명한 쪽인 것을 늘 유머러스하게 이야기할 수 있는 사람이었다." 그의 아내이자 페이스북의 최고운영책임자인 셰릴 샌드버그는 집에서 남편이 그렇게 많이 도와주지 않았다면 지금처럼 커리어에서 성공하지 못했을 거라고 자주 이야기했다. 《린 인》에서 샌드버그는 이렇게 말했다. "인생에는 커리어의 사다리를 오르는 것보다 훨씬 많은 것이 있다. 아이를 키우고, 개인적 만족을 찾고, 사회에 이바지하고, 남들의 삶을 개선하는 것 등이 바로 그런 일이다."[5] 골드버그가 세상을 떠나고 30일 후(유대교의 애도 기간이 끝나고) 샌드버그는 일종의 추도사를 페이스북에 게시하고, 남편의 삶을 되돌아보면서 슬픔을 극복하기가 힘들다고 했다.[6] 이 글에는 80만 명이 넘는 사람이 '좋아요'를 눌렀고 6만 개 이상의 댓글이 달렸으며, 30만 명 이상이 이 글을 공유했다.

서로 아는 친구들이 여럿 있었음에도 나는 데이브 골드버그를 몰랐다. 하지만 나는 아는 사람들이 골드버그에게 보낸 추모의 글을 통해 깊은 감명을 받았다. 한 예로 애덤 그랜트는 그에 관해 이렇게 말했다. "사랑하는 아버지이자 남편이고, 실리콘밸리의 심장이자 영혼이며, 평생 여성의 권익을 옹호했고, 많은 이들의 좋은 친구였고, 온정적인 리더이자 친절한 소개자였다."[7] 그는 또 이렇게 덧붙였다. "나는 이 일이[골드버그가 죽은 것이] 이유가 있어서 생긴 일이라고는 생각하지 않는다. 하지만 이 일을 계기로 우리 모두는 더 많은 시간을 함께 보내는 부모이자 더 사랑하는 배우자, 더 힘이 되는 친구, 더 많은 관심을 갖는 리더가 돼야 한다." 그는 폭넓고 충만한 삶을 살았다. 그가 세상을 떠날 때에야 그 점이 가장 분명해졌다는 사실이 슬플 뿐이다.

세 번째 부고는 은행업계의 거두 JP모건체이스의 부회장 제임스 B. 리James B. Lee이다.[8] 그는 2015년 6월 17일 코네티컷주 대리언에서 예순둘의 나이에 심장마비로 사망했다. 다들 '지미'라고 불렀던 그는 세계 최고 기업 수장의 막후 고문으로서 GM에서 페이스북, 알리바바에 이르는 다양한 기업의 인수합병과 상장을 준비했다. 그는 JP모건체이스나 그 전신인 기업들에서만 투자은행업계 40년의 커리어를 쌓았다.

나는 지미도 잘 모른다. 하지만 지미 역시 한 다리만 건너면 아는 사이였다. 그는 지금 내가 일하는 브런즈윅의 동료들과 자주 협업했고, 나는 그가 이 책에 나오는 많은 아이디어의 모범이 되는 사람이라는 사실을 알고 있었다. 그의 부고는 그를 "투자은행업계가 그렇게 상품화되는 동안에도 깊은 인간관계와 통찰을 바탕으로 '주식회사 미국'의 신임받는 고문으로 남아 있었던 지금과는 다른 세대의 월스트리트 은행가에 속한 옛날 사람"이라고 묘사했다.

수많은 사람이 운집한 그의 장례식에서 추도사를 담당한 JP모건체이스의 CEO 제이미 다이먼은 지미의 폭넓고 충만한 삶을 이렇게 표현했다. "사람들은 당신이 르네상스인이었던 것을 모를 수도 있습니다. 대학 시절 당신은 경제학을 전공했지만 예술사도 전공했습니다. 당신은 음악을 사랑했습니다. JP모건체이스의 사내 밴드 뱅크노츠의 결성을 돕기도 했습니다. 당신이 리드 기타를 맡았죠. 당신은 하나님과 조국을 사랑했습니다. 당신은 스스로를 훌륭한 낚시꾼이라고 생각했습니다. (…) 골프는 더 잘한다고 생각했죠. 당신은 그 누구와도 비교할 수 없는 사람이었습니다. 왜냐하면 당신의 지적 재능에는 커다란 가슴과 굴하지 않는 열정, 삶과 인간에 대한 사랑이 함께했기 때문입니다."[9]

지미 리가 남긴 가장 뚜렷한 유산 중 하나는 비록 출판되지는 않았으나 그가 "내 커리어 동안 큰 도움을 준 업무 습관"이라고 부른 목록이다. 지미 리가 죽은 후 브런즈윅의 임원이자 내 동료인 스티브 리핀 Steve Lipin이 내게 이 목록의 복사본을 하나 줬다.[10] 리핀은 지미와 긴밀하게 협업했던 사람이어서 그의 이른 죽음을 특히 안타까워했다. 제임스 리가 추천한 업무 습관 중 많은 것들은 이 책에도 나온다.

- 고객과 대화할 때에는 특수 전문가의 지식에 의존하지 마라. 전문가로 보이기도 해야 하지만, 누구와도 대화할 준비가 돼 있어야 한다.
- 인적 네트워크를 구축하라. 배우고 싶은 기술이나 특징을 가진 사람을 찾아서 그 기술을 습득할 수 있게 도와달라고 하라.

- 질문을 하라. 무슨 질문이건 그 질문을 하는 사람은 내가 처음도 아니고 마지막도 아닐 것이다.
- 내 커리어의 주인이 되라. 그러지 않으면 다른 사람이 주인이 될 것이고, 그 사람이 끌고 가는 방향은 내 마음에 들지 않을 수도 있다.

네 번째 부고의 주인공은 내가 아는 사람이었다. 2016년 3월 아사 브릭스^{Asa Briggs}가 아흔네 살을 일기로 세상을 떠났다. 브릭스는 1970년대 후반 옥스퍼드대학교에서 내가 다니던 단과대학의 학장이었다. 다른 사람들처럼 나도 그를 영국 최고의 사회사학자이자 교육자라고 생각했다. 그는 19세기 사회사에 관한 수많은 걸작과 BBC의 방대한 역사를 쓴 작가였고, 옥스퍼드로 돌아가기 전까지 서식스대학교 부총장을 지낸 선구적 교육자였다.

하지만 그의 부고를 읽어보니 그에게는 내가 몰랐던 많은 면이 존재했다는 것을 알 수 있었다. 특히나 그의 젊은 시절이 그랬다. 한 예로 나는 브릭스가 '옥스브리지 브레인^{oxbridge brains}' 중 한 명이었다는 사실을 처음 알았다. 옥스브리지 브레인은 2차 세계대전 때 독일군의 암호 해독을 위해 버킹엄셔 블레츨리 파크에 있는 시골집에서 비밀리에 모여 작업하던 인재들이다. '6번 막사'에서 일하던 당시 브릭스는 영국군 최연소 준위였고, 수학 천재이자 컴퓨터의 개척자 앨런 튜링^{Alan Turing}과 함께 일했다.

《가디언》에 실린 그의 부고는 이렇게 전했다. "튜링은 브릭스가 그의 긴 인생 동안 교류한 수많은 훌륭한 인물들 중 처음으로 만난 사람이다. 브릭스의 친구와 지인들이 하는 얘기를 들어보면 그의 인맥이 얼마나 넓었는지 알 수 있다. 그중에는 윈스턴 처칠도 있는데, 처칠의 《영어 사용 국민의 역사》의 교정을 본 사람이 당시 젊은 학자였던 브릭스였다. 브릭스는 마오쩌둥의 충직한 부관 저우언라이와 원자탄을 만든 J. 로버트 오펜하이머J. Robert Oppenheimer와도 알고 지냈다."[11]

올리버 색스, 데이브 골드버그, 지미 리, 아사 브릭스는 2015년에서 2016년 초에 죽었다는 점 외에는 공통점이 많지 않다. 이들은 모두 아주 다른 길을 갔고, 죽을 당시 삶의 다른 단계에 와 있었다. 그들은 각각 80대, 40대, 60대, 90대였다. 하지만 이들은 모두 자기 삶을 최대한 충만하게 살겠다는 의지와 그럴 능력을 보여줬고 그래서 다른 이들에게 귀감이 되고 있다. 우리 모두가 가진 기회를 그들은 진지하게 받아들였다. 여러 개의 장으로 구성된 폭넓은 삶을 써갈 기회 말이다.

당신의 인생 스토리는 무엇인가

이 책은 우리가 직장에서 접하는 여러 선택지와 선택에 많은 부분 초점을 맞췄다. 하지만 그게 삶의 전부는 아니다. 겨우 일부에 지나지 않는다. 색스와 골드버그, 리, 브릭스의 부고에서 보듯이, 전통적인 '직장' 밖에서 우리가 하는 활동은 적어도 놀라운 인생을 만드는 데 중요한 요소가 될 수 있고, 때로는 더 큰 영향을 주기도 한다. 그리고 우리는 살면서 일과 무관한 영역에서도 그와 비슷하거나 또는 정확히 똑같은 선택지를 마주한다. 삶의 어떤 측면이든 넓이와 깊이 중 하나를 선택할 수 있다. 그리고 그 과정에서 내 삶의 전체 스토리가 만들어진다.

노스웨스턴대학교에는 폴리인생연구센터^{Foley Center for the Study of Lives}라는 기관이 있다. 댄 맥애덤스^{Dan McAdams} 교수가 이끄는 이곳에서는 성인기의 심리적, 사회적 발달을 집중적으로 연구하는 학제 간 연구 프로젝트를 추진 중이다.[12] 연구의 핵심 요소는 이 센터가 '인생 스토리'라고 부르는 것이다. 이들은 "성인기 전반에 걸친 인생 스토리가 구성되고 작동하고 만들어지는 과정을 연구"하고 "성인 정체성의 인생 스토리 모형"이라는 것을 개발했다.

이 모형에 따르면, 현대사회를 사는 사람들은 청소년기 후반과 성인기 초반에 이야기 형식으로 자기 삶을 구성하기 시작한다. 사람들은 자기 안에서 진화하는 인생 스토리를 만들어낸다. 이 스토리는 과거를 재구성하고 미래를 예측하여 삶에 어느 정도 통일성과 목적을 제공한다. 다른 사회심리학자는 이것을 '자아 정체성'이라고 부른 바 있다. 현대사회에서 특정한 심리사회적 위치에 자신을 위치하게 하는 개인적 이야기라는 뜻이다. 다른 문학 작품들과 마찬가지로 인생 스토리도 플롯이나 배경, 장면, 캐릭터, 테마에 따라 분석될 수 있다.

폴리센터에서는 이런 인생 스토리에서 자주 관찰되는 패턴을 집중적으로 연구하기 시작했다. 예컨대 많은 인생 스토리에는 '세대 이전'이라는 공통된 테마가 있다. "성인들은 육아나 교육, 멘토링 등 창조적인 기여를 통해 청년이나 미래 세대의 복지를 증진하려고 한다. 미래를 위해 자신의 긍정적 유산을 남기기 위해서다."

또 다른 흔한 테마는 '구원적 자아'라는 것이다. 이야기의 순서상

부정적 인생을 보여주는 장면 다음에는 긍정적 결과가 자주 따라오는 것을 말한다. 결국에는 선함이 이전의 악함을 속죄하거나 구원한다. 데이비드 브룩스는 이 구원 이야기 구조를 가리켜 이렇게 말했다. "행복한 인생에는 반복되는 리듬이 있다. 어려움 다음에 화합, 다시 어려움 다음에 화합으로 이어진다."[13]

브룩스는 "캐릭터로 가는 길"을 걸어본 사람들은 "내려가야만 올라올 수 있다. 이들은 겸손의 계곡을 내려가야 캐릭터의 언덕을 오를 수 있다"라고 말한다. 그는 또 캐릭터로 가는 길에는 종종 도덕적 위기와 대치, 회복의 순간이 있다고 말한다. 약함에 맞서 싸우는 과정은 U자 모양을 띤다. 인생을 살다가 사랑이나 실패, 질병, 실직, 운명의 장난 같은 것으로 인해 길 밖으로 쫓겨난다. U자 모양은 발전, 후퇴, 발전을 뜻한다. 최종적으로는 (스스로 그것을 무엇으로 정의하든 간에) '은총'에 의해 구원된다. 키르케고르가 "지하세계로 내려가는 자만이 사랑하는 사람을 구한다"[14]라고 말한 것처럼 말이다.

많은 사람이 자신의 인생 스토리를 회복과 구원으로 생각하는 것을 잘 보여주는 것이 조지프 캠벨Joseph Campbell의 서사 이론이다.[15] 그의 책 《천의 얼굴을 가진 영웅》은 1949년 처음 출판된 이래 〈스타워즈〉의 조지 루카스부터 《해리 포터》의 J. K. 롤링에 이르기까지 여러 세대의 작가와 예술가에게 영향을 줬다. 캠벨은 수천 년을 살아남은 전 세계 중요한 신화에는 공통된 기본 구조가 있다고 말한다. 그는 이것을 '단일 신화'라고 부른다. 그는 모든 문화에 고귀한 캐릭터에 대한 비슷한 스토리가 있다는 것을 발견했다. 이런 스토리들은 그가 '영웅의 여정'이라고 부르는 기본 플롯의 변형 형태다.

영웅의 신화적 모험인 영웅의 여정은 전형적인 경로 내지는 공식을 따른다. '분리-입문-귀환'이 그것이다. 캠벨은 이 이야기의 순서를 즉시 알아볼 수 있다며 다음과 같이 설명한다. "한 영웅이 평범한 세상을 벗어나 초자연적이며 불가사의한 지역으로 모험을 떠난다. 그곳에서 놀라운 힘과 마주치고 결정적인 승리를 거둔다. 영웅은 다른 사람들에게 은혜를 베풀 수 있는 힘을 얻어 미스터리한 모험으로부터 귀환한다." 가장 흔한 '은혜'는 중요한 자각을 할 수 있는 능력이다. 영웅은 이 능력을 혼자서 간직하거나 다른 사람에게 전해주는 것 중에서 선택할 수 있다. 캠벨은 이런 플롯라인이 보편적으로 반복되는 것을 보면 인간 정신의 일반적 측면을 알 수 있다고 말한다.

자신의 인생 스토리를 (회고적으로 또는 앞을 내다보며) 마치 영웅의 여정처럼 생각해보면 자신에 관해 많은 것을 알 수 있다. 캠벨이 설명한 신화처럼 '환상적'이지는 않겠지만, 당신의 이야기도 좁거나 넓은 캔버스에 걸쳐 당신의 위대함을 보여주는 난관과 기회로 가득할 가능성이 높다.

사람들은 종종 구원의 이미지로 인생 스토리에 관한 제3의 특징을 묘사한다. '중요한 인생의 전환 내지는 터닝포인트'가 그것이다. 터닝포인트는 문학적이면서도 동시에 심리학적인 개념으로 서양의 문화생활에서 수백 년간 아주 많이 사용됐다. 하지만 이제 연구자들은 사람들이 자기 삶에서 터닝포인트라고 말하는 것들을 계량적이고 서사적인 방법으로 평가하고 있다. 특히 커리어 변화 같은 가장 자주 일어나는 터닝포인트와 '개종' 같은 강력한 터닝포인트를 집중적으로 연구 중이다.

그러면 이렇게 한번 물어보자. 당신은 자신의 인생 스토리를 뭐라고 말하겠는가? 한 문단으로, 한 페이지로, 글 한 편으로, 책 한 권으로 쓴다면? 그리고 질문에서 짐작했겠지만 당신의 미래 '부고'에는 뭐라고 쓰겠는가? 세대 이전, 구원, 전환, 터닝포인트 같은 요소들이 분명히 들어 있을 것이다. 플롯과 배경, 장면, 캐릭터, 테마가 있을 것이다. 폴리센터가 '특성, 목표, 스토리'라고 부르는, 당신의 인생과 목표의 하위구조가 들어 있을 것이다. 구체적으로 이들 요소에 얼마나 무게를 두고 어떤 순서로 배열하겠는가?

하지만 대체 내 인생 스토리가 폭넓고 다양하고 직업적으로 아주 넓은 범위까지 뻗어 있으며 개인적으로도 만족하는 이야기가 될지 어떻게 (미리) 알 수 있을까? 아마도 미리 정해진 로드맵이 주어진 것처럼 확고한 인생 계획을 세워서 따라가는 것은 이 질문에 대한 답이 될 수 없을 것이다. 오히려 우리는 회고적인 방식이 아니라 전향적으로 '점들을 이을' 방법을 찾아야 한다. 그러려면 의식적으로 살아야 한다. 아리스토텔레스가 '최고의 선'이라고 불렀던 '행복'을 향한 삶을 만들 수 있도록 의식적이고 목적이 있는 접근법을 취해야 한다.[16]

사라 베이크웰Sarah Bakewell은 《어떻게 살 것인가》에서 그렇게 의식적이고 목적이 있는 방식으로 인생 스토리를 만드는 법을 제안했다. 그녀는 16세기 수필가 미셸 몽테뉴에게서 영감을 얻었다. 몽테뉴는 1533년부터 1592년까지 프랑스 남서부 페리고르 지역에서 귀족이자 정부 관리, 여행가, 철학자, 카운슬러, 포도농장주로 살았다. 서른여덟 살에 그는 가산을 돌보게 됐고 공직에서 은퇴한 후 보석 같은 수필들을 쓰기 시작했다. 그가 쓴 수필은 총 107편으로, 페이지로 따지면 1,000페이지가 넘는다. 그는 당시 관습처럼 자신의 행적이나 업적을 기록하기 위해 글을 쓰지 않았다. 그는 "탐구적이고 자유로운" 글들을 썼다. 그리고 거기에 "우정에 관하여", "식인종에 관하여", "옷 입는 습관에 관하여", "똑같은 것을 보고 우리가 울고 웃는 이유", "잔인함에 대하여", "마음이 스스로를 방해하는 방법", "취미에 관하여", "경험에 관하여" 등등 간단하고 종종 흥미로운 제목들을 붙였다.

이 수필들은 점잖은 제목을 달고 있고 내용도 마찬가지지만, 수백 년간 많은 이들에게 깊은 울림을 줬다. 1991년 《타임스》에 실린 이 주제를 다룬 기사에서 저널리스트 버나드 레빈Bernard Levin은 이렇게 말했다. "몽테뉴를 읽는 사람 중 그 누구도 중간에 한 번쯤은 책을 내려놓고 믿기지 않는 목소리로 '대체 어떻게 나를 이렇게 잘 아는 거야?'라고 말해보지 않은 사람이 없을 것이다."[17] 귀스타브 플로베르Gustave Flaubert도 비슷한 맥락에서 이렇게 말했다. "아이들이 하듯이 재미를 위해, 야심가들이 하듯이 교훈을 위해 그의 책을 읽지 마라. 그러지 마라. 살기 위해 그의 책을 읽어라."

사라 베이크웰은 몽테뉴를 이렇게 말한다. "그는 어떻게 살아야 잘 사는 것인지 알고 싶어 했다. 단순히 옳고 명예로운 삶이 아니라 온전히 인간적이고, 만족스럽고, 빛나는 삶을 살고 싶어 했다." 그래서 그녀는 '어떻게 살 것인가'라는 가장 기본적인 질문에 대한 답을 몽테뉴의 수필에서 구하기 위해 스무 번의 시도를 한다. 각 챕터에는 "관심을 기울여라", "책을 많이 읽고, 읽은 대부분은 잊어버려라", "이해가 느린 사람이 돼라", "사랑과 상실을 겪고도 살아남아라", "습관이라는 잠에서 깨어나라", "세상을 보라", "삶이 스스로 답하게 하라"와 같은 제목을 달았다.

비슷한 맥락에서 현대 역사가 시어도어 젤딘^{Theodore Zeldin}은 옥스퍼드 뮤즈^{Oxford Muse}라는 재단을 만들어 "삶의 기술을 연구"하도록 했다.[18] 연구의 주된 방법으로 그는 사람들에게 개인의 역사를 글로 쓰라고 권한다. 자기 일상과 배운 것을 묘사한 짧은 자화상을 쓰는 것이다. 그는 이 수필들을 모아 "자화상 갤러리"를 만든다. "살아 있는 사람들의 경험과 성격의 수많은 측면, 그들의 꿈, 답을 얻지 못한 질문들을 표현"하는 것이다. 젤딘이 말하는 것처럼 이 시대 또는 그 어느 시대라도 가장 큰 모험은 "한 번에 한 명씩 세상에 살고 있는 '사람들'을 발견하는 것"이다.

그래서 옥스퍼드뮤즈의 웹사이트는 개인적인 수필로 가득하다. 그수필들은 "왜 고학력 러시아인이 옥스퍼드에서 청소부로 일하는가", "왜 헤어드레서가 되면 완벽함에 대한 욕구가 채워지는가", "자화상을 써보면 왜 내가 '내가 생각하던 나'가 아님을 알게 되는가", "자기 자신을 말이 아니라 글로 표현하면 어떤 것을 더 추가하는가" 같은 제목을 달고 있다. 젤딘의 바람은 이런 자기 발견의 과정을 통해 사람들의 삶에 "신나는 흥분과 신성한 번뜩임"이 생기는 것이다. 그리고 그렇게 해서 다양한 인간의 잠재력에 대한 인식을 상상으로나마 제고하고 "윤리적, 미적, 지적으로 더 폭넓은 혜택이 있는 새로운 종류의 네트워크를 만들어 공공의 이익에 이바지하고 개인의 삶을 향상시키는 것"이다.

데이비드 브룩스 또한 《뉴욕타임스》에 실리는 그의 정기 특집 칼럼을 통해 사람들의 인생 스토리를 정리하는 작업을 시작했다.[19] 2011년 그는 일흔 살이 넘은 사람들에게 인생 리포트를 하나 써달라고 부탁했다. 지금까지 살면서 잘한 것은 무엇이고, 잘하지 못한 것은 무엇이고, 그 과정에서 무엇을 배웠는지에 대한 평가를 포함해서 말이다. 그런 다음 사람들에게 지금까지의 직업적, 개인적 삶에 점수를 매겨달라고 했다. 대학들이 25주년 또는 50주년 동창회에 맞춰 동문들에게 글을 써달라고 하는 것에서 착안한 방법이었다. 그는 삶이 어떻게 전개되고 커리어나 개인적 삶이 어떻게 진화하는지, 또 현대 성인들이 흔히 저지르는 실수나 흔히 겪는 축복은 무엇인지 알고 싶은 젊은 사람들에게 이 인생 리포트가 도움이 될 거라고 이야기했다.

브룩스가 받은 리포트들은 옥스퍼드뮤즈의 수필과 마찬가지로 우리가 어떻게 인생을 만들고 인생 스토리를 어떻게 이야기하는지 관찰한 '자화상의 갤러리'를 제공했다.[20] 브룩스가 관찰한 바에 따르면 사람들은 대부분 자신의 개인적 삶(평균 B+)보다 직업적 삶(평균 A-)에 더 높은 점수를 준다고 한다. 대부분은 직장에서 자신이 기여한 바에 만족하고 있었다. 자기 사업을 시작한 사람들은 특히 행복해 보였고, 그 사업을 자녀에게 물려준 사람은 더더욱 행복해 보였다.

수필들을 보면 직업적 성공, 특히 행복으로 가는 가장 중요한 열쇠는 자신의 커리어와 인생에 대한 적극적인 관리였다. 자신의 삶을 챕터로 나누고, 리스크를 부담했던 사람들이 목적과 만족을 가장 많이 의식하고 있었다. 그는 다음과 같이 말했다.

> 나의 통신원들 중에서 가장 행복하지 않은 사람들은 시간을 쪼갤 수 없는 흐름으로 봤다. 그리고 자신들은 그 물 위에 둥둥 떠 있는

396
Swerve

코르크라고 생각했다. (…) 더 행복한 사람들은 시간을 (뭔가 인위적인 단계들로) 나누었다. 그들은 이런 식의 문장을 썼다. '나는 살면서 중요한 결정을 여섯 번 내렸다.' 그런 다음 그 중요한 시점을 기준으로 자기 삶을 배치했다. 시간을 뭔가 나눌 수 있는 덩어리라고 생각함으로써 이들은 더 쉽게 멈춰서 스스로를 평가할 수 있었다. 이들은 자기 운명에 더 많은 재량권을 갖고 있었다.

브룩스는 사람들에게 삶을 성찰해달라고 하면서도 과도한 '자기 평가'의 위험을 인식했다. 지나치는 감정마다 집착하는 경향이 있는 사람들은 아주 행복하거나 만족스러운 삶을 살지는 못했다. "가장 인상 깊은 사람들은 (…) '전략적으로 자신을 속이는' 사람들이었다. 자신에게 뭔가 나쁜 일이 일어나면 잊어버리고, 용서하고, 감사했다. 자기 서사에서 정직함이란 가장 좋은 정책은 아닐지도 모른다." 같은 맥락에서 그는 수필들의 중심 테마를 '회복력'이라고 설명했다. "우리는 젊은이들에게 삶이 힘들다는 사실을 충분히 일깨워주지 않는 것 같습니다. 살다 보면 나쁜 일도 일어나죠." 그러나 많은 좌절과 실망의 이야기들(특히 잃어버린 기회나 심각한 개인적 실패)이 있음에도 "많은 사람들이 그 흥망성쇠를 통합해 '감사'라는 느낌으로 감싸 안았다". 올리버 색스가 자신의 마지막 책 제목으로 정한 것과 같은 단어였다.

폴리센터, 미셸 몽테뉴, 사라 베이크웰, 옥스퍼드뮤즈, 데이비드 브룩스의 '인생 리포트'는 모두 우리가 자기 인생 스토리를 이야기하고 이해하는 것을 도와주려고 했다. 그 과정에서 그들은 더 좋고, 더 충만하고, 더 넓고, 더 놀라운 삶을 살려면 뭐가 필요한지 생각하게 해줬다.

삶을 만들고 인생 이야기를 할 때 우리는 가장 기본적이면서도 종종 가장 혼란스러운 질문을 해봐야 한다. '나는 어디서 왔는가? 나는 지금 어디에 있는가? 나는 어디로 가는가?' 이 질문에 답할 수 있어야만 의식적으로 살 수 있다. "아무것도 목표하지 않는 사람은 분명히 목표대로 될 것이다"라는 조심스러운 제언을 깊이 새겨야 한다. 또는 뉴욕 양키스의 전설적인 현자 요기 베라^{Yogi Berra}의 조언도 새겨볼 만하다. 해학적인 명언으로 유명한 그는 이렇게 말했다. "길을 가다 갈림길(포크)을 만나면 선택을 해라(주워 들어라)."(원래 '갈림길'과 '포크'를 둘 다 뜻하는 'fork'라는 단어를 이용한 농담이지만, 어느 쪽이든 선택을 하라는 현학적 의미로 받아들이기도 한다._옮긴이)

청소년기 후반부터는 언제든지 의식적으로 인생 스토리를 만들어가야 한다. 그러기에 이 시기는 결코 빠르거나 늦지 않다. 이는 삶을 써가는 데 귀중하고 꼭 필요한 훈련이다. 이 훈련을 하면 지금까지 살면서 뭘 해왔고, 더 중요하게는 뭘 더 해야 하는지 마음속으로 재구성해볼 수 있다. 이렇게 하면 자신이 내린 선택과 앞으로 내려야 할 선택, 그리고 어디까지가 자기 재량에 속하는지 더 분명히 알 수 있다. 그리고 자신에게 남은 시간이 얼마인지 가장 예리하게 느낄 수 있을 것이다.

폭넓은 삶을 위해 내게 남은 시간은 얼마인가

폭넓은 삶을 살고자 할 때 누구에게나 방해가 되는 한 가지 제약이 있다. 바로 '시간 부족'이다. 좁은 의미에서 우리는 누구나 시간에 굶주린다. 헨리 키신저가 국무장관으로 있을 때 직원에게 이런 말을 했다고 한다. "다음 주에는 위기가 터질 수 없어. 내 스케줄이 벌써 다 찼거든." 그리고 '평생 내가 가진 시간'이라는 절대적 의미의 시간이 있다. 디트로이트 라이언스의 위대한 쿼터백 바비 레인Bobby Layne이 오하이오주 캔턴에 있는 프로미식축구 명예의 전당에 헌액될 때 그에게 이런 표현이 붙었다. "레인은 한 게임도 진 적이 없다. (…) 그저 시간이 다 됐을 뿐이다."[21]

1910년 영국의 출중한 소설가이자 저널리스트, 정부 관료이기도 했던 아널드 베넷Arnold Bennett은 《하루 24시간 어떻게 살 것인가How to Live on 24 Hours a Day》라는 도발적인 제목의 짧은 책을 출판했다.[22] 이 책에서 그는 "시간이 공급되는 것은 하루하루의 기적이다. 시간은 모든 것을 만들어내는 설명이 불가능한 원재료다. 시간만 있으면 모든 게 가능하다. 시간이 없으면 아무것도 가능하지 않다." 그러면서 그는 이렇게 덧붙였다. "누구도 시간을 당신에게서 빼앗아갈 수 없다. 시간은 훔칠 수 없다. 그리고 당신보다 더 많은 시간을 받거나 더 적은 시간을 받는 사람도 아무도 없다."

하루 24시간에 관해 베넷은 이렇게 말한다. "건강과 즐거움, 돈, 만족, 존경을 만들어내야 하고 불멸의 영혼까지 진화시켜야 한다. 시간을 가장 올바르고 효과적으로 사용하는 것은 그 무엇보다 절박하고 오싹한 실제적인 문제다." 그리고 이렇게 예리하게 묻는다. "우리 중에 하루 24시간을 사는 사람이 어디 있는가? 여기서 '산다'는 말은 '존재한다' 또는 '그럭저럭 지나간다'는 뜻이 아니다. 우리 중에 '하루 잘 보내기'가 뜻대로 되지 않았다는 그 불편한 느낌으로부터 자유로운 사람이 누가 있을까?" 그는 "하루하루의 시간 소비에 대한 정밀하고 실질적인 점검"이 필요하다고 말한다.

베넷의 결론은 분명하다. 잠을 자거나 일하지 않는 나머지 시간을 훨씬 더 잘 사용할 수 있다는 것이다. 그는 독자들의 안타까운 상태를 한탄한다. "세월이 자꾸만 빠져나간다는 느낌을 늘 고통스럽게 계속 느낄 것이다. 아무리 해도 시간을 계획한 대로, 제대로 쓸 수 없다는 생각을 할 것이다." 보통 사람들은 "도덕적으로 의무상 성실히 해야 하는 일 외의 뭔가를 해야 한다는 고정관념에서 나오는 짓눌린 불만족에 끊임없이 사로잡힌다"라고 그는 단언한다. 그리고 이 절박한 상태를 해결하도록 자극하기 위해 "이런, 자네 대체 젊음을 가지고 뭘 한 겐가? 자네의 시간으로 뭘 하고 있는 겐가?"라고 채근한다.

그는 자신의 주장을 펼치기 위해 비생산적인 퇴근 후 저녁 시간을 이렇게 묘사한다. "당신은 창백하고 지쳤다. 어쨌든 아내는 당신이 창백하다고 말하고, 당신은 아내에게 내가 지친 것을 이해해달라고 말한다." 그러다가 "낮에 일한 피로로 기진맥진한 채 마침내 잠을 자러 간다. 사무실을 나서고 나서 6시간, 또는 그 이상의 시간이 사라져버렸다. 꿈처럼 마술처럼, 불가해하게 사라져버렸다". 왠지 익숙하게 들리는가?

그리고 또 주말이 있다. 우리는 주말을 어떻게 사용하고 있을까? 베넷보다는 40년 후이지만 여전히 옛날인 때에 빅토르 프랭클은 그가 '일요일 신경증'[23]이라고 부르는, 이전에 한 번도 설명된 적이 없는 심리학적 상태를 진단했다. 그는 일요일 신경증을 이렇게 정의했다. "한 주가 지나면 자기 삶이 비어 있음을 인식하는 일부 사람들의 자각에서 오는 불안의 한 형태. 일부는 공허함이나 어렴풋한 불만족을 호소한다. 이것은 '실존적 진공 상태'나 무의미함을 느끼는 데서 발생하는 흔한 현상으로서 지루함이나 무감각, 허탈함 같은 주관적 상태를 특징으로 한다. 냉소적으로 느끼고, 방향을 상실하며, 삶의 대부분의 활동에 무슨 의미가 있는지 의문을 제기한다."

내 경험이나 관찰로 보면 이런 상태는 중년이나 그 이후에 더 흔하고 위협적이다. 초기 성년기, 특히 방랑기 이후에는 깨어 있는 모든 시간을 다 바쳐서 성공한 커리어를 만들고 활발한 사회생활을 하려고 한다. 이후에는 '남는 시간'의 대부분을 바쳐서 처음엔 운동장, 나중엔 경기장에서 자녀를 키운다. 하지만 자녀가 10대가 되고 나의 관심을 그렇게 많이 필요로 하지도, 원하지도 않게 되면 이렇게 생각할 날이 온다. '이제 남는 시간이 많아진 것 같은데. 그 시간으로 뭘 하지?'

칼 융도 사람이 이용할 수 있는 시간을 충분히 활용하지 않을 위험에 관해 연구한 적이 있다. 그는 중년이 다가오면 사회적 목표들(자녀를 낳고, 어느 정도 돈을 벌고, 자신이 선택한 분야에서 지위를 가지고 인정을 받는 것)은 이뤘을지도 모른다고 말한다. 그러나 아직 리스크가 남아 있는데 "그런 사회적 목표를 이루는 대가로 우리 개성이 훌쩍 줄어들었다는 중요한 사실을 간과하는 것이다. 우리가 경험했어야 할 삶의 너무나 많은 면들이 먼지 쌓인 창고 속 추억들 사이에 누

워 있다."²⁴

하지만 융은 결코 '너무 늦은 때는 없다'는 사실을 알아야 한다고 말한다. 왜냐하면 때로는 이렇게 먼지 쌓인 추억처럼 보이는 것들이 실제로는 "회색빛 재 아래에서 이글거리고 있는 석탄"일 수도 있기 때문이다. 그러면서 그는 짓눌려 있던 개성의 창의적이고 문화적인 측면들을 인생의 후반기에 재발견할 수도 있다는 관점을 제시한다.

> 오래 사는 것이 인류라는 종에 아무런 의미가 없다면 인간이 70세, 80세까지 살 리가 없다. 인생의 오후는 그 자체로도 반드시 중요성이 있어야 하고, 단순히 아침에 붙어 있는 안쓰러운 부록일 리가 없다. 인생의 아침이 중요한 이유는 개인이 성장하고, 외부 세계에 발을 내딛고, 인류를 번식시키고, 자녀를 돌보기 위한 것임이 분명하다. 그러나 (…) 오후까지 아침의 법칙을 가지고 가는 사람은 자신의 영혼이 손상되는 것으로 그 대가를 치러야 한다. 돈을 벌고, 사회생활을 하고, 가족과 후손을 돌보는 것은 순전한 본능이지 문화는 아니다. 문화는 본능의 목적 저 너머에 있다. 혹시라도 그 문화가 인생 후반기의 의미나 목적이 될 수는 없을까?

내 부모님은 분명히 그렇게 생각하셨다. 두 분은 벌써 25년도 더 전에 교사라는 직업에서 은퇴했기 때문에 두 분 다 자신의 문화적 DNA를 개발하고 표현하는 데 전념했다. 영어교사였던 어머니는 독서를 더욱 열심히 하며 외국어를 배웠고, 아버지는 피아노 연주와 그림에서 열정을 재발견했는데 은근히 재능도 있었다. 그 결과 런던 근처에 있는 (내가 자라기도 했던) 두 분의 집은 이제 약식 갤러리 겸 음악 스튜디오를 겸하게 됐다.

두 분이 '인생의 오후'를 대하는 방법을 아널드 베넷이 봤다면 무척 좋아했을 것이다. 베넷은 그의 책에서 자신이 진단한 상태에 대한 처방전을 대략 설명해놓았다. 비록 "쉬운 길, 왕도는 없다"라고 강조하지만 말이다. 그는 가장 중요한 치료법으로 '남는 시간'을 최대한 많이 "뭔가 중요하고 일관된 마음 수양"에 쏟는 것을 꼽았다.

더 일반적으로 아널드 베넷은 일에 헌신하지 않는 인생의 3분의 2를 우리가 더 잘 쓸 수 있다고 믿는다. "만약 인간이 인생의 3분의 2를 확실한 열정도 없는 나머지 3분의 1에 종속시킨다면 어떻게 충만하고 완전한 삶을 살 기대를 하겠는가?" 베넷이 선호하는 치료법은 삶을 넓히는 것이다. 넓이를 위해 커리어상의 큰 결정을 내리는 것뿐만 아니라 평소에 보내는 하루하루에 대한 접근법을 넓히는 것이다.

심지어 그는 다른 것들을 추구할 시간을 많이 확보하려면 하루를 더 길게 써야만 한다고 말한다. "아침에 조금 더 일찍 일어나라. (…) 한 시간 반 정도, 아니면 두 시간 정도 먼저 일어나라. 그리고 비생산적인 선잠을 줄여서 찾아낸 남는 시간으로 생산적이고 마음에 드는 취미나 열정을 추구하라. 그러면 한 주가 더 빠르게 지날 것이고, 열의가 생기고, 아무리 평범한 직업이라 해도 일에 흥미가 늘어날 것이다."

3부 모두가 부러워할 인생과 커리어를 만드는 방법

1만 시간의 법칙은 어쩌고?

어쩌면 우리에게는 폭넓은 삶을 살기 위한 시간이 생각보다 많을 수도 있다. 하지만 여전히 우리는 1만 시간의 법칙과 싸워야 한다. 말콤 글래드웰은 뭔가 의미 있는 일을 정말로 잘하게 되려면 1만 시간이 걸린다고 했다. 사람들 대부분은 이 주장이 폭넓은 삶을 만드는 것에는 반대하면서 깊이 전문화하는 것을 옹호하는, 설득력 있는 주장이라고 생각한다. 글래드웰 역시 이렇게 덧붙인다. "1만 시간은 어마어마하게 많은 시간이다. 청년이 될 때까지 혼자서 이 시간에 도달하기는 거의 불가능하다."[25]

수학적으로 이 말은 사실이다. 하지만 수학 얘기가 나왔으니 말인데, 단순히 청년이 될 때까지만 따질 게 아니라 우리가 평생 쓸 수 있는 시간이 얼마나 되는지 한번 생각해보자. 일반적으로 사람이 일하는 기간은 적어도 40년 정도 된다. 업무일로 따지면 대략 9,000일 정도, 시간으로는 7만 5,000시간 정도를 직장에서 보낸다는 얘기다. 7만 5,000시간이라면 1만 시간보다 일곱 배 이상 많다는 것을 눈치챘을 것이다. 그러니 1만 시간의 법칙이 맞는다고 쳐도 커리어에서 일곱 번 이상은 도전해볼 수 있는 셈이다.

사실 이것은 현대적 커리어에서 재량대로 쓸 수 있는 시간을 보수적으로 계산한 것이다. 자신의 의지에 경제적 필요성을 결합한다면 (나를 포함한) 많은 이들이 자기 커리어를 50년 또는 그 이상으로 생각할 것이 분명하다. 그러면 9만 시간이 훌쩍 넘는 시간이 생긴다. 결과적으로 1만 시간의 법칙을 아홉 번 이상 시도해볼 수 있는 셈이다. 물론 지미 카터는 그보다 훨씬 더 나아가서 대통령직에서 내려온 후에도 35년의 커리어를 더 추가했지만 말이다. 짐작하건대, 그는 아마 그 기간 동안 하루도 빠짐없이 일했을 것이다. 일주일 내내 말이다. 그토록 충만하게 살았던 카터는 아마 13만 시간 이상을 일했을 것이다.

칼라일그룹의 공동대표인 데이비드 루벤스타인도 비슷한 암산을 해봤다. 그리고 그게 그의 인생을 바꿨다. 그는 쉰네 살이 됐을 때(지금의 나보다 약간 젊었을 때다) 평균으로 따져 자신에게 27년이 남았다는 사실을 깨달았다.[26] 어쩌면 이미 인생의 3분의 2를 살았던 것이다. 그는 남은 시간 동안 더 많은 부를 쌓는 데에는 훨씬 적은 시간을 쓰고, 자선활동을 통해 자신이 중요하게 생각하는 사회문제를 해결하는 데 더 많은 시간을 쓰기로 결심했다. 나는 이것이 보험회사들이 의료 개입의 비용편익비율을 측정할 때 사용하는 '질보정수명^{QALYS}'의 응용 버전이라고 생각한다. 질보정수명은 흔히 "신체 기능 또는 건강을 기준으로 조정한 수명"의 함수로 계산된다. 이 계산에서 '질 보정'은 살면서 내가 내리는 선택에 의해, 그리고 그 선택이 나의 '신체 기능이나 건강'을 어떻게 증진시키거나 악화시키느냐에 의해 영향을 받는다.

폭넓은 삶을 만들기 위한 시간을 다른 방법으로 계산해볼 수도 있다. 커리어 기간 우리는 직업이나 직책을 4년 정도마다 바꿀 가능성이 크다(이선 번스타인의 4+4+4 공식도 이 점을 시사한다). 이 말은 곧 눈에 띄는 커리어의 변화가 열 번 정도 있다는 얘기다. 이것 역시 보수적으로 계산한 것으로 봐야 한다. 앞서 말한 것처럼 일하는 기간이 늘어나기도 했고, 많은 커리어에서 변화 속도가 빨라졌기 때문이다. 이런 경우 재능 있는 사람들은, 특히나 정치나 기업 경영자처럼 고강도 환경에 있는 사람들은 4년보다 더 빨리 직책을 바꾼다. 또 다양한 시기에 다양한 역할로 다섯 번에서 열 번 정도는 파트타임으로 일할 것도 계산에 넣어야 한다.

이런 사고방식은 커리어 대부분을 (나처럼) 같은 기관에서 보내든, 또는 여러 기관에서 보내든 마찬가지로 적용된다. 론 대니얼은 매킨지에서 보낸 60년 이상의 세월을 이렇게 설명한다. "한평생 같은 직장을 다니는 사람 중에 회사 내에서 새로운 도전과 마주치고, 새로운 기술을 개발하고, 계속해서 배우며 성장하고, 사실상 삶에 자극이 되는 변화를 만들 기회를 제공하는 여러 커리어를 가질 수 없다면 그 회사에 계속 머물러 있는 사람은 거의 없을 것이다. 종종 이런 '미니' 커리어들이 생긴다. (⋯) 하지만 이런 새로운 기회는 개인인 우리가 만들어내는 것이다."[27]

내가 매킨지에서 보낸 30년을 뒤돌아보더라도, 회사 내에서 방향이나 직책과 관련해 적어도 여섯 번은 실질적인 변화가 있었다. 그리고 회사 밖에서도 파트타임으로 다양한 일을 진행했다. 그리고 2012년 매킨지를 나온 후에 나는 새로운 일을 많이 했다. 그러니 나는 이미 그 스무 번이라는 커리어 이동 횟수에 가깝게 왔다고 할 수 있다. 그리고 내 커리어는 당연히 아직 끝나지 않았다. 그 일련의 이동과 방향 변화 덕분에 나는 한 기관에 그토록 오래 머물렀음에도 (어쩌면 오히려 그 때문에) 폭넓은 직장 생활을 만들 수 있었다.

'폭넓은 삶을 만들 시간이 얼마나 되는가?'라는 질문에는 두 가지 현명한 답변이 가능하다. 첫 번째는 '내가 원하는 만큼 많지는 않다'

는 것이다. 시간이란 인생 스토리를 쓰는 데 피할 수 없는 제약이다. 그 스토리에는 시작과 중간 그리고 (슬프지만) 끝이 있을 수밖에 없다. 그러니 하루하루는 물론 전체 인생에 걸쳐 시간을 어떻게 할당하는가는 분명히 중요한 문제다.

두 번째 현명한 대답은 '내가 생각한 것보다는 많다'는 것이다. 아널드 베넷의 조언을 일부 받아들여 하루 24시간 중에 쓸 수 있는 시간을 더 많이 활용하자고 결심할 수도 있다. 더 길게 보면 1만 시간의 법칙을 신성시하면서도 적어도 커리어에서 일곱 번의 1만 시간을 가질 수 있다는 사실에 감사할 수도 있다. 직장 밖에서 사용할 수 있는 그 많은 시간들은 말할 것도 없다. 이 시간도 삶을 넓힐 기회를 많이 제공할지 모른다.

당신은 아마도 살면서 적어도 스무 번의 중요한 직업적, 개인적 결정을 내릴 것이다. 이 선택들이 각각, 그리고 모여서 당신 커리어의 본질과 방향을 결정할 것이다. 그런 선택은 어떻게 내려야 할까? 넓이를 우선해야 할까, 깊이를 우선해야 할까? 아니면 둘을 어떻게 조합해야 할까? 이제 막 출발하여 모든 선택이 눈앞에 놓여 있다면 어떤 접근법을 취할 것인가? 인생의 중간쯤에 와서 선택권이 줄어들고 있다면 어떻게 해야 할까? 삶의 끝에 가까워져서 선택권이 몇 개 없다면 어떻게 할 것인가?

남는 시간은 어떻게 써야 할까

앨런 러스브리저^{Alan Rusbridger}는 매킨지와 다우닝가 10번지 사이의 '회전문'과 관련해 《가디언》이 나를 힘들게 하던 시절 《가디언》의 편집장이었다. 다행히도 얼마 지나지 않아 《가디언》이 다뤄야 할 더 큰 주제들이 생겼다. 2010년과 2011년 위키리크스^{WikiLeaks} 사태라든가, 영국 타블로이드 신문이 전화를 해킹한 사건 같은 것 말이다. 그러다가 2013년 《가디언》은 다시 한 번 전 세계에 대형 뉴스를 터뜨렸다. 신문사 최초로 미국 국가안보국 기밀정보를 누출한 에드워드 스노든^{Edward Snowden}의 이야기를 폭로한 것이다. 우리 시대 가장 드라마틱한 세 사건을 열정적으로 보도한 덕분에 《가디언》은 그전까지 한 번도 가져보지 못한 전 세계적 명성을 확보할 수 있었다. 그래서 2014년 러스브리저가 20년 이상 재직한 편집장직에서 내려왔을 때에는 그의 은퇴가 영국 해안을 훨씬 넘은 곳에서까지 큰 뉴스거리가 됐다.

그런 다음 그는 개인 일기를 출판했는데, 그 일기를 보면 직장 밖의 폭넓은 삶에 대한 그의 열망이 얼마나 컸는지 알 수 있다.[28] 아널드 베넷과 빅토르 프랭클이 얘기한, 한 주가 끝났을 때 삶이 텅 빈 것 같은 '일요일 신경증'에 걸리고 싶지 않았다.

삶의 폭을 넓히기 위해 그가 선택한 수단은 피아노였다. 지나고 보니 직업 인생에서 가장 바쁘고 놀라운 시기에 그는 피아노 작품 중에서도 가장 어렵다는 쇼팽의 〈발라드 4번 F마이너〉를 배워서 사람들 앞에서 연주하기로 자기 자신과 약속했다. 그가 그런 결심을 한 것은 자신이 피아노를 잘 치기는 하지만 아마추어로서 특별히 뛰어나지는 않다는 것을 알고 있었고, 또 이 작품이 프로 연주가들도 난이도 때문에 조마조마하게 생각하는 작품이었기 때문이다.

그는 이렇게 설명한다. "본능이랄까. (…) 뭔가 제 삶을 작은 부분으로 나눠서 창의적인 표현에 쓰고 싶었습니다. 특히 '문화적인' 것에." 그는 시간이 지나면서 이게 쉬워졌다고 말한다. 그의 자녀들은 이미 10대여서 "해가 떠 있을 때도 얼마든지 더 자고 싶어 한다". 덕분에 주말이나 휴일에 그는 잊고 있던 시간을 재발견하고 있다. 그는 그림 물감의 먼지를 털어내고 다시 한 번 종이에 물감을 바르는 그 느낌을 경험하고 있다. 열네 살 때 미술 시간 이후로 잃어버렸던 느낌이다. 그리고 그는 피아노를 연주한다.

자유시간이 소중해진 이때 러스브리저는 아직도 커리어를 밟는 중이었다. 그의 근무 시간은 뉴스 흐름의 강도에 따라 주 65시간에서 80시간까지 다양했다. 그는 이렇게 말했다. "대부분의 시간은 스트레스가 낮지만, 가끔은 엄청난 긴장이 폭발하는 삶을 살았다. 그리고 무엇보다 뉴스 자체에서 나오는 끝없는 동기부여가 있었다. 뉴스 사업을 직업으로 삼으면 어느 정도까지는 뉴스가 삶을 지배한다."

그럼에도 러스브리저는 쇼팽의 작품을 배웠을 뿐만 아니라 나중에 출간한 그 일기까지 쓸 수 있었다. 그러면서 자기 자신과 약속한 삶을 사는 데 빛을 비춰줄 수 있는 사람들을 인터뷰했다. 한 예로 그는 콘돌리자 라이스^{Condoleezza Rice}를 인터뷰했다. 라이스는 미국 국무장관이 되기 전에 연주회를 열 수 있는 수준의 피아니스트였다. 그는 정치인 중 수준급의 피아니스트로 해리 트루먼 전 미국 대통령과 헬무트 슈미트^{Helmut Schmidt} 전 독일 총리, 에후드 바라크^{Ehud Barak} 전 이스라엘 수상, 윌리엄 헤이그 전 영국 외교부장관을 꼽았다.

출간된 일기에서 러스브리저는 가장 근본적인 질문을 다뤘다. '아직 시간이 있는가? 너무 늦었는가?' 그는 이렇게 답한다. "그렇다. 시간은 있다. 아무리 바쁜 삶을 사는 사람에게도 시간은 있다. 중요한 일이라고 결심만 한다면 일주일 중 여기저기서 20분씩 빼낼 수 있는 시간이 있다." 그는 또 이렇게 덧붙였다. "게다가 시간을 만들면 삶의 질이 개선된다. 그해의 엄청난 중압감과 스트레스 속에서 나는 작은 탈출구의 가치를 발견했다. 완전히 빠져들 수 있고, 전혀 다르고, 다시 균형을 잡아줄 수 있는 탈출구였다."

그리고 그는 너무 늦지 않았다는 것에 관해서도 단호하다. 처음 시작할 때만 해도 그는 쉰여섯 살 먹은 두뇌가 새로운 기교를 얼마나 잘 배울 수 있을까 의심스러워했다. 하지만 두뇌의 가소성은 그가 예상한 것보다 훨씬 대단했다. 음악을 배우겠다는 의지와 동기를 새롭게 알게 되고 재발견한 그는 이렇게 말한다. "한창 중년일 때에도 뇌에 아직 가소성이 있어서 지금까지 사용하지 않았던 신경경로를 열 수 있다는 게, 그래서 새롭고 복잡한 일에도 적응할 수 있다는 게 용기를 줬다. 그러니, 아니다. 너무 늦지 않았다."

무엇보다 러스브리저는 사람들이 큰 그림을 보기를 바란다. 그의 연주회를 찾는 관객에게 그가 바란 것은 이런 것이다. "대체 내가 왜 관객 앞에 서서 이 불가능해 보이는 쇼팽 작품을 연주하고 있는지 알아줬으면 좋겠다. 정말로 중요한 건 내가 연주회를 할 수준이 된다는 사실이 아니다. 그건 시간을 어떻게 쓸까에 대한 훨씬 더 큰 실험의 일부일 뿐이다. 아마추어라는 사실을 어떻게 실컷 즐길 수 있느냐에 대한 실험이었다." 그리고 연주회 날 밤에 그는 이렇게 덧붙였다. "오늘 밤 이 방을 나가는 사람 중 한 명이라도 다시 악기를 배워야겠다고 마음먹는다면, 나쁘지 않은 결과일 것 같습니다."

가뜩이나 지금 우리가 들어서는 이 시대에는 남는 시간을 어떻게 쓸지, 아마추어로서 무엇을 할지에 관해 생각해보는 것이 더욱더 중요하다. 우리에게는 분명히 남는 시간이 있다. 쓰려고 마음먹기만 한다면 말이다. 클레이 서키$^{Clay Shirky}$는 《많아지면 달라진다》에서 미국인들이 수동적으로 텔레비전이나 보며 보내는 시간을 줄인다면 매년 2,000억 시간의 자유 시간이 생길 거라고 추산했다.[29] 그런 다음 그는 그 시간 동안 다른 무슨 일을 할 수 있을지 살펴보고 위키피디아의 개발을 예로 들었다. 자원봉사자들이 함께 벌이고 있는 사업인 위키피디아는 이미 수많은 시간과 에너지를 생산적으로 흡수했다. 그는 이렇게 말했다. "모든 기사가 한 번씩 편집되고, 그 편집마다 한 번씩 토론이 일어난다면 1억 시간의 인간 사고와 맞먹는다."

버지니아대학교 교수이자 《행복의 가설》의 저자인 조너선 하이트$^{Jonathan Haidt}$는 'H = S + C + V'라는 공식을 제시했다.[30] 행복(Happiness)은 유전적 설정값(Set)의 범위 더하기 삶의 조건(Conditions, 성별·나이·거주지·직업·인간관계 등) 더하기 스스로 참여하기로 한 자발적 활동(Voluntary, 내 장점을 살리고 만족을 준다)이라는 뜻이다. 유전적 출발점은 주로 물려받은 특징이다. 하지만 일정 범위 내에서 최고가 되도록 노력할 여지는 있다. 그리고 연구에 따르면 행복 방정식에 가장 큰 영향을 주는 요소는 자발적 활동(V)이라고 한다. 어쩌면 직업적 커리어가 좁은 것은 피할 수 없는 일일 수도 있지만(적어도 당면한 시기에는), 삶 전체가 그럴 필요는 없다. 그렇기 때문에 자기 뜻대로 할 수 있는 자발적 활동(V)이 중요해진다.

디지털 시대에는 이런 아마추어리즘이나 자발적 활동이 단순한 자기만족에 머물지 않을 수도 있다. 서키가 지적하듯이 디지털 시대에 아마추어리즘의 부상(거의 프로만큼 자신의 작품을 널리 알릴 수 있는 아마추어 저널리스트, 영화감독, 음악가)은 '참여 문화'를 부각시킨다. 20세기 후반에는 잊고 지낸 개념이다.

스티브 존슨^{Steven Johnson}은 되살아난 참여 문화의 중요성을 다음과 같이 강조했다. "무료 콘텐츠가 넘쳐나는 디지털 경제에서는 예술로 돈을 벌 수 없을 것 같았다. 그런데 오히려 창의적 커리어들이 승승장구하고 있다. 물론 좀 복잡하고 예상 못 한 방식이긴 하다."[31] 그 주된 이유는 이제 콘텐츠 전달 플랫폼의 번성으로 창의적 작품을 구매할 방법이 많아졌기 때문이다. 그러니 작품을 만들어서 보상을 받을 길도 더 많아졌다.

그 예로 존슨은 로빈 슈나이더^{Robyn Schneider}의 이야기를 들려준다. 슈나이더는 젊은 층을 위한 소설을 쓰는 사람으로 구독자 1만 8,000명의 유튜브 채널도 보유하고 있다. 그에게 영감을 준 사람은 존 그린^{John Green}이었다. 존 그린은 널리 성공한 소설《잘못은 우리 별에 있어》의 작가로 유튜브에서 광범위한 팬층을 쌓았다. 대학원생 시절에 관해 로빈은 이렇게 말했다. "만약 한두 시간 정도 지루할 것 같으면 영상을 만들었어요." 그 영상들이 지금은 1년에 3,000달러 정도를 벌어준다. 여러 해 동안 로빈은 책을 써서 필명으로 팔았고, 그것으로 유급 인턴십에서 벌 수 있는 정도의 돈을 벌었다. 그러다가 소설을 자기 이름으로 내놨는데 이 책이 상당히 많은 돈을 벌어다 줬다(수십만 달러). 로빈은 유튜브에 대해 별로 심각하게 생각해본 적이 없었는데, 알고 보니 자기가 이룬 성공의 일부는 이 유튜브 독자들 덕분이었다. 팔로어 덕분에 돈을 벌 수 있게 된 것이다.

디지털 시대의 가장 큰 변화는 예술을 만들고 유통하기가 정말 쉬워졌다는 점이다. 문화를 소비하는 비용이 줄었을 수도 있다(우리가 예상했던 정도는 아니지만). 그러나 문화를 생산하는 비용은 훨씬 더 극적으로 떨어졌다. 이 엄청난 변화는 프로페셔널리즘의 경계에 와 있다. 창의적 작품으로 돈을 벌기가 지금보다 더 쉬웠던 때는 없다. 열정만 있으면 순수한 취미가 파트타임 소득원이 되는 것도 아주 쉬워졌다. 존슨은 이렇게 지적했다. "새로운 환경에서는 자신의 기술에만 집중하는 단순한 생각의 예술가보다는 새로운 커리어를 고안하는 데 능숙한 예술가들이 살아남을 겁니다." 예컨대 관객을 만들어내고 유튜브 영상을 팔로잉하는 작가처럼 말이다.

디지털 경제는 폭넓은 창의성을 순수 아마추어의 영역에서 세미프로의 영역으로 더 많이 끌고 나왔다. 그렇다고 진정으로 아마추어에 속하는 것이 나쁘다는 얘기는 아니다. 미술, 춤, 음악, 연극 무엇이든지 말이다. 이런 개인적 열정을 추구해 삶의 폭을 넓히는 것이 심리적으로 정말로 도움이 된다는 강력한 과학적 증거가 있다. 이 증거를 보면 이렇게 분야를 넘나드는 활동을 하는 것이 인지능력과 학습능력을 향상시키는 듯하다.

데이나재단[Dana Foundation]에서 진행하고 캘리포니아대학교 샌타바버라 캠퍼스의 마이클 가자니가[Michael Gazzaniga] 박사가 요약한 최근의 한 연구를 보면 공연 예술을 배우는 것이 정말로 다른 것을 배우는 능력을 향상시켜준다고 한다.[32] 여러 연구 결과를 대조해본 연구진은 공연 예술이 다른 어떤 것을 추구하는 것보다도 훨씬 높은 수준의 동기와 집중력을 만들어준다는 사실을 발견했다. 이렇게 동기 수준이 높아지면 사람들은 의식적으로 더 집중하면서 실력 향상에 힘쓰게 된다.

애덤 그랜트는 《오리지널스》에서 미시건주립대학교의 한 연구 결과를 인용했다. 1901년부터 2005년까지 노벨상을 수상한 과학자들과 같은 기간 "전형적"이고 "평범한" 과학자들을 비교한 연구였다.[33] 연구 결과 두 그룹은 모두 자신의 과학 분야에 깊은 전문지식을 갖고 있었다. 그러나 예술에 대한 참여 면에서는 눈에 띄는 차이가 있었다. 알고 보니 노벨상 수상자들은 덜 눈에 띄는 과학자들보다 실질적인 예술 활동을 할 확률이 훨씬 높았다. 음악 활동을 할 확률은 두 배, 그림이나 목공처럼 시각 예술이나 공예 활동을 할 확률은 일곱 배, 저술 활동(과학 보고서만이 아니라 극본이나 소설 등)을 할 확률은 열두 배나 높았다. 그리고 아마추어 배우나 댄서, 마술사처럼 공연 예술 활동을 할 가능성은 20배나 높았다.

사업가와 발명가를 조사한 다른 연구에서도 비슷한 결과가 나왔다. 자기 사업을 하면서 특허 출원에 참여한 사람들은 그림이나 건축, 조각, 문학 등 취미를 갖고 있을 확률이 높았다. 이 연구로 그랜트는 다음과 같은 결론을 내렸다. "사업가나 발명가, 뛰어난 과학자가 보이는 예술에 대한 흥미는 그들의 호기심과 습득력을 반영하는 것이 분명하다. 과학이나 사업을 보는 새로운 방식에 열린 태도를 가진 사람들은 이미지나 소리, 언어를 통해 아이디어나 감정을 표현하는 것에도 매료되는 경향을 보인다." 그리고 그가 지적하듯이, 이것은 단순히 긴장을 이완하거나 주업이 아닌 뭔가로 기분 전환을 하는 문제가 아니다. "예술은 창의적 통찰이 나올 수 있는 강력한 원천이 돼준다."

나는 이것이 문화적인 '교차 훈련' 같은 거라고 생각한다. 달리기 선수가 신체 능력을 높이기 위해 수영이나 자전거, 요가를 하는 것처럼, 우리도 평소 활동 범위를 한참 벗어난 활동을 통해 두뇌를 강화할 수 있다. 그리고 편안한 활동에서 힘든 활동으로 옮겨 가는 것은 '인터벌 운동'에 해당한다. 교차 훈련에 인터벌 운동까지 더하면 어떤 영역에 속해 있든 확실한 성공 공식이 만들어진다.

아마추어나 세미프로로서 폭넓은 삶을 만드는 데 정해진 공식은 없지만, 아주 잠깐 짬이 날 때에도 사용할 수 있는 실용적이고 구체적인 방법들이 있다. 대략 설명하자면 다음과 같은 순서로 진행된다.

- **읽고 조사하라** 삶의 폭을 넓힐 영역을 찾아볼 때에는 시간을 내서 평소에 읽지 않는 뉴스나 문헌을 읽어보라. 평소에 보지 않는 영화나 다큐멘터리를 보라. 그리고 새롭게 발견한 관심사에 대해 친구들과 이야기를 나눠보라. 매주 뭔가 새로운 것을 배우는 습관을 길러라. 더 깊이 들어갈 때에는 탐구할 질문 목록을 만들어라. 다음 단계로 넘어갈 때 이 목록이 분명히 도움이 될 것이다.
- **인적 네트워크를 만들어라** 흥미를 가진 분야에 종사하는 사람에게 연락해서('호기심 대화'를 하는 브라이언 그레이저의 예를 따라가라) 아이디어와 경험을 나눌 수 있게 30분만 시간을 내달라고 하라. 아는 게 늘어나고 해당 분야에 익숙해지면 보다 공개

적인 행사(콘퍼런스·모임 등)를 찾아보라. 그런 곳에 가면 많은 얘기를 들을 수 있고 가끔은 발언할 기회도 생긴다.

- **참여하라** 자원봉사나 여행, 공부 기타 어떤 방법이든 의도적인 교차 훈련을 할 수 있는 방법을 찾아 해당 분야에 적극적으로 참여하라. 한 번에 하룻밤, 한 주말, 또는 일주일이라도 해당 분야의 대표적 인물의 입장이 돼볼 수 있는 신중한 방법을 찾아라.

- **뛰어들어라** 인생의 새로운 초점이 될 수 있는 분야를 찾았다면 거기에 전념하고 싶을 것이다. 삶을 재구성할 수 있는 여유가 있는 사람이라면 지금 하는 일에서 잠시 떠나 있을 시간을 내라. "뛰기 전에 걸어보고" 싶은 사람이라면 일종의 파트타임 프로그램을 통해 새로운 기회를 직접 경험해볼 수 있다. 하지만 그냥 뛰어들어서 삶을 완전히 바꿔보고 싶은 사람도 있다. 새로운 분야나 나라, 이슈에 푹 빠져보는 것만큼 좋은 시간도 없다.

- **마음을 편히 먹어라** 마지막으로 새로운 방식으로 사는 것을 지나치게 강조하지 마라. 체중을 유지하고 건강을 관리하며, 할 수 있는 것을 하라. 마이클 윌슨은 일흔한 살의 나이에 아직도 캐나다은행과 비영리단체의 리더로서 게임의 정점에 있다. 그는 에너지와 신념을 어떻게 유지할까? "날마다 하는 운동과 아침 시리얼 그리고 비타민제지요. 이렇게 힘든 일을 할 때에는 적당한 몸을 유지하지 못하면 지친다는 것을 젊을 때 깨달았어요."[34]

아널드 베넷은 미래가 우리에게 달려 있다면서 한 가지 더 격려가 되는 말을 해준다. "시간이 끊임없이 공급돼서 좋은 가장 큰 이유는 '미리 낭비'할 수가 없다는 점이다. 다음 해와 다음 날, 다음 시간은 마치 우리가 커리어 내내 단 한순간도 낭비하거나 잘못 보내지 않은 것처럼 완벽하게, 조금의 훼손 없이 우리 앞에 놓여 있다. 정말 기쁘고 다행한 일이다. 원한다면 우리는 매시간 새로운 사람이 될 수 있다." 그러면서도 그는 주의사항으로 얘기를 끝맺는다. "기다려서 좋은 것은 아무것도 없다. '다음 주에는 물이 더 따뜻하겠지'라고 상상할지 몰라도 그런 일은 일어나지 않는다. 물은 더 차가울 것이다."

직업적 성공과 개인적 만족을 찾아서

아버지의 천재성은 수학에 한정되지 않았어. 아버지의 뇌는 낙지 같아서 촉수를 사방으로 뻗지 않는 곳
이 없었지.

실비 베유^{Sylvie Weil}, 《앙드레 베유와 시몬 베유^{At Home with Andre and Simone Weil}》

놀라운 인생과 커리어를 꾸려가는 출중한 사람들을 만나면 언제나 가
슴이 뛴다. 특히나 우리 사회를 괴롭히는 몇몇 문제를 해결하려고 전
심전력을 다하고 있는 사람들을 보면 좋은 자극이 되면서 의욕이 샘
솟는다. 안타까운 것은 그런 사람들이 더 이상 원칙이 아니라 예외가
돼가고 있다는 점이다. 오늘날 사회는 특수 전문가를 숭배한다. 심지
어 그 전문지식이라는 것이 우리를 엉뚱한 방향으로 몰고 갈 때조차
의심할 생각을 하지 못한다. 지금 우리 교육체계는 깊이를 지향하는
방향으로 무게추가 심하게 기울어져 있고, 직업 세계에서 통용되는
성공 모형도 사람들의 시야를 좁히고 있다.

하지만 이렇게 세분화된 전문성만을 추구하는 것은 인생 모형으로

서 심각한 결점을 갖고 있다. 한 가지 분야, 한 가지 산업, 역할, 원칙, 문화 속에 당신을 가둬버리기 때문이다. 또한 미래의 리더가 될 사람들에게도 이것은 좋은 모형이 아니다. 미래의 리더는 복잡하고 다차원적인 문제들을 상상력을 발휘해 창의적으로 해결해야 하기 때문이다. 세분화된 전문성만을 추구하는 것은 현대적인 모형도, 이 시대에 맞는 모형도 아니다. 빠르게 진화하고 끊임없이 변화하는 디지털 시대의 기회나 도전에 딱 맞는 모형이 아니다. 에드워드 O. 윌슨은 이렇게 말했다. "인류가 지금과 같이 고도로 연결된 기술과학의 시대에 들어선 것은 겨우 20년밖에 되지 않았다. 우주의 별들로 따지면 눈 한 번 깜빡하기도 힘들 시간이다. 이제 우리의 탐험은 새로운 순환주기에 들어섰다. 무한히 더 풍부해지고, 그만큼 더 어려워지고 있다. 그와 함께 인간 중심주의도 강화되고 있는 것은 결코 우연이 아니다."[1]

그럼에도 현대사회에서 폭넓고 놀라운 인생을 만드는 일은 쉽지 않다. 그러려면 힘든 결정을 내려야만 한다. 때로는 희생도 감수해야 하고 많은 단련을 거쳐야 한다. 하지만 폭넓은 삶을 살고 싶은 열망을 따른다면 다른 많은 것을 얻을 것이다. 넓어진 시각으로 문제를 분석할 수 있고, 그 문제들에 응용 가능한 능력을 적용하며, 다양한 인적 네트워크에서 뭔가를 배우고 인재를 영입할 수 있을 것이다. 상황지능이 생겨 다양한 이해관계자들을 이해할 수 있고, 직업적으로도 개인적으로도 위험을 감수할 용기가 생기며, 도덕이라는 나침반이 풍요로운 삶 속으로 인도할 것이다.

당신은 틀림없이 놀라운 인생과 커리어를 만들게 될 것이다. 그리고 그것은 단지 우리 사회에만 좋은 일이 아니라, 바로 당신을 더 좋은 사람, 더 행복한 사람으로 만들어줄 것이다.

프롤로그에서 이 책은 '나이에 관계없이 모든 사람'을 위한 책이라고 했다. 지금 삶의 단계가 어디에 와 있든, 누구나 자신의 인생과 커리어를 어떻게 만들지(혹자는 어떻게 '다시' 만들지)에 관해 중요한 선택을 해야 한다. 인생의 각 단계마다 당신은 폭을 넓히는 쪽으로, 또는 깊이를 더하는 쪽으로 선택을 내릴 수 있고 그 선택이 미래 삶의 방향을 결정한다. 커리어를 이제 막 시작했든, 중간쯤이나 정점에 와 있든, 활동적 은퇴기에 와 있든, 또는 더 늙은 나이라고 해도 이 사실은 바뀌지 않는다. 삶의 각 단계에 모자이크 원리가 어떻게 적용되는지 설명하면서 나는 직업적으로나 개인적으로 내가 아는 사람들의 경험과 영향을 예로 들었다. 나는 당신도 그렇게 해보라고 권하고 싶다. 우리는 누구나 주변 사람들에게서 많은 것을 배울 수 있기 때문이다.

한 예로 나는 내 부모님에게서 많은 영향을 받았고 삶의 방향을 찾는 데 도움을 얻었다. 진보적이고 열린 생각을 가진 두 분은 폭넓은 삶을 만들어냈고 80대 중반인 지금도 그렇게 살고 있다. 1950년대 이제 갓 학교를 졸업한 젊은 교사였던 내 부모님은 뉴질랜드로 5년간 이민을 갔다. 그 덕분에 나는 뉴질랜드에서 태어났고, 이 점은 평생 내가 누군가를 처음 만났을 때 자연스럽게 대화를 꺼낼 수 있는 재미있는 '이야깃거리'가 돼주었다. 교육 분야에서 뚜렷하게 의미 있는 커리어를 보낸 두 분은 자신들의 문화적 DNA와 창의성을 방출하며 활동적 은퇴기를 보내고 있다.

스펙트럼의 반대편에 있는 내 아이들은 독립적인 삶과 커리어를 시작할 시기가 다가오면서 20대 초반의 '방랑기'를 보내고 있다. 다채로운 관심사와 집중하는 성격은 집안 내력이다. 이 시대의 온갖 디지털 문화에 정통한 아이들은 이미 참여적 문화(내 큰아들의 트위터 피드만 봐도 확실하다)를 적극 즐기고 있다. 아이들 앞에는 모든 선택권이 열려 있고, 일찍부터 한 가지만 추종하며 좁게 사는 방식은 일찌감치 거부했다. 아이들은 모자이크 원리에 따라 인생을 만들어나갈 작정인 듯하다.

내 직장 동료나 개인적 친구들은 바로 이 두 세대 사이에 놓여 있다. 그들은 커리어 한가운데에서 자신이나 가족들을 위해 중요한 선택을 내리고, 후배들에게 영감을 주는 안내자가 되려고 노력하고 있다. 나는 매킨지, 올브라이트스톤브리지 그리고 지금은 브런즈윅에서 타고난 재능에 다채로운 성격과 관심사를 가진 사람들과 함께 일하는 특권을 누렸다. 폭넓은 삶을 살기 위해 중요한 조정도 기꺼이 감수할 뜻이 있는 사람들이었다. 특히 브런즈윅에서 나는 전직 저널리스트, 편집자, 변호사, 경영 컨설턴트, 은행가, 회계사, 비정부단체 운동가들 옆에서 일하고 있다. 이곳은 다양한 경험과 분야가 혼재하는 일종의 '용광로' 같다.

그리고 내 아내 앨리사의 이야기도 빼놓을 수 없다. 지금까지 앨리사가 밟아온 커리어를 보면 은행가, 컨설턴트, 민간기업, 사회적 기업, 비정부단체 운동가를 거쳤고, 지금은 경영대학원 교수로 있다. 아, 그리고 아내이자 어머니이기도 하다. 앨리사는 총 여섯 살 터울밖에 나지 않는 네 명의 아이를 데리고 두 대륙을 오가며 지금의 삶을 만들어냈다. 그녀는 늘 '할 일 목록'을 끼고 살고, 이 책이 설명한 폭넓은 삶의 모든 특성을 고스란히 보여준다. 특히 앨리사는 대단히 광범위한 인적 네트워크를 갖고 있다. 그녀는 누구와도 오랫동안 연락이 끊기는 법이 없어서 엄청난 범위의 강한 고리, 약한 고리, 휴면 고리를 갖고 있다.

내 경우를 보면 지금까지는 놀랄 만큼 다양하고 풍부한 삶을 살았다. 평생을 자문가로 살아온 나는 주로 배후에서 활동하는 역할을 맡았는데, 연극의 상황을 인용한 앨런 파커의 격언을 따르려고 노력했다. "조명은 고객이 받게 하라." 2005년에 잠깐 그랬던 것처럼 내가 '스토리'의 주인공이 됐을 때 몹시 불편함을 느꼈다. 조명이 다른 곳을 비추고 있을 때가 행복했다. 그렇게 잠깐 유명세를 탔던 것을 제외하면 나는 대중적으로 그렇게 이름이 알려진 사람은 아니다. 그러니 구글에서 내 이름을 검색해도 별로 흥미로운 것은 찾지 못할 것이다. 어쩌면 최근에 출판된 어느 책에 나오는 다음과 같은 인용문 정도는 찾을지도 모르겠다.

그때쯤 니콜라스 러브그로브는 이미 직업적으로 확고한 명성을 쌓고 있었다.[2] 영국에서 태어나 그곳에서 교육받은 러브그로브는 전세계에서 가장 각광받는 예술 부문 컨설턴트로 통했다. 영향력이 어찌나 대단했던지 그의 별 뜻 없는 말 한마디, 우아한 코 찡긋 한 번에 시장이 움직일 정도였다. 러브그로브는 더 이상 고객을 찾으러 다닐 필요가 없었다. 고객이 그를 찾아왔고, 보통은 깍듯이 절을 하며 어마어마한 커미션을 약속했다.

이 중에 하나라도 사실이 있을까마는, 안타깝게도 이 글은 《어느 스파이의 자화상Portrait of a Spy》이라는 대니얼 실바Daniel Silva의 소설에 나오는 구절이다. 유일한 위안이 있다면 내 친구 대니얼이 의도적으로 내 이름과 프로필의 몇몇 부분을 '차용'했다는 것이다! 그러니 최소한 소설 속에서 나는 모두가 부러워할 인생과 커리어를 살고 있다.

실제 세상에서 이제 나는 쉰일곱이 됐다. 앨런 러스브리저가 전국 일간지의 편집장으로 있으면서 연주회를 열 정도 수준까지 피아노를 배우던 때와 대략 비슷한 나이이다. 지금의 나보다 두 살이 어릴 때 지미 카터는 백악관을 떠나 '전' 대통령으로서의 35년 커리어를 시작했다. 그는 이때가 그의 인생에서 가장 행복하고 만족스러운 때라고 했다. 지금의 나보다 세 살 적은 나이에 데이비드 루벤스타인은 (평균적으로 봤을 때) 자신이 이미 인생의 3분의 2를 살았다는 것을 알았고, 남은 3분의 1은 단순히 '부를 축적'하는 일만 계속하지는 않기로 결심했다.

이들 모두를 통해서 (그리고 다른 사람들을 통해서) 나는 이 '오후의 삶'의 핵심이 폭넓고 다양한 관심사를 추구하고 하루 24시간을 온전히 살아가는 것이라고 확신하게 됐다. 이 책의 집필도 그 작업의 일환이었다. 어쩌면 나에게 딱 맞는 처방전이었던 것 같기도 하다. 책을 쓰면서 다른 것들도 좋았지만, 가장 좋았던 점은 이제 나 자신을 컨설턴트, 코치, 경영 파트너, 정부 고문, 비영리단체 이사, 정치 집착꾼, 스포츠광, 남편, 아버지뿐만 아니라 작가로도 생각할 수 있게 된 점이다.

주 _____

| 프롤로그 |

1. Wikipedia entry on mosaics; Katherine M.D. Dunbabin, 《Mosaics of the Greek and Roman World》, Cambridge: Cambridge University Press, 1999.

| 1장 | 스워브_인생의 방향이 그 풍경을 바꾼다

1. 아이티와 폴 파머에 관한 이야기는 개인적으로 2010년에 경험한 것이다. 여기에는 아이티의 수도인 포르토프랭스에서 파머와 나눈 대화, 파머의 생애와 이력에 대한 트레이시 키더의 책《작은 변화를 위한 아름다운 선택》의 내용이 포함돼 있다.

2. Tracy Kidder, 《Mountains Beyond Mountains: The Quest of Dr. Paul Farmer, a Man》, New York: Random House, 2003, p. 79.

3. John Dear, "Gutierrez and Farmer's 'In the Company of the Poor'", 《National Catholic Reporter》, 2013년 11월 5일.

4. Tracy Kidder, 《Mountains Beyond Mountains》, p. 311.

5. Ibid.

6. 이 부분은 2000년에 열린 매킨지 임원 컨퍼런스에 참석한 개인적 경험과 기억에 기대 집필했다.

7. Bethany McLean and Peter Elkind, 《Smartest Guys in the Room: The Amazing Rise and Scandalous Fall of Enron》, 2003; Kurt Eichenwald, 《Conspiracy of Fools: A True Story》, New York: Broadway, 2005.

8. John Kay, 《Other People's Money : The Real Business of Finance》, London: Profile Books; New York: Public Affairs/Perseus Books, 2015, p. 119.

9. Clayton M. Christensen, James Allworth, and Karen Dillon,《How Will You Measure Your Life?》, New York: Harper Business, 2012, p. 3.

10. William C. Powers Jr., Raymond S. Troubh, and Herbert S. Winokur Jr., 《Report

424

of Investigation by the Special Investigative Committee of the Board of Directors of Enron Corp.》, 2002년 2월 1일.

11. Malcolm Gladwell, 《Outliers : The Story of Success》 New York: Little, Brown / Hachette Book Group, 2008; Daniel J. Levitin, 《Organized Mind : Thinking Straight in the Age of Information Overload》, New York: Plume / Penguin Random House, 2014, pp. 35~68.

12. Atul Gawande, 《Checklist Manifesto: How to Get Things Right》, New York: Metropolitan Books, 2009, p. 30.

13. Frederick Winslow Taylor, 《Principles of Scientific Management》, New York: Harper and Brothers, 1911.

14. William R. Lovegrove, "General Studies and the Sixth Form", 1963년 5월; A. D. C. Peterson, "Last Chance in the Sixth Form", 《Spectator》, 1963년 6월 18일, p. 1.

15. Fareed Zakaria, 《In Defense of Liberal Education》, New York: W. W. Norton, 2015, p. 21.

16. Vikram Mansharamani, "Keep Experts on Tap, Not on Top", 《HBR Blog Network》, 2013년 7월 23일, www.hbr.org.

17. John Kay, "The Benefits of a Liberal Education Do Not Go Out of Date: The Belief That Study Should Be Focused on Job-Specific Knowledge Is Misconceived", 《Financial Times》, 2015년 8월 25일.

18. Drew Faust, "To Be 'a Speaker of Words and a Doer of Deeds': Literature and Leadership", 미국육군사관학교 연설, 웨스트포인트, 뉴욕, 2016년 3월 24일.

19. Doris Kearns Goodwin, 《Team of Rivals The Political Genius of Abraham Lincoln》, New York: Simon & Schuster, 2005.

20. Ronald A. Heifetz, 《Leadership Without Easy Answers》, Cambridge, MA: Belknap Press of Harvard University Press, 1994.

21. Louis Pasteur, 릴대학교 강의, 1854년 12월 7일, http://www.pasteur brewing.com.

22. Susan Cain, 《Quiet: The Power of Introverts in a World That Can't Stop Talking》, New York: Crown, 2012, p. 14.

23. Stephen Greenblatt, 《The Swerve: How the World Became Modern》, New York: W. W. Norton, 2011, p. 164.

24. Carol S. Dweck, 《Mindset: The New Psychology of Success》, New York: Random House, 2007. p. 10.

| 2장 | 깊이와 넓이_폭넓은 방향으로 스워브를 선언하라

1. John Cassidy, "No Credit: Tim Geithner's Financial Plan Is Working—and Making Him Very Unpopular", 《New Yorker》, 2010년 5월 15일, Vol. 86, No. 4, pp. 26~30; "What Good Is Wall Street? Much of What Investment Bankers Do Is Socially Worthless", 《New Yorker》, 2010년 9월 29일, Vol. 86, No. 38, p. 49; Ryan Lizza, "Inside the Crisis: Larry Summers and the White House Economic Team", 《New Yorker》, 2009년 10월 12일; James B. Stewart, "Eight Days—he Battle to Save the American Financial System", 《New Yorker》, 2009년 9월 21일, Vol. 79.

2. Alan S. Blinder, 《After the Music Stopped: The Financial Crisis, the Response, and the Work Ahead》, New York: Penguin Books, 2013.

3. Kay, 《Other People's Money》, p. 118.

4. John Kenneth Galbraith, 《Great Crash 1929》, 50주년판, New York: Houghton Mifflin, 1988, pp. 132~133.

5. Kay, 《Other People's Money》, p. 119.

6. Blinder, 《After the Music Stopped》, p. 75.

7. Lewis, 《The Big Short》, xiii - v. 이 부분에서 루이스는 자신의 전작인 《라이어스 포커》를 언급한다.

8. 〈Financial Crisis Inquiry Report〉, 《Final Report of the National Commission on the Causes of the Financial and Economic Crisis in the United States》, United States Government Printing Office, Washington, DC, 2011년 1월.

9. Blinder, 《After the Music Stopped》, p. 81.

10. Dan Gardner, 《Future Babble: Why Expert Predictions Are Next to Worthless, and You Can Do Better》, New York: Dutton, 2011.

11. Philip E. Tetlock and Dan Gardner, 《Superforecasting: The Art and Science of Prediction》, New York: Crown, 2015, p 16, 93, pp. 170~171, pp. 291~292.

12. Timothy F. Geithner, 《Stress Test: Reflections on the Financial Crisis》, New York: Crown, 2014, pp. 513~514.

13. Bethany McLean and Joe Nocera, 《All the Devils Are Here: The Hidden History of the Financial Crisis》, New York: Portfolio/Penguin, 2010, p. 359.

14. Gillian Tett, 《The Silo Effect》, New York: Simon & Schuster, 2015; London: Little, Brown, 2015. p. 249.

15. 이 부분은 개인적인 몇몇 인터뷰 그리고 2012년부터 2014년에 걸쳐서 제프 시브라이트

와 논의한 내용에 기반을 두고 있다.

16. Nick Lovegrove and Matthew Thomas, "Triple-Strength Leadership", 《Harvard Business Review》91, no. 9(2013년 9월), pp. 46~56.

17. Muhtar Kent, "Opinion—The Golden Triangle—Spearheading Change the Smart Way", 2012년 9월 7일, www.coca-colacompany.com/stories.

18. Jon Miller and Lucy Parker, 《Everybody's Business: The Unlikely Story of How Big Business Can Fix the World》, London: Biteback, 2013.

19. Ibid.

20. Brad Stone, 《The Everything Store: Jeff Bezos and the Age of Amazon》, Little, Brown / Hachette Books Group, 2013, p. 183.

21. Edward O. Wilson, 《Consilience: The Unity of Knowledge》, New York: Knopf, 1998, p. 11.

22. Friedrich Nietzsche, 《Human, All Too Human: A Book for Free Spirits》, York: Bison Books, 1996.

23. Joshua Greene, "2011: What Scientific Concept Would Improve Everybody's Cognitive Toolkit—Supervenience", www.edge.org.

24. Edward O. Wilson, 《Consilience》, p. 9.

25. Erin Meyer, 《The Culture Map: Breaking Through the Invisible Boundaries of Global Business》, New York: Public Affairs / Perseus Books Group, 2014, p. 10.

26. William W. Maddux, Adam D. Galinsky, and Carmit T. Tadmor, "Be a Better Manager", 《Harvard Business Review》, 2010년 9월, Vol. 88, No. 9, pp. 24~34; Gregory C. Unruh and Angel Cabrera, "Join the Global Elite—Managers with a Cross-Cultural Perspective Are in High Demand", 《Harvard Business Review》, 2013년 5월.

27. Adam Grant, 《Originals: How Non-conformists Move the World》, New York: Viking, Penguin, Random House, 2016, pp. 48~49; Adam D. Godart et al., "Fashion with a Foreign Flair: Professional Experiences Abroad Facilitate the Creative Innovations of Organizations", 《Academy of Management Journal》 58 (2015): pp. 195~220.

28. Meyer, 《Culture Map》, p. 11.

29. Miller and Parker, 《Everybody's Business》, pp. 339~395.

30. Bernard T. Ferrari, 《Power Listening: Mastering the Most Critical Business Skill of

All》, New York: Portfolio/Penguin, 2012.

31. Nicola Torres, "Generalists Get Better Job Offers Than Specialists", 《Harvard Business Review》, 2016년 6월, Vol. 94, No. 6, pp. 32~33; James Surowiecki,《The Wisdom of Crowds》, New York: Doubleday, 2004.

32. Abraham Zaleznik, "Managers and Leaders: Are They Different?", 《Harvard Business Review》, 2004년 1월.

33. Doris Kearns Goodwin, 《The Bully Pulpit: Theodore Roosevelt, William Howard Taft and the Golden Age of Journalism》, New York: Simon & Schuster, 2013.

34. Hilary Mantel, 《Wolf Hall》, 로열셰익스피어극장(에이번, 런던, 뉴욕), 2013~2015년.

35. Diarmaid McCulloch, 《In the Lion's Court: Power, Ambition and Sudden Death in the Reign of Henry VIII》, London: SMP, 2002.

36. Doris Kearns Goodwin, 《The Bully Pulpit: Theodore Roosevelt, William Howard Taft and the Golden Age of Journalism》, New York: Simon & Schuster, 2013, p. 75, p. 315.

37. Zadie Smith, "Speaking in Tongues", 《New York Review of Books》, 2009년 2월 26일.

38. Walter Isaacson, 《Benjamin Franklin: An American Life》, New York: Simon & Schuster, 2003, p. 3.

| 3장 | 도덕적 나침반_옳은 일을 하라

1. Tracy Kidder, 《Mountains Beyond Mountains》, p. 101.

2. David Brooks, 《Social Animal: The Hidden Sources of Love, Character and Achievement》, New York: Random House, 2011, p. 118에서 인용.

3. David Brooks, "When Cultures Shift", 《New York Times》, 2015년 4월 17일; "The Secular Society", 《New York Times》, 2013년 7월 8일에서 인용.

4. Charles Taylor, 《A Secular Age》, MA: Belknap Press of Harvard University Press, 2007.

5. Tony Blair, 《A Journey: My Political Life》, New York: Alfred A. Knopf, 2010.

6. Andrew Ross Sorkin, "Roadblocks En Route from Wall Street to Washington", Dealbook, 《New York Times》, 2016년 2월 9일.

7. Nina Strohminger and Shaun Nichols, "Neurodegeneration and Identity", 《Psychological Science》, 2015년 9월 14일. Vol. 26, No. 9, pp. 1469~1479, Maria

Popova 웹사이트에 인용, www.brainpickings.org.

8. David Brooks, 《Social Animal》, p. 2.

9. Paul Farmer, "How Liberation Theology Can Inform Public Health", 《Sojourners》, 2014년 1월, http://sojo.net/magazine/2014/01/sacred-medicine.

10. 저자 인터뷰, 2014년.

11. Viktor E. Frankl, 《Man's Search for Meaning》, Boston: Beacon Press, 2006, 1959년 초판 출간.

12. Fred Koffman, 《Conscious Business: How to Build Value Through Values》, CO:Sounds True, 2006, pp. 81~82.

13. Clayton M. Christensen, James Allworth, and Karen Dillon, 《How Will You Measure Your Life?》, p. 3.

14. Jessica Livingston, 《Founders at Work: Stories of Startups' Early Days》, New York: Apress, 2007. Cited at www.brainpickings.org/2014/10/21/craig-newmark-moral-compass.

15. 페이스북 상장을 제안하며 잠재적 투자자들에게 마크 저커버그가 보낸 편지, 샌프란시스코, 2012년 1월.

16. 조지타운대학교 맥도너 경영대학원에서 저자 인터뷰, 2013년.

17. David Brooks, 《Road to Character》, New York: Random House, 2015. p. 257.

18. www.teachfirst.org.uk.

19. www.teachforall.org.

20. UCLA의 Cooperative Institutional Research Program(CIRP) 신입생 설문조사는 알렉산더 샌디 애스틴(Alexander Sandy Astin) 박사가 미국교육위원회(American Council on Education)에서 1966년에 소개했다. 그는 이 프로젝트를 1973년에 UCLA에 가져왔고, 이 이후로 고등교육연구소(Higher Education Research Institut)를 운영했다. 설문조사는 1,900개 이상의 기관에서 1,500만 명 넘는 학생들에게 실시됐다. 저자는 《뉴욕타임스》에 소개된 데이비드 브룩스의 칼럼을 통해 이 조사를 접했다.

21. 저자 전화 인터뷰.

22. Michael Kranish and Scott Helman, 《Real Romney》, New York: Harper, 2012, p. 3.

23. Michael Ignatieff, 《Fire and Ashes: Success and Failure in Politics》, Boston: Harvard University Press, 2013, p. 3.

24. Timothy F. Geithner, 《Stress Test》, p. 70.

25. Peter Thiel with Blake Masters, 《Zero to One: Notes on Startups, Or How to

Build the Future》, New York: Crown Business, 2014. pp. 61~69.

26. 저자 인터뷰, 워싱턴 DC, 2013년.

27. www.calvertfoundation.org.

| **4장** | **지식의 중심축**_T자형 인간으로 거듭나라

1. 저자 인터뷰, 미국내무부, 워싱턴 DC, 2012년 6월.

2. 저자 인터뷰, 올브라이트 스톤브릿지 그룹, 워싱턴 DC, 2013년 6월, 11월.

3. Isaiah Berlin, 〈Hedgehog and the Fox〉, Weidenfeld and Nicolson, 1953.

4. 마이클 이그나티에프의 인터뷰, 1991년, 〈고슴도치와 여우〉 2013년 프린스턴대학교 출판부 판에 인용.

5. Bryan Magee, "Isaiah as I Knew Him", 《The Book of Isaiah: Personal Impressions of Isaiah Berlin》, edited by Henry Hardy, London: Woodbridge, 2009, p. 53.

6. Susan Cain, 《Quiet》, p. 19.

7. Adam Grant, 《Give and Tak0: eA Revolutionary Approach to Success》, New York: Viking /Penguin Group, 2013, p. 157.

8. Adam Grant, 《Originals》.

9. 저자 인터뷰, 워싱턴 DC, 2013년 6월, 2014년 2월.

10. Peter Grose, 《Power to the People: The Inside Story of AES and the Globalization of Electricity》, Washington, DC: Sant Associates, 2007.

11. Henry M. Paulson Jr., 《On the Brink: Inside the Race to Stop the Collapse of the Global Financial System》, New York: Business Plus / Hachette Book Group, 2010.

12. Daniel Kahneman, 《Thinking, Fast and Slow》, New York: Farrar, Straus and Giroux, 2011.

13. 저자 인터뷰, 워싱턴 DC, 2007년 6월; 전화 인터뷰, 2013년 2월.

14. 저자 인터뷰, 미국재무부, 워싱턴 DC, 2012년 6월.

15. Boyd Erdman, "Banks Asked to Commit Billions to ABCP Rescue", 《Globe & Mail》, 2007년 12월 14일.

16. Fareed Zakaria, "Canadian Solution", 《Newsweek》, 2009년 2월 6일.

17. Courtney Comstock, "What Really Happened When Jamie Dimon Went Toe-to-Toe with the Head of the Bank of Canada", 《Business Insider》, 2011년 10월 3일.

18. Sam Fleming and Daniel Schafer, "Davos Shows Mark Carney's Style as BOE

Governor", 《Financial Times》, 2014년 1월 24일.

19. 스티브 잡스, 스탠퍼드대학교 졸업식 연설, 2005년.

20. Margaret Lobenstine, 《Renaissance Soul: How to Make Your Passions Your Life—Creative and Practical Guide》, New York: Harmony Books, 2006, pp. 86~102.

21. Gina Kolata, "Power in Numbers: Profiles in Science", 《New York Times》, 2012년 1월 2일; James Fallows, "When Will Genomics Cure Cancer: A Conversation with Biogeneticist Eric S. Lander About How Genetic Advances Are Transforming Medical Treatment", 《Atlantic》, 2014년 1/2월, Vol. 313, Issue 1, pp. 28~30.

22. www.broadinstitute.org.

23. Edward O. Wilson, 《The Social Conquest of Earth》, New York: Liveright, 2012.

24. Lobenstine, 《Renaissance Soul》, pp. 86~102.

25. Gina Kolata, "Power in Numbers".

26. Friedrich Nietzsche, 《Human, All Too Human》.

| **5장** | 응용 가능한 능력_공통의 기초를 마련하라

1. 저자 인터뷰, 뉴욕, 2012년 9월; Rattner, 《Overhaul》.

2. 토니 홀과의 대화, 런던, 2013년 7월; 1990년대에 했던 토니 홀과의 수많은 대화.

3. Jonathan Ford, "Lunch with the FT: Tony Hall", 《Financial Times》, 2015년 3월 20일.

4. Daniel Kahneman, 《Thinking, Fast and Slow》.

5. Committee of the Corporation and the Academic Faculty, 《Reports on the Course of Instruction at Yale College》, New Haven, CT, 1828; Fareed Zakaria, 《In Defense of Liberal Education》 인용.

6. Jim Collins, 《Good to Great: Why Some Companies Make the Leap … and Others Don't》, New York: HarperCollins, 2001, p. 12.

7. Adam Grant, 《Give and Take: A Revolutionary Approach to Success》, New York: Viking / Penguin Group, 2013.

8. Steven M. Kaplan, Mark M. Klebanov, and Morten Sorensen, 《Which CEO Characteristics and Abilities Matter?》, 미국 국가경제연구소, NBER Working Paper Series, Working Paper 14195, 2008년 7월.

9. Nathaniel Fick, 《One Bullet Away: The Making of a Marine Officer》, New York: Houghton Mifflin, 2005; Nathaniel Fick, 뉴아메리칸보안센터; Bay Fang, "A Reluctant Warrior in Iraq", 《U.S. News & World Report》, 2006년 1월 1일.

431

10. Adam Grant, "Where Great Leaders Earn Their Stripes", Adam Grant's Blog, 2014년 2월 22일, www.adammgrant.tumbler.com.

11. Efraim Benmelech and Carola Frydman, 《Military CEOs》, Washington, DC: 미국 국가경제연구소, 2009년 11월.

12. Alfred D. Chandler, 《Visible Hand: The Managerial Revolution in American Business》, Cambridge, MA: Belknap Press, 1977.

13. Adam Davidson, "On Money: Rebuilding the Middle Class the Army Way", 《New York Times Magazine》, 2015년 12월 15일, p. 16.

14. Drew Faust, "To Be 'a Speaker of Words and a Doer of Deeds'".

15. Zadie Smith, "Speaking in Tongues".

16. Dan Senor and Saul Singer, 《Start-up Nation: The Story of Israel's Economic Miracle》, New York: Twelve, Grand Central, 2009, pp. 71~73.

17. Adam Davidson, "On Money".

18. Adam Grant, "Where Great Leaders Earn Their Stripes".

19. Brian O'Keefe, "Battle-Tested: From Soldier to Business Leader", 《Fortune》, 2010년 5월 22일.

20. 저자 인터뷰, 연금수당보증공사, 워싱턴 DC, 2012년 7월.

21. Barney Gimbel, "In Iraq, One Man's Mission Impossible", 《Fortune》, 2007년 11월 4일; John Dowdy, "Stabilizing Iraq: A Conversation with Paul Brinkley", 《McKinsey on Government》, 2010년 봄; 바니 김벨과의 대화, 뉴욕, 2015년 12월.

22. 저자 인터뷰, 백악관, 워싱턴 DC, 2012년 11월.

23. 저자 인터뷰, 백악관, 워싱턴 DC, 2013년 3월.

24. Michael D. Shear, "Obama, at South by Southwest, Calls for Law Enforcement Access in Encryption Fight", 《New York Times》, 2016년 3월 12일.

25. Steven Brill, 《America's Bitter Pill: Money, Politics, Backroom Deals, and the Fight to Fix Our Broken Healthcare System》, New York: Random House, 2015, pp. 401~403; Steven Brill, "Code Red—Inside the Nightmare Launch of Healthcare.gov and the Team That Figured Out How to Fix It", 《Time》, 2014년 3월 10일. Vol. 183, No. 9, pp. 27~36.

26. Michael D. Shear, "Obama, at South by Southwest, Calls for Law Enforcement Access in Encryption Fight".

27. Michael Kranish and Scott Helman, 《Real Romney》, pp. 224~259.

28. Ibid.

29. Max Weber, "Politics as a Vocation", 강의, 바이에른, 1919년 1월 28일.

30. 행크 폴슨과의 대화, 켈로그경영대학원, 노스웨스턴대학교, 2011년 1월 26일.

31. Nannerl O. Keohane, 《Thinking About Leadership》, Princeton, NJ: Princeton University Press, 2010, pp. 39~40.

32. Roderick M. Kramer, "Great Intimidators", 《Harvard Business Review》, 2006년 2월.

33. Mark Philp, 《Political Conduct》, Cambridge, MA: Harvard University Press, 2007.

34. 저자 인터뷰, 토론토, 2013년, 9월.

35. Michael Kranish and Scott Helman, 《Real Romney》, pp. 99~129.

36. 저자 인터뷰.

37. 저자 인터뷰, 토론토, 2013년 9월.

| 6장 | 상황지능_잘 듣고 배우고 적응하라

1. 매킨지에서 강연했던 로널드 하이페츠에 관한 개인적 기억, 런던, 1996년; Heifetz, 《Leadership Without Easy Answers》, Cambridge, MA: Belknap Press of Harvard University Press, 1994; Heifetz, "Work of a Modern Leader: An Interview with Ron Heifetz", 《Harvard Management Update》, 1997; Heifetz and Marty Linsky, "A Survival Guide for Leaders", 《Harvard Business Review》, 2002년 6월; Heifetz and Donald L. Lurie, "Work of Leadership", 《Harvard Business Review》, 2001년 12월.

2. Mihae Andrei, "Heaviest Living Organism in the World", 《ZME Science》, http://www.zmescience.com. 2015년 2월 9일.

3. Jack Rakove, 《Revolutionaries: A New History of the Invention of America》, New York: Houghton Mifflin, 2010.

4. Herbert Spencer, 《Man Versus the State》, 1884.

5. Anthony J. Mayo and Nitin Nohria, 《In Their Time: Time: The Greatest Business Leaders of the Twentieth Century》, Boston: Harvard Business Review Press, 2005, xv~xx.

6. Tarun Khanna, "Contextual Intelligence", 《Harvard Business Review》, 2014년 9월, Vol. 92, No. 9, pp. 58~68.

7. Ronald A. Heifetz and Marty Linsky, "Survival Guide for Leaders", 《Harvard Business Review》, 2002년 6월.

8. Niccolo Machiavelli, 《The Prince》, 1532.

9. Okakura Kakuzo, 《Book of Tea》, New York: Putnam's, 1906.

10. Daniel Goleman, "What Makes a Leader?", 《Harvard Business Review》, 11/12월, 1998년, Vol. 76, No. 6, pp. 93~102.

11. 저자 인터뷰, 2015년 9월, 2016년 1월.

12. 저자 인터뷰.

13. 제프 시브라이트, 저자 인터뷰

14. Michael Watkins, 《The First 90 Days: Critical Success Strategies for New Leaders at All Levels》, Boston: Harvard Business Review Press, 2003; Michae Watkins, Peter H. Daly, and Cate Reavis, 《First 90 Days in Government: Critical Success Strategies for New Public Managers at All Levels》, Boston: Harvard Business Review Press, 2006.

15. 저자 인터뷰, 2012년 9월.

16. 저자 인터뷰, 2014년 6월, 2016년 1월; Bernard T. Ferrari, 《Power Listening》, pp. 30~31.

17. Tanya L. Chartrand and John A. Bargh, "The Chameleon Effect: The Perception-Behavior Link and Social Interaction", 《Journal of Personality and Social Psychology》 76, no. 6 (1999): pp. 893~910.

18. 로열셰익스피어극장 이사회에서의 저자 기억.

19. Sarah Crompton, "Michael Boyd: The Modest Man Who Saved the RSC", 《Daily Telegraph》, 2012년 9월 14일.

20. Jessica Salter, "Michael Boyd, Royal Shakespeare Company", 《Daily Telegraph》, 2010년 3월 26일; Arthur Dickson, "A Life in Theatre: Michael Boyd", 《Guardian》, 2012년 11월 16일.

21. Laurence J. Peter and Raymond Hull, 《The Peter Principle: Why Things Always Go Wrong》, New York: HarperCollins, 1969, pp. 9~6.

22. Arthur Dickson, "Life in Theatre".

23. 1980~1990년대 아치 노먼에 관한 저자의 기억.

24. 옥스퍼드 애널리티카(Oxford Analytica)의 설립자이자 회장인 데이비드 R. 영(David R. Young)과의 대화, 1969~1971년. 1971년부터 1973년까지 그는 백악관에서 헨리 키신저의 특별보좌관이자 국가안보위원회 위원으로 일했다.

25. Nitin Nohria and Michael Beer, "Cracking the Code of Change", 《Harvard Business Review》, 2000년 5/6월, Vol. 78, No. 3, pp. 133~141.

26. Brian Wheeler, "If Anyone Understands the Perils of Modernizing the Conservative Party It Is Archie Norman", BBC News, July 14, 2006.

27. 저자 인터뷰, 케네디 행정대학원, 2012년, 9월.

28. Richard Cavanaugh, "Why the Government's Business Isn't Business-like", 《Wall Street Journal》, 1981년 7월 27일.

29. 저자 인터뷰, 워싱턴 DC, 2013년, 6월.

30. 저자 인터뷰.

| 7장 | 인적 네트워크_계획된 우연을 만들어라

1. Mark Leibovich, 《This Town: Two Parties and a Funeral—plus, Plenty of Valet Parking!—in America's Gilded Capital》, New York: Blue Rider Press, 2013.

2. 국회의원 존 델레니와 에이프릴 델레니와의 대화, 2014년 11월.

3. Danielle Douglas, "John Delaney's Business Record Key to His Congressional Campaign—and His Opponent's Criticism", 《Washington Post》, March 23, 2012.

4. David Brooks, 《Social Animal》, p. 2.

5. Brian Grazer and Charles Fishman, 《The Curious Mind: The Secret to a Bigger Life》, New York: Simon & Schuster, 2015.

6. Sheryl Sandberg, 서문, 《Originals》, x.

7. Edward O. Wilson, 《The Meaning of Human Existence》, New York: Liveright, 2014, pp. 42~43.

8. Reid Hoffman and Ben Casnocha, 《Start-up of You: Adapt to the Future, Invest in Yourself, and Transform Your Career》, New York: Crown Business, 2012, pp. 158~160, p. 161.

9. Ibid., p. 191.

10. Dan Senor and Saul Singer, 《Start-up Nation》, p. 100.

11. Alex Sandy Pentland, Wei Pan, and Yaniv Altschuler, 《Decoding Social Influence and the Wisdom of the Crowd in Financial Trading Network》, MIT Media Lab, September 2012.

12. Robert D. Putnam, 《Bowling Alone》, New York: Simon & Schuster, 2000.

13. John D. Donahue and Richard J. Zeckhauser, 《Collaborative Governance: Private Roles for Public Goals in Turbulent Times》, Princeton, NJ: Princeton University Press, 2011, p. 4, 122.

14. Edward O. Wilson, 《Consilience》, p. 11, 183.

15. Nannerl O. Keohane, 《Thinking About Leadership》, p. 198.

16. Herbert J. Gans, 《The Urban Villagers: Villagers: Group and Class in the Life of Italian-Americans》, New York: Free Press of Glencoe, 1962.

17. Nannerl O. Keohane, 《Thinking About Leadership》, p. 92.

18. 저자 인터뷰, 뉴욕, 2012년 9월; www.ptech.org.

19. Gillian Tett, 《Silo Effect》, pp. 164~191.

20. 저자 인터뷰, 인사관리처, 워싱턴 DC, 2013년 6월.

21. Sheryl Sandberg, 《Lean In: Women, Work, and the Will to Lead》, New York: Alfred A. Knopf / Random House, 2013, p. 53.

22. Mark Granovetter, 《Getting a Job: A Study of Contacts and Careers》, Cambridge, MA: Harvard University Press, 1974.

23. Mark Granovetter, "The Strength of Weak Ties", 《American Journal of Sociology》, 1973년 5월, Vol. 76, No. 6, pp. 1360~1380; "Strength of Weak Ties: A Network Theory Revisited", 《Sociological Theory》, 1983.

24. Miller McPherson, Lynn Smith-Lovin, and James M. Cook, "Birds of a Feather: Homophily in Social Networks", 《Annual Review of Sociology》, 2001년 8월, Vol. 27, No. 1, pp. 415~444.

25. Geoffrey Miller, 《The Mating Mind: How Sexual Choice Shaped the Evolution of Human Nature》, New York: Doubleday, 2000.

26. Laura Rivera, 《Pedigree: How Elite Students Get Elite Jobs》, Princeton, NJ: Princeton University Press, 2015.

27. 와튼스쿨 사회적영영향력운동본부, socialimpact.wharton.upenn.edu; 비크사회적기업혁신센터, www.impact.georgetown.edu.

28. 《McKinsey Conversations with Global Leaders: David Rubenstein of the Carlyle Group》, McKinsey, 2010년 5월.

29. 저자 인터뷰.

30. 저자 인터뷰.

31. Priscilla H. Coleman, 《Ask... How to Get What You Want and Need at Work》, Insights, 2002.

32. 저자 대화, 2012년 9월, 버틀러는 내게 에드워드 윌슨의 저작과 통섭 개념을 소개해줬고, 이는 이 책의 집필에도 이용됐다.

33. Mark Granovetter, "Strength of Weak Ties"; "Strength of Weak Ties: Revisited".

34. 저자 대화, 2014년 1월.

35. Adam Grant, 《Give and Take》, p. 157.

36. Daniel Levin, Jorge Walter, and Daniel Z. Levin, "Dormant Ties: The Value of Reconnecting", 《Organization Science》, 2011년 7/8월.

| 8장 | 준비된 마음_현재에 충실하라

1. 저자 인터뷰, 미국국무부, 워싱턴 DC, 2012년 10월.

2. Louis Pasteur, 릴대학교 강의.

3. Niccolo Machiavelli, 《The Prince》.

4. Dan Ariely, 《Predictably Irrational: The Hidden Forces That Shape Our Decisions》, New York: Harper, 2009.

5. David Brooks, 《Social Animal》, p. 218.

6. Reid Hoffman and Ben Casnocha,, 《Start-up of You》, p. 41.

7. 저자 인터뷰.

8. 저자 인터뷰, 스미스소니언 협회, 워싱턴 DC, 2010년 9월; Adam Bryant, "Corner Office—Zigzag Your Way to the Top: Interview with Patty Stonesifer.", 《New York Times》, 2015년 9월 13일.

9. Walter Isaacson, 《Steve Jobs》, New York: Simon & Schuster, 2011; 스티브 잡스, 스탠퍼드대학교 졸업식 연설, 2005년.

10. Paulo Coelho, Twitter, 2011년 11월 14일.

11. Seth M. Siegel, 《My Career Choice: All of the Above》.

12. Barone, 《Hard America, Soft America》, 《New York Times》, 2015년 12월 9일.

13. David Brooks, 《Social Animal》, p. 190.

14. 저자 인터뷰, 백악관, 워싱턴 DC, 2014년 3월.

15. 비방반대연맹: www.adl.org.

16. 저자 인터뷰, 미국 연방통신위원회, 워싱턴, DC, 2012년 6월.

17. "Top 7 Disruptions of the Year", 《Wired》, 2009년 12월 28일.

18. 국가광대역통신망구축계획, 《Connecting America》, 2010년 3월 17일, www.broadband.gov.

19. Lillian Cunningham, "Trying to Change the World Bank", 《Washington Post》,

2014년 4월 10일.

20. Tracy Kidder, 《Mountains Beyond Mountains》, p. 169.

21. 저자 대화, 애틀랜틱미디어컴퍼니, 워싱턴 DC, 2012년 3월, 2012년 6월, 2013년 7월; Harry Jaffe, Citizen Bradley: He Has a Drop-Dead Office Overlooking the Potomac Yet Hides Away at McDonald's; He Wanted to Be a Senator but Got Rich Instead; Now Is He Going to Be the Next Big Media Mogul?", 《Washingtonian Magazine》, 2000년 10월 1일.

22. Jhumpa Lahiri, "Teach Yourself Italian", 《In Other Words》, New York: Bloomsbury, 2015.

23. David Weigel, "With an Outpouring of Good Wishes for Carter Pilgrims Pour into Plains, Ga", 《Washington Post》, 2015년 8월 31일.

24. Jimmy Carter, 《A Full Life: Reflections at Ninety》, New York: Simon & Schuster, 2015, pp. 1~2.

25. David Brooks, 《Social Animal》, p. 190.

26. Oliver Sacks, 《Gratitude》, New York: Alfred A. Knopf / Random House, 2015, p. 10.

27. David Brooks, 〈Charlie Rose show〉, Bloomberg Television, 2016년, 3월, 29일.

28. Ronald D. Daniel, 《Daniel on McKinsey》, New York: McKinsey, 2013.

29. 저자 인터뷰, 런던, 2013년 5월.

30. Michael Ignatieff, 〈Fire and Ashes〉, p. 2, 5, 30, 35, 127, 186.

| 9장 | 커리어의 폭을 어떻게 넓힐 것인가

1. 저자 대화, 워싱턴 DC, 2012년.

2. Wai Fong Boh and Andrew Ouderkirk, 《Balancing Breadth and Depth of Expertise for Innovation: A 3M Story》, Science Direct, Research Policy, 2014년 3월.

3. Beatrice Van der Heijden, "Prerequisites to Guarantee Life-Long Employability", 《Personnel Review》 31, no. 1 (2002): pp. 44~41.

4. Adam Grant, 《Originals》, p. 41.

5. 저자 인터뷰, 캠브리지, 2014년, 10월.

6. Ryan and Markova, Professional Thinking Partners website, www.ptinc.org.

| 10장 | 삶의 폭을 어떻게 넓힐 것인가

1. 저자 대화, 2014년 4월.
2. Michiko Kakutani, "Appraisal–Doctor Who Found Magic in the Disorders of the Human Mind", 《New York Times》, 2015년 8월 31일.
3. Oliver Sacks, 《Gratitude》, p. 7.
4. Vindu Goel and Quentin Hardy, "Dave Goldberg, Half of a Silicon Valley Power Couple, Dies at 47", 《New York Times》, 2015년 5월 2일.
5. Sheryl Sandberg, 《Lean In》, p. 18.
6. Sheryl Sandberg, Facebook posts.
7. Adam Grant, "Remembering Dave Goldberg, the Ultimate Mensch", LinkedIn Pulse, 2015년 5월 10일.
8. Andrew Ross Sorkin, "Jimmy Lee, Investment Banking Force Dies at 62", 《New York Times》, 2015년 6월 17일.
9. Jamie Dimon, "Funeral Eulogy for James B. Lee", 2015년 6월 17일, St. Patrick's Cathedral, New York.
10. Lee, 《Rules of Working Life》.
11. Nigel Jones, Asa Briggs obituary, 《Guardian》, 2016년 3월 15일.
12. 폴리인생연구센터, 노스웨스턴대학교, www.sesp.northwestern.edu.
13. David Brooks, 《Social Animal》, p. 208.
14. Søren Kierkegaard, 《Fear and Trembling》, Rept. ed. New York: Penguin Classics, 1986, p. 30.
15. Joseph Campbell, 《Hero with a Thousand Faces》, Pantheon Books / Bollingen Foundation, 1949, pp. 210 – 211.
16. Arnold Bakewell, 《How to Live on Twenty Four Hours a Day》, 1910.
17. Quoted in ibid.
18. 옥스퍼드뮤즈.
19. David Brooks, "The Life Report", 《New York Times》, 2011년 10월 27일.
20. David Brooks, "The Life Reports".
21. "Famed quarterback Bobby Layne Dies", 《Pittsburgh Post-Gazette》, 1986년 12월 2일.
22. Arnold Bennett, 《How to Live on Twenty Four Hours a Day》.
23. Viktor E. Frankl, 《Man's Search for Meaning》, p. 107.

24. Carl Jung, 《The Stages of Life》, 1930.

25. Malcolm Gladwell, 《Outliers》, pp. 38~69.

26. 《McKinsey Conversations》.

27. Ronald D. Daniel, 《Daniel on McKinsey》.

28. Alan Rusbridger, 《Play It Again: An Amateur Against the Impossible》, Jonathan Cape, 2013.

29. Clay Shirky, 《Cognitive Surplus: How Technology Makes Consumers into Collaborators》, New York: Penguin, 2010.

30. Jonathan Haidt, 《Happiness Hypothesis: Finding Modern Truth in Ancient Wisdom》, New York: Basic Books, 2005.

31. Steven Johnson, "New Making It: The Digital Economy, with Its Profusion of Free Content, Was Supposed to Make It Impossible to Make Money by Making Art; Instead, Creative Careers Are Thriving—but in Complicated and Unexpected Ways", 《New York Times Magazine》, 2015년 8월 23일, pp. 30~37.

32. Michael Gazzaniga, 《Learning, Arts and the Brain: A Conversation with Michael S. Gazzaniga》, Dana Foundation, May 22, 2008.

33. Adam Grant, 《Originals》, p. 46.

34. 저자 인터뷰, 토론토.

| 에필로그 |

1. Edward O. Wilson, 《The Meaning of Human Existence》, p. 54.

2. Daniel Silva, 《Portrait of a Spy》, New York: Harper, 2011, p. 52.

찾아보기